★★★★★ 이 책을 추천하신 분들(가나다순)

강준민 목사, 동양선교교회 담임목사

이 책은 세계 선교를 위한 하나님의 심장을 담은 책이다. 밥 쇼그렌과 빌, 에미미 스턴즈 부부가 함께 쓴 이 책은 세계 선교의 비전을 품은 사람들이 꼭 읽어야 할 책이다. 이 책은 구원받지 못한 영혼을 향한 하나님의 긍휼과 열정을 가슴에 품도록 도와준다. 하나님이 우리 가슴에 심어주시는 잃어버린 영혼을 향한 긍휼과 그들을 구원하기 위한 열정은 세계 선교를 위한 가장 중요한 기초석이다.

이 책은 세계 선교에 대한 최근 정보를 담고 있다. 최근 정보를 제공해줄 뿐만 아니라 세계 선교 현황을 한 눈에 볼 수 있도록 도와준다. 그러면서도 그 실제를 섬세하게 보게 도와주는 탁월한 책이다. 또한 미전도 종족들에게 나아가기 위해 그들을 사로잡고 있는 종교들의 현황을 잘 소개해주고 있다.

이 책은 모든 그리스도인들을 위한 책이다. 모든 그리스도인들을 선교적 차원에서 가는 사람, 보내는 사람, 국내 외국인 사역자, 그리고 선교 동원가로 분류해 선교에 동참할 수 있도록 동기를 부여해 주는 탁월한 책이다. 이 책은 모든 그리스도인들에게 각자의 위치에서 부르심을 향해 전진하도록 도전한다.

마지막으로, 이 책은 지역 교회를 위한 책이다. 지역 교회가 선교 사역에 임하도록 돕는 책이다. 하나님이 본래 의도한 선교지향적인 교회를 세울 수 있도록 돕는 책이다. 나는 이 책을 선교를 꿈꾸는 어린이들의 손에 들려주고 싶다. 선교의 열정에 불타지만 어떻게 준비해야 할지 모르는 청년들의 손에 들려주고 싶다. 단기선교를 준비하는 분들 그리고 단기선교의 경험을 통해 장기선교를 준비하는 분들의 손에 들려주고 싶다. 지역교회의 담임목회자, 선교담당 목회자, 선교담당평신도지도자들의 손에 들려주고 싶다.

김중안 간사, 한국기독학생회(IVF) 대표

그 동안 선교에 관해 많은 책들이 나와 있는데, 또 다른 책이 필요할까? 이런 의문은 선교에 관한 '종합 안내서' 라 할 수 있는 이 책을 만나는 순간 해소된다. 객관적 사실들과 깊이 있는 통찰력을 통해 현재의 흐름을 진단해주며, 실제적이고 포괄적인 선교에 대한 안내를 제공하는 이 책은 우리가 어디를 향해 나아가야 할지를 보여주는 훌륭한 책이다. 이 책을 통해 세계와 역사를 경영하시는 하나님의 관점과 개인적 부르심 두 가지를 동시에 이해할 수 있으리라 믿는다.

 저자들은 선교지에서 선교사로 사역했을 뿐 아니라, 선교 동원가로 살아온 평생의 경험과 통찰을 이 책에 담아 독자들을 격려한다. 특히 선교의 과업과 도전뿐만 아니라, 우리를 흥분하게 하고 고무시키는 다양한 선교지 이야기를 통해 하나님의 역사의 손길을 보여주며 우리에게 소망과 기대를 품게 한다. 그들의 풍부한 지식과 전문적 연구 자료들을 통해 이 세상 속에서 하나님께서 행하고 계신 일들을 깨달으며, 그 사역의 완성을 위해 우리를 부르시는 음성을 듣게 될 것이다.

 이 책 자체가 수많은 좋은 정보를 담고 있는 책과 정보의 출처를 안내해주고 있어 더 깊은 정보와 도움을 원하는 독자들의 욕구도 훌륭하게 충족시켜 준다. 이 책을 통해 최신의 동향을 알고, 풍부한 경험을 토대로 한 저자들의 조언과 안내를 받으며 선교를 알기 원하는 사람, 구체적인 부르심의 방향과 내용을 놓고 고민하는 사람들뿐 아니라, 현직 선교사들도 큰 도움을 받게 될 것이라 확신한다.

이현수 선교사, 한국 프론티어스 국제선교회 대표
21세기 남아 있는 과업을 마무리하기 위해서는 남은 과업에 대한 분명한 이해, 하나님의 교회의 흔들림 없는 역할 인식, 선교 자원인 하나님의 사람들의 전략적 역할 분담 등이 어우러져 총체적인 시너지가 일어나야 한다는 사실에는 의심의 여지가 없다. 하나님께서는 한국 선교를 놀랍게 축복하셨다. 그럼에도 불구하고 선교에서 보다 적극적으로 전략적 역할을 감당하기 위해서는 선교적인 주체인 교회와 선교사, 선교 동원가들의 동역이 절실하다. 밥과 빌은 그런 영역에 대한 분명한 정의와 이해를 본서를 통해 제시하고 있다. 그런 맥락에서 지역 교회의 교역자나 선교사, 선교 후보생, 그리고 선교 동원가들이 함께 이 책의 내용을 이해하고 논의할 때 보다 나은 선교적 시너지를 창출할 수 있으리라 확신한다. 지역 교회 선교 담당 목사, 선교 후보생들 그리고 선교 동원 사역자들이 꼭 읽어야 할 필독서로 권하고 싶다.

임성근 간사, 기독대학인회(ESF) 대표
현재 지구상에는 2,400 종족이 있는데 아직 1,000여개의 종족에게 복음이 전혀 전파되지 않고 있다. 이러한 실제적인 사실을 바탕으로 저자는 예수께 헌신된 사람들이 이 시대 가운데 해야 할 일이 무엇인지 강력하게 도전한다. 뿐만 아니라 이 책의 놀라운 점은 논리적으로 미전도 종족을 향한 선교에 대해 강조하는 데 그치지 않고, 예수님의 대사명 앞에서 하나님이 나에게 주신 인생의 뜻에 대해 깊이 생각하게 한다는 점이다. 우리는 대체적으로 주어진 삶 속에서 열심히 예수님을 믿고 말씀에 순종하는 것으로 만족한다. 하지만 저자는 우리에게 열방을 향한 하나님의 원대한 계획을 알게 한다. 치열한 현실 속에서 잃어버렸던 영혼을 향한 마음을 회복하도록 도와준다. 이러한 비전과 열정이야말로 하나님이 심히 기뻐하신 모습이 아니겠는가?

십자가의 은혜를 감격스럽게 경험했지만, 인생의 의미를 발견하지 못해 방황하는 자들에게 이 책을 적극 권한다. 이 책은 선교라는 하나님의 원대한 계획 속에서 자신의 인생의 의미와 가치를 새롭게 인식하게 도와줄 것이다. 선교에 대한 비전은 있지만, 때를 기다리며 머뭇거리는 뜻 있는 기독 청년에게 오직 하나님만 믿고 신뢰케 하는 시원한 결단의 책이 될 줄 믿는다. 그리고 선교지에 갈 수 없는 많은 이들은 이 책을 통해 선교를 위해 자신이 처한 곳에서 구체적으로 무엇을 해야 할지 알게 될 것이다. 이 책을 통해 많은 청년들이 미전도 종족을 향한 힘찬 발걸음을 내딛게 되길 기도한다.

최바울 선교사, 인터콥 대표

9.11 사태 이후 세계 선교의 축이 급격히 이동하고 있다. 서서히 한국 교회가 세계 선교의 중심축으로 부상하고 있다. 한국 교회가 역사적 사명을 갖고 일어나야 할 때다. 머지 않아 공산주의의 잔혹한 핍박을 뚫고 일어난 거대한 중국 교회가 엄청난 파괴력과 추진력으로 복음의 서진 운동을 감행해갈 것이다. 우리 한국 교회는 서구와 중국 교회의 역사적 이행기를 지혜롭고 충성되게 잘 감당해야 한다. 이 책은 그런 한국 교회가 더욱 성숙한 모습으로 중국 교회와 아시아 교회의 세계 선교를 섬기도록 도와주는 훌륭한 도약판이 될 것이다.

이 책의 저자 밥 쇼그렌은 중동 지역 선교에 오랫동안 헌신해온 선교사이자 선교 동원가이며, 빌, 에이미 스턴즈 부부 또한 선교사이자 선교 동원가로 활발하게 활동해왔다. 이러한 저자들로부터 우리는 세계 선교 사역의 전략적 기조를 배울 수 있다. 세계 선교는 특별한 소명을 가진 특정 엘리트에 의해서 이루어지는 것이 아니다. 선교는 주님께서 교회에게 주신 지상명령이요, 유언이기 때문이다. 그래서 선교는 교회의 최우선 사역이자, 모든 그리스도인들의 보편적 사역이 되어야 한다. 이 책을 통해 신속한 세계 복음화를 완성할 새로운 영적 세대가 불길처럼 일어나길 소망한다.

한철호 선교사, 선교한국 상임위원장

한국에서 선교 동원이란 말이 사용되게 된 것은 1992년 선교한국 대회 이후의 일이다. 그 이전에만 해도 동원이란 단어는 매우 낯선 것이었다. 이것은 그동안 자연적인 형태로 이뤄지던 선교가 전략적이고 계획적으로 이뤄지기 시작했다는 의미이다. 선교를 전략적으로 해야 한다는 것은 선교에 목표가 있기 때문이다. 그 목표는 바로 하나님의 목표이며, 그것은 모든 종족 가운데 스스로 복음을 전하는 자생적 교회가 만들어 지고 그 교회들이 자기 문화권 안에 있는 종족들에게 복음을 전하게 되는 것이다. 이렇게 함으로서 모든 종속 가운데 복음이 전파되고 그 결과는 예수님의 재림(마24:14)로 이어진다는 것이다.

목표가 있으면 그 목표를 성취하기 위한 전략이 필요하다. 본 책은 바로 세계복음화의 목표를 달성하기 위한 전략으로 어떻게 그리스도인 개인과 교회 공동체가 동원되어야 하는가에 대한 지침서이다. 선교 전략과 동원에 대한 많은 책들이 출판되었는데, 본 서적처럼 선교 동원의 이유와 목적 그리고 구체적인 방법을 제시한 책이 한국에 소개되는 것은 처음이라고 볼 수 있다. 선교 동원가의 한 사람으로 얼마나 감사한 일인지 모른다.

세계복음화의 목표가 이뤄지기 위해서 우리 모두가 선교에 참여해야 한다. 가는 자로, 보내는 자로, 국내에서 외국인 사역자로, 선교 동원가로 참여해야 한다. 여기에는 누구도 예외일 수 없다. 본 책은 전문적인 선교 동원 사역을 하는 사역자들에 의해서 집필된 것으로 선교사로 가는 사람뿐 만 아니라 모든 그리스도인은 한 사람도 빠짐없이 선교에 참여 할 수 있다는 엄청난 메시지를 우리에게 던져 주고 있다. 이런 점에서 본 책은 모든 그리스도인들이 꼭 읽어야 할 책이다. 선교에 관심이 없던 자들이 이 책을 통해 왜 선교에 참여해야 하는지 깨닫게 될 것이며, 선교 헌신자들은 자신들이 무엇을 준비해야 하는지 확인하게 될 것이며, 교회 및 선교단체 사역자들은 교회와 단체가 해야 할 일이 무엇인지 구체적으로 발견하게 될 것이다.

열방을 품은 그리스도인

밥 쇼그렌 · 빌, 에이미 스턴즈 지음 | 주지현 옮김

좋은씨앗

RUN WITH THE VISION

Copyright ⓒ 1995 by Bill & Amy Stearns, Bob Sjogren
Originally published in English under the title :
Run With the Vision
by Bethany House Publishers,
a division of Baker Publishing Group,
Grand Rapids, Michigan, 49516, U. S. A.
All rights reserved

Korean translation Copyright ⓒ 2006 by GoodSeed Publishing

본 저작물의 한국어판 저작권은 Baker Publishing Group과
독점 계약한 〈좋은씨앗〉에 있습니다.
신저작권법에 의하여 한국 내에서 보호받는 저작물이므로
무단전재와 무단복제를 금합니다.

열방을 품은 그리스도인

지은이 밥 쇼그렌 & 빌, 에이미 스턴즈　옮긴이 주지현

초판 1쇄 발행ㅣ 2006년 6월 25일
초판 3쇄 발행ㅣ 2007년 4월 9일

펴낸이	신은철
기획	김세용 임영국
편집	김보람 채대광
영업	이윤권
총무	김현정
펴낸곳	도서출판 좋은씨앗

1999.12.21 등록 / 제4-385호
137-130　서울시 서초구 양재동 2-30번지, 덕성빌딩 4층
전화　02) 2057-3043 (편집부) / 02) 2057-3041 (영업부)
팩스　02) 2057-3042
홈페이지　www.goodseed.biz
이메일　sec0117@empal.com

ⓒ 좋은씨앗, 2002

ISBN 89-5874-063-9
값 12,000원
Printed in Korea

열방을 향한 부르심에 어떻게 동참할 것인가?

한국어판 서문

제1부. 열방을 바라보라.

1장. 21세기의 치열한 영적 전쟁   17
    우리 앞에 놓여진 모험

2장. 볼티모어에서 불가리아까지   35
    열방을 향한 하나님의 계획

3장. 어떤 민족을 제자삼을 것인가?   65
    우리의 추수지

4장. 열방을 품은 주의 군사들   95
    추수를 향한 강렬한 열정

5장. 한 분이신 주님, 하나의 믿음, 하나의 사명   137
    교회와 선교 사역

CONTENT

제2부. 당신의 적재적소를 찾으라.

6장. 당신에게 전략적으로 맡겨진 역할   **167**
       열방을 향해 나아갈 준비를 하라

7장. 가는 사람 1 : 가기로 결심하다   **201**
       "제발 아프리카에는 보내지 마소서!"

8장. 가는 사람 2 : 그곳으로 나아가다   **223**
       미로를 뚫고 자신의 길을 찾으라

9장. 자기 집 마당에서 추수하기   **257**
       국제 학생들을 대상으로 사역하는 사람들

10장. 보내는 자로 섬기라   **277**
       보내는 사람이 없으면 어떻게 가리요?

11장. 새로운 선교의 물결 일으키기 1   **305**
       잠들어 있는 소방수들을 깨우라

12장. 새로운 선교의 물결 일으키기 2   **341**
       지역 교회에 세계 선교 사명을 도전하라

후기
부록
미주

너는 이 묵시를 기록하여 판에 명백히 새기되
달려가면서도 읽을 수 있게 하라.
— 합 2:2

한국어판 서문

세상은 우리에게 말한다. "인생은 자기 자신을 위해 사는 것"이라고. 하나님 나라가 아니라 자신의 만족을 위해 살라는 것이다. 솔직히 말해, 오늘날 많은 그리스도인들이 이와 같은 인생관을 안고 살아간다. 이런 분위기 속에서 '열방을 향한 마음'을 품는다는 것은 매우 힘겨운 일로 느껴진다. 열방을 향한 비전을 품고 그것을 실행에 옮기는 것은 더더욱 힘들어 보인다. 그런 가운데서도 열방을 향한 마음을 품은 이들이 있다. 이들은 온 열방 가운데 하나님의 영광을 드러내려는 비전을 품은 채, 이를 어떻게 현실적으로 실행해 나갈지 고민중이다. 이 책을 쓴 목적이 바로 여기 있다. 이 책은 열방을 품은 그리스도인들을 위한 실제적인 안내서이다. 열방을 향한 마음은 있으나, 그 다음에는 어떻게 해야 하는지 고민스러운가? 당신은 '보내는 자'가 되어야 하는가? '해외 선교사'나 '선교 동원가'가 되어야 하는가? 아니면 국내 외국인을 대상으로 사역해야 하는가? 이런 고민을 바탕으로 한 실제적인 질문들을 던짐으로, 이 책은 다양한 대안과 선택 중에 자신에게 적합한 것을 찾아 헌신하도록 당신을 도울 것이다. 열방을 향한 하나님의 비전을 품은 자, 당신의 선택은 무엇인가?

2006년 6월 밥 쇼그렌

Robert S. Sjogren

제1부
열방을 바라보라

Get the Big Picture

하나님은 오늘날 평범한 사람들을 사용하셔서 그의 교회를 세우신다. 비록 소수의 종족들이 사는 곳이라도 말이다. 하나님 나라를 확장하는 일에 당신을 사용하기 원하시는 하나님의 열망이 얼마나 큰지 살펴보기 전에, 이 세상의 현 상황에 대해 삼시 주목할 필요가 있다. 그 후에라야 하나님이 당신을 보내고자 하시는 지역에 대해 제대로 파악할 수 있다. 지구상에 남은 미전도 종족 집단은 전부 10,000개 정도이므로, 대사명 달성도 이제 머지않았다! 560만 교회가 각 미전도 종족 집단마다 교회를 개척하는 일을 분담한다면, 560개 교회당 하나의 미전도 종족을 담당하는 셈이다! 560개 교회의 56,000명 성도들이 각기 한 종족 집단을 위해 집중적으로 기도한다면 어떤 일이 벌어지겠는가?

1

21세기의 치열한 영적 전쟁

우리 앞에 놓여진 모험

"참으로 위대한 일이 머지않아 곧 나타날 것입니다."
— 데이비드 왕

[1987년 5월, 멕시코의 바하 캘리포니아 주]

기온 32도, 습도 90%의 무더위 속. 당신은 달그락거리는 커다란 자루를 끌고 해변가를 걷고 있다. 잘게 부서진 하얀 모래가 맨발 아래 사각거린다. 뜨거운 태양빛에 당신의 어깨는 잔뜩 그을리고, 수십억 개의 모래알은 수수히 반짝이며, 해변을 따라 따스한 바다가 청록색 빛을 뿜어내고 있다. 앞서 자갈밭에 이르렀을 때, 폭스바겐을 개조한 세 대의 소음 넝마리 고물차가 멈춰버리는 바람에, 당신과 10명의 팀원들은 지금 병으로 꽉 찬 까만색 자루를 질질 끌며 남은 800미터 거리를 맨발로 걷고 있다.

"이런 방법으로 하나님 나라를 세울 수 있을까?" 혼자 곰곰이 생각하는 당신. 뜨거운 모래 덕에 발에 물집이 잡히기 시작한다. 해변이 이렇게 먼 줄 알았다면, 샌들을 신었을 텐데. 헐렁한 노란 반바지와 거기에 어울리는 셔츠를 입은 중년의 팀 동료는 잠시 멈춰 습기 찬 선글라스를 닦는다. 그리고 뜨거운 모래사장에서 펄쩍펄쩍 뛰면서 그는 이렇게 외친다. "복음 들고 산을 넘는 자의 발길, 아름답고도 아름답도다!" 다른 이들이 힘겹게 끌고가던 불룩한 자루를 옆에 내려놓은 채 선글라스의 사내를 쳐다본다. 노란 반바지의 중년 남자는 계속 노래한다. "평화 전하며 복된 소식을 외치네, 주 다스리시네!"

그러자 모두들 한 목소리로 후렴구를 따라한다. "주 다스리시네, 주 다스리시네." 파도에 가까이 들어가자 시원하고 짭짜름한 바닷물에 두 발이 따끔거린다. 태양과 모래에 바짝 탄 몸을 밀려오는 파도에 내맡기자 취이익 하면서 수증기 올라오는 소리가 들릴 것만 같다. 병이 든 자루를 부서지는 파도 위로 슬쩍 떠밀자 바닷물 위로 둥둥 뜬다. 팀들은 해변에서 100미터쯤 되는 물 속으로 들어와 한 줄로 죽 늘어선다. 당신은 봉투를 열어 한 번에 두세 개씩 병을 꺼내어 바다로 던진다. 그리고 매번 던지면서 이렇게 기도한다. "헛되이 돌아오지 말길. 하나님, 주의 말씀이 목적을 이루지 못한 채 수포로 돌아가지 않게 해주세요." 다 비운 자루를 머리 위로 치켜들고 흔들어 공기를 빵빵하게 채운 다음 윗부분을 움켜쥐면 구명용 튜브가 따로 없다. 물 위에 둥둥 뜬 자루에 잠시 몸을 기댔다가, 얕은 물가로 첨벙거리며 걸어나온다.

당신은 중년의 팀 동료에게 이렇게 말한다. "전 이 때가 가장 기다려져요."

그러자 그가 이렇게 대답한다. "나는 떠나보낸 병들이 도착할 때가 가장 기다려지는걸요?"

[1990년 8월, 필리핀, 민다나오 섬의 바붐바]

위클리프 선교사들이 함께 모여 보고서를 작성하고 있다. 그들은 너 나 할 것 없이 본부에서 이 보고서를 보면 정말 당혹스러워할 거라고 입을 모은다. 보고서 내용은 다음과 같다. "이번 주에 참으로 놀라운 일이 있었습니다! 주일 아침에 바붐바라는 무슬림 마을 근처 해변으로 수백 개의 병이 떠밀려 온 겁니다. 병에는 미국산이라는 제조표시가 있습니다. 그리고 병 안에는 이곳 사람들의 현지어인 세부아노(Cebuano)어로 적힌 쪽 복음과 성경구절이 들어있는 겁니다! 마을 지도자들이 매일 밤 모여 이 괴상한 사건을 두고 논의를 벌였습니다. 우리는 몇 달 동안 이 마을에 접근하려고 노력했었는데, 드디어 쪽 복음의 뜻을 설명하러 초대를 받게 되었습니다. 전에는 어른들과 이야기하는 것조차 허용되지 않았었는데 말입니다! 마을 사람들은 다들 흥분된 상태입니다! 누가 이런 일을 했는지는 모르지만, 우리가 아는 한 가지는 '주가 다스리신다!' 는 사실입니다."

주말을 이용해 바하 해변에서 8,000킬로미터 떨어진 필리핀 대양으로 성경구절을 띄워보낸다는 엉뚱한 발상을 했던 사람들은 바로 〈해류 전도회〉(Current Evangelism)의 회원들이다. 그들은 해류를 연구해서 성경구절이 담긴 병을 바다 건너로 보내는 일을 한다.

이런 전도법이 세계 복음화를 이루기 위해 권장할 최신의 방법은 아니다! 실제로 위클리프 선교사들은 아무리 좋은 의도를 가졌다고 해도 아무 곳에나 병을 띄워보내는 일은 권장하지 말아달라고 부탁했다. 하지만 이런 일을 통해 깨닫는 것은 하나님께서 세계 복음화의 위업을 달성하기 위해 그러한 엉뚱한 발상마저 기꺼이 사용하신다는 점이다. 여러분도 좀더 급진적으로 나가야 할 때가 아닐까? 어설픈 전략을 통해서나마 주변의 지역사회와 문화와 세상에 영향을 미치는 데 교회 공동체가 전력투구해야 할 때가 아닐까?

여러분도 알다시피 인생은 지금까지의 모습처럼 그대로 흘러가지는 않을 것이다. 이 땅을 향한 하나님의 계획이라는 큰 그림 안에서 엄청난 일이 일어나고 있다. 90년대 초 팝송 가사처럼 우리는 "세계가 역사의 깊은 잠에서 깨어나는 모습을 바라보고 있다."

21세기의 치열한 영적 전쟁

지난 수년 동안의 사건을 통해 배워야 할 교훈이 있다면, 가까운 미래에 우리가 전혀 기대치 못한 일들이 일어나리라는 사실이다. 우리가 사는 지구 곳곳이 정치나 경제, 사회나 개인 할 것 없이 '이전과는 다른' 모습이 될 것이다! 옛적 하박국 선지자는 이런 식으로 표현한다.

너희는 열국을 보고 또 보고 놀라고 또 놀랄지어다! 너희 생전에 내가 한 일을 행할 것이라. 혹이 너희에게 고할지라도 너희가 믿지 아니하리라(합 1:5).

세계의 정황을 주시하는 사람이라면 낌새를 챘을 것이다. 1990-1991년 사이 고작 24개월 동안, 전 세계 국가의 25퍼센트에서 정권 교체가 일어났다. 단순한 정당 교체가 아니라 정부 전체의 변화였다!

1991년 말부터 1992년 중반까지 6개월 동안에는 17개의 새로운 국가가 탄생했다. 지도 제작자들은 지구상에 일어난 정치적 변화를 반영하기 위해 최신판 지도를 제작해야 하는 처지에 몰릴 정도였다.

오늘날까지 일어나고 있는 정치적 변화 속에는 영적 분위기가 농후하다. 예를 들어, 30여 년 전에 러시아 작가인 따냐 호드케비치는 "누구나 자유롭게 기도할 수는 있다. 다만 하나님만이 기도를 들으신다"란 시구를 썼다. 이 일로 그녀는 무시무시한 소련 비밀경찰인 KGB에게 체포되어 10년간의 중노동을 선고받았다. 하지만 1991년에 KGB의 새 의장은 크리스천 대표단을 환영하며 접견했다. 〈크리스채너티 투데이〉(*Christianity Today*)의 편집인 필립 얀시는 KGB 의장이 했던 말을 다음과 같이 기록하였다.

> 진정한 회개와 믿음의 회복 없이는 정치적 문제를 해결할 수 없다. 이는 내가 반드시 짊어져야 할 십자가다. 과학적 무신론에서는 종교가 사람을 분열시킨다고 했다. 지금은 그 반대의 현상을 본다. 하나님을 향한 사랑만이 연합을 이룰 수 있다.[1]

1995년 후반, 러시아의 이바노보에서는 첫 '소비에트' 단원들, 즉 러시아 황제에 반역을 일으킨 공장 노동자들을 격찬했던 박물관 관장들이 정부에 기독교 관련 자료들을 박물관에 재헌정하라고 요구했다. 이는 예수 그리스도 안에서 영적 변화가 일어나길 바라는 마음에서였다.[2]

정치는 다만 우리 세계에서 급격히 일어나는 내부적 변화를 보여주는 표면적 지표일 뿐이다. 주님께서 허락하시면, 21세기는 영적으로 매우 중대한 시기가 될 것이다. 치열한 전면전을 거쳐 분명 참 종교와 거짓 종교가 밝히 드러날 것이다. 지난 몇 년 동안의 놀라운 사건들은 그에 대한 중요한 단서를 제공한다. (다음에 나오는 통계 내용은 〈글로벌 리포트〉[Global Reports]에 기록된 내용이다.)

- 헌신된 그리스도인의 숫자가 세계 인구의 2.5%가 되기까지는 초대 교회 때부터 1900년이 걸렸다. 그리고 그 수치가 두 배가 되기까지는 1970년까지 70년이 걸렸다. 당시 헌신된 그리스도의 수는 세계 인구의 5%를 훨씬 웃돌았다.
- 그리고 다시 두 배가 되기까지는 22년이 걸렸다. 1992년에는 헌신된 그리스도인의 숫자가 세계 인구의 10%를 넘어설 만큼 성장했다!
- 전 세계에서 매일 최소한 260,274명의 사람들이 구원을 받고 있다.
- 지난 20세기에, 기독교 성장률은 세계 인구 성장률을 능가했다. 현재 성경을 믿는 헌신된 그리스도인들의 수(5억 6천만 명!)는 10년 6개월마다 두 배로 성장하는 데 반해, 세계 인구는 35년마다 두 배로 증가하고 있다.
- 1992년, 〈파수꾼의 모임〉(Sentinel Group)의 총재인 조지 오티스 주니어는 모든 교회의 선교 활동이 20세기에만 70% 정도의 목표를 달성했다고 추정한다. 그리고 20세기에 성취된 활동의 70% 가량은 1945년 이후에 발생했다. 또한 교회의 연합 사역 가운데 약 70%는 1989년 후반부터 시작되었다.
- 아시아 전문가는 아시아에서 일어나는 복음에 대한 반응과 관련해 다음과 같이 언급한다. "'추수'라는 전통적 용어로는 이곳에서 행하시는 하나님의 모습을 묘사하기에 충분하지 않다. 나라면 '대수확'이라고

표현하겠다. 역사상 전례가 없는 엄청난 진보다."
- 일본 정부의 조사에 따르면 역사상 가장 위대한 종교지도자가 누구냐는 질문에 일본 국민의 67%가 '예수 그리스도'라고 답했다고 한다. 1992년에 일본에서 가장 많이 팔린 책은 성경이었다.
- 중국 그리스도인의 수는 3천만 명에서 1억 명으로 추산된다!
- 1980년과 1990년 초 강력한 정부의 압력에도 불구하고, 베트남의 가정 교회는 급속도로 성장했다. 1991년 한 목회자의 체포 이후, 교인들은 새롭게 헌신하여 이후 2년 동안에만 베트남 전역에 300개의 새로운 교회를 개척했다. 심지어 만여 명의 사람들이 예수 그리스도에 대한 믿음을 고백하는 일도 있었다! 한편 투옥되었던 목사는 같은 방에 수감된 25명의 죄수들을 그리스도께로 인도했다!
- 인도 그리스도인의 수는 국가 전체 인구의 10%를 차지하는 것으로 추산된다! 인도 전체 인구가 9억 명이 넘는다는 사실로 볼 때, 예수 그리스도의 교회가 인도 안에서 제대로 서 가고 있음이 분명하다. 인도에서는 확실한 회심의 증표가 세례인데, 연구 보고서에 따르면 매일 인도 전역에서는 15,000명이 세례를 받는다고 한다!
- 1991년 가을, 네팔에서는 100명의 사람들이 공개적으로 세례를 받았다. 9개월 전만 해도 세례를 받으면 투옥되는 상황이었다. 1995년, 카트만두에서 열린 루이스 팔라우(Luis Palau) 선교사의 집회에는 26,000명이 참석했고, 그 중 1,400명이 공개적으로 그리스도께 헌신을 다짐했다. 1950년대의 박해 이후, 네팔의 그리스도인은 150,000명으로 급격히 늘어났다.
- 무슬림 수천 명이 그리스도께 돌아온 곳도 있다. 불가리아의 경우 1992-1993년에 3,000명 이상의 터키 무슬림들이 회심했다. 1992년,

한 콥트 교회 사제와 하나님의 성회 소속 선교사가 연합하여 이집트에서 놀라운 전도 활동을 벌였다. 그 결과 25,000명의 무슬림들이 그리스도께로 돌아왔다. 이집트는 그리스도인에 대한 박해가 잦은 나라다.
- 1990년대 초, 유고슬라비아에서 분리되어 독립 국가를 이룬 크로아티아 정부는 모든 공립학교에서 기독교를 가르치도록 지정했다. 이후 크로아티아는 공립학교에서 성경 교육과 성경 배포를 허용하는 국가 — 독립국가연합(CIS)에 소속된 몇몇 국가와 루마니아, 불가리아, 파푸아뉴기니, 파나마, 볼리비아 등 — 에 합류했다.
- 서 아프리카 국가인 잠비아, 기니비사우(Guinea Bissau), 말리, 기니의 그리스도인 숫자는 인구 증가율의 두 배 정도로 성장하고 있다. 아프리카를 통틀어 매일 20,000명의 사람들이 그리스도의 공동체로 들어오고 있다!

서구 그리스도인들 대부분이 왜 지구상에서 벌어지는 놀라운 하나님의 역사를 인식하지 못하고 있을까? 하나님의 역사에 대한 서구인들의 관점이 더 이상 현실과 맞물리지 못하기 때문인 듯하다.

전 세계 교회 가운데 서구 그리스도인들이 차지하는 비율은 현재 1/4밖에 되지 않으며, 그 중 북미 그리스도인들은 15%에 불과하다. 2/3세계 지역에서 일어나는 일을 제대로 파악하지 못한다면, 서구인들은 하나님이 행하시는 일의 85%를 놓치는 셈이 된다! 예를 들어, 조지 오티스 2세는 북미 교회를 향해 다음과 같이 말한다. "나는 오늘날 하나님의 극명한 역사를 보면서, 지구 다른 편에서 일어나는 엄청난 영적 추수가 북아메리카는 지나쳐 간다는 사실을 인정할 수밖에 없다."
세계 인구 도표를 보면서 하나님의 세계 복음화 프로그램에 어떤 일이 일어나고 있는지 살펴보자. 옆의 도표에서 나타난 급격한 상승 곡선은 거의 인구 폭발이라 할 만큼 엄청나지 않은가? 그렇지만 하나님의 관점에서는 어떤 의미를 내포하고 있을까?

하나님께서는 모든 피조물 가운데 인간의 영혼을 가장 가치 있게 여기신다. 그리고 지금은 역사상 한 장소 안에 어느 때보다도 많은 영혼을 채워주고 계신다. 그리고 수십억의 새 생명들 대부분이 2/3세계에서 태어나게 하신다. 따라서 이 지역이야말로 교회가 번갯불처럼 강렬하게 성장하고 있는 곳이다. 엄청난 추수다!

여기 더욱 충격적인 추수의 예가 있다.

• 1992년 후반, 짐바브웨의 70개 교파 교회의 지도자들이 모여 2000년까지 만 개의 교회를 새로 개척하기로 헌신했다. 과연 어떤 결과가 나

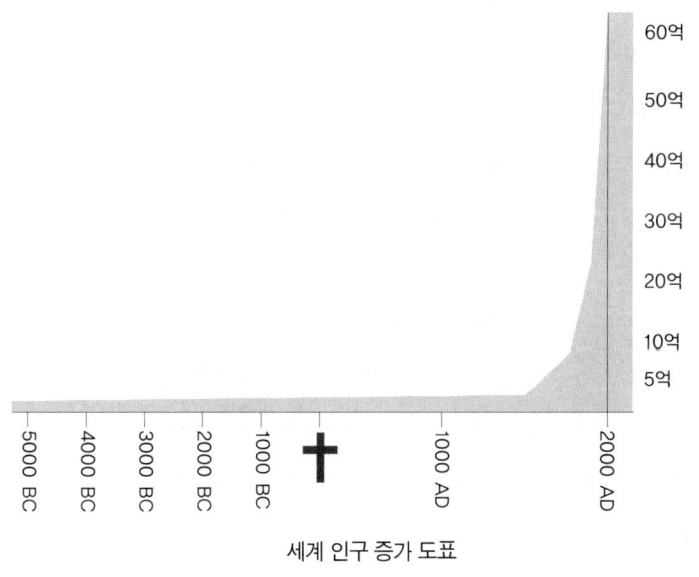

세계 인구 증가 도표

왔을까? 그 중 한 교파인 자유감리교회는 이전 100년의 역사 동안 13개 교회로 자라났다. 그런데 이렇게 헌신한 이후 6개월 동안 30개의 새로운 교회를 개척했다. 100년간 이루어낸 성과의 두 배를 반 년만에 해낸 것이다! 그곳 지도자는 다음과 같이 보고했다. "드디어 기독교가 활기를 띠며 성장하고 있습니다!"

- 지난 수십 년 동안 남아프리카에 대해 암울한 소식만이 알려졌을 뿐, 선교 운동에 대한 좋은 소식은 거의 알려지지 않았다. 예를 들어 1992년 11월 다섯 명의 목사가 다섯 시간 동안 세례를 베풀었는데, 세례받기를 기다리는 사람들의 행렬이 무려 5km에 달했다고 한다. 그날 오후 7,000명의 사람들이 세례를 받았다! 앙골라에서도 비슷한 보고가 있었는데, 끔찍한 내전이 최고조에 이를 당시 하루 동안 세례를 받은 사람이 10,000명이었다고 한다.

- 1988년에 쿠바에서 열린 3주간의 복음 운동을 통해 22,000명 이상이 그리스도께 헌신했다는 보고가 있었다. 이날 이후, 쿠바에서는 경이적인 성장이 일어났다. 한 쿠바인 목사는 최근 "쿠바에서 복음 전도가 폭발적인 결실을 이루고 있습니다. 참으로 아름답습니다!"라고 보고했다. 어느 목사는 혼자서 3달 동안 50개의 가정 교회를 세웠다. 각 교회별로 평균 900명이 참석하고, 매주 50명의 사람들이 구원을 받는다고 한다.

- 과테말라의 경우, 현재 수도 안에 있는 5개 교회의 성도 수가 5천 명이 넘는다. 복음주의 그리스도인들이 전체 인구의 30%에 이를 만큼 늘어났는데, 이것은 중앙아메리카 대부분의 지역에서 나타나는 현상이다. 과테말라 시의 국립 축구 경기장에서 기도 모임이 열렸는데 45,000명 이상의 성도들이 참석했다.

- 아르헨티나의 복음주의 교회는 지난 10년 간 800%의 성장을 보였다. 오마르 카브레라, 카를로스 아나콘다, 헥토르 지미네즈 목사가 이끄는 세 교회의 성도 수는 100,000명이 넘는다.
- 러시아의 경우, 이전에 무신론자였던 사람 가운데 22%가 현재 하나님을 믿고 있으며, 25%는 무신론적 공산주의의 압제 하에서도 늘 하나님을 믿었다고 말한다.

  과거 구소련이었던 지역에서 15,000명 이상의 교육자들이 성경에 근거한 도덕 교육을 하고 예수 그리스도의 생애를 가르칠 수 있게 새로운 교과 과정을 사용하도록 훈련을 받았다.

  96% 이상의 학생들이 정기적으로 성경을 읽고, 수업 시간에 토론을 벌이고 있다! 블라디미르 시의 초등학교 2학년 수업 시간에 아이들이 요한복음 3장 16절을 찾느라 러시아-영어 신약 성경을 골똘히 뒤져보는 모습을 상상해보라.
- 매년 생애 처음으로 복음을 접하는 사람들은 대략 1억 2천만 명이다.
- 전 세계 교회가 소유한 컴퓨터는 1억 5872만 5천 대나 된다! 하나님나라를 위해 네트워크를 형성할 수 있는 좋은 기회가 아닌가!
- 1995년 5월, 8만 명의 한국 학생들이 공개적으로 세계 복음화를 위해 헌신했다. 이후 또 다른 25,000명의 사람들이 보내는 선교사, 또는 가는 선교사가 되겠다고 서명을 했다.
- 현재, 매달 약 17억 명의 사람들이 기독교 라디오 방송을 청취하고, 기독교 텔레비전 방송을 시청하고 있다!
- 그리스도인들이 매년 복음 전도에 보내는 시간은 3억 8천 8백만 시간이다!
- 세계 인구의 10%는 누가복음을 바탕으로 제작된 '예수' 영화를 통해

예수 그리스도의 생애를 보았다.

- 『기도 합주회』의 저자 데이빗 브라이언트는 다음과 같이 말한다. "오늘날 교회의 정황을 미뤄볼 때, 세계적인 부흥이 시작될 조짐이 있다는 것에 대해서는 지도자들 간에 의문의 여지가 없다. 하나님께서는 전 세계 교회들 안에 기도 모임을 일으키고 계신데, 이는 교회 역사상 전례가 없으며, 또한 새롭게 일어나 결집한 그리스도인 군대의 모습과 다를 바 없다."

정말 뭔가가 일어나고 있다! 복음이 불길처럼 처처에 번져가고 있다. 하지만 이러한 추수를 거두는 데에는 희생이 뒤따른다는 사실을 간과해서는 안 된다. 21세기에 교회를 위한 치열한 전쟁이 일어나고 있음을 알려주는 두 번째 경향은 이것이다.

점잖기만 한 태도는 벗어버리라

[1992년 8월, 나이지리아 북동부 지역]

마을의 공동 우물 옆, 따스하게 달궈진 둥그런 바위 곁에 앉아 겁에 질린 채 얼굴을 찡그리고 있는 당신. 흙먼지 날리는 마을 광장에서 들리는 소리라고는 참나무에서 울리는 메마르고 날카로운 매미 소리뿐. 하우자 마을 사람들은 아무 말 없이 뜨거운 열기 아래 어느 흰 옷 입은 전사 주변을 에워싸고 있다. 전사는 근육질의 팔로 칼을 높이 들어 무릎을 꿇고 있는 한 청년을 향하고 있고, 그 청년은 순순히 그루터기에 오른 팔을 올려놓고 있다.

청년의 아내와 여동생은 흙먼지 위에 엎드려 있는 청년의 뒤에서 바들바들 떨며 서 있었다. 그의 어린 아기들은 아무 소리 없이 손가락을 빨면서 사람들 주변을 기어 다닌다. 구역질을 느끼면서 무기력하게 바라보는 당신.

하우자의 전사는 천천히 자기 언어로 무언가를 외치더니, 당신이 알아듣도록 영어로 다시 외친다. "이 사람, 셀춘 목사는 기독교 성경을 가지고 들어왔다!" 그는 조마조마한 마음으로 바라보는 마을 사람들의 눈을 노려보더니, 이윽고 당신을 노려본다. "모든 이단자들에 대한 처단이다!" 그는 으르렁거리듯 뜨거운 바람을 가르며 칼을 내리쳤고, 칼은 청년의 손목을 절단한 채 그루터기에 박혔다.

셀춘 목사는 고통으로 숨이 막혔다. 하지만 눈을 채 뜨지도 못한 채 왼손을 들어 찬양하기 시작했다. 당신도 아는 찬양이다. "그는 주, 그는 주, 죽음에서 부활하신 나의 주."

흙먼지 뒤덮인 마을 사람들은 눈을 크게 뜨고 아무 말 없이 이를 지켜보았다. 하우자의 전사마저 말문이 막혔다. 당신의 마음에서도 피를 흘리고 엎드러진 젊은 목사와 함께 찬양이 흘러나온다. "무릎 꿇고서 모두 외치세. 예수는 나의 주."

셀춘은 지구상에서 벌어지는 처절한 영적 전쟁에서 희생된 사람 가운데 하나다. 이 실제 사건이 벌어졌을 무렵, 셀춘 목사가 거하던 나이지리아 북동부 지역에서는 6만 명의 그리스도인들이 집을 잃었고 폭도들에게 쫓겨 고향을 떠나야 했다. 3개월 동안 300명 가량의 그리스도인들이 살해되었는데, 그 중에는 100여 개 이상의 교회가 방화되는 바람에 모임 장소에서 산채로 불에 타 죽은 사람도 있었다. 전반적으로 그리스도의 몸인 교회가 크나큰 시련을 겪고 있다.

- 그리스도에 대한 믿음 때문에 순교한 선교사는 이전 200년보다 지난 20년 동안에 더 많았다.[3]
- 1950년 이후, 전 세계적으로 그리스도에 대한 믿음 때문에 살해당하는 사람들의 숫자는 한 해 평균 150,000명이다.[4]

헌신된 평신도, 목사, 선교사, 선교단체 간사 등 당신 주위에 열심 있는 그리스도인들을 떠올려보라. 그리고 지난 2년 동안의 사역이 다른 시기보다 더 힘들지는 않았는지 물어보라. 그러면 개인적으로나 공동체적으로 교회가 지옥의 문과 대항해 싸우는 전쟁이 더욱 격렬해졌다는 얘기를 듣게 될 것이다.

우리가 사는 시대를 정확히 상징해주는 말이 있다면, 바로 이 말일 것이다.

危机

이 두 한자는 '위기'를 의미한다. '위험할 위'에 '기회 기'. 여기에 큰 의미가 있다. 역사적으로 우리는 최대의 위기 상황에 처해 있고, 기회가 올 때마다 위험은 더욱 커져만 간다. 하지만 위험 안에는 교회를 위한 기회가 숨어 있다. 위기는 바로 기회인 것이다.

바울 사도는 다음과 같이 표현했다. "나에게 큰 문이 활짝 열려서 일을 많이 할 수 있는 기회가 왔습니다. 그러나 방해를 하는 사람도 많이 있습니다"(고전 16:9, 표준새번역). 우리 시대에는 전에 없던 사역의 기회가 활짝 열리고 있지만 동시에 극악무도한 반대 세력도 함께 가세한다. 선을 향해 맹공격을 가하는 죄악의 세력을 감지하기란 어렵지 않다. 선과 악의 우주적 전쟁에서 뭔가 큰 일이 곧 일어날 조짐이다.

현시대를 암시하는 성경 말씀이 있다면, 바로 계시록 12장일 것이다. 악한 자는 믿음의 형제들을 참소하고, 그리스도인은 어린 양의 피와 증거하는 말로 원수를 이기며, 마귀는 "자기의 때가 얼마 못된 줄을 알므로 크게 분내"고, 굳센 형제들은 "죽기까지 자기 생명을 아끼지 아니하였도다"라는 계시록 말씀을 통해, 견고한 믿음의 그리스도인들은 서로를 위로하고 격려한다.

그리스도인으로서 우리는 늘상 악의 없고 맘씨 좋은 모습만을 보여 주려 했다. 그리고 갖가지 모임에 참석하느라 바쁘다. 그러나 이제는 점잖기만 한 태도를 벗어버려야 할 때다. 교회인 우리는 역사상 일촉즉발의 위기 상황에 처해 있으며, 하나님께서는 지금과 같은 때를 결단력 있게 헤치고 나갈 소수의 사람들을 찾고 계시다.

하나님의 거대한 계획 안에서 여러분은 어디에 위치하고 있는가? 그리스도인으로서 그 자리를 아는 것은, 단지 착하게 살고 모임에 잘 참석하는 것보다 훨씬 중요하다. 하나님의 위대한 사랑 때문에, 우리는 그분의 계획 안에 서로 잘 엮여 있으며, 이는 여러분 개인을 위한 계획이기도 하다. 여러분이 할 일은 그저 하나님께서 나를 어디에 두고자 하시는지 살펴보는 일이다.

가는 사람, 보내는 사람, 국내 외국인 사역자, 선교 동원가

쪽복음을 빈병에 넣어 띄우는 〈해류 전도회〉의 사역은 대단히 급진적인 것이었다. 우리와 함께 공부하다 보면, 이보다 더 급진적인 그리스도인들도 만나게 될 것이다. 이들 모두는 교회의 총체적 사명을 감당하기 위해 나름의 역할을 맡고 있다.

1. **가는 사람.** 하나님께서는 이들이 다른 나라로 가거나 타문화의 장벽을 넘게 하셔서 예수 그리스도의 구원의 축복을 전하는 사역을 감당하게 하신다.
2. 어떤 이들은 **국내 외국인 사역자**로 고향에 남아, 하나님께서 자기 도시에 보내시는 외국인들을 대상으로 사역한다.
3. 어떤 이들은 **보내는 사람**이다. 그들은 본국에 머물면서 하나님께 순종하고, 교회가 그 역할과 사역을 감당하여 하나님의 이름을 열국 가운데 전할 수 있도록 돕는다. 그들은 교회가 세계 선교를 시작하는 발판이 된다.
4. 보내는 사람들은 **선교 동원가**로 좀더 전문화될 수도 있다. 군대를 모집하듯, 다른 그리스도인들을 격려하고 세워서 오늘날 하나님이 행하시는 절체절명의 계획 안에서 전략적인 역할을 완수할 수 있게 한다.

혹은 여러 가지 역할을 복합적으로 감당하기도 한다. 그렇다고 가는 사람, 국내 외국인 사역자, 보내는 사람, 동원하는 사람이라는 이러한 역할이 반드시 고정으로 정해진 것은 아니다. 다른 방법으로 세계 복음화를 꾀하는 사람들은 이러한 역할을 복합적으로 수행하는 경우가 많으며, 인생의 시기별로 다른 역할을 감당하기도 한다. 그렇지만 이러한 4가지 역할 범주를 통해 교회의 사명 완수라는 흥분된 계획 속에서 자신만의 역할을 찾는 데 도움을 얻게 될 것이다. 또한 한 개인으로서, 또한 지교회로서 어떻게 행동을 취할 수 있는지 검증된 방법에 대한 아이디어를 제공받을 수 있다.

이 책을 쓴 목적도 바로 그것이다. 여러분이 80 평생을 살면서, 자기 인생을 향한 하나님의 계획을 찾도록 돕는 것 말이다.

하지만 먼저 큰 그림에 대해 제대로 감을 잡을 필요가 있다. 그 후에야 여러분 자신이 감당할 실제적인 부분들을 살펴보도록 하겠다.

자, 이제 안전띠를 조이라. 이 세대에서 중요한 일을 감당할 우리 평범한 그리스도인들 안에 무언가 일어날 조짐이 보인다. 어쩌면 여러분의 할 일은 바하 해변에서 빈 병을 띄워 보내는 것과 같이 괴상한 행동일지도 모르고, 혹은 나이지리아의 100명 목회자들을 위해 기도하는 것인지도 모른다.

볼티모어에서 불가리아까지

열방을 향한 하나님의 계획

"세상의 종말이 우리 앞에 다가온다는 사실을 인식하는
교회 지도자들의 수가 점차 늘어가는 모습을 본다.
예수 그리스도의 교회가
이 땅에서의 사명을 완수할 수 있다고 믿어야 할 때다."
— J. 필립 호건

[미국, 볼티모어]

찜통 같은 여름밤의 열기 속에 메릴랜드 대학 주차장에서 학생회관까지 800미터 가량을 걸어가는 당신. 거대한 흰색 문을 들어서자마자 차가운 에어컨 바람이 땀에 절은 몸을 휘감는다. 연회장이 어디 있는지 두리번거리는데, 주변에는 여름 강습회에 참석한 학생들이 차가운 대리석 복도로 허둥지둥 지나간다. 가까스로 히피 같은 모습의 한 학생에게 강당이 어디 있는지 묻는다. 그런데 그 친구의 질문. "여기 오시는 멋진 선교사들 중 한 분이신가요?"

"저 말입니까? 그분들이 하시는 연극에 초대받은 사람인데요." 그 친구는 의아하다는 듯 연회장 문을 가리켰다. 가까이 가는 순간 문이 획 열리더니, 제이 랜덜(Jay Randall)이 손에 대본을 들고 불쑥 튀어나온다. 카스피안 프로젝트(Caspian Project)의 감독자인 제이는 검은 머리의 바트 심슨처럼 당신을 철썩 때린다. "늦었잖아!" 제이는 싱긋 웃으면서 〈하늘에서 내려다본 세계〉(*A View from on High*)라는 제목의 둘둘 말린 대본을 당신의 손에 툭 던진다. "앞표지 안쪽에 보면 이름표가 있어. 앞으로 2분 뒤에 리허설 시작이야."

"나더러 무슨 역할을 맡으라고?" 복도를 내달리는 그의 등 뒤로 소리친다.

되돌아오는 그의 대답. "사탄."

희미하고 텅 빈 강당으로 들어가자 다양한 전시대가 눈에 들어온다. 한 곳에는 큰 글씨로 "우리는 미전도 종족을 향해 나아간다"라고 써 있다. 그리고 다른 곳에는 "진리의 물이 넘쳐나도록"이라는 표어가 적혀 있다. 당신은 다소 어리둥절한 표정으로 이름표를 꺼내는데, 첫줄에 적 포도주 빛 글씨로 "ACMC"라고 적혀 있다.

뒤쪽 문이 덜컹 열리더니 제이가 뛰어 들어온다. "이름표 붙이고 날 따라와." 그는 선교 전시대 사이로 안내하면서 설명을 시작한다. "ACMC란 교회 선교회 연합(Association of Church Mission Committees)의 약자로 쓰이지. 하지만 더 넓은 의미로도 사용돼. 한번 생각해봐. 교회 간 선교 사명 헌신 강화(Advancing Commitment in Mission among Churches). 엇, 아니다. 교회의 선교 헌신 강화(Advancing Churches' Mission Commitment). 뭐가 됐든. 선교적 비전을 갖고 있는 교회라면 함께해야지. 지금까지는 회의가 멋지게 진행되었어!"

당신은 수백 개의 의자 사이로 지나가며 묻는다. "근데 왜 하필 나지?"

제이는 잠시 멈춰선다. "지금 투덜대는 거야? 그렇지만 우리 생각에는 교회의 선교 사명을 개괄적으로 볼 수 있는 가장 빠른 방법이야. 자네가 밥 쇼그렌이 지은 『데스티네이션 2000』(Destination 2000)이나 『마침내 드러나다』(죠이선교회 펴냄), 또는 빌 & 에이미 스턴즈가 쓴 『서기 2000년! 성취된 일과 남은 과업』(Catch the Vision, 죠이선교회 펴냄) 등을 꼼꼼히 읽었거나 선교 기본 훈련 과정을 밟았다면 다음 장으로 넘어가도 괜찮을 거야. 하지만 자네가 그런 공부를 했는지 알 수가 없으니 개괄적으로 살펴보게 하려는 거지. 더욱이 자네 교회에서도 활용할 수 있지 않겠나. 참, 대본은 자네한테 있지."

"내가 말하려는 건 그게 아니야. 나도 남은 공부를 함께 제대로 해나가려면 개괄적인 면을 다룰 필요가 있겠다고 생각했어. '왜 하필 나야'라고 물은 건 왜 내가 사탄을 맡아야 하는지 모르겠다는 뜻이야."

제이는 몸짓으로 강당 앞쪽을 가리키며 부드럽게 웃는다. "글쎄, 나도 뭐라고 꼬집어 말하기가 어려운걸?" 그는 당신을 첫 번째 줄에 앉힌다. "사실은 농담이야. 자넬 겁주려고 그랬지. 자네가 할 일은 그저 지켜보는 거야. 사탄을 맡을 사람들이 벌써 수두룩하다구."

두 시간이 지나자 강당은 나이를 불문하고 '그 멋진 선교사들'로 꽉 찬다. 당신 옆자리에 앉은 젊은 부부는 미시간에서 온 마이크, 브렌다 크루퍼 부부다. 마이크는 이렇게 자신을 소개한다. "네, 컴퓨터 관련업에 종사하고 있죠. 하지만 실제 직업은 선교 동원가예요." 갑자기 푸른 빛 막이 걷히고 연극이 시작된다.

[하늘에서 내려다 본 풍경]

제이 랜덜이 무대 위 마이크 앞으로 성큼 걸어와 말을 시작한다. "친애하는 관객 여러분, 오늘 우리는 선교에 마음이 없는 교인들이 인류를 향한 하나님의 마음을 새로운 측면에서 보게 하는 데 도움을 주고자 이 연극을 준비했습니다. 재미있고 도전적이며 영감을 주는 내용으로, 특별한 연기 능력이나 많은 시간이 필요하지 않습니다. 이 연극을 여러분의 교회에서 활용할 것을 적극 추천합니다. 연극 전체를 보여드리고 싶지만 오늘은 어렵겠군요. 주일 오전 예배 시간에 사용할 수 있도록 제작되었으므로 1시간 정도 소요되지만, 오늘 밤에는 20분만 보여드리겠습니다. 그리고 저의 가상 비디오 리모컨의 도움을 받아 몇몇 장면에서는 '화면 정지'를 시켜 요약 설명을 해드리도록 하겠습니다. 보통은 목회자분들이나 교회 지도자들이 주 배역을 맡으시겠지만, 오늘 밤에는 ACMC 단원들과 제 친구들이 배역을 맡았습니다. 자, 시작합니다!"

저녁 집회 인도자로 섬기는 ACMC 남서부 대표인 래리 워커가 서두 설명을 한다. "우리는 인류 구원에 대한 하나님의 계획을 개괄적으로 보여주려고 고민을 하던 끝에, 그 최선의 방법은 하늘에서 내려다보는 것이 아닐까 하고 생각했습니다. 이번 예배 시간에는 하늘의 관점에서 보도록 해봅시다." 말하는 동안 흰 옷을 입은 두 남자가 무대 오른편 위쪽에 마련된 강단 뒤로 등장한다. 래리의 말이다. "이 장면은 선배 천사가 후배 천사에게 우주 전체를 돌며 예배 교육을 하는 장면입니다."

조명은 흰 옷 입은 두 사람이 마치 4차원 세계에서 은하계를 통과하는 듯한 느낌을 주며 아래 위, 앞뒤로 흔들리기 시작한다. 관객들의 웃음소리 속에 점차 속도를 늦춘다.

후배 천사가 놀란 듯한 표정으로 선배 천사를 쳐다보며 묻는다. "왜 여기서 멈추나요?"

선배 천사는 조용한 목소리로 대답한다. "'방문받은 별'에 가까워 왔기 때문이지. 오른 편의 두 번째 별이 보이나?" 후배 천사가 고개를 끄덕인다. "좋아. 큰 고리가 둘러진 별이 보이지? 저것만 지나면 보일 거야. … 저기, 저 별이야!"

후배 천사는 못 믿겠다는 듯 황당한 표정으로 말한다. "지금 농담하시나요? 지금껏 무수한 별을 지나왔는데, 겨우 이거라구요? 좀더 크고, 환하고, 멋질 줄 알았는데, 이건 너무 평범하잖아요!"

선배 천사는 웃으면서 후배의 어깨를 두드린다. "맞아, 하나님께서는 평범한 존재를 사용하기를 기뻐하시지. 바로 이곳이 얼마 전에 하나님이 방문하신 별이야. 이곳 사람들은 그 시간을 2천 년이라고 부르지. 그 사람들에게는 아주 긴 시간이라나."

"하나님께서 왜 이런 근시안적 존재들을 방문하신 거죠?" 후배 천사는 메스껍다는 듯 말한다.

"조심하게." 선배 천사가 정색한다. "언젠가 저 존재들이 우리와 나머지 천사들까지 다스리게 될 테니."

"저들이요?" 후배 천사는 관중을 향해 몸짓을 한 뒤, 슬금슬금 쳐다보면서 이렇게 말한다. "하나님이 평범한 존재를 사용하신다는 말의 의미를 알겠네요."

"흠, 이제 막 시작했는데, 벌써 앞서 갔구먼." 선배 천사는 이제 이야기보따리를 풀기 시작한다. "오래 전, 사탄이 타락하기 전의 일이야. 그 친구는 모든 천사 중에 가장 아름답고 빛나는 존재였지. 그런데 그걸로 충분하지 않았나봐. 그 친구는 경배받고 싶어했지. 하늘에서는 전쟁이 있었고, 믿겨지지 않겠지만 천사의 1/3이 타락 천사와 함께했지. 그네들은 자기들만의 왕국을 세우기 시작했어."

후배 천사가 말한다. "믿기 힘든데요."

"인간들 대부분도 그렇게 느끼지. 어쨌든 그 일로 아버지께서는 매우 상심하셨고, 새로운 계획을 세우셨지. 타락 천사가 장악한 지경 가운데서 이 작은 별을 선택하셨어. 그리고 인간을 포함해 생물들로 이 땅을 채우신 거지. 너무나도 좋았다는군. 하지만 그들도 아버지의 다스림에 순종하길 거부하고 반란을 일으킨 거야, 한 번도 아니고 매번 말이지."

후배 천사는 팔짱을 끼고서 싱긋 웃는다. "그들을 완전히 쓸어버리셨겠네요."

"맞아, 대부분의 인간들에게는 그렇게 하셨어. 하지만 한 번 더 기회를 주셨지. 아브라함과 그 자손들을 선택하셔서 하나님의 계획 가운데 중요한 부분을 맡게 하신 거야. 아버지께서 그들과 가까이 지내시겠다는 생각이셨어. 아브라함 가문이 번성하면 주변의 다른 부족 사람들이 그 모습을 보고, 뭔가 다르구나 하고 깨닫게 되는 거야. 그러면 아브라함 가문이 그들에게 아버지를 소개하는 거지."

후배 천사는 강단을 탕 치며 외친다. "정말 멋진 계획이네요!"

"그런데 안타깝게도 이뤄지지 못했어. 성공한 적도 있지, 몇 번은 말이야. 하지만 대부분의 경우, 아브라함의 자손들은 자신들의 축복이 하나님이 주신 특권이란 사실을 잊어버리고 자신들만의 권리로 삼아버렸지. 그래서 하나님께서 무한함에서 벗어나셔서 평범한 인간의 계보 안에서 평범한 인간으로 태어나신 거야."

"어 … 대사가 뭐더라. 아, 말도 안 돼요!" 후배 천사는 대본에서 눈을 떼고서 낄낄거리는 관중을 향해 슬쩍 웃는다.

그렇지 않다는 듯 고개를 젓는 선배 천사. "그런데도 그런 일이 정말 일어났어. 그분은 신랑이 되셨고, 신부를 얻기 위해 엄청난 값을 지불한 거지. 반항하는 인간에게 완벽한 생명을 값없이 주셔서, 신랑에게 청혼도 받고 신부가 될 수 있게 하신 거야. 그분의 제자들은 권능과 권세와 목표를 부여받았는데, 지구 곳곳을 샅샅이 뒤져서 모든 방언과 족속과 나라의 사람들을 불러다가 결혼식 잔치에 초청하는 것이 그 목표였지."

"정말 놀라워요. 그런데 제자들이 요즘 어떻게들 하고 있죠?"

"평균 수준인 교회의 상황을 한 번 보자구. 아니 평균은 넘는 교회지."

"평균은 넘는 교회인지 어떻게 아시죠?"

"응, 그 교회 목회자가 그렇게 말했거든." 관중들이 킬킬거린다. "물론 이 별에 사는 사람들은 죄다 자신들이 평균은 넘는다고 생각하지. 평균은 넘는 자녀들을 거느리고, 평균은 넘는 외모와 지적 능력을 가졌다고들 말야."

후배 천사는 이마를 긁적이며 말한다. "하지만 모든 사람들이 평균을 넘는 건 불가능하잖아요?"

선배 천사가 말을 가로막는다. "그게 말이 된다고 한 적은 없어. 어쨌든 그 사람들이 노래하면서 아버지를 예배하려고 하는군."

이 때, 제이가 무대로 걸어 나와서, 배우들을 향해 가상의 리모컨을 작동시킨다. 배우들은 그 자세 그대로 멈춰버린다. 제이가 관중들에게 말한다. "이제 여기서 여러분 교회 사람들이 원래 하듯 찬양을 부르고 헌금을 드리면 됩니다. 여기에 10분이 소요되고 그 시간 동안 천사들은 흥미롭다는 듯 사람들을 바라봅니다. 이제 재생 버튼을 다시 누르죠." 제이는 천사들을 향해 리모컨을 만지작거리더니 버튼을 누르는 듯 과장된 동작을 보여준다.

천사들은 다시 움직이기 시작한다. 후배 천사가 머리를 끄덕인다.

"노래가 그리 나쁘지는 않군요."

선배 천사는 후배 천사의 어깨를 툭툭 치며 이렇게 말한다. "내가 말했잖아. 평균은 넘는 사람들이라구."

후배 천사가 입을 연다. 처음에는 동경하는 듯한 어조로 시작해 점차 격해진다. "하지만 거룩한 하나님께서 빛나는 영광 중에 보좌에 앉아 계신 모습을 이들이 본다면 더 잘할 수 있지 않을까요? 보좌에서 생명의 강이 흘러나오고, 네 생물이 그 옆에 서 있고, 수많은 천사들이 그 영광을 노래하는 모습을 본다면 말이에요."

선배 천사는 후배 천사의 입을 틀어막으며 말한다. "워워! 이봐, 진정해! 바로 그게 문제라니까. 저 사람들은 아직까지 아무것도 본 적이 없어. 하지만 걱정 말라구. 언젠가는 볼 테니." 선배 천사는 황홀한 듯 웃으며 말한다. "그 때, 제대로 경배하는지 보자구!"

그 때 후배 천사가 머리를 절레절레 흔들면서 갑자기 당신 쪽을 가리킨다. 그는 강단 위에서 당신 옆자리에 앉은 마이크 크루퍼를 보면서 이렇게 외친다. "그래, 저기 노랑머리 남자 있죠! 헌금 주머니를 돌릴 때 사람들은 다들 집어넣는데, 저 사람 혼자 뭔가 끄집어냈어요." 마이크의 얼굴이 빨개진다.

선배 천사는 아무렇지도 않다는 듯 어깨를 들썩이더니 이렇게 말한다. "내가 저 사람들 수준이 평균보다 아주 높다고는 말한 적 없잖아."

래리 워커가 마이크를 들고 관중들 앞으로 나온다. 후배 천사가 묻는다. "저 사람들 지금 뭘 하는 거죠?"

선배 천사가 답한다. "빛의 왕국이 어둠의 왕국을 물리친 성과를 보고 하는 중이야."

래리가 관중들을 향해 묻는다. "오늘날 하나님께서 어떻게 역사하고 계신지 간증하실 분 계십니까?" 여기저기서 사람들이 손을 든다. 래리는 가장 먼저 붉은 블라우스에 꽃무늬 치마를 입고, 테니스 화를 신고 있는 한 여성 앞으로 마이크를 건넨다. 그 여성은 흥분된 목소리로 말한다. "최근 CCC의 예수 영화팀과 CBN이 협력했는데, 중앙아메리카 전역에서 2백만의 사람들이 예수님께 돌아왔대요!"

몇몇 사람들이 실제 있었던 최신 정보를 나눈다. 마이크는 그들에게 다가가 마이크를 건넨다.

"'라 카타콤바'(Las Catacumbas)라 불리는 천여 명의 푸에르토리코 젊은이들이 무슬림들을 전도하기 위해 모였습니다."
"서아프리카 토고에 있는 선교사들은 400명의 성도가 5년만에 4,000명 성도를 가진 10개 교회로 성장했다고 보고했습니다!"
"현재 1억 7천만 명의 그리스도인들이 매일 세계 선교를 위해 기도하고 있답니다!"
"지난 10년 간 태국에서는 3,224곳의 새로운 가정 교회가 개척되었대요. 라오스의 교회는 5년 동안 5,000에서 20,000으로 신도 수가 늘었고요!"
"인도 전체 주에서 그리스도인의 수를 95%로 끌어올릴 것을 선포하고 있습니다! 나갈랜드와 키조람 주의 그리스도인들은 2,000년까지 3,000명의 새로운 선교사 파송을 목표로 움직여 나가고 있고요!"

천사들이 다음 대사를 시작하자, 래리는 강당을 가로질러 달려오느라 헉헉거리더니 몸을 돌려 관객 앞 쪽을 향해 선다.

후배 천사가 눈썹을 만지작거리며 말한다. "아버지께서 정말로 역사하고 계시는군요! 아주 멋진 장면들이로군요. 하지만 전체 그림을 파악하기는 어렵네요."

선배 천사는 후배에게 조용히 하라는 몸짓을 한다. "쉿! 좀 조용히 해주면 이해할 수 있을 거야."

래리가 다시 말하기 시작한다. "오늘날 세계 인구가 얼마나 되는지 말해주실 분 있습니까?" ACMC 관객 중에서 올바른 대답이 나오고, 또 여러 사람들이 큰 소리로 의견을 낸다. 이윽고 이어지는 래리의 말. "맞습니다. 원래 그분들 전체를 오늘 이 자리에 초대하려고 했는데, 이 지역 소방국장이 안전을 이유로 허락을 안 해줘서 말입니다. 그래서 오늘 밤에는 여기 오신 여러분 각자가 천만 명의 사람들을 대표하도록 하겠습니다.

현재 세계의 1/10은 예수님과 교제를 나누며 생명력과 생산력을 가진 헌신된 그리스도인들입니다. 각자 의자 밑에 있는 표를 살펴보시고, '헌신된 그리스도인'이라고 쓰여진 분들은 일어서 주십시오." 당신도 의자 밑에 있는 종이를 찾아 뭐라고 쓰여 있는지 읽어본다. '불교도.' 옆 자리의 마이크가 브렌다에게 속삭인다. "대체 뭘 하려는 거죠?"

관중들의 1/10이 우수수 일어나는 소리가 들린다. 그들은 모두 강당의 오른편과 중간 지점에 자리하고 있다. 래리의 목소리. "이분들이 어느 지점에 위치하고 있는지 잘 봐두십시오. 앉아도 좋습니다. '명목상 그리스도인들' 계시면 일어나 주시겠습니까?" 이번에는 강당 오른편과 중간 지점에서 1/5 가량이 일어난다.

"좋습니다. 전 세계적으로 헌신된 그리스도인 한 명에, 명목상 그리스도인이 두 명입니다. 이번엔 '복음을 들을 수 있는 비그리스도인'들이 일어나 주시겠습니까?" 다시 같은 지점에서 전체 관중의 30% 정도 되는 사람들이 일어난다.

"오늘날 세계에는 헌신된 그리스도인 한 명에, 명목상 그리스도인이 두 명이고, 복음을 들을 수 있는 비그리스도인들이 세 명입니다. 감사합니다. 이번엔 '힌두교도'라고 적혀 있는 분들 일어서 주세요. 그리고 '불교도'와 '부족민'들도 일어나 주세요." 강당의 왼편 지점에서 많은 사람들이 일어선다.

"감사합니다. 이제 앉으셔도 됩니다. 이번엔 '회교도'라고 적혀 있는 분들 일어나시겠습니까?" 왼편 지점에서 반수나 되는 사람들이 한꺼번에 일어나자 관중들은 깜짝 놀란다. 래리는 사람들의 반응이 가라앉기를 기다리다가 다시 말한다. "회교도들은 알라를 믿고 모하메드를 선지자로 신봉합니다. 예수님도 믿지요. 하지만 모하메드와 같은 선지자 정도로 봅니다. 세계 10억 회교도들의 반이 16세 이하입니다. 그들은 '선한' 삶을 살려고 노력하죠. 그래야 심판의 날에 나쁜 일보다 선한 일이 무게가 더 많이 나가게 되니까요. 회교도 여러분, 자리에 앉으셔도 좋습니다. 현재, 헌신된 그리스도인 한 명에, 명목상 그리스도인이 두 명이고, 복음을 들을 수 있는 비그리스도인이 세 명이며, 교회의 활동이 전혀 없는 문화권에 있는 비그리스도인들이 네 명입니다. 이들 미전도 종족들은 일반적인 복음 전도 활동에서 멀찌감치 떨어져 있습니다."

당신은 토착 교회의 활동이 전혀 없는 문화권이 많다는 사실은 알았으나 이렇게 눈앞에서 생생한 예로 보니 충격적이라며 옆 자리 부부에게 속삭인다. 래리의 말이 시작되자 당신은 말을 멈춘다. 래리는 회교도, 불교도, 부족민 대표가 섰던 왼편과 중간 지점을 가리키며 말을 잇는다. "우리는 이 지점을 단순하게 '미전도 지역'이라고 부르겠습니다. 이들 20억 인구는 단순히 전도되지 못한 것이 아니라, 복음 전도 활동의 영향력이 미치지 못하고 있습니다.

'헌신된 그리스도인'들 모두 다시 일어나 주시겠습니까? 여러분은 복음 전도 활동이 가능한 지역에 흩어져 있다는 사실에 유의하십시오. 비그리스도인들에게 쉽게 다가갈 수 있습니다. 하지만 회교도, 힌두교도, 불교도, 부족민들과 가까이에 있는 '헌신된 그리스도인'은 찾아볼 수 없다는 사실에도 유의하십시오. 그리스도인들 중에는 자기 문화권을 떠나 복음을 심기 위해 다른 문화권으로 향해야 할 사람들이 있습니다. 그들을 '특사'라고 부릅시다.

여러분 중에 '특사'라는 표를 가진 10명은 앞으로 나와 협조해 주시기 바랍니다." 첫줄에 앉은 10사람이 일어나자, 래리는 그들이 관중을 향해 서도록 한다. "여러분 앞에 온 세계가 있습니다. 예수께서는 세계로 나가서 모든 사람들에게 복음을 전하라고 하셨죠. 셋을 셀 테니까 복음이 가장 필요하다고 생각되는 사람들에게로 가서 그 옆에 서십시오. 준비됐죠? 하나, 둘, 셋, 가세요!"

10명의 사람들은 재빨리 달려가 래리가 미전도 지역이라고 불렀던 왼편 중앙 지점으로 달려가, 불교도, 힌두교도, 부족민, 회교도들 사이에 흩어진다.

래리는 웃으며 말한다. "정말 멋지지 않습니까? 우리 특사들 대부분이 세계의 미전도 지역으로 갔습니다. 하지만 이 장면에서 명확히 해야 할 부분이 있네요. 그러려면 특사들 대부분이 '전도된' 지역으로 옮겨 가야 합니다." 래리는 '미전도' 지역에 한 명만 남을 때까지 '특사'들의 자리를 옮긴다. 그들 9명은 역동적 그리스도인들 무리 바로 옆에 있는 '전도된' 지역에 떼로 모여 있다.

래리는 말을 잇는다. "사실상, 오늘날 타문화권에서 사역하는 10명의 그리스도인들 가운데 9명은 이미 '전도된' 지역에 있습니다. 물론 그들은 자기 문화를 벗어나 다른 지역으로 갔죠. 하지만 이미 강력한 교회 운동이 일어난 지역으로 들어가는 겁니다. 그렇다고 모든 사람이 '미전도' 지역으로 옮겨와야 한다고 말하려는 건 아닙니다. 그분들은 열심히 사역하고 계십니다. '전도된' 지역에도 여전히 복음을 들어야 할 사람들은 많으니까요. 하지만 하나님께서 남아 있는 미전도 지역으로 새로운 일꾼들을 일으켜 주시도록 기도할 필요가 있습니다. 추수의 주인께 추수 밭에서 일할 일꾼들을 보내어 주시도록 함께 기도하자고 여러분께 도전을 드리고 싶습니다.

감사합니다. 잘 해주셨어요. 소방국장님도 한 시름 놓으셨을 겁니다." 래리는 자리에 앉고, 네 명의 배우들이 무대 중앙으로 들어온다. 강단 쪽에 있던 천사들은 다시 대화를 시작한다.

"근데, 왜 그렇게 시간이 오래 걸리는 거죠? 2천 년이라면 그 일을 완수할 만큼 충분한 시간일 텐데요."

선배 천사는 후배 천사를 곁눈질로 흘끔 쳐다본다. 그리고 결심했다는 듯 고개를 끄덕인다. "내가 보통은 이런 걸 안 보여주는데, 자네가 질문했으니 말해주지. 타락 천사를 기억하나?" 선배 천사는 무대 중앙에 서 있는 한 배우를 가리킨다. 그는 검은 양복에 빨간 넥타이를 맸고, 머리엔 기름을 발라 확 넘긴 채 검은 선글라스를 끼고 있다. 그는 관중을 주시한 채 악랄한 모습으로 손을 비틀며 무대 위를 걸어 다닌다.

선배 천사가 계속 말을 잇는다. "저길 보라고. 좀 전에 놈들의 본부에서 어떤 일이 있었는지 볼 수 있을 거야. 들어봐…"

빛이 어두워지고 천사들이 움직임을 멈추자 조명이 무대 중앙으로 옮겨간다. 사탄은 턱을 만지며 서 있다. 헐렁한 운동복에 터번을 두른 '중동' 마귀와, 검은 치마에 보라색 블라우스를 입은 '중앙아시아' 마귀가 얼굴을 똑바로 쳐들고 차려 자세를 한 채, 사탄의 명령을 기다리고 있다.

신경질적이고 거친 목소리로 사탄이 말한다. "중동 마귀, 나와서 보고햇!"

중동 마귀가 앞으로 나오며 자신 있게 말한다. "아무런 문제가 없습니다요, 불의의 왕이시여."

사탄이 주의를 준다. "똑바로 하는 게 좋을 거야."

중동 마귀는 흉악한 웃음을 짓는다. "무엇을 기대하십니까? 이라크, 이란, 사우디아라비아, 쿠웨이트, 오만, 아랍 에미리트 지역에 복음이 전파되지 못하게 하는 일은 정말 식은 죽 먹기가 아닙니까!"

으르렁거리는 사탄. "상세하게 말해봐!"

중동 마귀는 제 주인의 주위를 돌며 재잘거린다. "이슬람 근본주의를 부활시키고 고립시켜서, 원수들이 제 포로들에게 손끝 하나 대지 못하게 했습죠. 몇몇 광신자들이 조장한 테러 덕에 멍청한 기독교도들이 중동 사람들을 미워하게 됐지요. 제 땅에 선교사들을 보내는 데는 관심조차 없어질 겁니다요! 게다가 그놈들은 겁을 잔뜩 먹었거든요." 그러더니 잠시 머뭇거리다가 황급히 말했다. "물론 약간의 저항이 있기는 합니다."

사탄은 순간 눈을 부릅뜨더니 염려스럽다는 표정을 짓는다. 중동 마귀는 뒤로 약간 물러나며 다소 방어적인 어조로 말한다. "하지만 정말 별 것 아닙니다. 그 따위 시시한 일로 주인님께 심려를 끼치고 싶진 않습니다."

사탄은 그를 노려보더니 계속 말하라는 몸짓을 한다.

중동 마귀가 천천히 말을 잇는다. "그게, 몇 안 되는 그리스도인들이 기도를 시작했다는 군요. 매년 회교도들의 라마단 기간에 몇 안 되는 — 사실 몇 백만 — 그리스도인들이 회교도들을 위해 기도하기 시작했다는 겁니다. 그러자 여기저기서 위험한 책자들이 돌아다니는 것이 감지되었습죠. 몇몇 회교도들이 우리가 가르친 거짓에서 돌아섰다는군요. 그래봤자 수백만 명 중 몇 명이잖습니까? 새 발의 피죠!"

사탄은 화를 버럭 내며 중동 마귀의 뺨을 갈기는 시늉을 한다. "그만해, 이 멍청아! 한 놈 선교사라도 네 땅에 복음을 들고 들어가면 넌 망하는 거야." 사탄은 중앙아시아를 맡은 여배우에게로 몸을 돌린다. "중앙아시아, 보고해!"

중동 마귀를 향해 으스대며 비웃는 듯한 모습으로 중앙아시아 마귀는 사탄을 향해 다가간다. 그녀는 나지막한 소리로 말한다. "예, 주인님. 예전에도 그랬듯이 상황은 안정적이죠. 소련 정권의 탄압과 거짓을 이용해서 아주 멋지게 진지를 구축했답니다. 어떤 전도 활동도 우즈벡, 카자흐, 투르크멘, 타지크 등, 제가 맡은 지역의 사람들에게 영향을 미치지 못하고 있죠. 서구 기독교인들이 제 속임수에 감쪽같이 넘어갔다니까요. 그 지역 사람들이 죄다 러시아 사람이라고 생각하는 거 있죠! 웃겨! 그 사람들을 위해서 기도한다구요? 흥, 생각도 못할 일이에요! 그런 민족들이 존재하는지조차 모르고 있답니다. 그리고 거기에 살고 있는 몇몇 독일인, 러시아인, 한국계 고려인 그리스도인들도 복음 전하다 잡혀 죽을까봐 겁에 잔뜩 질려 있죠. 제가 한 일이 끝내준다고 생각하지 않으시나요?"

사탄이 손사래를 치며 말한다. "하던 일이나 계속 잘 해!"

중앙아시아 마귀가 말을 잇는다. "제가 다스리는 놈들은 단단히 봉쇄되어 있습니다. 경제가 워낙 휘청거리는지라 영적 진리에 대해선 관심도 없죠. 녀석들이 복음을 들을 만한 기회는 절대로 없습니다. 주인님, 제 세력을 꺾으려면 엄청난 영적 전쟁이 필요할 겁니다. 수천 시간 기도해야 할 걸요. 그리고 그런 일은 절대 불가능하구요." 마귀는 문제없다는 듯 깔깔 웃으며 손을 턴다.

사탄은 고개를 내저으며 고함친다. "불가능하다고? 저 그리스도인들이 하나님께 완전히 헌신하게 될 때, 그분께는 불가능한 일이 없다는 사실을 명심하라고."

뿌루퉁해진 중동 마귀가 앞으로 나와 끼어든다. "왜 우리한테 모질게 구십니까? 우리가 다스리는 곳에는 교회가 하나도 없는데 말입죠. 다른 마귀들이 다스리는 곳에서는 원수들이 복음을 불꽃같이 퍼뜨리고 있다는데, 왜 그놈들에게는 야단을 치지 않으십니까?"

"왜 내가 너희들 지역에 대해서 그토록 안절부절 못하냔 말이지?" 사탄은 두 밀사들 주위를 걸어 다니며 비웃듯이 말을 던진다. "그래, 너희들이 다스리는 지역에는 복음을 퍼뜨릴 교회가 하나도 없다는 건 맞아. 하지만 나를 신경 쓰이게 만드는 몇 가지 예언이 있단 말이야. 제일 나쁜 예언은 이거야. '이 천국 복음이 모든 민족에게 증거되기 위하여 온 세상에 전파되리니 그제야 끝이 오리라.' 그러니, 너희들이 다스리는 지역이 계속 막혀 있는 한 우리도 망하지 않게 되는 거야, 알겠나?"

사탄은 앞을 쳐다보며 소리 지른다. "서방 마귀!"

네 번째 배우가 청바지에 검은 셔츠를 입고 관객석 2번째 줄에서 뛰어 오른다. 얼른 무대로 달려와 다른 배우들 옆에 선다.

"보고 준비 완료, 악랄한 왕이시여!" 그는 사탄 옆에 차려 자세로 서서 또랑또랑하게 말한다.

"서방 지역 교회들은 기도하는 방법을 다시 되찾았나?"

서방 마귀는 음흉한 미소를 지으며 팔을 쭉 뻗더니 의기양양하게 무대 중앙으로 걸어 나간다. "놈들은 제 손 안에 있죠. 저는 원수의 제자들에게 기도가 가장 중요한 건 아니라고 확신시켰죠. 복음 전도랑 아무 관계없는 오락 활동과 비교할 때 기도는 지루한 것이라고 생각하고 있습니다. 물질적 이득을 위해 높은 봉급만을 쫓아다니도록 유혹했죠. 많은 소유물을 이용해서, 놈들이 미처 영적 전쟁 한 가운데 있다는 사실조차 모르도록 안락과 자기만족의 삶 속에서 깊이 잠들게 만들었습니다! 자기 자신만을 위해 이 땅에 존재한다고 생각하고 있는 겁니다! 멋지지 않습니까? 제가 초자연적인 면을 부인하도록 인간 사회를 조장해 주었더니, 허접한 기독교 놈들은 영적 파괴 능력을 지닌 놀라운 기도의 무기를 그저 입술로만 조잘대고 있죠. 놈들이 기도하는 척 흉내내는 건 그냥 놔두지만, 기도의 관심을 자신들 외에 다른 데로 돌리는 일은 절대 없도록 하고 있습니다. 주인님, 제가 일을 멋지게 해냈으니 저 두 졸개들은 자기 지역에서 자유롭게 다스려도 됩니다." 서방 마귀는 무대 뒤편 가까이에 서서 자기를 향해 혀를 내밀며 조롱하는 중동 마귀와 중앙아시아 마귀 쪽을 향해 몸짓하며 말한다.

사탄은 고개를 끄덕이며 뭔가를 구상하는 듯 턱을 만지작거린다. "알았어, 좋아. 이제 누가 좋은 소식을 가져왔나? 동남아시아 마귀, 어떤 소식을 가져왔나?"

그 때, 사탄과 졸개들이 동작을 멈춘다. 밝아지면서 천사들이 다시 움직이기 시작한다.

후배 천사가 큰 소리로 외친다. "제발 가르쳐 주세요! 이야기가 어떻게 마무리되나요?"

"성경은 언젠가 모든 족속과 방언과 백성과 나라에서 온 사람들이 보좌 앞에서 아버지를 찬양할 것이라고 말하고 있지. 각자 자기들 고유의 방법으로 예배하는 거야. 남아프리카의 줄루족들은 축제용 북을 두드리면서 공중을 향해 팔짝팔짝 뛰겠지. 그리고 수백만 러시아인들은 굵직한 목소리로 어머니 러시아의 드넓은 평원을 내달리듯 노래하겠고 말이야."

후배 천사는 알겠다는 듯 고개를 끄덕이더니 관중석에 앉아 있는 당신을 가리킨다. "그러면, 그 일이 저 사람들을 통해 모두 이루어진다구요?" 그는 말도 안 된다는 듯 이마를 툭 친다.

"조용히 해." 선배 천사가 꾸짖는다. "그분의 길은 우리 길과 달라."

후배 천사가 묻는다. "하지만 얼마나 빨리 그 일이 이루어질까요?"

선배 천사는 잦아드는 목소리로 대답한다. "우리도 잘 모르지. 곧 이루어질 수도 있고, 상황에 따라 달라지겠지 …"

"뭐라구요?"

선배 천사는 후배 천사를 가까이 당기며 말한다. "사탄은 매우 영리해. 놈의 거짓말은 늘 그럴 듯하지. 가장 자주 사용하는 거짓말은 바로 이거야. 모든 사람들은 태어날 때부터 다음 생에서 하나님과 흠 없이 살도록 창조되었다는 것을 알잖나. 그런데 사탄은 그 진리를 왜곡시켜서 인간들이 이 생애 동안 스스로 완벽함을 추구하도록 속였다네. 그래서 인간들은 상처와 고통에서 스스로를 보호하느라 인생을 낭비하지. 가족이나 친구, 그리고 자신의 성공이나 유흥이 인생의 의미와 안전을 가져다주리라고 기대하지. 실상 아버지만이 주실 수 있는데 말이야."

후배 천사는 선배가 말하는 동안에도 가끔씩 관객 오른 편에 앉은 누군가를 쳐다본다. 선배가 그 사실을 알아채고 캐묻는다. "이봐, 내가 하는 말 다 이해하고 있나?"

"선배님, 정말로 저 사람들 눈에 우리가 안 보이나요?"

"그렇대두."

후배 천사는 관중을 향해 손을 흔들고, 혀를 쑥 내밀어 놀려댄다. 선배 천사가 후배의 발을 꽉 밟자, 후배 천사는 아픔을 참으며 말한다. "아얏! 선배님 말씀이 맞네요." 그리고 밟힌 발을 문지른다.

선배 천사는 말을 이어간다. "두 번째 거짓말 역시 매우 교활하지. 첫 번째 거짓말을 피해간 사람들을 노리고서 이런 함정을 준비했는데, 곧 정체가 드러날 거야. 바로 '죄책감' 이지. 보라구, 아버지께서는 자녀들이 하나님의 은혜에 감사하는 마음으로 모든 것을 행하기 원하시고, 또 아버지께 모든 영광과 존귀를 돌리기 원하시지. 그런데 그들은 구원받지 못한 사람들의 숫자나 사진을 보면서 죄책감을 느끼는 거야. 그래서 자신을 드리기보다 돈을 바치지. 물론 죄책감을 느낀 사람들은 아버지께 자신이 거짓말을 믿었다는 사실을 고백하고서 아버지의 용서와 변화를 받아들이면 돼. 그런 후에는 죄책감에 대해 모두 털어버리면 되고 말이야."

"그냥 저대로 살게 내버려두면 안 되나요?" 후배 천사는 의아하다는 듯 말한다.

선배 천사는 머리를 젓는다. "안 될 말이지. 그러면 안 돼. 나는 인간들이 불쌍해. 신랑을 맞을 때가 아주 가까웠는데 말이야. 인간들이 거짓말을 더 이상 믿지 않는다면, 신랑의 존재를 훨씬 가깝게 느낄 수 있을 텐데. 그러려면 한 가지 해야 할 일이 있지. 반드시 기도하기 시작해야 해. 인간들은 기도의 능력을 아직 깨닫지 못했어. 아마 사탄이 기도의 능력을 더 무서워하고 있을 걸. 다시 한 번 놈을 살펴볼까. 인간들이 기도하기 시작할 때 머잖아 놈의 본부에서 일어날 일이 어떠할지 한번 지켜보자구."

이 말을 하는 동안 배경이 어두워진다. 무대 중앙에는 사탄이 조명을 받고 있다. 그는 화가 잔뜩 나서 이리저리 돌아다니고 있다. 중동 마귀, 중앙아시아 마귀, 서방 마귀들은 고개를 숙인 채 사탄에게서 1, 2미터 떨어져 무대 뒤쪽을 향하고 있다.

사탄은 격분해서 거의 소리를 지르고 있다. "어떻게 이런 일이 생기지? 내 졸개들이 완전히 장악하고 있다고들 하더니, 지금 원수가 득세하고 있잖아! 다들 어디 간 거야? 누가 먼저 보고할 거야?"

아무도 대답하지 않는다.

"어쭈? 중동 마귀, 앞으로 나와봐! 얼른 보고해봐."

중동 마귀는 군대식으로 홱 돌아 앞으로 나아온다. 하지만 주인의 얼굴을 제대로 보지 못하고 있다. "주인님, 놈들이 결국 가공할 무기를 발견하고 말았습니다. 교회 전체가 제가 장악한 지역을 위해 기도하기 시작한 겁니다요. 여기저기 산발적으로 하는 기도야 저한테 문제 될 건 없습죠. 그런데 누군가 1993년 10월에 2천2백만 명에게 기도를 시키더니, 1995년엔 한 술 더 떠서 5천만 명에게 기도를 시킨 겁니다. 그러더니 놈들은 미친 듯이 수천 명의 일꾼들을 보내기 시작했습죠. 한국, 중국, 라틴아메리카, 아프리카에서도 마찬가지로 수천 명이 몰려왔습니다. 원수의 막강한 공격에는 우리도 어쩔 수 없었습니다. 처음엔, 우리 편이었던 쿠르드족들이 1991년 걸프 전 이후에 기독교 구호 단체 회원들한테서 복음을 듣더니, 제 손아귀에서 빠져나가버리더라고요. 그러더니 봇물 터지듯 정신없이, 쿠웨이트에도 몇 명, 이집트에도 몇 명의 그리스도인들이 들어오더니, 지금은 제가 맡은 지역에 1천2백만 명의 그리스도인들이 들어와 있다는 거 아닙니까."

"입 닥쳐!" 사탄이 소리를 질러대고, 중동 마귀는 바닥에 엎드러진다. "네 놈이 어찌 이럴 수 있나? 이게 무슨 의미인지 알고나 있는 거야? 중앙아시아, 보고해!"

중앙아시아 마귀도 몸을 홱 돌려 앞으로 나오지만, 주인의 눈을 똑바로 쳐다보지 못한다. "저기, 아시겠지만, 제 부하들이 무신론 사상을 퍼뜨리는 중에도, 동방과 서방의 그리스도인들이 기도를 하더라구요. 그 때문에 공산주의가 무너지고 말았지 뭡니까. 여전히 무신론 사상에 사로잡힌 세대가 있으니 염려하지 않았지요. 그런데 갑자기 수백만 명이 기도를 시작한 겁니다. 그랬더니, 엄청난 선교사의 물결이 제 땅으로 밀려들어 온 겁니다. 세계 곳곳에서 수만 명이 몰려왔어요! 지금 이곳 사람들은 이슬람과 공산주의를 버리고 원수를 따르고 있습니다. 뭘 어찌해야 할지 모르겠습니다! 얼마 안 있으면, 우리 이야기는 역사 속에서나 찾아볼 수 있을 지경입니다!"

사탄은 양쪽 모두를 향해 소리를 질러댄다. "어쩜 그리 멍청하게 일을 처리하나? 원수들의 지도자가 다시 돌아오는 건 이제 시간 문제라고. 서방 마귀, 너는 어디 있나?"

서방 마귀는 뒤로 돌더니 입이 막힌 듯 앞으로 고꾸라져 사탄의 발앞에 넘어진다.

사탄은 머리를 쥐어뜯으며 고래고래 소리친다. "흐이구! 그놈들이 기도로 우리를 묶어버린 게야!" 그러더니 바닥에 쓰러져 버린다. 조명이 밝아지자 모든 배우들이 동작을 멈춘다. 강당 전체에 에너지가 넘치면서 모든 관중들이 자발적으로 박수를 친다. 배우들을 향한 박수라기보다 사탄과 마귀들을 쳐부순 예수님의 승리를 향한 박수다!

몇 초 후, 후배 천사가 입을 연다. "근데 정말 이런 일이 생길까요?"

"교회와 성도들이 어떻게 하느냐에 달렸지."

"이제는 알 것 같아요. 아주 평범한 인간이지만, 전능하신 아버지의 능력을 받는다는 걸요."

선배 천사는 웃으면서 어깨를 툭툭 쳐준다. "후배, 언젠가 득도하겠구만." 관중들은 깔깔거리면서 손뼉을 친다.

후배 천사는 다시 당신 옆에 앉은 마이크 크루퍼를 가리키면서 말한다. "이봐, 왜 그리 긴장한 거야?"

선배 천사가 시계를 보며 말한다. "흠, 주일 예배가 시작된 지 50분이 지났는데도, 아직 목사님 설교가 시작되지 않아서 그런 걸 거야."

사람들이 한참 웃는 가운데, 배우들이 관중석의 자기 자리로 돌아가는 동안 제이는 다시 무대로 올라간다. "이 때 목사님이 나와 정리해주시고, 성도들 스스로 자신의 인생이 역사를 꿰뚫는 하나님의 목적과 어떻게 연관되는지 다시금 생각해보도록 합니다. 그런 후 목사님이 축복기도 하시고, 성도들은 집으로 돌아가는 겁니다. 그리고 여기 계신 여러분도 집에 돌아가시면 됩니다. 감사합니다!"

관중들은 다시 크게 박수를 친다. 당신은 자리에서 일어나 기지개를 켜며 고개를 끄덕인다. "정말 강렬한 말씀이군."

"뭐가요?" 마이크와 브렌다 크루퍼 부부가 묻는다.

"이 천국 복음이 모든 민족에게 증거되기 위하여 온 세상에 전파되리니…"

브렌다가 덧붙인다. "… 그제야 끝이 오리라."

기본적인 큰 그림

하나님께서는 우리가 성경을 하나의 서문, 하나의 이야기, 하나의 결론을 가진 한 권의 책으로 읽기 바라신다. 그 이야기의 핵심은, 하나님께서 우리를 축복하사 이 땅의 모든 민족들에게 축복이 되게 하시며, 그리하여 최고의 영광을 받고자 하시는 하나님의 열망이다. 이러한 기본적 개념은 그리스도인인 우리의 모든 행동의 밑거름이다. (이런 개념이 애매하게 느껴진다면,『마침내 드러나다』, 또는『서기 2000년! 성취된 일과 남은 과업』,『미션 퍼스펙티브』를 읽거나 각 선교단체에서 주관하는 기본 과정을 듣는다면 큰 도움을 얻을 것이다.)

이 사실을 염두에 두고, 나머지 이야기를 풀어가기 위해서는 세 가지 사항을 분명히 해둘 필요가 있다.

1. 종족 집단 단위로 생각하라.

성경에서 반복적으로 강조하는 것은, 하나님께서는 '종족 집단' 안에서 각 개인에게 역사하신다는 사실이다. 여기서 종종 집단이란, 성경적 용어로 나라, 민족, 또는 이방인들로 나타나는 개념으로 그들 스스로 공동의 유대감을 느끼는 집단을 말한다. 하나님께서는 예수 그리스도의 구속 사역을 통해 그의 백성을 축복하며, 그 백성을 통해 모든 민족을 축복하겠다고 약속하셨는데, 이 약속은 성경 전체에 나타나는 일관적인 주제다(시편 67편을 보라).

이는 "가서 모든 족속으로 제자를 삼[으라]"는 예수님의 대사명에서 보듯 일반적으로 언급되는 주제다(마 28:18-20). 여기서 "족속" 또는 "민족"(nation)이라는 말의 헬라어는 '에뜨네'(ethne)로서, 영어 단어인 'ethnic'(민족)도 이 헬라어에서 유래했다. 세상을 '정치적으로' 정의된 국가들의 혼합체로 보는 시대는 지났다. 이제는 성경에서 그러하듯 세상을 민족 단위로 보아야 할 때다. (성경에서 '민족'이라는 개념에 대해 연구하고 싶다면 다음 구절들을 참조하라. 창 3:15, 12:1-3, 18:18, 22:17-18, 26:4, 28:14/대하 6:32-33/시 67:1-2, 7/말 1:11/눅 2:29-32, 24:45-47/마 24:14, 28:19/롬 1:5/계 5:9).

오늘날 지구상에는 24,000개의 민족, 또는 종족이 있는 것으로 추정된다. 지난 10년 동안에는 우리가 제자 삼아야 할 사람들, 민족, 또는 종족에 대한 정의에 있어 혼동이 있었기에, 교회 선교의 큰 그림을 놓고 불필요한 혼란이 일어났다. 어떤 이들은 보이시(미국 아이다호 주의 주도 - 옮긴이)에 있는 택시 기사들도 하나의 종족 집단이라고 주장하고, 또 어떤 이들은 부에노스아이레스의 상위 계층도 하나의 종족 집단으로 봐야 한다고 생각한다.

이는 종족 집단을 어떻게 정의하느냐에 따라 다르다. 예를 들어, 세계를 보는 거대한 창문의 역할을 했던『세계 기도 정보』(죠이선교회 펴냄)의 1993년 판에서 패트릭 존스톤은 인도에 482개의 종족 집단이 있다고 언급했다. 미국 캘리포니아 주, 패서디나(Pasadena)에 있는 힌두 연구소에서는 2,759개의 종족 집단이 있다고 했다. 인도 인류학회에서는 7년 동안의 철저한 연구 결과, 인도에는 2,795개의 종족 집단이 있다고 주장했다.

열방을 품은 그리스도인들의 실제적 필요에 걸맞는 기본적 정의는 〈미션 프론티어〉에 나오는 다음과 같은 내용이 될 것이다.

종족 집단이란 언어, 종교, 인종, 주거, 직업, 계급, 계층이나 이것들이 결합된 것을 공유함으로 그들 스스로가 상호 간에 공동의 유대가 있다는 것을 알고 있는 개인들의 상당히 큰 집단 … 복음 전파의 관점에서 보면 이해나 수용의 장벽에 부딪히지 않고 교회 개척을 통해 복음이 전해질 수 있는 가장 큰 집단이다.

가장 단순한 정의는 미전도 종족 입양운동본부(AAP)에서 발표한 내용일 것이다.

종족 집단이란 고유의 명칭과 지역으로 구별될 수 있는 종족 단위다.

즉, 호주 브리스번의 십대들은 인구 구성의 한 범주에 들기는 하지만 나름의 명칭이 있거나 고유 명사로 구별되는 집단은 아니다. 남중국의 다이(*Dai*) 족과 인도네시아의 부기스(*Bugis*) 족은 명백히 구별되는 종족 집단이다.

종족 집단이라는 성경적 개념을 강조하다 보면 이는 우리 기도 생활에까지 영향을 미친다. 오늘날 세계의 정치 국가 안에 속해 있는 종족과 민족들을 위해 기도하는 것을 잊지 말라. 예를 들어 라틴아메리카를 위해 기도할 때면, 온두라스에 있는 아랍인들과 투르크인들, 과테말라의 파키스탄계 회교도인들과 수리남의 자바인들, 벨리즈에 있는 비하르 출신의 우르두족과 인도인들, 그리고 우루과이의 팔레스타인 사람들을 위해 기도해야 한다!

'제자화된' 종족 집단이란 자민족을 스스로 복음화할 수 있을 만큼 충분히 성장한 교회를 가진 이들을 뜻한다. 하지만 교회가 한 군데도 없는 종족 집단이 수천이다. 이들을 가리켜 '미전도 종족'이라 한다.

아직도 10,000개의 종족으로 구성된 2,400개의 문화별 집단이 복음을 듣지 못했으며, 그 안에는 교회의 움직임이 전혀 없다.[1]
　미전도 종족에 대한 공식적인 정의는 다음과 같다.

미전도 종족이란 외부(타문화권)의 도움 없이 자민족을 전도할 충분한 인원과 자원을 확보한 현지 그리스도인의 공동체가 존재하지 않는 종족을 뜻한다. 달리 말해, '전도된' 종족이란 그 내부에 자생하고 스스로 배가할 수 있는 현지인 교회가 있는 종족이다. 즉 전도된 종족 집단은, 모국어를 사용하는 현지인 목회자의 인도 아래 자민족 전도 사역에 힘쓰고 자(子)교회를 세울 수 있을 만큼 강력한 교회를 갖고 있는 집단을 말한다.

　가장 일반적인 개념으로 볼 때, 미전도 종족 집단은 최소한 다음의 사항 가운데 한 가지 이상의 특성을 갖고 있다. 미전도 종족은,

1. 복음의 메시지를 들어본 적이 없고/없거나
2. 모국어로 된 성경이 없고/없거나
3. 문맹이나 다른 이유로 인해 성경을 읽을 수 없고/없거나
4. 복음에 반응하지 않았다.[2]

　남아 있는 미전도 종족의 정확한 숫자와 상관없이, WEC의 패트릭 존스톤(Patrick Johnstone)은 지구상의 모든 종족 집단 가운데, 그들 문화권 안에 전도를 시작한 사역자가 하나도 없는 종족 집단은 500여 개일 것이라고 추정한다.
　미전도 종족에 대해 집중적인 관심을 쏟아야 한다면 우리 교회 안이

나 우리 문화권 안, 또는 이미 교회가 존재하는 종족 집단 안에 필요한 사역에 대해 간과해도 된다는 걸까? 결코 그렇지 않다! 5장에서는 미전도 종족 개념의 함축적 의미를 통해 교회 선교에 대한 동역자적 관점을 집중적으로 살펴보겠다! 유아부를 맡아 아이들을 돌보든, 청년 사역을 담당하든, 지역 교회 안에서 하는 모든 사역의 최종 목표는 모든 민족이 복음을 듣고 아직 복음을 듣지 못한 민족들이 아버지의 영광 안에 들어오도록 돕는 것이 되어야 한다!

2. 종말론적 사상을 가져야 할 때다.

지난 수십 년 동안 서구 기독교는 매우 개인적인 복음에 대해 설교해 왔다. 물론 개인의 변화도 매우 중요하다. 하나님은 우리들 한 사람, 한 사람을 다루신다. 하지만 제자로서의 성장은 뒤로한 채, "세상에서 가장 중요한 건 나"라는 개념을 갖는 것은 전혀 성경적이지 않다. 자기 축복에만 빠진 나머지, 이웃과 민족들에게 나아가게 하려는 하나님의 목적을 제대로 보지 못하기 쉽다. 예수를 따랐던 제자들과 마찬가지로, 우리는 다음 단계로 나아가야 한다. 예수의 제자들은 밭을 지나 예수님의 뒤를 따라 걷고 있을 때, 예수님을 뒤따르는 자기 발걸음을 확인하느라 땅만 쳐다보고 있었다. 그렇지만 예수님은 뒤돌아 말씀하셨다. "눈을 들어라!"(요 4:35) 눈을 들어보니 추수 때가 되어 곡식이 여문 밭이 보였다.

우리들이 추수 밭에 투입되면 어떤 일이 일어날까?

마태복음 28장에서 예수님은 우리를 향해 가서 "제자"를 삼으라고 말씀하신다. 민족을 제자 삼는다는 개념은 그들에게 "세례를 주고"(예수와 연합함으로 구원을 받고, 그 이름 안에 거하게 하는 것), 예수께서 제자들에게 명하신 모든 것을 가르치라는 명령으로 구체화된다. 우리가 그렇게 행할 때 교회가 새롭게 탄생한다.

바꾸어 말해 그리스도는 우리에게 지구상에 있는 모든 구별된 종족 집단들에게 가서 교회를 세우라고 말씀하신 것이다. 예수님은 모든 사람에게 주님을 알 수 있는 동등한 기회를 주기 원하신다. 가까운 이웃에서부터 땅 끝까지, 그리고 그 사이에 있는 모든 곳에 예수 그리스도는 그의 교회를 세우고 계신다. 그렇다면 남은 질문은 한 가지, 당신은 과연 어느 곳에서 일할 것인가?

그런데 꼭 기억해야 할 한 가지가 있다. 언젠가 하나님께서 그 일을 완수하실 것이라는 사실이다.

성경적인 세계관을 가진 사람이라면 놓치지 않아야 할 개념이 바로 이것이다. 모든 민족을 제자화하라는 대사명은 반드시 마무리되어야 한다는 것이다. 이러한 종말론적 개념이 있으면 초점을 잃고 산만해진 그리스도인들도 새롭게 일어서도록 이끌 수 있다. 또한 열정적인 제자들로 하여금 그 일이 정확히 언제 이루어질지에 대해 다소 급진적인 목표를 세우도록 자극하기도 한다. 2000년이 아니라면, 2020년?

하지만 21세기를 맞이하면서, 우리들 대부분은 정해놓은 날짜에 이미 싫증을 느끼고 있다. 예수께서 그 날과 시간과 때는 아무도 모르고 아버지의 시간표에 달려 있다고 말씀하셨을 때(행 1:7), 교회의 사명이 성취되는 때를 안다고 말하는 사람은 '거짓 선지자'라고 권위의 말씀으로 규정하셨다.

그럼에도 불구하고, 이 시대는 곧 끝날 것이다. 우리가 주님을 기다리면서 전도하고 제자삼고 타문화권 사역에 힘쓰는 것은 주님 오실 때까지 시간을 때우기 위해서가 아니다. 우리가 하는 모든 일은 역사의 우주적 목적을 이루기 위한 실질적 발걸음이다.

3. 전략적 행동을 취해야 할 때다.

앞의 연극에서 원수가 자신의 때가 얼마 남지 않음을 알고 분노하는 모습을 보았을 것이다. 세상을 위한 하나님의 계획이 사실상 초읽기에 들어갔다는 종말론적 관점에서 볼 때, 그리스도인들은 반드시 하나님이 가시는 방향으로 움직여야 할 것이다. 지금이야말로 괜찮은 것(good)이 최상의 것(best)에 있어 걸림돌이 되는 시기다. 비본질적인 생각이나 노력에 자원을 사용할 여력이 없다. 원수의 눈을 차단하도록 강력하고 신중한 기도로 나아갈 때다. 또한 하나로 연합하고, 순결함으로 복종하며, 우리가 추수할 밭에 대해 이해하고 연구해야 할 때다. 우리 각자가 개인에게 주어진 전략적 역할을 완수해야 할 때다.

예기치 못했던 충격적인 일

위의 기본적인 내용을 마음에 담고 우리가 나아가야 할 곳에 대해 좀 더 자세히 살펴보자. 우리는 예기치 못했던 세계로 들어가고 있다.

예를 들어, 우리가 사는 곳에서는 좀처럼 일어나지 않을 일이, 북인도로 들어갔던 CCC의 예수 영화 팀에게 일어났다.

1993년 말, 급진적인 이슬람 마을에 살던 유일한 그리스도인이 죽음을 맞이해 마을이 내려다보이는 언덕 묘지에 묻혔다. 그날 밤, 어느 낯선 남자가 울면서 언덕 묘지에서 내려와 마을에 들어오는 모습을 마을 사람 전체가 보았다. 그 사람은 가까이 다가왔고, 모든 이들이 그 얼굴을 보았다.

다음 날 저녁, 예수 영화 팀이 마을에 들어와 영사기를 설치하고 차 한쪽에 막을 달았다. 장비를 점검하는데, 제대로 작동이 되지 않았다. 인도 전체를 돌며 사탄의 영역 가운데 들어온 팀들에게는 흔하게 일어나는 일이었다. 모든 점검을 끝내고 할 수 있는 일은 오직 기도뿐이었다. 기도하는 중에 팀들은 이 작고 이름 모를 마을 안에 심각한 영적 전쟁이 일어나고 있음을 감지했다.

드디어 영사기가 작동하고, 누가복음의 내용으로 만들어진 예수 영화가 시작되었다. 모든 사람들이 밖으로 나와 조용히 영화를 감상했다. 영화의 도입 부분이 진행되는 동안, 마을 사람들은 산만하고 관심이 없는 듯 보였다. 그런데 예수의 세례 장면에서 예수 역을 맡은 배우의 얼굴이 처음으로 물 밖으로 드러났다.

마을 사람들은 서로를 붙잡고 소리를 질렀고, 예수의 역할을 하는 그 영국 배우의 얼굴을 가리켰다. "그 사람이다!" 사람들은 소리쳤다.

"무덤에서 내려왔던 바로 그 사람 얼굴이야!"

마을 전체가 예수 그리스도께 자신을 드렸다.

우리 주변에서 흔히 일어나는 일은 아니지 않은가? 물론 그럴 것이다. 하지만 세계 모든 민족을 부르시는 하나님의 놀라운 역사에 우리는 놀랄 준비가 되어 있어야 한다.

그런데 오늘날의 세계는 어떠한 모습일까?

3

어떤 민족을 제자삼을 것인가?
우리의 추수지

"우리 앞에 주어진 놀라운 전도의 기회를 제대로 잡을 때,
수백만의 새로운 이름이 어린 양의 생명책에 기록될 것이다.
성령과 동역하면, 어린 양의 생명책에 몇백 장은 새로 덧붙일 수 있을 것이다!"
— 딕 이스트먼

[아마존의 어느 지역]

한낮이지만, 수십 미터 높이까지 뒤덮은 식물의 잎사귀 때문에 태양을 볼 수가 없다. 마치 경기장을 달리는 야생마처럼 흔들리는 지프차에 앉은 당신은 거의 숨이 넘어갈 지경이다. "저 … 저기 … 더위 때문에 그러는데, 잠시 쉴 수 있을까요?" 소음기(消音器)는 고장 나고 지프차는 덜컹거리는 통에, 머리가 울릴 지경이다.

운전석에 앉은 키 큰 남자가 차를 세운다. 밀림의 고요함을 느낄 수 있게 시동을 꺼버린다. 도저히 길이라 여기기 힘든 1.5미터 남짓 되는 진창 위에 한쪽 발을 디딘다. "시차 때문일 겁니다. 걱정하지 마세요. 더위 때문에도 그런 겁니다. 혹시 벌레가 있는지 한번 살펴볼게요."

이렇듯 축축하게 젖어 있는 중앙 아마존 분지 밀림이라면, 분명 기온

38도에 습도는 99%일 거다. 어깨에 걸친 배낭을 내려, 혹 물기 없는 자리를 찾아 앉을 수 있지 않을까 기대해보는 당신. 차주인은 웃으면서 당신의 팔을 들어보더니 이번에는 목덜미를 확인하러 카키색 옷깃을 젖힌다. 피부를 파고드는 끔찍한 벌레가 있을 것만 같아 목이 근질근질하다. 웃고는 있지만 분명 벌레 씹은 듯한 우거지상일 것이다. "조금만 쉬어 갑시다, 좋죠?" 애걸하는 당신. "꼭 무하마드 알리한테서 사정없이 얻어맞은 듯 허리가 아파서요."

당신은 쉬는 시간을 조금이라도 늘이고픈 속셈으로 질문을 던진다. "선교사님네 학생들한테서 조금 듣기는 했는데요, 이 마을에서 무슨 일이 일어났답니까?"

그는 기지개를 켜며 묻는다. "학생들이 뭐라고 하던가요?" 요즘 선교사들 중에는 '인디아나 존스' 같은 모습을 한 사람이 없으리라 생각했는데, 지금 당신을 안내중인 남아프리카 출신 도널드 리처드 선교사는 영락없는 인디아나 존스다. 채찍만 없을 뿐이지.

당신은 흠뻑 젖은 수건으로 이마를 닦으며 말을 잇는다. "학생 두 명이 그러던데, 훈련 기간이 끝나고 버스에 타고 있었다나요. 부유한 지주 밑에 일하는 어느 비서가 그 학생들이 열대 우림 지역을 보호하는 생태학적 원칙에 대해 이야기하는 것을 들었다면서요. 그런 후에 비서가 학교 사람들과 지주가 함께 만나는 자리를 마련했다고요."

"맞습니다, 만났죠. 그분이 1억 평방미터나 되는 땅을 기부했을 때 도저히 믿기지가 않더군요. 지주에게는 땅이 16억 평방미터 정도 있는데, 그 중 북쪽 끝의 5천만 평방미터 땅과 남쪽 끝의 5천만 평방미터의 땅을 준 거죠. 그분은 우리가 그 지역을 보살펴주기를 바랍니다. 그 땅은 중앙에 있는 지주의 땅을 감싸는 완충 지대 같은 역할을 하는 거죠.

개발에 따른 훼손을 최소화시키려는 겁니다."

도널드 리처드의 이야기는 차츰 무르익어가고, 당신은 눈가에 떨어지는 땀을 닦으며 조용히 생각에 잠긴다.

그는 이야기를 이어간다. "그래서 우리는 재빨리 그 지역의 진상 조사에 착수했는데, 알고 보니 우리가 기부 받은 구역 안에 최소 2개의 부족민들이 살고 있다는 걸 정부가 파악하고 있었더군요. 아무도 그 지역에 들어가거나 부족 사람들과 접촉하도록 허락받지 못했다는 겁니다. 그래서 우리는 이 지역의 생태 전략 계획을 세우는 것과 동시에, 이들 미전도 종족들과 접촉할 계획을 세우고 기도하기 시작한 겁니다!"

"그 마을에 들어갔을 때 일어난 사건에 대해서도 학생들이 말해주더군요." 휴식 시간을 더 늘리고자 말을 잇는 당신. "그래도 선교사님한테서 직접 듣고 싶은데요."

도널드 선교사의 얼굴에는 기쁨의 빛이 감돈다. 인디아나 존스 모자를 벗어들고서 머리를 다듬는다. "우리 중 세 사람이 여행을 떠났는데, 어디로 향하고 있는지 알 수가 없었죠. 항공 지도에도 나오지 않더라구요. 하지만 어딘가에 분명 부족 사람들이 있다는 건 알았습니다." 그는 진흙투성이 길을 가리킨다. "5시간 동안 27개의 강을 건너고, 카리티아나 부족의 오두막집이 들어선 마을에 도착했을 때는 칠흑 같은 밤이었습니다. 몇몇 사람들은 원주민 교역소에 다녀온 적이 있었기 때문에 포르투갈어를 조금 할 줄 알았습니다. 그렇지만 지난 10년 간 그 마을에 들어온 외부인은 우리가 처음이었답니다.

그러던 중 다른 오두막은 모두 야자나무 가지로 만들어졌는데, 이상하게도 어느 큰 오두막만 흙벽돌로 만들어졌더군요. 거기서 무슨 모임을 갖고 있는 것 같았어요. 문가에서는 불 위에 생선을 굽고 있는데, 연기가 안으로 솔솔 들어가더군요. 몇 사람들이 우리더러 들어가야 한다고 하길래, 아무 생각 없이 몸을 굽히고 들어갔지요. 방 안에는 송진으로 만든 초가 여기 저기 타고 있는데, 30, 40명 쯤 되는 남자와 여자와 아이들의 얼굴이 어슴푸레 보이더군요.

중간에 앉아 있는 남자가 포르투갈어로 말하길, 자기네 하던 일을 멈추고 우리한테 이야기를 하나 해주겠다는 겁니다. 그래서 우리 세 사람은 그 틈을 비집고 바닥에 앉았습니다. 그 남자가 말했습니다. "여기는 우리가 예수님을 찬양하러 모이는 곳이오." 나는 너무 놀란 나머지 입을 못 다물고 눈이 튀어나올 지경이었죠. 다시 한 번 말해달라고 부탁했더니, 그 사람이 서툰 포르투갈어로, 자기네 35명 카리티아나 사람들은 예수님을 따르고 있다고 말하는 겁니다."

이 대목에서 도널드 선교사는 모자를 다시 덮어 쓰더니 당신더러 이제 지프차로 돌아가 출발할 준비가 되었는지 묻는다. "어둡기 전에 도착하려면 많이 흔들리더라도 지금 가는 게 낫습니다. 캄캄한 밖에서 지내기는 싫으니까요." 당신은 지친 듯 뒤돌아 차에 오른다. 선교사는 시동을 걸고 핸들을 힘겹게 돌리면서, 큰 소리로 뒷자리를 향해 이야기를 계속한다. "그래서 그 사람은 일어서더니 꽤 오랜 시간 자기 간증을 들려주더군요. 한 일 년 전에 환상을 보았답니다. 예수님이 자기에게 와서는 하늘로 데려가셨답니다. 그런데 그분이 예수님이라는 것도, 자신이 천국을 보고 있다는 것도 알겠더랍니다.

천국은 아름다웠고, 한 번도 본 적 없는 많은 사람들로 꽉 차 있더래요. 그런데 인디오들이 많이 보이지 않았고, 카리티아나 부족민은 하나도 없더랍니다. 그래서 그 이유를 예수님께 물었더니 이렇게 대답하셨답니다. '너희가 나를 섬기지 않고 악마를 섬기기 때문이다.' 그러더니 예수님이 그 사람의 이름을 물으셨답니다. 그래서 그 사람은 '프란시스코요' 하고 대답했지요. 예수님은 '아니, 그건 포루투갈식 이름이잖니. 네 카리티아나식 이름은 무엇이냐?' 하고 물으셨답니다. 그는 '라울입니다' 하고 대답했대요. 예수께서 말씀하시길, '너를 카리티아나 종족으로 만든 이가 바로 나다. 너는 귀한 카리티아나 종족 사람이야. 내가 너희 종족을 만들었고, 나는 네가 카리티아나인으로서 나를 경배하길 원한단다.' 그러자 순식간에 다시 오두막으로 돌아왔더랍니다."

"와아." 무더운 아마존 숲인데도 팔에 소름이 돋는다.

뒷자리에 앉아 심하게 흔들리고 있는 당신을 향해 도널드 선교사가 큰 소리로 말한다. "그래서, 라울은 지난 일 년 동안 부족 사람들 전원에게 자신에게 일어난 일과 예수님이 하신 말씀을 전했답니다. 그래서 지금까지 35명의 사람들이 정령 숭배를 그만두고 예수님을 따른다는군요. 카리티아나 종족은 156명이 전부죠. 하지만 어린 양의 보좌 앞에 설 카리티아나 사람들의 비율이 높아지지 않겠습니까? 이 작은 종족을 제자 삼기 위해 예정된 때가 찬 것이 분명합니다!"

세상을 바라보라

하나님은 오늘날 평범한 사람들을 사용하셔서 그의 교회를 세우신다. 비록 소수의 종족들이 사는 곳이라도 말이다. 하나님 나라를 확장하는 일에 당신을 사용하기 원하시는 하나님의 열망이 얼마나 큰지 살펴보기 전에, 이 세상의 현 상황에 대해 잠시 주목할 필요가 있다. 그 후에라야 하나님이 당신을 보내고자 하시는 지역에 대해 제대로 파악할 수 있다. 잠언 말씀에 나온 그대로다.

사연을 듣기 전에 대답하는 자는 미련하여 욕을 당하느니라(잠 18:13).

이 말씀을 마음에 담고서, '글로벌 ABC'에 대해 살펴보기로 하자. 기억하기에 용이한 세계 추수 지역 분류법이 있는데, 이는 많은 연구가들과 선교단체들이 사용하고 있다.

C 세계 : 헌신된 그리스도인 10%와 명목상 그리스도인 20%로 구성된 지역.
B 세계 : 복음에 대해 들을 수 있으나 반응하지 않는 지역. 세계 인구의 30%를 차지하고 있다.
A 세계 : 미전도 종족으로 구성된 지역. 세계 인구의 40%를 차지하고 있다.

A 세계로 분류된 사람들은 대부분 서아프리카로부터 시작해 동아시아 끝까지 이어지는 북위 10도에서 40도 사이의 직사각형 안에 거주하고 있다. 〈21세기 운동본부〉(AD 2000 and Beyond Movement)의 국제 총무인 루이스 부시(Luis Bush)는 이 지역을 '10/40창'이라고 부른다. 몇 가지 중요한 점을 짚어두자면,

1. 세계 미전도 종족의 95% 이상이 이 지역에 살고 있다.
2. 10/40창은 세계 주요 종교인 이슬람교, 힌두교, 불교, 신도, 유교 등의 중심부를 아우르고 있다.
3. 세계의 극빈자 80% 가량이 이 지역에 살고 있으며, 인간의 최저 생활 수준을 영위하고 있다. (10/40창 소책자 참고.)

미국 캘리포니아 주 패서디나의 비디오 제작자인 로이드 카펜터 (Lloyd Carpenter)는 세계 해저 지도를 면밀히 살펴보면 10/40창 안에 있는 종족 집단이 영적으로 속박당하고 있음을 느낄 수 있다고 시사한다. 심하게 포효하는 용의 모습을 한 형상이 그 지역을 휘어 감고 있다. 아프리카의 동쪽 해안선과 곶 부분을 따라 해저 지대의 형상이 마치 마다가스카르를 싸고 이빨로 물어뜯으려는 용머리의 모습 같아 보인다. 용 뒤쪽의 '날개'는 아라비아 해와 뱅골 만으로 치켜 올라가 있다.

등과 꼬리 부분은 동남아시아를 덮고 중국 동해안을 따라 올라간다. 물론 이런 형상이 성경적인 상징과 깊은 연관이 있는 것은 아니지만 옛 뱀인 마귀가 10/40창 지역 사람들을 잔인하게 붙잡고 있다는 강한 인상을 준다!

추수 지역을 A, B, C 세계로 분류하건, 10/40창을 기준으로 내부와 외부 사람들로 구분하건, 미전도 종족과 전도된 종족으로 나누건, '구

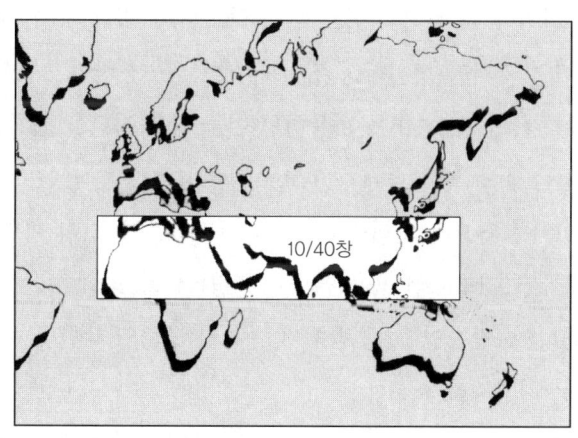

세계 10/40창

3장 _ 어떤 민족을 제자삼을 것인가? 71

원받은 사람'과 '잃어버린 영혼'으로 구별하건 결과는 하나다. 해야 할 일이 많다는 거다. 추수 곡식은 익어가고, 추수 밭은 넓기만 하다.

과도하게 일반화시키고 싶지는 않지만, 이 광활한 추수 밭은 기본적 문화권으로 쉽게 나눠진다. 문화권으로 나눠서 보고자 하는 이유는 추수 지역을 지리적인 국가 단위로 생각하는 기존의 편견을 벗어나는 한편, 우리의 추수 밭은 사실상 그 지역 사람들임을 기억하기 위해서다. 그들은 여러 지역으로 이주하기도 하고, 그 수가 증가하기도 하며, 멸족하기도 하고, 분리되기도 하고, 결합하기도 한다.

연구가들은 세계의 미전도 종족을 12개의 '유사 집단'으로 구분할 것을 제안한다. 즉, 투르크/알타이계, 티베트-버마계, 유대인, 인도/드라비다계, 아랍/베르베르, 카프카스/슬라브계, 이란/쿠르드계, 중국/동아시아계, 타이/동남 아시아계, 말레이계, 에티오피아/쿠시계, 사헬 아프리카계이다.

이들 종족 집단을 좀더 간편하게 나누면 5개 집단으로 분류된다. 여기에는 네 가지 종교 집단이 있으며 — 회교도, 부족 정령숭배자, 힌두교도, 불교도 — 지리 정치학적 집단도 한 곳 — 중국인 — 포함된다. 영문 첫 글자를 딴 THUMB을 사용하면 이들 다섯 집단을 쉽게 외울 수 있다. 'T'는 부족 정령숭배자(Tribal-Animistic), 'H'는 힌두교도(Hindu), 'U'는(옆으로 돌리면 C가 된다 — 어쩔 수 없이 끼워 맞춰야 했음!) 중국인(Chinese), 'M'은 무슬림(Muslim), 'B'는 불교도(Buddhist)다. 그렇지만 이들 범주에 속하지 않는 거대한 군이 존재한다는 사실을 기억하라.

각 지역별로 추가 정보를 얻을 수 있는 책자를 소개해두었다. 특히 세계를 이해하는 데 도움이 될 만한 책으로는 국제 학생 연합의 딘 헬

버슨(Dean Halverson)이 쓴 『세계 종교 지침서』(The Compact Guide to World Religions)가 있다. 이 책의 각 장은 본래 세계 여러 학생들을 맞이하는 호스트 가정들이 참고할 수 있도록 편찬되었다. 장별로 각각의 종교의 유래, 기본 신앙, 전도 중 애로사항, 전도 기회 등에 대해 논의할 수 있게 구성되었다.

이제 세계의 종교들을 하나씩 살펴보자. 어느 쪽에 가장 관심이 가는가?

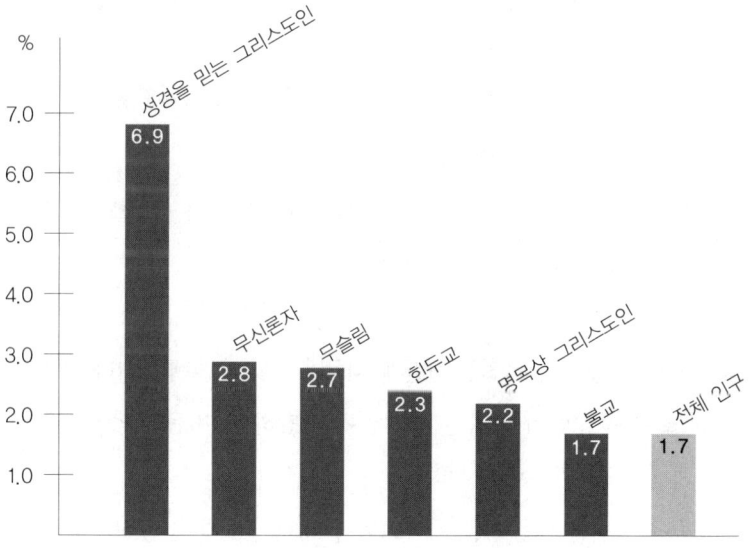

세계 각 종교 인구 성장률(출처: 세계 선교 운동 자료, 1990)

3장 _ 어떤 민족을 제자삼을 것인가? 73

이슬람권의 미전도 종족

서기 610년 어느 날 밤, 마호메트에게 환상이 나타났다. "마호메트야, 너는 신의 뜻을 전하는 사자(使者)로다."

'이슬람'이란 말은 '복종'을 의미하며, '무슬림'이란 '알라에게 복종한 자'를 뜻한다. 무슬림이 되려면 자신의 생애 가운데 한 번은 "알라만이 신이며 마호메트는 그의 선지자다"라는 확신의 고백을 해야 한다. 이슬람의 다섯 가지 기둥들을 엄수하는 것 역시 중요하다. 다섯 기둥의 내용은 다음과 같다.

1. 신앙을 고백하라.
2. 정해진 시간에 하루 5번씩 기도하라.
3. 라마단 음력 월에는 금식하라. (해가 있는 동안에는 물과 음식을 금한다. 해가 진 이후에는 먹고 마셔도 된다.)
4. 자선을 베풀어라. (자기 소득의 2.5%를 떼어 모스크를 유지하고 빈곤한 사람들을 돕는 데 사용하라.)
5. 인생에 최소 한 번은 하지, 즉 사우디아라비아의 메카 성지를 순례하라. (하지를 더 많이 할수록 영적인 사람으로 여긴다.)

몇몇 무슬림들이 신봉하는 6번째 기둥은 '성전'(聖戰)이라고도 하는 지하드다. 무슬림이 거룩한 전쟁중에 사망하면, 자동적으로 천국에 들어가게 된다는 믿음이다.

무슬림은 자신들의 종교를 기독교와 유대교가 확대된 종교로 여기지만, 기독교의 삼위일체를 가증하게 여기고 예수의 신성을 거부한다. 코란에서는 무슬림들에게 "책(성경을 말함)을 가진 사람들의 말을 들으라"고 지시하지만, 무슬림들은 그리스도인들이 거룩한 인질(*Injil* : 신약 복음서)을 더럽혔으므로, 오늘날의 성경이 정확하지 않다고 믿는다.

더욱 보수적인 이슬람의 경우, 여성들에게 주어진 권리는 매우 적으며 노예보다 조금 나은 정도다. 무슬림 남성들이 생각하는 '천국'이란 원하는 만큼 처녀들을 소유할 수 있는 곳이다. 무슬림 남성들은 4명의 아내를 갖도록 허용되었지만, 반드시 4명 모두를 동등하게 부양할 능력이 있어야 한다. 자유스러운 이슬람 세계의 경우에는 여성들이 자유롭게 옷을 입는 것이 허용되고 많은 이들이 서구 의복을 받아들여 머리가리개를 쓰지 않는데, 이는 보수적인 무슬림 사람들에게 수치스러운 일이다.

서구 그리스도인들 대다수는 세계에서 가장 빠른 성장을 보이는 종교가 이슬람이라는 말에 의아해한다. 이슬람이 세계 주요 종교 가운데 가장 빠른 성장을 보이는 것은 사실이다. 전반적으로 매년 2.9%의 성장률을 보이는 이슬람이 2.3% 성장하는 기독교를 앞지르고 있다. 그렇지만 기독교를 여러 '교파' 별로 나누어 보면, 복음주의 교회와 오순절 교회가 가장 성장세를 보인다. 매년 복음주의 교회는 5.4%, 오순절 교회는 8.1%의 성장률을 보인다.[1]

이슬람의 성장 속도가 빠르긴 하나, 무슬림들의 높은 출산율이 성장의 주요 원인이다. 그렇지만, 미국 시카고 출신의 작가 뎁 컨클린(Deb Conklin)에 따르면, 이슬람으로 개종하는 사람들이 많은 이유가 있다.

1. **이슬람은 복잡하지 않은 종교다.** 이슬람으로 개종하기 위해 할 일이라고는 마음을 다해 신앙 고백을 암송하는 것뿐이다. 그리고 주요 교리도 6가지에 불과하다. 한 분 알라에 대한 믿음, 천사에 대한 믿음, 성스

런 책 — 코란 이외에 신약과 구약의 일부도 포함 — 에 대한 믿음, 선지자 — 예수와 모하메트 — 에 대한 믿음, 심판의 날에 대한 믿음, 숙명에 대한 믿음이다. 이슬람의 다섯 가지 행위(기둥)는 외적 행위이며, 배우기에도 간편하다.

2. 이슬람은 적응력이 뛰어난 종교다. 이슬람은 수백 가지 문화권 안에 파고들었다. 이슬람은 영의 세계가 존재한다는 사실을 부인하지 않기 때문에, 사람들의 정령 숭배적 세계관과 종교 양식에 쉽게 흡수된다. 사실 오늘날에도 무슬림의 대다수가 '민간 신앙적 이슬람'을 받아들이고 있다.

3. 이슬람은 열정적으로 포교 활동을 벌이는 종교다. 무슬림들의 목표는 서구 세계를 이슬람화하는 것이다. 그럴 리 없다고 생각한다면, 재고해보라. 바울이 전도했던 지역 가운데 현재 이슬람의 강력한 영향 하에 있는 곳이 있다. 이스탄불(구 콘스탄티노플)과 알렉산드리아 역시, 한 때는 번성하는 기독교 중심지였다.[2]

지구상에 사는 5명 가운데 1명은 무슬림이다. 더욱 의미심장한 사실은 전체 미전도 종족 가운데 35% 가량이 무슬림이다.

오일 달러로 무장된 무슬림들은 이슬람을 전파할 수 있는 곳이라면 어디든 가서 기꺼이 헌신할 전도의 열심을 품고 있다. 북 아프리카의 경우, 지난 10년 간 무슬림 국가 정부들이 북 아프리카의 8개국에 들인 선교 비용은 전 세계 지역에 투입된 서구 선교 비용보다 더 많았다. 기독교 인구가 있는 국가에서는 기독교 근절 계획을 벌이고 있다.

무슬림들 대부분은 기독교에 대해 몇 가지 잘못된 개념을 배우고 있다.

- "하나님은 한 분이다. 그런데, 어찌 그리스도인들은 예수도 하나님이라고 말하는가?" 무슬림들에게 있어서 예수(코란에서는 '이사'라고 한다)는 존경받는 예언자다. 코란은 예수가 처녀에게서 났고, 기적을 행했으며, 다시 올 것이라고 가르친다.
- "그리스도인들은 어떻게 예수를 하나님의 아들이라고 말할 수 있는가? 하나님에게 아들이 있다면, 그 아내는 누구인가?" 무슬림들은 그리스도인들이 이교도들처럼 여러 가지 신을 숭배한다고 본다. 무슬림들은 종종 그리스도인들이 성부 하나님, 성자 하나님, 성녀 마리아의 '삼위일체'를 믿는다고 배운다!
- "하나님께서 신실한 선지자 예수를 여느 죄인들처럼 십자가에서 죽도록 내버려둘 수 있었는가?" 코란은 하나님이 예수를 구해내어 하늘로 데려갔고, 그 대신 그와 비슷한 사람을 십자가에 달려 있게 했다고 전한다.
- 많은 그리스도인들이 이교적 신앙관을 버리지 않고 세상적인 생활을 하므로, 무슬림들은 그리스도인들이 본래의 진정한 예수 복음에서 벗어난 더럽혀진 복음서 때문에 타락하게 되었다고 믿는다.
- 무슬림들은 서구 '기독교' 문화가 기독교를 그대로 보여주는 것이며, 이는 절대적으로 불경건하다고 본다. 그렇지만 코란은 '책을 가진 사람들', 즉 유대인과 그리스도인들을 존경하라고 충고한다.

이슬람의 기본 사상은 어느 정도 가늠할 수 있다 하더라도, 이슬람은 문화권에 따라 매우 큰 차이를 보인다는 사실을 기억하라. 동남아시아의 이슬람은 정령 숭배적인 성격이 강하다. 중앙아시아 지역에는 보다 명목상 무슬림이 많다. 아라비아 반도의 무슬림들은 근본주의적인 면이 강하다.

결과적으로 무슬림에 대한 전도 방법은 지역마다 차이가 있다. 이들 무슬림들이 자기 고향을 떠나게 될 경우, 복음을 전하는 방법은 더욱 달라지게 된다!

무슬림에게 접근하는 법을 제대로 배우고자 하는 이들에게, 다음 책을 권한다.

이슬람 관련 추천 도서

- C. R. 마시(Marsh)의 『무슬림에게 믿음을 나누기』(*Sharing Your Faith With a Muslim*)
- 필 파샬(Phil Parshall)의 『무슬림 전도의 새로운 방향』(도서출판 예루살렘 펴냄)
- 필 파샬의 『십자가와 초승달 : 그리스도인과 무슬림의 영성에 관하여』 (죠이선교회 펴냄)
- 필 파샬의 『모스크를 넘어 : 무슬림 공동체 안의 그리스도인들』 (*Beyond the Mosque : Christians Within Muslim Community*)
- 마틴 골드스미스(Martin Goldsmith)의 『이슬람 전도와 기독교 전도』 (*Islam and Christian Witness*)
- 빌 머스크(Bill Musk)의 『이슬람의 보이지 않는 얼굴 : 일반 무슬림에게 복음 전하기』(*The Unseen Face of Islam : Sharing the Godpel with Ordinary Muslims*)
- 더들리 우드버리(Dudley Woodbury)의 『엠마오로 가는 무슬림과 그리스도인』(*Muslims and Christians on the Emmaus Road*)
- 윌리엄 J. 사알(William J. Saal)의 『그리스도를 위해 무슬림에게 다가가

기』(Reaching Muslims for Christ)

부족민 미전도 종족

종족에 대한 연구자들의 정의 방법에 따라 전 세계적으로 3천에서 6만의 미전도 부족들이 있다. 흔히 생각하듯 이리안 자야, 파푸아 뉴기니, 아마존 분지, 아프리카 대륙 등의 지역에 살고 있다. 그러나 미국 텍사스 주 로스 프레스노스(Los Fresnos)에 본부를 둔 종족 연구소 소장인 데이브 시튼(Dave Sitton)에 따르면, 사실상 세계 각국마다 부족민이 존재한다. 세계 2백만의 유목민들 대다수가 사실상 부족민들이다.

데이브 소장은 다음과 같이 지적한다. "부족민 씨족들은 어떻게 하면 영들을 통제할 수 있는지 가장 궁금해한다. 부족민들은 두려움에 사로잡힌 나머지 복음에 대해 적대적인 경우가 대부분이다." 이는 무당이나 마법사나 설법자들의 두려움 섞인 표정과 그들이 이야기하는 '영들이 악하고 변덕스럽다'는 말 때문임이 분명하다. 그래서 그들은 영들을 달래야 한다. 아주 조심스레 달래야 한다.[3]

전 세계 부족민들의 상당수가 제도화된 종교에 정령숭배적 성격을 혼합시켰다. 자신들의 정령숭배 신앙에 이슬람과 불교와 기독교를 혼합하고, 때로는 로마 가톨릭 의식을 강조하기도 한다.

이들 부족민 미전도 종족에게 접근할 방법은 무엇일까?

일반적으로 그들은 동떨어진 지역에 고립되어 있기 때문에 외부인들을 잘 믿지 않는다. 알지 못하는 영들에 대한 두려움 때문에 새로운 개념은 물론 새로운 지역으로 나가는 것조차 주저한다. 그러나 부족민들을 사역하는 선교사들이 반드시 극복해야 할 가장 어려운 문제는 '화물숭배'(cargoism)로서, 이는 외부인, 특히 백인들의 물건과 부에 대한 기대감을 말한다.

데이브 소장의 말이다. "선교사들은 부족민들 안에 숨겨진 이 같은 개념에 대해 이해하는 것이 중요하다. 외부 물자에 대한 동경과 이를 손에 넣는 방법을 알고자 하는 희망 때문에 부족민들이 지대한 관심을 보이는 경우도 있다. 때로는 부족민들이 선교사들이 가져온 좋은 소식 (복음)에 대해 관심을 보이기 시작하면서, 이를 물질적 부의 습득 방법에 대한 좋은 소식으로 오해하는 경우도 있다. 그리고 머지않아 사람들은 환멸을 느끼게 되고 만다."4

전 세계 부족민들에 대해 더 자세한 정보를 원하는 사람들은 다음의 자료를 찾아보기 바란다.

부족민 관련 추천 도서
- 돈 리차드슨(Don Richardson)의 『화해의 아이』(생명의말씀사 펴냄)
- 돈 리차드슨의 『지구의 주인』(Lord of the Earth)
- 돈 리차드슨의 『영원을 사모하는 마음』(생명의말씀사 펴냄)
- 존 데커, 루이스 닐리(John Dekker, Lois Neely)의 『환희의 횃불 : 석기시대 부족이 복음을 접하며 일어나는 역동적 이야기』(Torches of Joy : The Dynamic Story of a Stone Age Tribe's Encounder with the Gospel)
- 엘리자베스 엘리엇(Elisabeth Elliot)의 『영광의 문』(복있는 사람 펴냄)
- 엘리자베스 엘리엇의 『나의 야만족 일가』(The Savage My Kinsman)
- 엘리자베스 엘리엇의 『전능자의 그늘』(복있는 사람 펴냄)
- 매리 베스 라게르보르그(Mary Beth Lagerborg)의 『멈추지 않는 북소

리』(*Incessant Drumbeat*)

- 휴 스티븐(Hugh Steven)의 『어둔 밤의 촛불 – 솔로몬 제도 이야기』 (*Candle in the Night-Solomon Islands*)
- 이소벨 쿤(Isobel Kuhn)의 『투쟁의 자리에서 – 중국과 미얀마 리수 족』 (*In the Arena - Lisu of China/Burma*)
- 이소벨 쿤의 『지옥 위에 튼 둥지 – 중국과 미얀마의 리수 족』(*Nests Above the Abyss - Lisu of China/Burma*)
- 이소벨 쿤의 『불 이야기 – 중국과 미얀마의 리수 족』(*Stories of fire - Lisu of China/Burma*)
- 이소벨 쿤의 『가뭄 속의 푸른 잎 – 중국과 미얀마의 리수 족』(*Green leaf in Drought - Lisu of China/Burma*)

힌두권의 미전도 종족

힌두교는 갖가지 사상과 행위, 신념, 확신의 응집체이므로 사실상 단순한 설명이 불가능하다. 그렇기에 서구 사람들에게 힌두교는 곤혹스럽게 여겨지는 경우가 많다. 기독교와는 완전히 다른 중심 구도를 지녔으므로, 근본적으로 질문과 대답이 판이하게 다르다.

1. **철학으로서의 힌두교.** 모든 인간에게는 신성의 불꽃이 있다. 인간을 죄인이라 부르는 것은 사실상 모독이다. 따라서 구원자가 필요하지 않다. 비베카난다(*Vivekananda* : 근대 인도의 종교 및 사회개혁 지도자 – 옮긴이)는 자신의 저서에서 "누구에게든 죄인이라 칭하는 것은 죄"라고 말한다. 선과 악은 모두 환영(幻影)일 뿐이다. 환영은 지식을 통해 떨쳐버린다. 그러므로 '구원'이란 성경적인 죄가 아닌 무지에서 벗어나는 것이다.

죄에 대한 전형적인 힌두식 정의는 '고통의 원인'이다.

모든 영혼은 신의 일부이며, 영혼의 업(karma)에 따라 사람이나 동물, 또는 식물 등의 높거나 낮은 수준으로 거듭 태어난다. 업이란 한 사람이 행한 선행의 총체다. 이는 서구적인 개념의 도덕적 선행이 아니라, 종교 행위적 개념의 선행이다. 선행을 쌓아야 다음 생애에서 더 높은 지위로 다시 태어나게 되며, 악한 일을 하면 다음 생애에서 낮은 수준의 형태로 태어나게 된다.

2. **세계 종교로서의 힌두교**. 힌두교는 인간이 3억 3천만 개의 신들 가운데 자신만의 신을 마음대로 고를 수 있다고 가르친다. 궁극적인 구원은 (1) 지식의 길을 통해, (2) 헌신의 길을 통해, (3) 선한 행위의 길을 통해 얻을 수 있다. 구원이란 물방울이 대양에 떨어지듯 절대자와 재결합하기 위해 윤회의 주기에서 벗어나는 것(즉 모크샤 – 해탈)이다.

3. **대중 종교로서의 힌두교**. 힌두교도들은 힌두교가 고대 전통과 정령 숭배와 신전 숭배, 마술, 구마(驅魔), 점성술, 구루(guru, 정신적 지도자)의 가르침의 혼합이라고 믿는다. 힌두교의 대략적 신조는 다음과 같다. "소를 여신으로 여기라. 물질 세계는 환영일 뿐이다. 세상은 점차 악해지고 있다. 새것보다는 옛것이 좋다. 앞으로 될 일은 인간의 노력으로 추진하거나 막을 수 없다."

서구인들은 뉴에이지 운동의 가르침과 마헤시 요기(Mahesh Yogi)의 초월 명상, 공항에서 적선을 요구하는 하레 크리슈나 활동을 통해 힌두 철학의 일면을 보았을 뿐이다. 안타까운 점은 이런 부정적인 인상에도 불구하고 인간에 대한 서구인들의 관념이 힌두교에 빠져들고 있다는 것이다. 끊임없이 마음의 평화를 갈구하는 사람은, 스스로에게 평안을 가져다주는 신의 길이 될 수 있다고 믿는다. 그렇지만 힌두교인들 대부분은 진정한 복음을 들을 기회가 없다. 그들이 아는 기독교란 소위 '그리스도인'이라는 자들이 보여준 모습뿐이다.

인도계 힌두교도인 암베드카르 박사는 이런 말을 했다. "복음서를 읽으면서, 나는 힌두교가 우리 영혼 속에 주입한 독을 해독할 방도를 찾았다. 하지만 주변의 그리스도인들을 보면서는 그들이 자기 유익을 구할 뿐 다른 사람의 이익에는 관심이 없다는 사실을 깨달았다." 저 유명한 마하트마 간디는 자신이 예수 그리스도는 받아들여도 기독교는 받아들일 수 없노라 말한 적이 있다. 기독교도들 때문이었다.

기원전 3세기 무렵, 아리안인들이 중앙아시아에서 지금의 인도로 이주했다. 신에 대한 열망으로 그들은 베다(Vedas)라 불리는 경전을 탄생시켰다. 아리안 종교는 힌두교로 발전하게 되었고, 결국 수세기를 거치면서 인도 대륙의 지방 종교를 모조리 흡수했다.

오늘날 아시아의 30억 인구 가운데 24%가 힌두교도다. 대부분 인도와 네팔, 인도네시아의 발리 지역에 거주하고 있으며, 부탄과 피지, 모리셔스, 그리고 남미의 수리남과 가이아나에 다수가 분포해 있다.

인도의 그리스도인들은 사도 도마가 1세기 무렵 인도로 기독교를 전했다고 주장한다. 16세기 무렵, 프란시스 사비에르(Francis Xavier)와 로베르트 드 노빌리(Robert de Nobili)와 같은 가톨릭 선교사 — 이후 많은 개신교 선교사들이 물밀듯 들어감 — 가 힌두교도들에게 복음을 전했다. 이들은 힌두교의 하층 카스트 사이에서 널리 전도 사역을 펼쳤다. 그로 인해 기독교는 소외집단의 종교로 알려지게 되었고, 19세기 식민지 기간 동안에는 유럽의 외국 식민지 열강들의 종교로 인식되었다. 인도 내에서 선교사 비자를 받기는 더 이상 불가능하지만, 인도 현지인들의 사역 안에서 놀라운 전도와 선교의 수고가 일어나고 있다.

힌두인들에게 있어 신은 인격체가 아니다. "움직이나 움직이지 않고, 멀리 있으나 가까이 있으며, 모든 것 안에 있으나 모든 것 밖에 있다"는 말은 범천(Brahma)이라 불리는 우주의 신적 기운에 대한 묘사이다. 절대자인 신은 인간을 사랑하지도 않고 미워하지도 않으며, 돕지도 않지만 방해하지도 않는다.

신은 조상들이 섬기던 형태로 — 나무, 짐승, 조각상, 인간, 수백만의 신 — 숭배되어야 한다. 가장 뛰어난 두 신으로는 세상을 보존하는 비슈누와 세상을 파괴하는 시바가 있다. 비슈누는 일반적으로 자기 화신인 라마나 크리슈나를 통해 경배 받는다. 힌두인들 다수가 혹 예수 그리스도에 대해 관심을 가졌다가 가정의 신인 쿨라 데바타의 진노를 일으켜 자신과 가족들이 해를 입을 수 있다는 깊은 두려움 속에 살고 있다.

힌두교에서는 자신이 혹 신들의 노를 사진 않았는지, 구원의 길에서 전진했는지, 뒤지고 있는지 분명하게 알 수 없으므로, 보통 절망과 염세주의에 빠지게 된다. 힌두교도들에게 있어 거룩함과 부유함은 양립할 수 없으므로, 빈곤이 힌두 사회에 쉽사리 퍼질 수밖에 없다. 또한 역설적이게도, 생명을 가진 모든 물체 안에 깃든 신성함 — 조상들이 동물로 환생했을 수 있으므로 — 에 대한 신념이 빈곤을 더욱 부채질한다. 예를 들어, 인도에서는 매년 곡물의 30%를 쥐가 먹어버려도 이를 내버려두어야 한다. 인도 거리를 활보하는 소만 잡아도 나라 전체 인구를 5년 간 먹일 수 있다.

대부분의 세계 종교가 그러하듯, 힌두교는 종교라기보다 문화적인 면이 강하다. 전통적으로 힌두교 가정에서 힌두의 의식과 가치를 지키는 이들은 여성이다.

인간은 4가지 계층으로 태어나며, 각자에게 맞는 사회적 지위와 직업이 있다. 자신의 직업을 제대로 완수하는 것이 의(義)다. 계층에 속하지 않는 소외 집단들은 힌두교도가 아니다. 각 개인이 수행할 올바른 행위란 카스트로 자신의 위치를 설정하는 것이다. 일반적으로 각 개인은 집단의 규정에 복종하는데, 예를 들어 한 가정의 성인 남성은 언제나 가족의 연장자들의 말에 따른다.

힌두교는 카스트 제도와 함께 사회의 안정성을 꾀하는 역할을 한다. 그것을 통해 사람들은 각자 자신이 속한 위치를 아는 것이다. 기독교로 개종한 힌두인이 카스트의 구별을 철폐하라는 기독교의 주장을 따르려면 사회적 특권과 일자리와 부 등 자기 자리를 잃어버릴 수밖에 없다. 기독교로 개종한 힌두 학생들은 정기적으로 받던 정부 보조금을 잃게 된다. 기독교로 개종한 사람은 사회에서 제명되고, 가문 전체의 명예를 더럽히게 되며, 결혼은 바랄 수도 없고, 심지어 신체적 학대를 당하기도 한다. 최근의 설문조사에 따르면 힌두교도 전체의 20%가 자기 가족과 사회에서 배척당하지 않는다면 예수 그리스도를 믿는 것을 고려해 보겠노라고 답했다.

일반적으로 힌두교도들은 모든 새로운 종교적 관념에 매우 개방적이다. 힌두교에서는 모든 길이 신에게로 향하며, 모든 종교가 기본적으로 선하다. 일반적으로 자기 조상이나 카스트에서 행한 것이라면 어떤 종류의 숭배 형태든 옳다고 본다. 예수 그리스도를 내 삶에 받아들이겠노라 기도하며 기꺼이 고개를 숙일지는 몰라도, 이는 그저 '추가로' 한 신을 더 받아들이는 것에 불과하다. 힌두교의 가르침에 대해 더 많은 정보를 원한다면, 다음 자료를 살펴볼 것을 제안한다.

힌두교 관련 추천 도서

- 선더 라지(Sunder Raj)의 『개종이라는 이름의 혼돈』(Confusion Called Conversion)
- 폴 빌하이머(Paul Billheimer)의 『승리를 위한 운명』(Destined to Overcome)
- 웨슬리 듀웰(Wesley Duewel)의 『비할 수 없는 전능의 힘』(Mighty Prevailing Power)
- 라비 마하라지(Rabi Maharaj)의 『빛으로의 탈출』(Escape into the Light)

불교권의 미전도 종족

매일 아침, 스리랑카와 티베트, 태국, 베트남과 수십 개의 불교 국가에서는 주황색 법의를 걸친 승려들이 집집마다 찾아다니며 묵묵히 보시를 거둬들인다. 이들은 감사하다는 말을 하지 않는다. 사람들이 환생할 때 더 높은 지위를 얻을 수 있도록 자신들이 호의를 베풀어주었다고 생각하기 때문이다.

불교는 기원전 6세기, 훗날 부처로 알려진 고타마 싯다르타의 가르침에 기초한다. 그는 신이 아닌 사람에게 중점을 두었다. 인생이란 근본적으로 고통과 고난의 연속이며, 그 원인은 탐욕에 있다고 가르쳤다. 그러므로 인간의 모든 욕망이 사라지는 것은 고통의 끝을 의미한다. 인생의 목표는 열반이라고 알려진 욕망의 부재를 향해 최대한 빨리 옮겨 가는 것이다.

기원전 3세기가 되자 불교의 가르침은, 현재의 스리랑카 섬에서 팔리어(산스크리트어와 연관됨)로 기록되어 구체화되었다.

고타마가 기원전 527년 보리수 나무 아래서 깨달음을 얻은 지 약 100년이 지난 뒤, 불교는 보수적이고 전통적인 소승불교와 전통적 관습을 현대적으로 수정한 대승불교로 나뉘었다. '연장자의 도'인 소승불교는 미얀마, 라오스, 캄보디아, 스리랑카에서 번성하고 있으며, 대승불교는 티베트, 중국, 일본, 한국, 베트남에서 강성하고 있다. 지난 수백 년 간, 불교는 기본적 신앙 체계에 따라 살아가는 방법을 놓고 수백 가지 종파로 나뉘었다. '극락정토 불교'(Pure Land Buddhism)라는 종파의 경우, 하와이 지역에서 강성하고 있다.

불교의 비종교적, 철학적 관점이 ― 신적 존재와 아무런 교감을 갖지 않음 ― 극명하게 드러나는 것이 '아나타 교리'다. 그것은 인간에게는 영혼이 없으며, 그 중심에 인격이 존재하지 않는다고 주장하는 가르침이다. 인간은 다섯 가지의 칸다스, 즉 '집합체'로 구성되었는데, 이는 인간 본질에 환영을 가져다준다. 그 환영은 고통과 욕망의 갈등이 수양을 통해 사라지게 될 때에야 씻겨 없어진다. 결국 수양을 통해 열반('무' 또는 '벌거숭이')에 이르게 되고, 열반의 상태에서는 욕망이 없으므로 완전함과 순전한 평안을 얻을 수 있다.

일반적 관례로 볼 때, 불교는 복을 비는 행위와 불교 축제, 불교 행사의 형태를 취하는 경우가 많다. 여러 불교 국가들을 보면, 일반인들이 모두 가족 행사와 장례식, 죽은 사람을 위한 제사 때에 승려를 불러, 복과 안전을 기원하는 염불을 외우게 한다.

일반 신도들을 위해 팔정도(八正道)를 가르치는데, 여기에는 다섯 가지 금지 조항이 있다. "훔치지 말라. 거짓말하지 말라. 살생하지 말라. 부정한 관계를 갖지 말라. 술을 마시지 말라"이다.

대부분의 불교도들 역시 종교적인 헌신도는 떨어지며, 단순히 선악의 행업으로 말미암은 과보, 즉 업보를 제대로 쌓기 위해 노력할 뿐이다. 일반인들이 믿는 불교란 공적을 세우기 위해 승려들을 선대하는 행위와 종교적 행사와 의식에 참가하는 행위, 지역 사찰의 보수 공사에 봉헌하는 외적 행위 정도다.

　불교는 사람들이 삶과 죽음의 끝없는 윤회에 갇혀 있으며, 이로 인해 인간은 계속해서 환생하게 된다고 가르친다. 그러나 단순한 생존 경쟁에 시달리느라 미래에 존재하는 윤회의 순환을 강조하거나 열반에 관심을 두는 불교 신자는 그리 많지 않다. 그들의 관심은 공덕을 세워 현세에 더 낳은 삶을 사는 데 있다.

　불교를 따르는 일반 신도들의 다수는 전생이 현세의 고통을 좌우하므로, 자신과 얽혀 있는 업보의 법도에서 자신을 보호할 이는 아무도 없다고 느낀다. 이러한 숙명론으로 인해 대부분의 사람들은 여전히 영들의 존재를 믿으면서도 불교의 관례를 행하고 있다. 절대자 신은 없고 인간에게 영혼도 없다는 것이 불교 철학이지만, 대부분의 불교 신자들은 자신들이 두려워하는 고대의 정령 신앙에 사로잡혀 있다.

　불교에 대해 더 알고 싶고 그들에게 다가갈 방법을 알고 싶은 사람은 다음의 자료를 살펴보기 바란다.

불교 관련 추천 도서
- 노먼 가이슬러(Norman Geisler), J. 유타카 아마노(Yutaka Amano)의 『환생의 충격, 그리스도인의 반응』(*The Reincarnation Sensation, A Christian Response*)
- 로수케 고야마(Losuke Koyama)의 『후지산과 시내산, 우상에 대한 비

평』(Mount Fuji and Mount Sinai, A Critique of Idols)
- 마르쿠 쩌링(Marku Tsering)의 『티베트 불교 세계에서의 복음 전도』 (Sharing Christ in the Tibetan Buddhist World)
- 티사 위라싱하(Tissa Weerasingha)의 『십자가와 보리수나무 — 불교도에게 복음을 전하기』(The Cross and the Bo Tree — Communicating the Gospel to Buddhists)
- J. 이사무 야마모토(Isamu Yamamoto)의 『불교의 세계로, 불교 전통에 관한 기본 입문서』(Beyond Buddhism, A Basic Introduction to the Buddhist Tradition)

중국의 미전도 종족

종교보다는 정치적 경계선으로 정의해야 할 가장 큰 미전도 종족 집단은 중국의 종족들이다. 중국 권을 제대로 특징짓기 힘든 이유는 중국 정부와 대부분의 중국인들이 '큰 전통'(Great Tradition)이라는 개념을 추구하기 때문인데, 즉 중국인은 문화와 정보, 행동양식 등이 동일한 한 민족이라는 개념이다. 이러한 관점에서 중국 정부는 중국 국경 내에 거주하는 수많은 종족들 가운데 다수 종족인 한족과 55개 소수 종족만을 공식적으로 인정하고 있다.

중국학 연구소 소장인 짐 지에르보겔(Jim Ziervogel)에 따르면, 사실상 한족 자체도 12개의 주요 종족으로 나뉜다고 한다. 그리고 이들 12개 한족들 대부분은 방언과 '작은 전통'(little traditons)에 따라 다시 여러 개의 하위 집단으로 구별된다.[5] 다수의 한족들 사이에서는 최근 몇 년 동안 복음이 급격하게 퍼졌으며 수천만의 그리스도인들이 수천 개의 가정 교회를 형성하고 있다.

하지만 거대한 한족 집단과 다수의 비 한족 집단이 아직 복음을 듣지 못하고 있다. 자민족들을 복음화할 만큼 강력한 현지 교회가 아직 없기 때문이다. 다수의 소수 종족들의 경우, 교회 자체가 아예 하나도 없다.

이러한 다양성에도 불구하고, 중국권 내의 미전도 종족들에게는 공통된 몇 가지 특징이 있다. 그 지역 전체에 만연된 두 가지 영향력으로 고대 유교와 현대 공산주의를 꼽을 수 있다.

공자(기원전 551-479)는 사회에 필요한 질서를 강조했다. 그는 중국인들에게 사회적 관계를 중요시하고, 예의와 공중도덕을 지키며, 특히 모든 것을 이롭게 하는 주요 방법으로 자기부인을 숭상하라고 가르쳤다. 유교는 인간의 선함이 욕심과 이기적 야망, 타락한 지도력으로 약화되고 어그러지기는 하지만, 인간은 본래 선하다고 가르친다.

공산주의가 유교의 뒤를 이어 중국 사회에 뿌리내리게 된 것은 놀랄 일이 아니다. 수억의 중국인들은 그다지 자신을 공산주의자라 생각지 않지만, 그들의 문화적 사고 형태는 공산주의적 사상을 반영하고 있다. (1) 개인은 전체의 선을 위해 복종한다. (2) 사회의 악은 경제 계급을 근거로 규정된다. (3) 결국 노동자들의 천국이 세워진다.

중국의 공산주의적 사고와 유교적 사고는 다음과 같은 관념을 갖고 있다.

인간은 스스로 자신의 운명을 결정한다.
종교는 위험한 환각으로, "민중의 아편이다."
이성적 사고와 과학만이 진리로 이끈다.

이러한 사고 틀을 가지고 있기에, 중국 내 많은 미전도 종족들이 기독교를 거부한다. 그들은 특히 '기독교' 국가들이 내정 간섭했던 역사적 과오에 대해 분노를 터뜨리며 기독교를 거부한다.

예를 들어, 역사 교육 시간에 중점적으로 가르치는 것은 "기독교가 제국주의의 충실한 개"라는 내용이다. 이 표현은 1800년대 초 기독교 국가인 영국의 무장선이 중국을 위협해 아편을 실은 배를 입항시키도록 강요했던 때에 생겨났다. 영국은 되도록 많은 중국인들을 아편에 중독시켜 향후 아편 시장을 확보하려는 마음에, 협상 시에 영어와 중국어를 모두 아는 사람들을 이용했다. 그들이 바로 기독교 선교사들이었다.

중국의 많은 지역에서 이러한 공산주의와 유교적 사고는 불교와 도교의 종교적 신앙과 혼합되어 있다. 도교의 가르침은 어지럽던 기원전 5세기 무렵 노자라는 사람이 주창한 것으로, 그는 자연과 어우러진 수동적 인생을 신봉하는 철학을 세웠다. 하지만 도교는 사실상 중국인들의 민간 신앙과 미신을 흡수하여 혼합시켰다. 그러므로 불교나 도교의 일반적 관습을 보면 여느 정령숭배 신앙과 매우 흡사하다. 영들을 두려워하고 달래기 위해 징을 치고, 부적을 붙이고, 거울을 달고, 초와 향을 피우며, 종을 치고, 주문과 염불을 왼다.[6]

수십억이 넘는 중국 국민들을 구분하기란 결코 단순한 일이 아니다. 그렇지만 이러한 기본적 특징을 알면, 중국이 지구상에서 가장 놀라운 교회 성장을 보이는 가운데, 아직도 수억의 미전도 종족들이 여전히 복음화되지 않은 이유가 설명될 것이다.

중국에는 참으로 다양한 종족들이 많으므로, 자신이 읽는 내용이 평소 관심을 갖고 있던 종족에게 해당되는지 유의하기 바란다. 다음의 자료를 추천한다.

- 데이비드 아이크만(David Aikman)의 『베이징에 오신 예수님』(좋은씨앗 펴냄)
- 토니 램버트(Tony Lambert)의 『중국 교회의 부활』(생명의말씀사 펴냄)
- 크리스토퍼 J. 스미스(Christopher J. Smith)의 『중국, 수십억 인구가 사는 나라』(China, People and Places in the Land of One Billion)
- 시몬 레이스(Simon Leys)의 『중국의 그늘』(Chinese Shadows)
- 페리 링크(Perry Lind)의 『미확인된 중국, 인민 공화국의 대중문화와 사상』(Unofficial China, Popular Culture and Thought in the People's Republic)
- 제레미 바머, 존 민포드(Geramie Barme, John Minford)의 『불의 씨앗, 중국인 양심의 목소리』(Seeds of Fire, Chinese Voices of Conscience)
- 장 신 시나드, 상 예(Zhang Xin Xinard, Sang Ye)의 『중국인의 생활, 현대 중국의 구술 역사』(Chinese Lives, An Oral History of Contemporary China)
- C. K 양(Yang)의 『중국 사회의 종교』(Religion in Chinese Society)
- 조나단 차오(Jonathan Chao) 저, 리차드 반 하우텐(Richard Van Houten) 편집, 『뱀같이 지혜롭고 비둘기처럼 순결하라』(Wise as Serpents, Harmless as Doves)
- 랄프 R. 코벨(Ralph R. Covell)의 『공자, 부처, 그리스도: 중국의 복음 역사』(Confucius, the buddha, and Christ : A History of the Gospel in Chinese)

세상과 다리 잇기

추수밭을 연구하려면 세계의 주요 종교를 훑어보는 것만으로 부족하다. 민첩하게 21세기의 세계에 대처하는 그리스도인이 되려면 다음과 같은 계획을 세우라.

- 세계 기도 다이제스트(Global Prayer Digest)나 『세계 기도 정보』와 같은 기도 정보 책자를 매일 사용하라.
- 전형적인 뉴스 프로그램에 한정되어 있는 세계 뉴스 이면의 뉴스를 읽어내라. 가까운 도서관에 비치된 〈월드 프레스〉(World Press), 〈이코노미스트〉(The Economist), 〈월드 모니터〉(World Monitor), 〈세계와 나〉(The World and I) 등 일반 잡지를 정기적으로 읽으라.
- 세계의 종족들과 친숙해지라. 내셔널 지오그래픽의 특별 프로그램을 정기적으로 시청하라. 다양한 문화를 배경으로 한 소설을 읽고, 같은 도시에 있는 외국인들과 친구가 되고, 외국어를 배우라.
- 다음과 같은 표어를 하나님 나라를 위해 적용해보라. "세계적으로 생각하고, 지역적으로 행동하라"(Think Globally, Act Locally).

이상의 자료들을 통해 당신은 세계의 종족들에 대해 지속적인 정보를 얻게 될 것이며, 자신의 정열을 어디에 쏟아야 할지 알게 될 것이다.

추수밭은 광활하다!

세계의 경향에 눈을 크게 뜨고 주시하거나, 수천의 미전도 종족들 안에 있는 수백만의 잃어버린 영혼들에 관심을 갖게 되면서, 자기 스스로 무기력하게 느껴지는 경우가 있다. 이 많은 민족들을 어떻게 다 제자로 삼을 수 있겠으며, 또한 각 문화별로 교회가 자민족을 전도할 수 있도록 세워나가는 일이 어떻게 가능하겠는가?

이러한 사명이 너무 힘겹게 여겨진다면, 하나님이 모든 것을 지켜보고 계신다는 사실을 기억하라. 하나님이 만드신 태양은 달보다 400배가 크며, 달은 태양보다 지구 표면에서 400배나 더 가까운 곳에 자리하고 있다. 이들 하나님의 작품에는 경이적인 이유가 있으며, 완벽한 일식이 일어나도록 제작되었다. 하물며 우리 인간은 일식보다 훨씬 가치 있는 존재가 아닌가? 하나님께서는 저 광활한 밭을 멋지게 추수할 수 있을 만큼 그의 교회가 성장할 수 있게 계획하셨다.

때로는 전 세계 교회들이 과연 이 세상에 영향력을 미칠 수 있을지 낙심되기는 하지만, 하나님께서는 엄청난 기세를 지닌 추수 일꾼들을 준비하셔서 맡은 사명을 매우 멋지게 감당하게 하신다.

4

열방을 품은 주의 군사들

추수를 향한 강렬한 열정

"웅대한 계획이 펼쳐지는 장엄한 광경을 볼 수 있도록 길을 예비하라."
— 크리스틴, 스코트 덴트 부부

[세계의 지붕과 맞닿은 어느 곳]

어스름한 저녁 무렵, 당신은 책상 다리를 하고 앉아 있다. 매운 연기에 눈물이 날 지경이다. 흰 수염을 흩날리는 작은 노인이 당신에게 차를 따른다. 이곳 히말라야 베이스캠프의 막사로 들어온 지 40분이 되었지만, 아직 아무런 얘기도 꺼내지 않는 노인을 보며 당신은 조급함을 느끼고 있다. 어색한 분위기로 앉아 있는 것이 영 참기 힘들다.

가까스로 노인이 투박한 영어로 말문을 튼다. "이야기 하나 해드리지. 손님의 자녀들, 그리고 자녀의 자녀들에게까지 전해줄 만한 이야기라오."

세상의 모든 시간을 가진 듯한 당신.

노인은 칙칙한 둥근 탁자 너머에 앉아 두 손으로 컵을 받치고 이야기를 시작한다.

옛날에 우리가 사는 산맥 저 너머에는 숨겨진 왕국이 있었는데, 그곳 사람들을 다스리는 왕은 온갖 이교 사제들의 말에 귀를 기울였다오. 손님이 사는 나라에서는 한 번도 들어본 적 없는 그런 왕국이오. 왕은 외부 사람이 왕국에 들어오는 일을 결코 허용하지 않았고, 사람들은 하나님도 소망도 없이 살았지.

그런데 산맥 아래 지역에 살던 젊은이들이 그 숨겨진 왕국을 위해 기도하기 시작한 거요. 그리고 늘 그렇듯, 어느 화창한 봄날에 그 청년들은 자신들이야말로 기도의 응답이라는 사실을 깨달았지. 청년들은 식량을 모아 길고 가파른 산행을 시작했어.

산맥의 정상 가까운 곳에 이르렀을 때, 왕국의 도시가 있는 골짜기를 발견했어. 왕궁은 봄날의 햇볕을 받아 반짝반짝 빛났다오. 그런데 갑자기 왕 같은 옷을 입은 나이든 남자가 바위 뒤에서 나타나 소리를 치는 거야. "너희는 외부인들이 아닌가!"

청년들은 조용히 기도한 뒤에 대답했지. "우리는 예수 그리스도의 사랑으로 왕과 백성들을 섬기러 왔습니다."

그 남자는 머뭇거렸어. "너희 생김새가 우리랑 비슷한 걸 보니 다른 나라 사람이 아니군. 너희가 섬기고 싶다고 했지. 한 번 지켜보겠다. 너희를 왕께로 데려가겠다."

청년들은 조용히 기도하면서, 도시와 왕궁을 지나 왕의 보좌가 있는 방으로 안내 되었다오. 청년들은 왕께 말했지. "우리는 예수 그리스도의 사랑으로 왕의 백성들을 섬기러 왔습니다."

왕은 노려보았어. 청년들을 안내했던 노인은 안절부절 못했고 말이지.

왕이 말했어. "한 번 지켜보겠다." 그리고 보초에게 몸짓하며 명령했어. "이 녀석들을 쓰레기 더미로 데려가라."

그래서 청년들은 쓰레기 장으로 인도되었고, 주민들이 버리는 쓰레기를 수거해오라는 명령을 받았지. 청년들은 쓰레기를 날랐고, 거리 곳곳에서 쓰레기를 주워 담았어. 그리고 왕궁의 길가에 방치된 동물의 사체를 수거했고. 이 일을 7일 동안 했다오. 청년들은 일하는 동안 노래를 불렀지.

마지막 7일째 되던 날, 왕은 청년들을 앞으로 불렀어. "너희가 예수 그리스도의 사랑으로 섬기러 왔단 말이지. 한 번 지켜보겠다. 이 녀석들을 성벽으로 데려가라!"

그래서 젊은 그리스도인 청년들은 도시의 성벽을 보수하는 일을 시작했다오. 성벽 아래에 있는 강가에서 돌을 나른 거야. 벽돌을 만드느라 지푸라기와 물을 찰흙에 섞기도 했고. 돌 때문에 손이 피투성이가 되었지. 하루하루가 지나면서 몸은 온통 진흙과 회반죽투성이가 되었다오. 왕이 왕궁 탑에서 지켜볼 때도, 청년들은 성벽을 세우면서 노래하고 있었지.

벽돌을 만들면서 20일을 보낸 후에, 청년들은 성을 세우는 작업에 들어갔어. 근데 일을 하다가 문득 눈을 들어보니 빛나는 노란 옷을 입은 궁전 사제들이 엄숙한 모습으로 자기들 쪽으로 걸어오는 거야. 맨 앞에 선 사제가 도착하더니 이렇게 말했어. "자네들과 함께 일하러 왔네." 청년들은 미소를 지었고, 노래하면서 일했지.

30일이 지난 뒤, 왕이 왕궁 창문으로 내다보니 청년들이 사제들 옆에 나란히 서서 노래하고 있었던 거야. 왕은 청년들을 자기 방으로 불러들였어. "그래, 너희가 정말로 섬기러 왔구나. 내 사제들이 밤마다 너희와 차를 마시면서 예수의 사랑에 대해 배웠다는 말을 들었다. 오늘밤 백성들을 모두 모이도록 공문을 내리겠으니, 그들에게 예수의 사랑에 대해 말해도 좋다."

그날 밤, 청년들은 노래했어. 숨겨진 왕국의 고대 역사상 처음으로, 사람들은 예수의 사랑에 대해 들었다오. 그중 40명이 그날 밤 예수의 제자가 되었지.

그리고 얼마 지나지 않아, 젊은 그리스도인 청년들은 산맥 아래에 있는 자기네 고향으로 돌아가야만 했어. 숨겨진 왕국의 성을 떠나는 날, 백성들이 울며 말했지. "꼭 돌아와요. 그리고 당신네들처럼 좋은 사람들도 데려오구요!" 고향을 향한 여정이 시작되고 시야에서 성이 사라질 무렵, 뒤에서 그들을 부르는 소리가 들렸다오. 급히 길을 달려 내려오는 사람은 노란 옷을 입은 사제들이었어. "당신네들에게 제물과 선물을 가지고 왔소. 그러니 언젠가 곧 당신들과 비슷한 사람들을 데리고 다시 돌아오시오."

당신에게 이야기를 들려주던 노인이 잠시 말을 멈추고 묻는다. "차 한 잔 더 드시겠소?"

당신은 고개를 흔들며 사양한 뒤 이렇게 말한다. "멋진 이야깁니다. 정말 그런 일이 일어난다면 얼마나 멋지겠습니까?"

노인은 의아한 듯 쳐다보며 말한다. "당연히 멋졌지."

"정말 그런 일이 있었다는 의미 같군요."

"이보게 젊은 손님." 노인이 말한다. "정말로 실제 일어난 일이라네. 719-527-9594로 전화해보게. 이교 사제들을 대상으로 선교하는 젊은 그리스도인 청년들의 사역에 헌금을 하게."

"진담입니까?"

노인은 묵묵히 당신을 바라본다.

추수를 향한 강렬한 기세

하나님의 일꾼들이 전에 없는 기세로 일어나고 있다. 위의 젊은 청년들처럼 용기 있는 사람들이 다양한 문화권에서 일어나고 있는데, 그들은 몇 년 전만 해도 미전도 종족이거나 복음에 저항적인 종족이었던 지역 출신들이다.

선교적 비전을 다져가길 원한다면 반드시 알아두어야 할 현재 선교적 상황에 대해 살펴보자.

첫 번째 경향 : 교회가 불길처럼 일어나고 있다.

조용하고 맥없는 다수 신도들의 무관심 속에, 그리스도의 몸인 교회는 세계 도처에서 '주체할 수 없을 만큼' 성장하고 있다.

- 1980년대 말에는 매일 7만 명의 그리스도인들이 늘어났다. 전 세계적으로 큰 사건이 일어난 이후 몇 년 동안에는 오히려 그 숫자가 부족할 정도였다. 예를 들어 1991년에는 무려 매일 174,000명의 신자가 늘어난 것이다! 1994년, 선교 전략 연구가들이 추산한 바로는 매일 178,000명이 늘어났다![1]
- 진정한 그리스도인들의 숫자는 세계 인구 전체의 증가율과 비교했을 때 놀라운 수치를 보인다. 급격히 증가하는 시간당 백분율에 주목하라. 교회가 세계 인구의 1%로 성장하기 위해 걸린 시간은 그리스도 이후

시대에서 콜럼버스가 대서양을 횡단하기 직전까지다. 그렇지만 최근에는 다시 1%가 증가하기까지 겨우 4년의 시간(1989-1993)이 걸렸을 뿐이다!

서기 1430년이 될 때까지 헌신된 그리스도인은 세계 인구 100분의 1이었다(1%) - 100명 중 1명.[2]

1790년 - 100분의 2(2%) - 50명 중 1명
1940년 - 100분의 3(3%) - 33명 중 1명
1960년 - 100분의 4(4%) - 25명 중 1명
1970년 - 100분의 5(5%) - 20명 중 1명
1980년 - 100분의 6(6%) - 17명 중 1명
1983년 - 100분의 7(7%) - 14명 중 1명
1986년 - 100분의 8(8%) - 12명 중 1명
1989년 - 100분의 9(9%) - 11명 중 1명
1993년 - 100분의 10(10%) - 10명 중 1명

10명 중 1명꼴이란 말은 성경을 믿고 헌신된 그리스도인의 수가 전 세계적으로 560,000,000명이 된다는 뜻이다.

이들 헌신된 그리스도인들을 평균 100명이 모이는 교회로 나눈다면, 진정한 그리스도인들이 모이는 교회는 전 세계적으로 5백6십만 개가 된다!

명목상 그리스도인 — 그리스도에 대한 믿음은 있으나 그분의 임재 안에 생활하는 모습은 부족한 이들 — 까지 포함한다면, 기독교는 세계 인구의 1/3을 차지한다.

특히 서구 그리스도인들 대부분은 이러한 교회 성장률 통계 수치를 믿지 않는다. 실제 이런 고무적인 소식에 오히려 기분나빠하고 분내는 사람들도 있다. 어느 목회자 사모가 이런 말을 했다. "우리가 그런 숫자에 주목해서는 안 됩니다. 우리는 그리스도와의 개인적 관계에 더욱 집중하고, 세계에 관한 일은 하나님께 맡겨드려야 마땅합니다."(섬뜩하게도, 사모의 그 말은 1790년대에 윌리엄 캐리가 가졌던 세계관에 대해 교회가 퇴짜를 놓았던 말을 연상시킨다. 당시 교회 장로들은 윌리엄 캐리에게 이렇게 말했다. "이봐, 젊은이. 자리에 앉게. 하나님이 정말 그런 야만인들을 구원하고 싶으시다면, 자네나 우리의 도움 없이 직접 하실 거라네!")

왜 많은 교회들이 그리스도 공동체의 성장 소식에 그다지 열광하지 않는 걸까? 서구 선교사들 중에는 교회가 성장한다는 고무적인 증거를 들으면서 신경을 곤두세우는 이들이 있는데, 이는 자신들의 사역지에서는 사람들이 복음에 대해 반응하는 정도가 낮으므로 그것이 일반적 평균이 분명하다고 결론을 내리기 때문이다. 일반 성도들의 경우에는 하나님이 큰 그림 가운데 어떻게 역사하고 계신지 그저 알지 못하는 것뿐이다. 자기 교회나 자기 교파 선교사들이 외국에서 하는 일의 단편적인 소식만 들을 뿐, 자기 자리를 박차고 나와 다른 23,000개의 교파나 수천 개 선교단체들이 하고 있는 사역에 대해 들을 수 있는 기회는 적다.

위의 자료들을 조사한 선교 통계 전문가 랄프 윈터는, 사탄 마귀가 늘 그렇듯 잘못된 정보를 이용해 그리스도인들에게 우리가 전쟁에서 지고 있다고 오해하게끔 만든다고 설명한다. 그는 미국의 경우를 지적하고 있다.

미국인들은 부정적인 정보로 지속적인 폭격을 당하고 있다. 신문과 라디오, 텔레비전은 미국인들 안에 세계가 모두 잘못 돌아가고 있다는 생각을 집어넣으려는 음모를 꾸미고 있다. 복음의 놀라운 진보에 대한 소식이 전무하기 때문에 복음 전파에 있어서도 모든 게 잘못 돌아가고 있다는 인상을 남긴다. 그러므로 세계 기독교의 놀라운 긍정적 보고를 받아들일 마음의 준비가 된 미국인들은 몇 되지 않는다. 기독교적 현상이 늘 놀라운 반향을 일으켰음에도 불구하고 말이다.[3]

힘을 내라. 여러분은 세계 곳곳에 우후죽순처럼 일어나는 하나님의 공동체에 속한 자들이다. 그리스도의 몸을 통해 예수께서 그의 교회를 세우고 계신다. 그분 안에서 우리는 분명 승리하고도 남는다!

두 번째 경향 : 2/3세계 선교의 물결

1980년대 말, 여러 선교 대표자들은 전 세계에 비서구권 선교사가 겨우 3천 명에 이른다고 발표했었다. 1989년에는 2/3세계 선교단체에 관한 지침서라야 고작 국제 해외 선교 십자군(Overseas Crusades International)에서 출간한 래리 패이트(Larry Pate)의 『모든 족속으로부터』(From Every People)라는 책이 전부였다.

(부언하자면, '2/3세계'라는 용어는 세계 인구의 2/3, 세계 대륙의 2/3가 해당되는 비서구 지역을 의미한다. 이들 문화권을 '제3세계'라 부르는 것은 짐짓 오만한 말일 수 있다. 마치 서구권이 '1세계'고, 구 공산권이 '2세계'이므로, 나머지는 그저 '3세계'라는 의미일 수 있기 때문이다!)

『모든 족속으로부터』라는 책에 실린 조사 자료를 보면, 비서구 선교사의 전체 수는 1988년의 35,924명에서 1990년에는 46,157명으로 늘어났는데, 이는 실로 2년만에 일어난 일이다!

1990년대 초, 래리 페이트는 서구 선교 운동의 성장률을 약 4%로 보았다. 다음의 내용은 래리 페이트가 1992년도에 했던 말이다.

서구 세계가 정치 세력을 견고히 하는 동안, 영적 세력은 비서구 세계 쪽으로 전이되고 있는 상황이다. 2/3세계에서 복음주의 교회 성장률은 매해 6.7%라는 기록적인 현상을 보이고 있으며, 2/3세계 선교운동(연구소가 조사한 바로는 거의 대부분이 복음주의적 운동이다)은 매년 13.3%로 성장하고 있다. 이는 매 10년마다 248% 증가 현상이다![4]

물론 이는 2/3세계 선교사에 대한 공식적 자료다. 하나님께서 비공식적인 경로를 통해 '보내고 계신' 개인별 숫자는 포함되지 않는다. 예를 들어 1992년에 개종한 케냐의 그리스도인 청년이 무슬림인 자기 가족들에게 죽음의 위협을 받았다는 사실 등은 통계적으로 기록에 남지 않는다. 그런데 가족들은 그를 죽이는 대신 그와 의절하고 이란에 있는 친척에게 보냈다. 오늘날 그 청년은 이란의 많은 종족들 사이에서 성장하는 교회를 든든히 세우기 위해 고군분투하고 있다.

서구인들은 2/3세계 선교사들의 영향력을 쉽사리 이해하지 못한다. 영국이나 미국의 전형적인 교회의 경우, 몇 년 안에 교회가 늘어날 수 있다는 사실은 상상할 수가 없다. 혹 교회가 성장한다고 해도, 이는 다른 교회에서 불만을 품은 그리스도인들이 새로운 교회로 옮겨가는 비율이 높은 것이다. 이들 교회에서는 매년 열 명, 혹은 고작 몇 명의 새로운 그리스도인을 보는 것 자체가 흥분된 일이다. 예를 들어 미국 내 6만 개 교회에서는 매년 새롭게 예수를 믿는 사람이 하나도 없다는 보고가 나오고 있다![5]

- 미국 교회의 약 85%는 정체 상태거나 소멸 상태에 있다. 미국에서 자신을 그리스도인이라고 고백하는 사람들의 43% 가량은 "삶에 대한 가르침은 모든 종교가 비슷하므로, 어떤 종교적 신념을 따르든 문제될 것이 없다"라고 말한다.
- 50년 만에 처음으로, 미국인 직업 선교사의 숫자가 1988년의 50,500명에서 1991년 41,142명으로 감소했다. 2차 세계대전 이후 파송된 경험 많은 선교사들은 현재 은퇴하고 있는 추세인데, 그 자리에 대신 들어갈 사람은 없는 것이다.
- 레잇 앤더슨(Leith Anderson) 목사의 말이다. "북미 교회는 이미 [세계 선교에 있어서] 그 역할이 퇴색했다. 우리의 선교 세력은 노화되고 약화되는 반면, 2/3세계 출신의 선교 세력은 젊고 성장하고 있다. 남미에는 매년 5만 개의 새로운 교회가 일어나는 반면, 미국에서는 매주 60개의 교회가 문을 닫고 있다."[6]

그 사이, 자이르에서는 1986-1992년의 6년 동안 한 교회가 1만 개 교회를 새로 개척했다. 방글라데시, 가로스(Garos) 종족 그리스도인들은 20개의 현지 부족민들 지역마다 한 개씩 교회를 개척했다. 거의 100%가 그리스도인인 가로스 족은 "2000년까지 방글라데시 각 종족 안에 한 개의 교회가 개척되는 것"을 볼 때까지 각 부족민들에게 복음을 전파하기로 헌신했다.[7]

1987년 남아프리카의 말라위에 있는 복음주의 침례교회(Evangelical Baptist Church)에서는 급격한 교회 성장으로 인해 새로운 교회 지도자 양성을 위한 세미나를 개최했다. 6개 구역장들이 저마다 자신들의 목표를 선포했다. 한 구역장이 말했다. "작년에는 우리 지역에서 5개 교회를 개척했습니다. 내년에는 하나님의 도우심으로 20개 교회를 개척할 수 있으리라 믿습니다." 다른 구역장이 말했다. "작년에는 8개 교회를 개척했습니다. 올해는 하나님 은혜로 25개 교회를 개척할 생각입니다." 전체 36개의 EBC 교회들은 오는 한 해 동안 67개 교회를 개척하기를 소망했다.

그 결과는 어떠했을까? 한 주 동안 사역자들은 평균 15-18명의 새신자들로 구성된 20개 교회를 개척했다! 7개월이 지날 무렵, EBC 교회는 자신들의 목표인 67개 교회를 완수했다! EBC 교회의 지도자인 마티아스 무니에웨(Matthias Munyewe)는 웃음을 지으며 말했다. "복음을 전해야 한다는 절박한 마음이 각자의 마음속에 진실로 타올랐던 겁니다. 구역장들은 현재 다음 목표를 어떻게 잡아야 할지 고민중입니다!"[8]

점점 좁아드는 세계, 경쾌히 똑딱거리는 역사의 시계, 온 민족을 향한 하나님의 마음에 대해 강조하고 있는 성경을 바라보며 우리는 단서를 얻어야 한다. 서구 교회는 지난 200년 동안 — 혹은 최근 50년 동안이라도 — 해왔듯 지금도 세계 복음화의 사명을 완수하고 있는 양 감히 착각해서는 안 된다. 남미에서 가장 성공적인 선교 사역을 이뤄내고 있는 선교사를 꼽으라면, 바로 인도네시아 교회의 후원을 받고 싱가포르 선교단체의 파송을 받아, 파라과이 인디언들을 대상으로 사역하는 필리핀 부부를 들 수 있다. 이들만 봐도 세계 선교가 변화하고 있음을 알 수 있지 않은가!

선교학자들은 '제3교회'라는 표현을 쓴다. 즉 '제1교회'는 기원 후 첫 1,000년 동안 예루살렘, 그리고 로마를 중심으로 한 동방 교회를 말한다. 복음이 전파되던 초기에 사도 바울이 동쪽 소아시아를 향해 복음을 전하려던 시도를 사실상 하나님의 영이 막으셨다(행 16:12). 그래서 바울은 마케도니아인의 환상을 통해 서쪽인 로마로 향했다. 많은 그리스도인들이 북아프리카와 인도 동쪽으로도 새로운 교회를 개척했지만, 교회의 물결은 서쪽으로 향했다.

기원 후 두 번째 1,000년 동안에는 서방 교회, 즉 미국을 포함한 유럽과 그 식민 지역에 초점이 맞춰졌다. 오는 세 번째 1,000년에는 전 세계 교회의 실질적 중심이 변화될 조짐이 나타나고 있다. 애버딘 대학 (University of Aberdeen)의 앤드류 월스(Andrew Walls)는 다음과 같이 표현했다. "기독교의 중추 세력이 완전히 전이되는 모습을 우리는 보고 있다. 남미와 아시아 몇몇 지역과 아프리카가 교회의 핵심 지역으로 자리잡았다."[9] 기독교는 더 이상 '서양 종교'가 아니다!

아시아 복음주의 협회(Asia Evangelistic Fellowship)의 기도 소식지에서도 그 사실을 지적하고 있다. "선교사를 받아들였던 국가들이 선교사를 파송하는 나라가 되고 있다. 세계 선교 확장의 중심축이 서쪽에서 동쪽으로 옮겨가고 있다."[10]

래리 패이트는 수년간의 세계 연구를 통해, 기독교의 엄청난 성장은 2/3세계 지역의 현지 복음 운동 사역의 결과라는 결론을 내렸다.[11]

서구 교회가 현대 기독교의 척도가 아니라는 사실을 받아들이지 못하는 전형적인 서구 교회들에게는 이러한 변화가 매우 당황스러운 소식이다. 예를 들어, 서구 그리스도인들은 가장 급속한 성장을 보이는 교파인 은사 운동이 미국에 중심을 둔다고 생각하고 있다. 미국인들은 은사주의자들을 교외 지역에 사는 중산층 정도로 파악한다. 유럽에서도 교외에 주둔하고 있는 중상위 계층이 은사 운동에 열을 내고 있다. 당연히 서구인들은 주변 상황으로 은사 운동에 대해 해석하기 마련이다. 그렇지만 세계 곳곳에 퍼져있는 은사주의와 오순절 교회는 도시 중심에서 일어나고 있고, 남성보다는 여성, 2/3세계(66%)와 가난한 사람들(87%) 사이에서 일어나며, 평균적으로 18세 이하 젊은이들 사이에서 활발하다는 사실에 많은 서구인들이 놀라고 있다.[12] 교수이자 연구가인 L. 그랜트 맥클렁(Grant McClung)은 이렇게 말한다. "현대 오순절 교회의 지난 100년 역사 동안 주요 자원은 북반구에서 남반구로 흘러갔다고들 한다. 이제 그러한 움직임은 사라졌고, 새로운 현실이 펼쳐졌다."[13]

그런 경향이 단지 은사주의나 오순절 교회에서만 일어나는 것은 아니다. 오늘날 교회 전체에 일고 있는 상호의존적인 초교파 움직임을 파악하지 못하는 선교 전략이나 선교단체는 온 세계를 품은 하나님의 마음을 제대로 이해하지 못하는 것이다. 선교는 이제 '서구에서 세계로'라는 익숙한 방식에서 근본적인 변화를 겪고 있음이 극명하게 드러났다. 모든 문화적 장벽을 넘어 구원의 소식을 전하려는 하나님의 세계 복음화 계획은 이제 하나님의 교회 전체의 사명이 되었다.

세 번째 경향 : 단기 선교

더그 밀햄(Doug Millham)은 아내 재키와 함께 〈세계의 발견〉(Discover the World)이라는 세미나를 주최하고 있는데, 자신이 단기 선교를 하게 되었던 계기를 나누고 있다.

몇 년 전 무심코 텔레비전을 켰다가 너무나 놀라운 장면에 마음을 빼앗기고 말았습니다. 동아프리카 지역에 관한 보고였는데, 사람들이 심하게 고통하는 장면을 보면서 마음이 녹아내린 겁니다. 순간 전화 수화기를 들었는데, 6개월 후에 보니 내가 소말리아의 난민촌에 직접 살고 있는 겁니다. 그러한 끔찍한 상황 속에 조금이나마 기쁨을 줄 수 있으면 좋겠다는 소망을 품고 말이죠. 1년 후 집에 돌아왔을 때, 나는 완전히 다른 사람이 되어 있었고, 다른 사람을 섬기는 삶에 온전히 헌신되어 있었습니다.[14]

청, 장년층의 해외 단기 선교 사역자들은 팝콘을 팔기도 하고, 우물을 파기도 하고, 난민촌 아이들과 발야구도 하고, 집집마다 페인트를 칠하기도 하며, 예배당을 세우고, 발전기를 수리하고, 쪽 복음 등을 나눠주고 있다. 다른 문화권에서 할 수 있는 단기 선교의 기회는 거의 무한하다.

(믿을 만한 최신 정보에 의하면) 1988년도에는 미국에서만 거의 700개 선교단체 중 208개 단체에서 31,000명의 단기 선교사를 파송했다.[15] 3년 전만 해도 21,000명이었는데, 1985-1988년 동안 10,000명이 늘어난 것이다. 현재는 그 비율이 북미 선교사의 약 50%에 달하고 있는데, 놀라운 수치가 아닐 수 없다.[16]

그렇지만 단기 선교 사역이 장기 선교사들 사이에서는 그리 좋은 평판을 받지 못하고 있다. 단기 사역자들이 전략적인 선교 상황에 외려 방해가 된다는 것이다. 의도는 선하지만 지식과 훈련 부족으로 인해 수년 동안 해온 장기 사역자들의 노력을 헛수고로 만든 경우도 있다. 이런 끔찍한 경험을 한 장기 선교사들 중에는 단기 사역자들이 존재하는 이유를 현대 그리스도인들의 헌신과 인내 부족으로 보기도 한다.

북미의 베이비 붐 세대 — 1946-1964년 출생자 — 는 장시간이 걸리는 일에 사력을 다하지 않는 세대라는 비판을 받았다. 그러한 경향이 선교 현장에서도 여실히 드러나고 있는 것이다. 레잇 앤더슨은 서구 선교단체들의 선교사 모집 문구를 조사했는데, 1950년대에는 "거룩한 부르심에의 응답"이 모집인들과 선교 지망생의 주요 관심사였다. 1970년대에는 교육의 여부가 주요한 자격 요건으로 부각되었다. 1990년대 초, 베이비 붐 세대의 선교 지망생들은 건강 보험이나 자녀 교육, 노후 보장 등에 관심을 가졌다.[17]

나이지리아에서 사역하는 국제 SIM의 여성 전임 선교사, 레슬리 펠트(Leslie Pelt)는 서아프리카에 막 도착한 동료 사역자들과 나누었던 대화를 회고했다. 레슬리가 물었다. "얼마 동안 있을 예정인가요?" 남성 선교사가 대답했다. "글쎄요, 한 6개월 동안 상황을 지켜보려고요." 레슬리 선교사는 그 선교사의 대답이 마치 단기 선교사 같았다고 말한다. "그 사람들은 마치 시장에서 과일을 고르느라 냄새 맡고, 눌러보고, 이리저리 살펴보는 것처럼 선교 현장을 탐색합니다. 기후나 언어, 문화, 편의 시설이 괜찮다 싶으면, 하나님이 인도하시는 것이라며 사역 기간을 연장합니다. 그렇지만 자신들이 원하던 대로 상황이 되지 않으면, 그때는 그곳에 머무는 것이 하나님의 뜻이 아니라는 겁니다."[18]

레슬리는 단기 선교사들의 입국이 늘어가는 상황에서 이를 기피하는 이들은 다름 아닌 현지 교회라고 지적한다. 단기 사역자들의 동기가 분명하지 않은 때가 많아, 현지 교회는 그들의 존재 자체를 의문시한다. 어느 나이지리아 교회 지도자는 다음과 같이 시인했다. "우리는 단기 사역자들이 오는 목적이 자기 경험을 위해서지, 사역에 기여하기 위해서가 아니라는 사실을 깨닫고 있습니다. 단기 선교 프로그램은 선교단체들의 모집 방법일 뿐입니다. 현지 교회 안에서 주요한 사역을 감당해야 하는 상황에서, 단기 선교사들이 몰려오는 바람에 숙소가 부족하고, 자원이 모자라는 결과를 낳기도 합니다."[19]

게다가 전통적인 선교 현장에 있는 교회들은 단기 사역자들에게 드는 어마어마한 돈의 액수를 보며 분개하고 있다. 예를 들어 미국인 단기 사역자가 아프리카에 오는 왕복 비행기 삯이면 아프리카 전도자나 선교사 6명을 일 년 동안 후원할 수 있다. 따라서 특정 교회가 선한 의도로 40명으로 구성된 청소년 성가대를 몇 주간 아프리카로 보낸다고 할 때, 그 돈을 좀더 전략적으로 사용할 경우 240명의 현지 전도자들을 일 년 간 후원할 수 있다는 계산이 금방 나오기 마련이다.

일반적으로 단기 선교에 대한 비판 사항은 다음과 같다.

1. 단기 선교의 결과는 믿을 만하지 못하다.
2. 지속적인 열매가 거의 없다.
3. 재정적 비용이 너무 많이 든다.
4. 단기 선교사들은 장기 선교사들의 사역을 방해한다.
5. 진정한 의미의 선교사들이 아니다.

이러한 비판에도 불구하고, 단기 선교는 급부상하고 있다. 〈프론티어즈 선교회〉의 공동 설립자인 그렉 리빙스턴(Greg Livingstone)은 오늘날의 단기 선교 운동이 촉발하게 된 계기를 다음과 같이 이야기한다.

우리는 20개국에서 온 2천 명의 젊은이들을 모아 오스트리아, 벨기에, 프랑스, 이탈리아, 스페인의 각 마을을 방문하게 했는데, 그 모임을 OM

(Operation Mobilization)이라고 불렸다. 1960년대 초에는 이와 같은 프로그램이 많은 학생들에게 흥분을 일으켰는데, 어떤 사람들은 쓸데없는 일이라고 생각하기도 했다. 여름 기간 동안 유럽에서 사역하는 일이 신속하게 진행될수록, 비판의 소리가 쏟아졌다.

"여름 캠프 선교를 하느라 얼마나 많은 돈을 낭비하는가? 그 돈이면 장기 선교사들을 도울 수 있다." 이런 비난의 소리가 들려왔다. 22세의 나이에 미국 OM 대표를 맡았던 나는, 예기치 못한 사람들의 책망에 일리노이 주 휘튼에 있는 TEAM 선교회 총재인 돈 힐리스(Don Hilis) 박사를 만나러 갔다. 그런데 힐리스 박사의 미소 띤 한 마디가 나의 길을 되돌렸다. "TEAM 선교회가 처음 발족했을 때, 우리는 사람들한테 성경책이랑 기타를 들고 선창가로 모이라고 했었습니다." 힐리스 박사는 이해하고 있었다. 아무런 전략도 없는 듯 미약한 시작이지만, 그 수많은 노력 뒤에 하나님이 계시고, 하나님의 역사의 한 부분이 될 수 있다는 사실을 말이다.[20]

참가자들이 놀라운 경험을 쌓는 것 역시 단기 선교 여행의 성공 요소 중 하나다. 은사주의 교회와는 다른 분위기에서 성장한 한 청년은 수년 전 필리핀으로 다녀온 단기 선교 여행 덕에, 오늘날 세계에서 일어나는 하나님의 기적적인 능력을 열렬히 믿게 되었다. 그는 다음과 같이 회상한다. "후덥지근한 저녁 모임에 참석했습니다. 도대체 사람들이 뭘 하는지 알 길이 없었죠. 사람들은 한 노인이 군중을 지나 방금 내가 통역자를 통해 간증을 나눴던 단상에 오를 수 있도록 돕더라구요. 노인이 단상 위에 서자, 사람들은 나에게 뭔가 말하면서 손짓을 하더군요. 그러자 통역자가 말하길 사람들이 내가 노인의 부러진 갈비뼈가 낫도록 기도해주길 바란다는 겁니다! 나는 목사님을 찾으며 뒷걸음질쳤지만,

사람들에게 떠밀려 앞으로 나가고 말았죠.

이제 어쩌겠습니까? 손을 뻗어서 노인의 갈비뼈에 얹었습니다. 살갗 아래로 뒤틀어지고 뾰족이 튀어나온 갈비뼈가 느껴질 정도였습니다. 나는 단상 위 서까래를 올려다보면서 간절히 기도했습니다, '주님, 제발 저 좀 구해주세요.' 그런데 기도하는 도중에 노인이 거칠게 숨을 쉬더니, 갑자기 갈비뼈가 제자리로 돌아가는 게 느껴지지 뭡니까! 노인은 펄쩍펄쩍 뛰기 시작했고, 군중들도 나를 붙잡고 껑충껑충 뛰었습니다. 나는 울다가 웃다가 정신이 없었구요. 나는 주님의 능력에 완전히 압도되어버렸죠." 그 젊은 단기 사역자는 이야기를 마치더니 이렇게 결론을 맺었다. "나는 완전히 다른 사람이 되었습니다. 하나님이 사용하지 못하는 사람은 없습니다. 우리는 엄청난 능력의 하나님을 섬기고 있으니까요!"

하지만 단기 선교가 죄다 이렇게 멋진 것만은 아니다. 물론 단기 선교도 장기 선교만큼 효과적인 전략을 세워가고 있다. 〈라틴 아메리카 미션〉(Latin America Mission)의 폴과 수잔느 루치아니 부부의 경우, 멕시코시티에서 전임 사역을 하면서 단기 선교 사역을 진행하고 있다. 그들은 북미 여러 교회에서 구성된 계획성 없고 개인적인 단기 선교팀을 데리고 멕시코시티 이곳저곳을 돌아다니는 대신, 적절히 훈련된 팀을 이끌고 멕시코시티 교회의 전략적 사역의 통로가 되게 한다. 그 팀은 자신들의 은사 분야에서 각기 사역을 하는데, 빈민가 아이들을 위해 농구 교실을 연다든가, 몇 주간 축호 전도를 하며 요한복음을 나눠주는 일을 맡아 그 일을 잘 마무리 지은 다음 집에 돌아간다. 그렇지만 사역은 단기 팀 활동을 지휘하고 동참했던 현지의 멕시코 교회들을 통해 지속된다.

이와 동일한 방법으로, 전임 선교사들과 1, 2년 단기 선교사들이 연합하여 복음에 완강한 벨기에서 새로운 교회를 개척하는 데 혁혁한 성공을 거두었다. 브뤼셀에 있는 〈벨기에 복음 선교회〉 회장인 요한 루카스(John Lukasse)는 다음과 같이 설명한다. "이번 교회 개척 성공에 온 마음을 빼앗겨버렸습니다! 우리는 경험 많은 교회 개척 선교사의 지도 하에서 청년 선교팀을 운영하고 있습니다. 그 친구들은 이번 프로그램에 1년씩 헌신하기로 하고 지원했지요."

선교팀은 목표 지역으로 들어가 한 집 혹은 두 집으로 나누어 공동체 생활을 한다. 각 팀원들은 최소한 하나 내지 두 가지의 사회, 문화 활동이나 스포츠 팀에 합류한다. 지역 사람들과 관계를 형성하면서, 동시에 다양한 복음전도법을 개발해 일하는 것이다. 게다가 지역 사회의 각 분야로 복음이 들어갈 수 있는 최고의 장기 사역 방법을 찾아내기 위해 지속적인 지역 연구를 하는 사람도 있다. 요한 루카스는 이렇게 덧붙인다. "청년들은 사역을 하는 동안, 교회 개척, 교회 성장 원칙, 효과적인 전도 방법 등을 주제로 훈련을 받기도 합니다. 그러는 가운데 평가도 하고 학습을 하는 데 많은 중점을 두고 있습니다."

그 결과는 어떠할까? 단기 사역자들의 공동체가 지역 사회 안에서 교회의 모습을 보여주게 되면서, 지역의 새로운 그리스도인들도 사역에 동참하게 되었다. 새로운 그리스도인들은 팀들이 보여주는 모범을 그대로 따라서 기도하고, 죄를 고백하고, 예배하고, 가르치며, 갈등을 기꺼이 해소하고, 복음을 다른 이들에게 나누고, 말씀을 주면서 연구한다. 새로운 제자들이 동역자로서의 면모를 갖추고 나면, 단기 사역자와 직업 선교사들은 제자화된 현지 교회를 남겨놓고 그 지역을 떠난다.

〈벨기에 복음 선교회〉의 첫 번째 교회 개척팀은 직업 선교사의 주도 아래 단기 사역자들로 구성되었는데, 이들은 사역 첫 해 동안 한 군데 교회를 개척하였다. 2년 안에 교회에는 3명의 장로와 2명의 집사가 세워졌다. 그리고 2년 후에는 첫 번째 교회가 자(子)교회를 세웠고, 다시 4년 안에 그 교회가 다시 다른 자(子)교회를 세웠다. 그리고 몇 년이 지난 뒤에도 여전히 다른 자(子)교회들이 세워지고 있다.

CCC팀은 여름 기간 동안 카자흐스탄의 수도 알마티로 단기 선교팀을 보냈다. 그 지역 무슬림 가운데에는 명목상 이슬람을 믿는 이들이 많았고, 대학생 단기 선교팀은 카자흐 사람들에게 접근해 교회를 개척할 수 있었다. 여름이 지나고 떠날 때가 되자, 팀들은 프론티어즈 선교회 선교사를 불러 부탁했다. "여기 믿는 사람들을 선교사님이 맡아주시겠습니까?"

단기 선교에 대한 비판적 경향은 특히 서구에서 강하게 나타난다. 그렇지만 (1) 조심스럽고 적합한 단기 선교팀 선별과 훈련과 (2) 현지 장기 선교사와의 긴밀한 협력이 있다면 그러한 비판을 잠재울 수 있다. 교사인 제임스 잉글스(James Engles)는 악명 높은 북미의 베이비 붐 세대 가운데에도 "현장에서 단기 사역을 먼저 경험하고 나서 장기 선교에 대한 관심이 급격히 높아진다"고 지적한다. 이들 중 약 75%가 장기 사역에 관심을 나타내고 있다. 그는 또한 "단기 사역자들은 다른 이들에 비해 선교 후원, 자원 봉사, 전임 사역자로 헌신하는 경우가 많다"는 사실을 발견했다.[21]

단기 사역 단체인 〈어드벤처 선교회〉(Adventures Mission)의 대표 세스 반즈(Seth Barnes)는 단기 선교에 대해 다음과 같이 결론내린다.

장기 사역자와 단기 사역자 모두 긍정적인 면을 제공한다. 장기 사역자는

성공적인 단기 선교를 위한 비결

단기 선교를 통해 팀원들이 장기적인 비전을 갖게 하려면 어떻게 해야 할까?

☐ **선교지를 바라보라!** 단기 선교는 당신의 목적뿐 아니라, 현지 지역의 필요에도 초점을 맞추어야 한다. 그곳 사람들 사이에 어떤 일이 일어나고 있는지 조사하라. 그 지역 장기 선교사들과 현지 사역자들과 더불어 사역 계획을 세우라.

☐ **올바른 청지기의 모습을 지녀라.** 당신에게 투자될 돈은 다른 곳에서 더 효율적으로 사용될 수도 있다. 또는 현지 사역자에게 헌금하거나 장비, 물자를 대주는 편이 하나님 나라를 위해 더 큰 자산이 될 수도 있다. 자신에게 주어진 임무를 다음과 같이 계산해보라.

투자된 돈 = 현지 사역에 대한 영향력 + 단기 선교 여행팀 안에서의 영향력

☐ **사후에 일어날 일도 고려하라.** 현지 사역자들에게 불필요한 부담을 안겨주지 마라. 예를 들어 무작정 마을에 들어가 쪽 복음을 나눠주며 방문을 약속하고서는, 엄청난 방문 일정만 현지 사역자에게 남겨두고 자신은 집에 돌아가버리는 식으로 말이다.

☐ **신중하게 준비하라.** 치밀하게 준비하면 위급한 상황에 임시방편으로 대처할 일이 줄어든다.

☐ **섬겨라.** 베풀 것이 많다는 식의 우월적인 태도를 지닌 팀을 보내는 일은 아예 생각지도 말라. 준비 기간 동안, 돕는다는 말 대신 섬긴다는 말을 사용하라. "우리는 그 사람들을 섬기러 갑니다"라고 해야지, "우리는 가난하고 불쌍한 사람들을 도우러 갑니다" 식의 태도는 곤란하다. 사역 대상자들을 존중하는 마음과 더불어, 여러분이 떠난 뒤에도 오래도록 짐을 짊어질 전임 사역자들을 존경하는 태도를 가져라. 사역 방법에 있어 '더 나은 법'을 알고 있다 하더라도 말이다.

☐ **보고하라.** 팀원 각자는 팀 안에서 하나님이 하신 일과 앞으로 개선할 점에 대해 깊이 숙고해야 한다.

☐ **사람들을 동원하라.** 사역에서 돌아온 단기 사역자들을 세워, 본국 교회가 온 열방을 향한 하나님의 마음에 대한 비전을 잃지 않고 유지해가도록 돕게 한다.

☐ **방문한 종족을 교회 전체의 기도 제목으로 삼으라.** 그저 개인적 경험에만 머물러 잊혀지는 단기 선교는 선교지를 향한 하나님의 마음을 드러내지 못한다. 하나님이 그 땅에서 어떻게 역사하고 계신지 팀원들에게 최근 소식을 알려주어, 계속해서 기도할 수 있게 하라.

방향성을, 단기 사역자는 속도감을 더해 준다. 우리에게는 양쪽 모두 필요하다. 한 지역에 장기적으로 헌신한 선교사는 교회를 개척하고 사람들을 제자 훈련한다. 그들이 유지하는 관계와 미래 비전은 매우 중요한 요소다. 장기 사역자는 배의 방향타와 같아서 항로를 따라 제대로 길을 찾아가게 한다.

단기 선교사는 추진력과 속도감을 주는 돛대 위의 바람과도 같다. 그들은 자원과 기도 후원과, 거대한 열정을 불러온다![22]

네 번째 경향 : 비전통적 선교 방법

약점

약점이란 대부분의 문화권에서 결코 권장하는 미덕이 아니지만, 복음을 들고 문화적 장벽을 넘어야 하는 하나님의 계획 안에서는 아주 중요한 요소가 된다.

교육적, 재정적, 육체적, 정신적 장점을 가지면 정치적 국가 경계를 넘는 데 용이하다. 즉 전 세계 각 나라 정부들은 자격을 갖춘 모범적인 이력서를 큰 장점으로 여긴다.

하지만 같은 장점인데도 오히려 문화적 장벽을 넘는 데는 비효과적인 때가 가끔 있다. 벼를 재배하는 인도네시아 농부라면 그런 엄청난 이력서에 매료되지도, 두려워하지도 않는다.

〈프론티어즈 선교회〉의 그렉 리빙스톤은 이렇게 언급한다. "과연 우리가 자격 요건이 너무 뛰어난 여성들을 파송할 수 있을지 의문스럽다. 우리가 파송하는 나라들의 여성들 대부분은 집안 살림하고 아이들을 돌보며 음식하는 것을 좋아한다. 박사 학위를 가진 여성을 그곳에 던져

둔다면, 그 여성은 어색한 나머지 뭔가 심각한 대화를 나누려고 들 것이다. 마음에 품던 종족 안에서 잘 적응한 멋진 선교사들 가운데 한 자매는 대학 졸업장 없는 미용사 출신이었다. 그 선교사는 보모의 신분으로 무슬림 국가로 들어갔다. 그가 할 일은 머리를 자르고, 음식하고, 아이들을 돌보는 일이었는데, 정말 잘 들어맞은 것이다 …"

남부 캘리포니아에 위치한 〈리커버리 파트너십〉(Recovery Partnership)의 데일 라이언(Daly Ryon)은 똑똑하고 뛰어난 선교사들을 파송함과 더불어 약점을 가진 사람들과 사역하는 법을 배워야 한다고 말한다. 덧붙여 말하기를, 인생에 있어 사람들 사이에 있는 문화 장벽을 넘을 수 있는 최선의 방법은 각 개인의 장점이나 능력, 뛰어난 업적이 아니라고 한다. 어느 문화권에서든 사람의 진심을 담는 한 가지 요건은 바로 약점을 이해하는 것이다. 그리고 문화적 배경을 불문하고 사람들이 이해할 수 있는 가장 심오한 약점은 고통이다.

예를 들어, 1980년대 후반에 인도네시아 정부는 결혼한 모든 공무원들은 한 명의 배우자하고만 살 수 있다고 공포했다. 이슬람법은 무슬림 남성이 4명의 아내까지 둘 수 있다고 허용하고 있기에, 많은 인도네시아의 무슬림 아내들과 자녀들은 법령이 공포되자 거리에 나앉을 지경이 되었다.

이들 여성들 대부분은 생산 기술이 없고, 편모로서 아이를 양육할 만한 사회적 배경도 없었다.

그렇다면 이제 쫓겨난 편모들을 대상으로 가장 전략적으로 사역할 수 있는 사람은 누구겠는가? 학위도 있고 행복한 가정을 누리는 부부상담가일까?

아니다. 이들 여성들을 위해 가장 효과적으로 사역할 수 있는 사람은 실제 자신이 편모로 생활하는 그리스도인이다. 그들은 집안에서 남편의 도움 없이 혼자서 생활비를 벌고 자녀를 양육하는 일이 어떤 의미인지 이해한다. 그들은 외로움과 근심, 비통과 원한에 얼마나 빠지기 쉬운지 잘 알고 있다. 이혼하고, 과부가 된 나이 많은 서구 여성들이 이들 인도네시아 편모들을 위한 후원회를 결성했다. 선교사들 역시 이러한 후원회와 동역하여 무슬림 여성들에게 희망과 자유를 구체적으로 전해 줄 수 있다.

선교사 허입 심사위원들의 의구심을 자아낼 만한 고통스런 개인사가 사역에 있어서는 방해거리가 아니라 더욱 효과를 발휘할 수도 있다. 뉴욕에서 성장한 푸에르토리코인 아델렌 시카르도 마르티네즈(Adelene Sicardo Martinez)는 1990년 어바나 학생선교대회에서 강한 확신을 받았다. 어바나 선교대회란 미국 IVF가 주최하여 일리노이 주 어바나에서 3년마다 열리는 대학생 선교 집회다. 아델렌이 어릴 적 부모님은 이혼하셨고, 아버지는 푸에르토리코로 돌아간 이후 수년 동안 딸에게 연락을 끊었다. "아버지가 연락을 안 한다면 나도 하지 않겠다고 결심했습니다. 모든 마음의 문을 닫고 아무런 감정도 느끼지 않으리라 다짐했죠."

나중에 IVF에서 주최하는 선교 프로젝트에 단기로 참여하여 독립국가연합 지역에서 사역할 즈음, 애들린은 미국 학생들과 선교지 학생들과 더불어 가족, 이혼, 남녀 관계 등을 주제로 토론을 인도했다. "가족 상황에 대해 이야기를 나누는데, 지역 학생들 대부분이 나와 비슷한 상황에 있다는 걸 알았습니다. 몇몇이 말하길 그리스도인들이 이토록 인간적일지는 몰랐다는 거예요. 우리는 좀 다르게 문제에 접근하더라는 겁니다. 그때 뭔가 놀라운 일이 일어난 것 같아요. 내 안에 있는 역기능조차 사역에서 능력을 발휘할 수 있음을 깨달았죠."[23]

선교단체에서 알코올 중독에서 회복된 사람들을 모집한다면 라틴 아메리카에서 훨씬 효과적인 사역을 할 수 있을 것이다. 이곳에서는 전체 가정의 75%가 알코올 중독의 영향을 받고 있다. 또한 가족이 에이즈로 죽어가는 모습을 지켜보며 고통을 경험한 견고한 그리스도인들을 모집한다면, 에이즈 양성 반응자가 20%를 차지하는 나이지리아나, 인구 50%가 에이즈 양성 반응자인 우간다와 짐바브웨에서 놀라운 영향력을 나타낼 것이다. 성적 학대를 받았지만 그리스도의 치유의 능력을 경험한 여성 선교사를 모집할 만큼 과감한 교회가 있다면, 1/3의 여성이 성적 학대로 고통받는 2/3세계에서 많은 영혼들이 구원받는 모습을 보게 될 것이다.

여성

여성은 세계 선교에서 무엇보다도 강력한 힘을 발휘하고 있다. 남성 위주의 문화권에서 양성된 교회들은 선교 사업에 있어서도 남성에게만 공을 돌린다. 어느 경험 많은 여성 선교사의 말이다. "남편과 본국에 돌아와서 후원교회를 찾아가 강연을 할 때면, 나는 언제나 소외를 당하지요. 마치 남편은 진짜 선교사고, 나는 그저 집안 살림이나 한 것처럼 말입니다!"

중국이 마침내 서구 세계에 문호를 열었을 당시, 전통적인 선교단체에서는 아마도 중국의 수천만 그리스도인들 중에 여성들이 감당했던 강력한 역할을 인정하기 힘들었을 것이다. 19세기 당시 중국에서는 모든 사람들이 관음과 마조(중국 동남연해지구에서 전해오는 바다의 여신 — 옮긴이)와 같은 여신을 숭배했고, 가족들 중 기독교 모임에 참석할 만한 시간을 가진 이들은 소녀나 할머니였으며, 여성 선교사들이 남성 선교사들보다 수적으로 많았고, 초기 기독교는 여성들을 위한 종교로 간주되었다. 게다가 20세기 초부터는 중국 여성들 대부분이 기독교 학교에서만 읽기를 배울 수 있었으며, 여성은 남성과 분리되어 성경을 공부하고 기도 모임에 참석해야 하는 것이 예의였다. 그러므로 그리스도인들 사이에서는 강력한 여성 지도력이 계발될 수밖에 없었고, '성경 부인'이라 불리는 순회 교사들이야말로 중국 곳곳에 복음이 전파될 수 있게 한 장본인이었다.[24] 그 예로, 북중국 지역의 19,000개 소그룹을 인도하는 지도자는 19세의 젊은 여성이다!

지난 20세기에도 서구 문화권에 미친 여성의 힘은 놀라왔다. 그 영향력이 이제 아프리카 민족들 사이에서도 움직이고 있으며, 여성들은 몇 명의 자녀를 가질지에 대해 말할 권리가 있다는 사실을 깨닫고 있다. 나이지리아나 알제리 같은 무슬림 문화에서, 여성의 지위를 위태롭게 하는 이슬람 근본주의의 정치적 성장을 지연시키는 이들이 바로 여성 세력이다. 1970년대 말에서 1980년대 초까지 이라크와 이란에서 일어난 여성 운동의 힘에 대해 알고 있는 외부인들은 적다. 아시아의 경우, 여성들은 상업에서 주요한 역할을 차지하고 있다. 이러한 여성 역할의 변화는 그리스도인들에게도 영향을 미치고, 결국 선교 주도 세력에도 변화가 올 것이다. 서구 선교에서는 전통적으로 남성 개종자들을 지도자로 훈련시키는 전략을 세웠으므로, 남성들이 새로 시작된 교회의 첫 선교사로 섬기게 될 것을 기대했다. 과연 세계 교회의 60%를 형성하며, 기도 용사의 80%를 차지하는 여성들을 하나님은 어떻게 사용하실 것인가!

남성 위주의 서구 기독교는 이제 2/3세계 여성들의 힘을 보다 균형

잡힌 시각으로 바라보고 있다. 그 예로, 선교사이자 데이스타 대학 교수인 래리 니마이어(Larry Niemeyer)는 여성 중심적 사회가 마을에 끼치는 영향력을 자신이 제대로 이해하지 못했기 때문에 잠비아의 벰바족(Bemba) 가운데 복음을 전하지 못했다는 사실을 인정한다.[25]

세상의 소망이신 예수 그리스도께서는 때로 연약하고 어리석은 그릇을 선택하신다. "이는 능력의 심히 큰 것이 하나님께 있고 우리에게 있지 아니함을 알게 하려 함이라"(고후 4:7). 전통적 타문화 선교사로서 자격이 미달되는 과거사를 지닌 사람들을 선교사로 세워 격려하고 준비시키고 파송하고 후원할 때가 되었다. 하나님은 이혼자나 중독자였다가 회복된 사람, 배우지 못한 사람, 장사하는 사람, 할머니라 하더라도 우리 시대를 위한 계획 안에서 사용하실 수 있다.

팀 선교

전통적으로 서구 선교단체 대다수가 세속적인 틀을 따르고 있다. 예를 들어, 전통적인 미국식 비즈니스에서는 피라미드식 경영기법을 계발했는데, 회장과 몇몇 간부들이 상위에 앉아 하위 구조를 형성하고 있는 다수의 직원들에게 명령을 하달하는 식이었다. 결정을 내려달라고 요청해도 무시되는가 하면, 과정이 지연되기도 한다. 이러한 수직 구조에서는 여러 계층의 경영자들이 조사, 마케팅, 제조, 재무 등의 세부적 범주에서 실제 업무를 관할하며, 고도로 전문화된 직원들 사이에 중복되는 일은 거의 없다.[26]

선교단체는 이러한 익숙한 형식을 그대로 복제했다. 그리고 2/3세계의 선교단체 역시 이런 형식을 마치 성경적인 사역 형태인 양 자연스럽게 받아들여 그대로 따르는, 안타까운 일이 벌어졌다.

과거에는 상하 체제가 서구 비즈니스계에서 효율성을 발휘했으나, 이제 더 이상 그렇지 못하다. 한 제록스 기업 간부는 이렇게 말한다. "예전에는 상하 전달 체계를 가장 높은 우선 순위에 두었다. 그러나 지금은 그 체계를 완전히 바꾸었다." 이렇게 말하는 이도 있다. "이는 진화가 아니라 대변혁이다. 우리 회사는 1959년 이후 단일체적 접근 방식으로 조직되었다. 그래서 경영에 있어서 단일체적 방식을 제도화시키고 말았다." 성공적인 서구 비즈니스를 재조직한 구조는 바로 '수평형'이다. 즉 전문화된 직원들이 팀을 이루어 특정한 프로젝트를 놓고 함께 일하는 방식이다. 엔지니어, 마케팅 전문가, 제조 직원, 재무관들이 공동으로 협력하기 때문에 결정을 내리는 시간을 절약하고, 시장을 목표로 총괄적 프로젝트를 수립한다.[27]

다행히도 수평적 팀 사역으로의 변화가 교회 선교에 있어서도 적용되고 있다. 자신이 타문화 선교 팀의 일원이라고 상상해보라. 팀원들 가운데 한 사람은 컴퓨터 프로그래밍 능력이 있고, 다른 사람은 팀 목회자로 섬기며, 또 다른 사람은 정보와 기술 분야의 전문가로 섬긴다. 이런 팀에 속하게 되면 "선교사로서 나는 이 선교지에서 무슨 일을 할까?"라는 질문보다는 "우리 팀이 교회를 개척할 수 있도록 나의 재능을 어떻게 사용할 수 있을까?"라는 질문을 하게 된다.

팀 사역 개념을 가지면 팀 안에서 자기 역할을 찾게 된다. 모두가 같은 식으로 할 필요는 없다. 그렇다면 어떤 역할이 필요할까?

우선은 전도자 역할을 할 사람들이다. 이들은 예수님에 대해 말하기를 좋아하며, 죄의 문제에 있어 핵심을 잡으며 사람들을 일대일로 만나 구원의 선택을 돕는다. 사랑하는 사람들을 하나님의 나라로 이끈 뒤, 많은 경우 그들이 직접 찾아가 다른 사람을 전도하게 하고 '떠난다.'

여기서 다른 동료들이 자기 역할을 맡는다. 직접 가서 사람들을 주님께로 이끄는 은사는 없으나, 새로운 그리스도인들이 믿음 안에서 자라도록 돕는 제자 훈련가들이다! 이들은 교회 개척과도 활발하게 연계되어 있다. 전도자들이 직접 하지 못하는 일들을 맡아서 한다.

그리고 '사역 조력자' 역할을 하는 이들도 있다. 이들은 효과적으로 복음을 전하거나 제자 훈련을 하지는 못하지만, 팀이 원활하게 돌아가도록 섬기고 돕는 데는 뛰어나다. 다른 이들이 사역하는 동안 팀을 위해 2시간 동안 줄을 서서 장을 보기도 하고, 팀의 자녀들을 가르치기도 한다. 그리고 팀을 대신해 공항 업무를 보거나, 방문한 손님을 직접 맞이하고, 은행 업무를 보는 등 다른 이들이 최선의 사역을 다하도록 다양한 일을 처리한다.

게다가 이러한 팀 사역 개념에는 나이의 제한이 없다!

최전방 선교팀의 경우, 은퇴한 노부부의 허입을 적극적으로 받아들인다. 이렇듯 노련한 부부들이 팀을 하나로 묶는 접착제 역할을 한다는 사실을 아는 것이다. "사모님, 남편분이 정말 그런 의도로 말한 건 아니에요. 이러이러한 뜻으로 말한 겁니다. 사모님을 얼마나 사랑하는데요." 그분들은 팀의 자녀들에게도 조부모 역할을 한다. 어느 은퇴한 노부부가 말했듯이 말이다. "우리 손주들 3명을 두고 나왔는데, 여기서 7명이나 얻었답니다!" 그리고 더욱 중요한 사실은 무슬림들이 백발의 노인들을 다른 이들보다 더욱 신뢰한다는 점이다.

역사적으로 가장 위대한 선교사였던 사도 바울은 사실상 혼자서 타문화 사역을 나간 적이 없다. 이제 지역 교회들도 팀 선교에 대해 생각해볼 때다. 미혼 선교사들이나 기혼 부부 한 가족만 홀로 파송을 하는 것은 신약 성경적 선교 방식에서 분명 벗어난 것이 아닐까?

심지어는 친구들이 함께 같은 지역으로 나가는 것에 대해 권장하는 선교단체도 있다. 오랜 친구들이 한 팀을 이루면 벌써 어느 정도 기반이 다지게 된다. 상대방의 장점과 단점을 잘 알고 있기 때문이다. 친구들로 구성된 팀은 팀에서 일어나는 가장 일반적인 문제도 자연스레 해결할 수 있다. 팀에서 일어나는 문제는 한 개인의 문제보다는 서로간의 차이에서 비롯된 마찰이 주된 원인이다. 그로 인해 분노하고, 멀어지고, 소외되는 것이다. 친구들은 수년에 걸쳐 근본적인 문제를 파악하고, 서로 합의에 이르는 방법을 익혀왔다. 강력한 친구 관계로 맺어진 팀으로 지옥의 문을 공격하는 것이 최후의 전략이라는 점이 이해가 된다!

창조적인 접근 방법

향후 몇 년 안에, 미전도 종족이 살고 있는 국가 가운데 80%가 더 이상 선교사 입국을 허용치 않을 것이다. 그렇다고 해서 성령께서 추수밭으로 추수 일꾼들을 보내는 일까지 막지는 못한다. 다만 예전의 좋던 시절처럼 직접적으로 선교사 비자를 가지고 나가기보다는 좀더 창조적인 접근법을 찾을 필요가 있다.

예수께서는 이렇게 말씀하지 않으셨다. "그러므로 너희는 모든 나라로 가서 복음을 전하라, 단 선교 비자를 받을 경우에 말이다." 오늘날 세계의 미전도 종족을 둘러싼 지옥의 문을 위협하고 있는 사람들은 바로 만화가와 우물 기술자, 배우, 농업학자들이다.

창조적인 접근법에 있어서 두 가지 정도를 살펴보자.

비 거주 선교사 : 때로는 선교사가 접근 금지된 종족 내부에 살기보다는 외부에서 거주하는 것이 더 효과적일 때가 있다. 가까이에 있는 접

근 허용 지역에 머물면서, 커뮤니케이션 전략을 세우고 기도를 축적하며, 여러 단체들과 전략적 협력을 형성하면서 자유롭게 사역할 수 있다.

세속적 직업 : 자비량 선교, 혹은 직업 선교는 폐쇄된 국가에 들어갈 수 있는 방법으로 잘 알려져 있다. 접근 금지 지역에서 비기독교인 고용자 밑에서 일하는 자비량 선교사 개인에게는 애로점이 있다. 직장에서는 신앙을 나눌 수 없는 것이다. 전도가 허용된 문화권에서 사는 우리 중에도, 하루 일을 다 마치고 가족과 시간을 충분히 보내고 생활한 뒤에 그리스도를 위해 사회에 영향력을 미칠 여력을 가진 사람이 과연 몇 명이나 될까?

그렇지만 팀과 연계된 자비량 선교는 증가하고 있는 추세다. 이러한 방법으로 접근할 경우, 자비량 선교사들은 사업에 전념하고, 팀으로 일할 사람들은 그 지역에서 고용하면 된다. 어느 자비량 선교사들은 서점을 운영하면서 일반 서적과 기독 서적, 비디오, 오디오 테이프, 그 밖의 자료들을 함께 제공한다. 어떤 팀은 학교에서 외국어 과목으로 영어를 가르친다. 또 어떤 이들은 태양력 기술 프로젝트를 수행하는 팀으로, 의료 팀으로, 건설 현장 팀으로 활동하는데, 세부적인 내용을 일일이 나열하자면 끝이 없다.

한 자비량 선교사는 이렇게 말한다. "자비량 선교 자체는 부분적인 한계 상황 때문에 나온 방법입니다. 하지만 자비량 선교를 통해 지역 사회에 접근하고 동참할 수 있는 가능성은, 우리의 상상력과 자원 때문에 막힐 뿐 거의 무한하다고 볼 수 있습니다."[28] 팔레스타인 사람들을 대상으로 새롭게 구제 사역을 계획한 팀이 있었다. 소위 이스라엘 점령 지구에 살고 있는 팔레스타인 사람들 대부분은 직업을 위해 다른 지역으로 움직이는 것이 허용되지 않는다. 그런데 이들 자비량 선교팀이 자수 공예품 생산에 관심을 가진 팔레스타인 사람들을 만나게 되었고, 팀은 팔레스타인 사람들이 공예품을 생산할 수 있게 돕기 시작했다. 사역자 중 한 사람의 말이다. "우리가 현지 사람들의 실질적인 필요에 관심을 보인다는 사실 자체가 강력한 증거가 됩니다. 게다가 이번 프로젝트는 그 성격상 오랜 시간 동안 사람들과 친분을 나눌 수 있게 하므로, 우리 믿음을 나눌 기회가 되지요."[29]

몇 년 전, 어느 선교 팀이 유원지의 설계와 건설, 운영 전문가로 구성된 팀을 만들어, 전도를 극히 제한하는 중동의 한 나라에 들어가는 전략을 세웠다! 결국 그들이 제안했던 중동 관광 테마 파크 건설을 마무리 짓지는 못했지만, 예비 조사를 진행하는 동안 무슬림 사업자들과 수년 동안 함께 지낼 수 있었다.

한 가지 주의 사항이 있다. 세계 미전도 종족을 대상으로 하는 선교 단체 대부분은 교회 개척자를 1순위로 찾으며, 직업 선교사는 2순위다. 너무 자기 직업만을 구사하게 되면 효과적인 교회 개척자가 되지 못할 수 있다. 교회 개척을 우선순위로 삼고서, A라는 직업을 찾았다가, B라는 직업을 얻고, 다시 C라는 직업을 갖게 되었다가, D라는 직업으로 안착한다. 거기서는 일주일에 10시간만 일하고서도 직업 비자를 얻을 수 있으며, 선교 대상자들에게 자신의 믿음을 나눌 최대한의 시간을 확보할 수 있다. 다수의 자비량 선교사들이 아직도 후원을 받고 있는 이유는 일하는 시간을 최소화하고(따라서 보수가 적다) 사역의 시간을 최대화시키기 위함이다!

다섯 번째 경향 : 세계를 아우르는 기능적 연합

기업과 정부 기관들은 연합하여 함께 일할 수 있는 새로운 방법을 모색중이다. 교회 역시 그러하다!

'기능적 연합'이란 성경에서 그리스도의 몸이 하나 됨을 묘사하는 말이다. 발목이 발가락에 대해 어떻게 느끼든 관계없이, 그 둘은 발을 내딛기 위해 기능적으로 연합하여 함께 움직여야 한다. 각 기능은 명백히 다르다. 이와 마찬가지로 몸의 각기 처한 위치도 다르다. 크기, 형태, 결합, 필요, 짜임새가 각각 다르다. 강점과 단점도 서로 다르다. 하지만 발목 관절과 발가락이 같은 몸에 붙은 부분이라면, 몸이 움직이도록 하기 위해 자연히 성공적으로 연합하여 일할 수 있는 것이다.

선교단체와 교회, 현장 선교 팀, 각 교파들까지도 점차 기능적 연합의 시너지 효과를 깨닫고 있다. 그리스도인 단체가 자신들의 정체성을 유지하면서도 다른 단체와 연합하는 것이 가능하다. 전 세계 그리스도의 몸이 "형제가 연합하여 동거함이 어찌 그리 선하고 아름다운고 … 거기서 여호와께서 복을 명하셨나니 곧 영생이로다"라는 시편 133편 1-3절 말씀을 몸소 체험할 날이 다가왔음이 점차 분명해지고 있다.

기능적 연합의 좋은 모범은 성경 번역 단체와 성경 배포 단체의 최근 연합 사역에서 볼 수 있다. 급박한 사명 완수와 자원이 부족한 상황을 인식했기에, 1990년에 8개 주요 성경 번역 단체(위클리프 성경 번역 협회 등)와 성경 배포 단체(성서 공회 등)가 만나 협력하기로 한 것이다. 각자 모든 민족의 언어로 성경을 번역하고 배포하는 일만 해도 막대하지만, 다른 단체가 이미 한 일을 되풀이하는 일은 더욱 어리석은 일이기도 하다. 그래서 이들 단체는 자신들이 목표로 하는 언어를 다른 단체에 알려서, 쓸데없이 엄청난 시간을 들여 번역하고 배포하는 일을 막기로 합의했다.

1992년 여름에는 다른 단체들도 이런 자율적 연합에 참여하여, 현재 18개 단체가 정보를 공유하며 수고를 덜고 있다. 이들은 지구상의 모든 언어로 하나님의 말씀을 번역하기까지 함께 사역하는 것을 목표로 정했다. 이런 노력의 결과로 에티오피아의 종족들 사이에서 집중적인 성경 배포가 벌써 시작되었다.

기능적 연합의 또 다른 예는 〈세계 2000 라디오〉(The World by 2000 Radio)로서, 전 세계 4대 기독교 라디오 사역 기관인 HCJB와 극동방송(FEBC), ELWA(국제 SIM 사역), 트랜스 월드 라디오(Trans World Radio)의 연합 프로젝트다. 이들은 개별적으로 복음을 지구촌의 광활한 지역까지 보내는 사역을 한다. 그리고 연대적으로는 지구 전체에 방송을 보낸다. 각자 자신의 프로그램을 다른 사역과 공유하기 때문에, 복음을 모든 민족에게 방송하는 일에 있어서 예전보다 훨씬 빠르게 진보하고 있다.

나중에 9장에서 나누게 될 선교 연합(CoMission) 결성에 대한 이야기는 위대한 사명을 성취하기 위해 기능적으로 연합하는 또 하나의 놀라운 모범을 보여준다. 20개 이상의 주요 선교단체가 협력하게 된 지렛대의 요소는 바로 선교 사명의 무지막지한 무게였다. 구소련 지역의 120,000개 학교에 있는 3억의 사람들에게 영향을 미치겠다는 힘겨운 소망을 품을 만한 단체는 하나도 없었다. 성경에 나오듯, 자리에 앉아 과연 자기가 지닌 자원으로 엄청난 망대 공사를 완수할 수 있을지 가늠하다보니, 혼자만의 힘으로는 할 수 없다는 현실에 부딪히면서 선교 연합을 이루게 된 것이다.

〈21세기 운동 본부〉(AD 2000 and Beyond Movement)는 전 세계 그리스도의 몸이 세계 선교라는 사명을 위해 하나로 연합할 때, 그 안에서 일어나는 엄청난 힘을 보여준 예다. 1990년 1월, 싱가포르에서 만난 선교 열심자들이 우연처럼 연합을 이루면서 시작된 21세기 운동 본부는 나라별, 단체별로 수천 그룹이 세계적 네트워크를 형성하여, 2000년까지 이 세상을 변화시키자는 결의를 했다. 미국 콜로라도 주 콜로라도 스프링즈에 본부를 둔 21세기 운동 본부는 같은 마음을 품은 교회와 단체들에게 각자 다른 이들의 사역을 배가시킬 수 있는 방법을 찾아보자며 독려하였다.

그 예로, 1992년 9월에 미국 애리조나 주의 피닉스에서 있었던 협의회에서, 전 미국 기도 운동의 주요 지도자들이 도시 선교단체와 미전도 종족 선교단체의 주요 지도자들과 만남을 가졌다. 이들 기도의 용사들은 자신들의 기도 능력을 특별히 복음 전도와 선교 사역을 위한 중보기도에 쏟을 수 있음을 깨달았다. 그리고 굳이 단체나 제도를 세울 필요도 없이, 아르헨티나의 루이스 부시와 중국의 토마스 왕이 전 세계 수천 단체와 수만 선교사들을 이끌어 함께 기능적 연합을 시작하게 하였다.

싱가포르에서는 35개 이상의 교회가 연합을 이루었다. 자신들의 독자성을 고수하고, 각자 도시 전체에 걸쳐 소그룹을 형성하고 있으며, 서로 다른 교파를 유지하고 있지만, 이들 교회는 기능적 연합 가운데서 사역의 번영을 누리고 있다. 그들은 연합체로서 전 세계에 85명 이상의 선교사들을 파송하고 후원하였다. 그리고 매년 선교 박람회를 주최하고 있다. 또한 이들 교회는 도시 내에 연합 신학교를 세워 후원하고 있는데, 현재 매년 2천 명 이상을 국내 사역자와 국외 사역자로 훈련시키고 있다. 비록 규모는 작지만 비슷한 형태의 지역 교회 연합이 미국 디트로이트와 필라델피아에서 형성되었다. 이들은 교회별로 '입양한' 종족 집단에 선교 팀을 보내 함께 후원한다.

이러한 연합은 선교 현장에서도 그대로 반영된다. 구소련 지역에서 CCC와 남 침례회, 프론티어 선교회, 네비게이토 선교회, OM 선교회, 하나님의 성회가 같은 종족을 목표로 정해 함께 사역하고 있는 것이다!

이를 미래의 경향으로 보든 아니면 예전부터 언급된 하나님의 뜻으로 보든, 교파와 선교단체 간의 기능적 연합은 실제적으로 하나님의 때가 왔음을 보여준다. 몸 전체가 "각 지체의 분량대로 역사하여 그 몸을 자라게 하며 사랑 안에서 스스로 세우〔고〕"(엡 4:16) 있기 때문이다. 교회가 마침내 온전함을 이루어 "그리스도의 장성한 분량이 충만한 데까지 이르는"(엡 4:13) 순간까지 몸은 계속 세워질 것이다.

그러므로 세계 복음화의 역사적 진보에 있어서 가장 중요한 경향은 바로 이것이다. 교회는 날이 갈수록 동역하게 된다는 것이다!

와서 추수 사역에 동참하라

추수 사역에서 나타나는 놀라운 경향에 대해 쓰자면 아마 책이 수십 권일 것이다.

- **은사주의의 부흥** : 사실상 모든 기독 교파 가운데서 일어나는 부흥 운동은 세계 선교에 영향을 미치고 있다. 사탄의 마지막 보루인 10/40창의 미전도 종족들 안에서 악마적 세력이 공공연히 활개침에 따라, 전 세계의 오순절 은사 운동이 이러한 때를 대비하여 기사와 이적과 능력 대결

에 초점을 맞춰 사람들을 준비시키고 있다는 데 많은 선교 학자들이 공감하고 있다.

- **도시** : 추수자들은 현재, 도시 사역을 강조하고 있다. 오늘날 세계 인구의 절반 정도가 도시에 거주하고 있다. 하나님의 세계 선교 프로그램 가운데 도시 사역과 도시 선교가 최우선순위라는 사실을 교회 앞에 숨기는 것은 마치 머리를 모래 속에 처박는 것만큼이나 어리석다. 하나님께서는 오늘날 특별한 일을 하고 계시며, 그 일은 도시 안에서 종종 일어난다.

- **복음을 명확히 전달함** : 하나님의 백성인 우리는 하나님의 구원 축복을 통합적으로 명확하게 전달한다. 생각으로만 주를 따르겠노라 결정하는 것만으로는 충분하지 않다. 그저 안타까워하며 상처를 싸매는 것만으로도 충분하지 않다. 사람의 몸과 영 모두를 대상으로 사역하는 것이 추수 사역에 있어 훨씬 균형적이다.

- **첨단 기술 복음** : 우리에게는 새로운 첨단 기술이 있다. 예수 영화가 그 예로, 1994년 초까지 5억 이상의 사람들이 관람했으며, 그 중 3천 3백만 명이 예수를 구주로 받아들였다. 전자 통신 시스템을 통해 하나님의 교회는 전에 없이 긴밀한 교류를 나누고 있다. 한 선교단체의 전도 팀들의 경우, 위성을 통해 실시간으로 본부와 컴퓨터로 정보를 나눈다. 하나님께서는 왕국을 위해 사용할 새로운 도구를 주시기 위하여, 정부와 교육기관과 기업을 움직이고 계신다.

- **어린아이의 힘** : 오늘날 전 세계 14-24세 청년들 안에 심상치 않은 일이 일어나고 있다. 하나님께서 21세기 세계 복음화 사명을 감당하도록 멋지게 준비된 새로운 세대를 일으키고 계신 듯하다. 갑자기 세계 곳곳에서 8-12세 어린이들이 어른 수준으로 기도를 하고 세계 선교에 대한 메

시지를 전하고 있다는 보고가 밀려들고 있는 것이 한 예다. 소위 '햇불'이라 불리는 이 기름부음 받은 어린이들은 세계 수준의 선교 위원회에 전권대사로 초대되고 있기도 하다.

이러한 경향은 지속되고 있다. 이 모든 방법을 통해 하나님의 선교 세력은 더욱 성장하고 있고, 비축한 힘을 과시하고 있으며, 더욱 거세지고 있다.

세계 선교 연구가인 데이빗 배럿(David Barrett)과 토드 존슨(Todd Johnson)은 『지구에 복음을 전하는 법』(Our Globe and How to Reach It)이라는 놀라운 책에서, 앞으로 2000년까지 대사명을 위한 추수 사역은 다음과 같은 성과를 낼 것이라고 말하고 있다.

- 32,000개 교파
- 24,000개 선교단체
- 103,000개 협회
- 4억의 주일 학교 참석자
- 매년 200,000개의 새로운 교회가 개척되거나 문을 열 것.
- 490만의 전임 기독 사역자
- 90개 선교 위원회
- 14억의 그리스도인들
- "열방을 제자삼으라"는 그리스도의 대사명을 진지하게 받아들이는 역동적인 그리스도인이 10억이고, 매년 6.7% 증가함
- 매일 기도하는 3억의 중보기도자
- 3천만의 전임 기도 사역 동참자

- 4,800개 선교 기구
- 400,000명의 직업 해외 선교사
- 60,000명의 2/3세계 출신 해외 선교사
- 250,000명의 단기 해외 선교사
- 500개 대사명 연구 센터
- 그리스도인이나 교회 등에서 사용하는 컴퓨터 3억 5천만 대로 75개국 네트워크 형성.

오늘날, 전 세계 560만 이상의 교회에서 5억 6천만의 헌신된 그리스도인들이 추수 사역의 물결을 이루고 있다.[30]

게다가 세계의 급격한 변화는 우리도 미처 예상 못한 선교지의 변화를 뜻하기도 한다. 세상이 '역사의 돌발 상황'에 직면한 이 때, 국제 전문가이자 세계 선교지인 〈타켓 어스〉(Target Earth)의 편집자인 프랭크 칼렙 잔센(Frank Kaleb Jansen)은 우리 눈앞에 나타난 세계적 경향이 선교의 방법에도 영향을 미치리라 전망한다.

• 남반구 인구 증가와 인구의 다양성, 북반구 인구 노령화, 그리고 백인 유럽-미국인들에서 비 백인계로 주도권 이양.
• 특히 도시 내 유동성 증가.
• 자유로운 지적 교류의 확산과 증가.
• 세계 경제 붕괴에 대한 지속적인 위협.
• 자원의 고갈과 끊임없는 환경 파괴.
• 정치적 연맹에 따른 새로운 세계 질서, 그리고 세계관의 발전.
• 아프리카의 고립과 국제 사회의 외면.

- 여성 권력과 중요성의 확대.
- 성경적 가치에 대한 비난 강화.
- 종교계의 영향력 강화.
- 민중 운동의 역량 강화.[31]

영광스런 추수의 날

지구상에 남은 미전도 종족 집단은 전부 10,000개 정도이므로, 대사명 달성도 이제 머지않았다! 560만 교회가 각 미전도 종족 집단마다 교회를 개척하는 일을 분담한다면, 560개 교회당 하나의 미전도 종족을 담당하는 셈이다!

560개 교회의 56,000명 성도들이 각기 한 종족 집단을 위해 집중적으로 기도한다면 어떤 일이 벌어지겠는가?

560개 교회가 그 종족 집단을 위해 사역하는 여러 선교 팀들에게 기도와 물질로 후원하는 일에 집중한다면 어떻게 되겠는가? 남은 미전도 종족 안에도 교회가 자리 잡게 될 것이고, 그 교회는 자기 문화권에 있는 사람들을 전도하고 제자화시킬 수 있게 되며, 결국 자체적으로 선교사를 파송할 수 있게 될 것이다!

하나님의 세계 선교 행보에 박차가 가해짐에 따라, 우리도 더욱 지혜롭게 일을 감당하는 추수일꾼이 되기 위해 힘을 길러야 할 것이다. 지구 전체의 기도를 모아 추수 지역에 집중적으로 투하하고, 함께 협력하여 '지상군'을 투입한다면, 지옥의 문은 우리 앞에서 더 이상 견디지 못할 것이다!

보다 전략적으로 접근한다면, 이 세대 안에 세계가 복음화되는 일은 시간문제다.

그렇지만 새로운 선교 세력의 능력이 확대된다고 해서 맡은 일이 더 수월해지는 것은 아니다. 반대로 인간의 영혼을 노리는 원수의 거짓 통치권은 더욱 거칠어질 것이다. "땅과 바다는 화 있을진저 이는 마귀가 자기의 때가 얼마 못 된 줄을 알므로 크게 분 내어 너희에게 내려갔음이라"(계 12:12). 선교 연구가 패트릭 존스톤은 다음과 같이 경고한다.

순간의 도취감에 눈이 어두워져, 모든 민족을 제자 삼는 목표 성취를 위해 우리가 감당해야 할 고통과 고난, 순교의 대가 지불을 간과하는 일이 없도록 주의하자. 우리 앞서 간 사람들이 복음의 전파를 가로 막는 높은 지리적, 문화적, 종교적, 정치적 장벽을 넘어서지 못했기 때문에, 이들 민족이 미전도 종족으로 남아있는 것이다. … 우리 목표를 성취하기 위해서는 재정과 자녀들과 시간과 피, 결정적으로 우리 생명을 바쳐야 한다.[32]

하나님의 추수의 때에 당신이 맡은 역할은 무엇인가? 그리고 당신의 지역 교회가 감당할 역할은 무엇인가? 당신의 인생에서 중요한 모든 일들, 당신의 교회에서 하는 중요한 모든 사역들이 모든 민족을 축복하는 하나님의 큰 그림과 아무 상관이 없다면 어떻게 할 것인가? 인생의 모든 선택 가운데, 당신의 교회에 주어진 모든 은사와 사역 가운데, 세계 선교에 대한 한결같은 비전을 통합시킬 수 있는 방법은 무엇일까? 이 책을 계속 읽어가며 찾기 바란다.

한 분이신 주님, 하나의 믿음, 하나의 사명

교회와 선교 사역

> "19세기에서 20세기로 넘어가는 시점에서,
> 온 시대를 통틀어 복음 전도에 대한 놀라운 자각이 일어났다.
> 제6의 위대한 각성은 1904-1905년에 웨일즈 부흥으로 시작되었다.
> 그 물결은 북미의 모든 주와 모든 지방을 휩쓸었다. 그 때의 부흥에 관하여
> 한 사설에서는 '넓은 이 땅의 방방곡곡에 부흥의 힘이 느껴진다'고 표현했다.
> 그 영향력은 북미, 유럽, 호주, 남아프리카의 복음주의 교회를 강타했을 뿐 아니라,
> 아시아, 라틴 아메리카 등 각 도서에 선교사를 보내 자교회를 세우게 했다.
> 엄청난 각성으로 전 세계 5백만 명의 사람들이 회심했다.
> J. 에드윈 오(Edwin Orr)는 이를 '19세기 말의 영광스런 밤의 광채'라고 불렀다."
> ― 매니 후퍼

[타이베이]

당신은 부흥에 대한 매니 후퍼의 논문을 내려놓으며 곰곰이 생각한다. 21세기의 여명이 밝아오는 지금, 자신이 보고 있는 모습이 영광의 광채일지 고민한다. 물론 지금도 영적 각성이 아시아를 휩쓸고 있기는 하지만 말이다. 사무실에 쌓인 편지 무더기를 살펴보는 동안, 타이베이의 오후 교통 정체로 6층 건물 창문까지 소음이 밀려든다. 뿌연 바깥 공기를 보니 버클리 대학 문학사 수업 때 읽었던 글귀가 떠오른다. '스모그 … 전신주와 건물들로 혼잡한 도시 위로 사뿐히 앉은 노란 고양이

같다.' 이제 새로운 모험이 시작되는 것이다.

먼저 버스럭거리는 푸른색 봉투를 열어 본다. 언제나 그렇듯 중국에서 왔다. 캘리포니아 출신 룸메이트들이 얼마나 혼란스러워했던가. 중국인들은 스스로를 하나의 국민으로 여기지만, 나는 대만 출신이고, 하카 종족이란 사실을 설명하느라 몇 주일이 걸렸던 때가 기억난다. 물론 중국 본토에도 하카 종족이 살고 있다. 그리고 대만이나 홍콩에 사는 이들 역시 다른 사람들이 아니라 중국인이다. 하지만 그 중에는 남부 출신의 태족 사람도 있고, 다수인 한족 사람도 있다. 홍콩의 한족들 경우 한 세기 가량 본토에서 고립되어 있었으므로 약간 구별될 수도 있겠다고 생각해본다. 통명스러운 학급 친구들은 도저히 이해할 수 없다는 표정이었다. 정말이지 당신은 미국인들이 이해가 안 된다.

하지만 한 미국인 가정은 — 물론 완벽히 이해하기는 힘들었겠지만 — 어느 정도 이해해주었다. 그 사람들이 다니는 교회에서 다른 민족들에 대해 교육했다는 사실에 당신은 거의 충격을 먹었다. 그들 표현에 따르면 그 교회가 하카 종족을 입양했다고 했다. 그래서인지 그 사람들은 당신에게 친절했고, 예수를 소개해주었으며, 학교에 다니는 기간 동안 제자 훈련을 시켰다.

이제 모든 것, 정말 모든 것이 달라졌다.

지난 주 다녀온 홍콩 여행도 그랬다. 당신은 수천 개의 중국 교회가 기도 합주회를 위해 한 곳에 모일 수 있으리라 상상도 못했다. 데이빗 브라이언트는 지난 수년 동안 분열되어 있던 교회들을 모아 합심 기도를 시켰다. 그리고 이제 이들 교회는 소망으로 하나가 되었다. 당신이 그리스도인이 되기 전에는 아시아에서 이러한 연합이 가능하리라는 사실을 전혀 몰랐다.

다시 편지를 본다. 첫 번째 편지는 한 남학생한테서 왔다. 상하이 기차역에서 어느 왜소한 할머니 덕에 그리스도를 영접했다는 내용이다. 그리고 성경 공부 교재를 얻을 수 있는지 묻는다. 다음 편지는 성경 구입 방법을 묻는 어느 부부에게서 왔다. 얼마 전에 그리스도를 영접했단다. 상하이 기차역에서 어느 노파가 들고 있던 어린이용 책을 통해 예수님을 찾게 되었단다.

그 다음 네 통의 편지는 다른 지역에서 왔다. 한국, 괌, 일본, 그리고 또 일본. 다들 당신이 자원봉사로 일하고 있는 〈국제 아시아 전도회〉(Asian Outreach International)와 OMS가 제공하는 〈사막의 샘〉(the Stream in the Desert) 방송에 감사하고 있다. 다음 편지는 어린 소녀가 보냈다. 그 소녀는 기차역에서 글을 못 읽는 한 노파가 들고 있던 성경 동화를 읽다가 그리스도를 영접했다고 한다. 아홉 번째 편지를 읽고서는 기도와 찬양이 절로 나왔다. 역시 바로 그 노인을 역에서 만나 예수를 발견했다는 내용이다. 마침 기억나는 게 있다.

이리저리 뒤져보니 편지 한 통이 나온다. 바로 두 달 전 상하이의 한 할머니가 쓴 글이다.

나는 나이 많은 할머니오. 쓸 줄도 읽을 줄도 몰라요. 지금 손녀가 대신 써주고 있지. 당신네 〈사막의 샘〉이라는 방송을 듣고 그리스도인이 됐다오. 이제는 당신네가 책임져야지. 성경 좀 주시오.

당신은 사후 처리 내용이 적힌 메모지를 살펴본다. OMS와 아시아 전도회가 연합으로 사역해서 다채로운 색상의 어린이 성경을 보내기로 결정했는데, 각 그림마다 아래쪽에는 "예수님은 하나님의 아들입니다", "예수님이 내 죄를 용서해주셨습니다", "예수님은 다시 오십니다"라는 간단한 문구가 인쇄되었다.

다음 편지를 보니 앞의 편지의 내용들이 죄다 이해가 된다. 어느 학교 여선생님이 보낸 편지다.

매일 상하이 통근 열차를 이용하면서 절뚝거리는 어느 할머니를 보게 되었습니다. 남루하고 무식해보이는 할머니죠. 그런데 매번 큼직하고 화려한 색의 책을 가지고 같은 의자에 앉아 있는 겁니다. 지난 주에는 평소 타던 기차가 연착되었길래, 과연 할머니가 뭘 하시나 하고 지켜보았습니다. 그분은 의자에 앉더니 천천히 책장을 넘겼습니다. 몇 분이 지나자 사람들이 그 책을 보려고 모여들었지요. 성경이었습니다. 사람들은 각 장 아래에 인쇄된 문구를 같이 읽기 시작했지요. 그 할머니는 글을 읽을 줄 몰랐고, 그저 한 장 한 장 넘길 뿐이었죠. 책의 맨 뒷장까지 넘기더니 할머니는 당신네 주소를 가리켰습니다. 그리고 많은 사람들이 예수님의 용서를 받아들이고 있다고 말하더군요. 나도 그들 중 한 사람입니다. 그래서 감사의 말씀과 부탁을 드리려고 편지를 씁니다 …

예전에 버클리에서 미국인 가족들이 보여준 모습이 생각나 당신은 천천히 고개를 끄덕인다. 불손한 표현이지만 '종교적인 치들'이라 생각했었다.

미국 OMS는 홍콩에 본부가 있는 국제 아시아 전도회의 데이비드 왕과 연합했고, 더욱이 미국의 강력한 교회 사역 덕에 그리스도인이 된 당신도 이들과 더불어 타이베이에서 라디오 프로그램 통신사역을 하면서, 멀리 상하이에 있는 문맹의 할머니가 한 달 동안 8, 9명을 주님께 돌아오게 하는 사역을 하도록 준비시킨 것이다!

축복받아 다른 민족을 축복하는 사람

미국의 한 교회는 미전도 종족을 입양했는데, 그 결과는 엄청났다. 콜로라도 스프링즈의 언약 장로교회는 중앙아시아의 미전도 종족에 관심을 두고 있었다. 교회 선교 위원회에서 일했던 캐틀린 보스(Kathleen Both)는 교회 목사님이 방문할 만한 곳을 찾아 컴퓨터 세계 지도를 열심히 둘러보았다. 1993년 10월은 '10/40창을 위한 기도의 달'이므로 그 때 방문할 계획이었다. 수천만의 그리스도인들이 그 한 달 동안 10/40창의 미전도 종족을 위해 기도했고, 250개가량의 중보기도 팀들은 그 지역의 60개국으로 직접 나가서 기도했다.

"어떤 중보기도 팀도 기도하고 있지 않는 그런 나라를 선택하고 싶었고, 간편하게 여행할 수 있게 최대한 시간차가 많이 나지 않는 지역이었으면 좋겠다고 생각했습니다." 그렇게 찾아보던 중 시리아와 중앙아시아의 낯선 신생 국가로 선택 대상이 좁혀졌고, 캐틀린은 그 두 나라를 선교 위원회에 제출했다. 캐틀린은 솔직히 시리아를 원했었다고 고백한다. 하지만 다른 선교 위원들은 목사님이 중앙아시아의 신생국처럼 잘 알려지지 않은 외딴 곳을 방문할 수 있는 가능성을 따져보기 시작했으므로, 그들의 선택은 분명해졌다.

"좋아요. 그럼 어디로 가야 하지?" 빌 목사님의 질문에, 캐틀린은 이렇게 대답했다. "먼저는 모스크바입니다. 그런 다음 남쪽으로 며칠 간 기차를 타고 내려가시는 거죠. 화장지랑 간식거리는 들고 가셔야 해요. 그리고 기차 삯은 만 원입니다."

"뭐라고? 설마!"

"정말이에요."

그렇게 언약 장로교회 사람들은 지구 반대편의 미전도 종족과 이어지게 되었다.

목표가 아니라 수단이다

사도행전 1장 8절을 보면, 이런 식으로 표현되어 있다. "오직 성령이 너희에게 임하시면 너희가 권능을 받고 예루살렘과 온 유대와 사마리아 땅 끝까지 이르러 내 증인이 되리라."

불행히도 이 구절의 뜻을 바꿔서 잘못 인용하는 경우가 가끔 있다. 첫 번째 오용의 예는 다음과 같다. "예루살렘이나 유대나 사마리아나 땅 끝까지 내 증인이 되리라." 이런 식으로 본문을 읽게 되면 이렇게 결론을 내릴 수 있다. "나는 예루살렘에서 증인이 되는 편을 택하렵니다. 아주, 내 맘에 딱 맞네. 좋습니다. 하나님. 나를 이 근방에서 써주세요." 이런 사람들은 열방에 영향을 미치는 것 따위에는 안중에 없다.

두 번째 오용의 사례는 다음과 같다. "… 먼저는 예루살렘에서, 다음엔 유대, 그 다음 사마리아, 그 이후에는 땅 끝까지 이르러 내 증인이 되리라." 예수님의 명령을 점진적인 개념으로 받아들인 사람들은 먼저 가까운 '예루살렘'에서 충분히 전도를 하고 숙달된 뒤에, 유대와 사마리아와 땅 끝까지 옮겨가야 한다고 생각한다. 그러니 '예루살렘'을 넘어가는 사람들이 소수에 불과하다.

본 성경구절은 "A 또는 B" "A 다음에 B"가 아니라 "A와 B 모두"를 의미한다. 즉 예루살렘과 유대, 사마리아와 땅끝 등 모든 곳에서 증인이 되어야 한다는 말이다.

　이 말은 우리 인생이 이곳 지구상에서 영향을 미쳐야 할 범위를 분명히 해준다. 우리 하늘 아버지께서는 개인 차원이든 교회 차원이든 우리의 영향력이 지역(지금 사는 곳)과 세계(열방)에 동시에 미쳐야 한다는 점을 말씀하기 원하신다. 선택 사항이나 점진적 개념이 아니다. 동시다발적이다.

　다시 말해, 하나님이 당신에게 어떤 사역을 맡기시든, 싱가포르 도심에서 미혼모 사역을 하든, 정비소에서 복음을 전하는 정비사가 되든, 전업 주부가 되든, 그 자체가 목표는 아니다. 그것은 열방에 복음을 전하는 하나님의 목표를 향한 수단인 것이다! 타문화 선교를 하기에 앞서 지역 전도에 실질적으로 힘써야 하는 것은 물론이지만, 그렇다고 주님을 만난 순간부터 세계를 생각하고 기도하지 말아야 한다는 법은 없다.

　미국 중부 오하이오 주에서 투자 신탁 회사의 CEO로 일하는 칩 바이언트(Chip Weiant)는 열방을 품은 그리스도인을 다음과 같이 정의한다. "마음과 뜻과 생각과 힘을 다해 하나님을 사랑하고 네 몸과 같이 이웃을 사랑하라는 큰 계명을 대사명과 통합시키며 그에 순종하는 사람이다." 그리고 이를 통합하는 것에 대해 다음과 같다고 표현한다. "이는 멀리 있는 목표물을 제대로 맞추기 위해 총의 가늠자에 눈을 고정시키는 것과 같다. 가늠자에서 눈을 떼면 제대로 사격할 수 없다. 결국 목표물을 놓치고 만다."

　세계 선교에 대한 비전은 품으면서도 가까운 이웃에게 복음을 전하지 못하는(혹은 관심이 없는) 경우가 너무 많다. 삶에 대한 총체적 개념에 있어서 균형을 잡지 못하기 때문에 매일의 사역 효과에 해를 끼치는 것이다.

가까운 이웃에게 복음의 씨앗을 심을 때 항상 복음을 직접적으로 선포해야 하는 것은 아니다. 전도란 삶 속에서 관계를 통해 이뤄지는 것이며, 단기간의 깜짝 이벤트가 아니라 오랜 기간의 과정인 것이다.

그러므로 열방을 품은 그리스도인이 되는 것은 하나의 과정이다. 반드시 열방을 향한 비전을 품어야겠지만 동시에 자신이 사는 지역의 사람들을 위해 효율적, 열정적으로 사역해야 한다. 열방을 향한 마음을 품지 못하면 지역 전도도 제대로 하지 못한다.

하나님께서 그 백성들을 축복하사 모든 민족들을 축복케 하신다는 성경의 주제는 교회가 선교에 대한 전체적인 시각을 갖도록 도와주어 결국 미전도 종족들에게 나아가게 한다.

불완전한 그림!

하나님은 자기 백성들이 하나님 자신과 교제를 나눌 수 있게 하셨으며, 또한 건강과 재능과 재정과 영적 은사와 기술을 주어 축복하셨다. 그리고 "여호와로 자기 하나님을 삼은 백성은 복이 있도다"(시 33:12)라는 말씀에도 나와 있듯, 우리는 즐거이 하나님의 축복을 누릴 수 있다. 하나님이 우리 삶과 가족과 교회에 복을 쏟아 부으신다고 해도 죄책감을 느낄 필요는 없다. 온 세계 민족들에게 하나님의 성품을 보이시려는 하나님의 약속의 한 부분이기 때문이다.

그렇지만 축복에는 목적이 있다.

하나님은 우리를 긍휼히 여기사 복을 주시고
그 얼굴 빛으로 우리에게 비춰사(셀라)

주의 도를 땅 위에, 주의 구원을 만방 중에 알리소서.
… 하나님이 우리에게 복을 주시리니
땅의 모든 끝이 하나님을 경외하리로다.
— 시 67:1-2, 7

그렇다면 축복이 되기 위해 축복을 받는다는 이중 축복의 계획은 어떤 형태의 통합적 사역을 형성하게 되는 걸까? 교회의 총체적 선교를 나타낸 로켓 그림을 보면서 생각해보자. 그림을 보면서 뭔가 빠졌다는 느낌을 받았을 것이다. 하지만 지금은 하나씩 비교하며 살펴보도록 하자. 지역 교회는 4단계의 로켓과 같다!

첫 번째 동력 : 하나님은 교회를 강건하게 세우기 위해 그의 백성을 축복하신다.

교회가 모든 민족에게 하나님의 축복을 전달하는 통로가 되려면, 먼저 강건해질 필요가 있다. 자녀들은 주의 훈계로 양육을 받아야 하고, 가정들은 의사소통 기술부터 시작해 가정 경제 경영까지 기술을 갖추고 힘을 북돋아야 하며, 부부들은 상담을 받고, 청소년들은 제자 훈련을 받으며, 헌금을 모으고, 교제를 위해 기도하고, 몸을 다지며, 설교를 하고, 교회 벽을 칠하고, 교제를 즐기고, 건물도 지어야 한다. 이 모든 은사와 기술과 교회 안에서 진행되는 모든 사역은 권장되어야 한다. 열방을 품기 위해서는 강건해야 하기 때문이다. 이것이 바로 로켓의 '발사대' 역할을 하는 힘의 동력이다.

두 번째 동력 : 교회는 모든 민족을 축복하되, 자기가 속한 민족도 축복해

야 한다.

바로 여기서 교회는 자기가 속해 있는 세계를 향해 영향력을 미치기 시작한다. 모든 민족을 향한 발걸음에는 자기 민족을 향한 걸음도 포함되어 있기 때문이다!

하나님의 축복을 나눌 수 있는 가장 손쉬운 민족은 당연히 내가 속해 있는 자민족이다. 세계를 향한 총체적 선교의 한 부분으로서, 지역 교회는 지역 사회 안에서 빛과 소금이 된다.

전도. 한 민족 안에 교회 운동이 시작됨에 있어서, 자기 문화권 사람들을 전도하는 것은 교회의 의무다. 대중 전도나 개인 전도는 그저 지

교회의 총체적, 통합적 선교
시 67편, 행 1:8

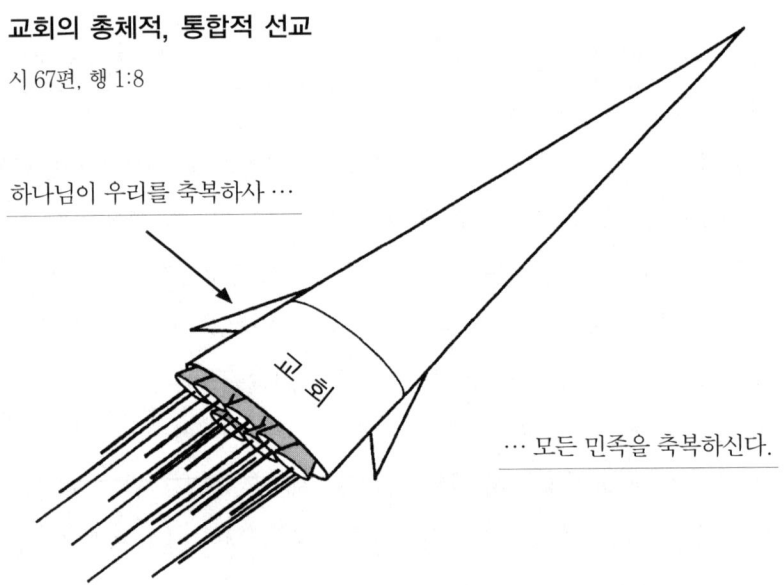

첫 번째 동력 : 하나님은 그의 백성을 축복하사
교회를 강건하게 세우신다.

역 교회 사역의 일부가 아니다. 이웃에게 복음을 전하는 것은 지상 대사명을 이루는 매우 중요한 일이다. 우리의 목표는 단지 잃어버린 영혼을 찾아가 구하는 것만이 아니라, 새로운 영혼들을 하나님의 왕국으로 이끌어 하나님의 축복을 받게 하고, 더 나아가 그들이 온 열방을 위한 미래의 일꾼이 되게 하는 것이기 때문이다.

지역 사회의 필요에 맞춰 사역함. 자기 문화권 안에서 선한 사역을 한다는 것은 그저 좋은 일을 한다는 의미는 아니다. 노숙자들을 돌보고, 병자들을 방문하며, 수감자들을 찾아가고, 생명의 전화 상담을 하며, 가난한 자들에게 나누어주고, 미혼모 가정을 후원하며, 하천에 있는 쓰

교회의 총체적, 통합적 선교

시 67편, 행 1:8

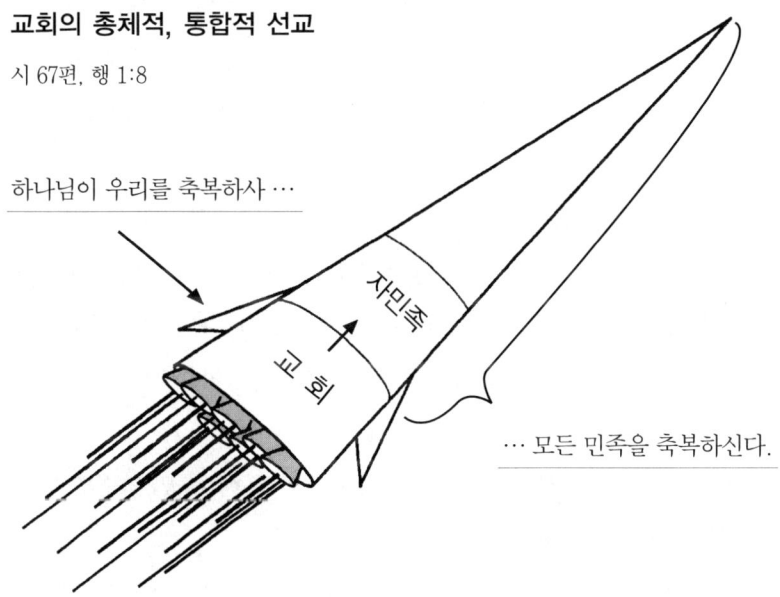

두 번째 동력 : 교회는 모든 민족을 축복하되,
자기가 속한 민족도 축복해야 한다.

레기를 치우고, 어머니들을 위해 무료로 보모 역할을 해주며, 의료 연구를 위해 후원금을 모금하고, 크리스마스 날 쇼핑하는 사람들을 즐겁게 해주기 위해 쇼핑센터 앞에서 캐롤을 부르는 일 등은 "두루 다니며 착한 일을 행함"(행 10:38)으로 자기 문화 안에 축복을 가져다주는 방법이다.

하나님께서는 자기 백성들을 통해 고통을 줄이신다. 그렇지만 그리스도인이 예수 그리스도의 이름으로 선한 사역을 하는 것은 이를 지켜보는 세상을 향해 하나님의 성품을 보여주는 것이기도 하다. 그리스도인들은 사람들에게 하나님의 사랑을 한결같은 희생으로 보여주어야 한다(요일 4:1-12). 이 외에도 그리스도인이 실천을 통해 보여주는 사랑은 그리스도인을 포함해 모든 사람들에게 행복한 삶터를 만들어 준다!

그리스도인들이 겸손히 섬길 때, 그 문화 안에 폭넓은 영향력을 미친다. 그 문화 안에 전도의 무대를 세워놓고 복음을 증거하는 것과 같다. 게다가 그 지역에 있는 외국인들과 다른 민족들에게까지 좋은 증거가 된다. 하나님의 율법을 지키는 데는 이와 같은 중요한 이유가 있는 것이다. "당신들은 이 규례와 법도를 지키십시오. 그러면 여러 민족이, 당신들이 지혜롭고 슬기롭다는 것을 알게 될 것입니다. 그들이 이 모든 규례에 관해서 듣고, 이스라엘은 정말 위대한 백성이요 지혜롭고 슬기로운 민족이라고 말할 것입니다"(신 4:6, 표준새번역).

하나님의 축복은 하나님의 백성들의 행동을 통해 한 민족의 믿지 않는 사람에게까지 영향을 미친다.

자기 민족 안에서 하나님의 정의를 굳게 세움. 교회는 사회적 문제에 대해 하나님의 성품을 굳게 세움으로, 자문화를 축복해야 한다. 그리스도인이 포르노와 싸우고, 마약 중독과 어린이 학대, 범죄, 부정부패, 불의에 대항하여 싸우는 것은 자기 문화가 축복받도록 돕는 길이다.

하나님의 이름은 언제나 하나님의 성품을 나타낸다. 그분은 거룩하시고, 의로우시며, 공의로우시다. 그리스도인들이 사회적 문제에 대해 하나님의 이름을 굳게 붙드는 것은 단순히 자기 동네 치안과 안전한 생활을 위해서가 아니다. 자기 문화를 축복하는 것은 지구상 모든 사람들에게 하나님의 성품을 알리는 길이고, 모든 민족 가운데 그분의 이름을 증거하는 길이다. 하나님께서는 그 이름을 위하여 우리를 의의 길로 인도하신다(시편 23:3). 교회의 모든 사역이 사회 안에 의를 세운다면, 죄를 간과하지 않으시는 하나님의 이름을 온 세상에 알리는 중요한 방법이 된다.

세 번째 동력 : 교회는 모든 민족을 축복하되, 복음화된 종족들도 축복해야 한다.

여기서 교회는 문화적 장벽을 넘어 '복음화된 민족들', 즉 자민족에게 복음을 전할 만한 자생력을 갖춘 교회가 있는 종족 집단들에게 나아가기 시작한다. 전 세계 종족 집단 중 절반 가량이 이 범주에 들어간다.

세 번째 단계에서 친교 사역은 언어와 사회, 문화적 장벽을 넘는 다리 역할을 한다. 이미 복음화된 민족들을 축복하려면,

- 교회를 섬긴다.
- 그곳 사람들이 자기 문화권(그들에게는 둘째 단계)을 축복하고, 다른 민족들(셋째 단계)에게 복음을 증거하는 자로 준비되도록 힘을 북돋는다.
- 그곳 사람들과 협력하여, 미전도 종족에게 그리스도의 구원을 전한다.

전도, 선행, 사회 안에서 정의를 세워가는 모습을 통해 자민족을 축복하는 것은 복음화 된 문화권 안에서 그 교회가 감당할 일이다. 그러므로 다른 문화권의 교회, 예를 들어 미국에서 온 교회가, 교인 수가 인구 대비 12%에 달하는 루마니아 민족 안에서 단독으로 교회의 사명을 감당하려 할 경우, 이는 후원의 정도를 넘은 과잉 활동이라 할 수 있다. 타문화권의 교회가 들어와서는 현지 교회가 전도, 선행도 하지 않고, 사회의 소금이 되지 못한다고 말하는 것은 무례한 행동이다.

또한 외부 사람이 들어와 일을 할 경우, 복음화된 종족 안에 있는 교회는 건강하게 성장하지 못하므로, 하나님의 세계 선교 계획에 있어서

교회의 총체적, 통합적 선교
시 67편, 행 1:8

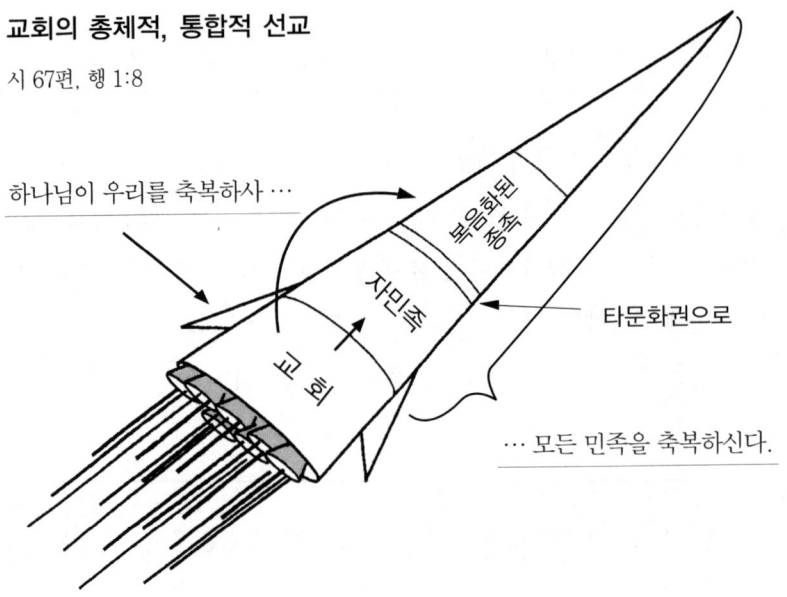

세 번째 동력 : 교회는 모든 민족을 축복하되,
복음화된 종족들도 축복해야 한다.

역효과를 내고 만다. 복음화된 종족 안의 교회는 그들이 감당할 큰 사명이 있으므로, 스스로 강건하게 서야 할 필요가 있다(1단계).

네 번째 동력 : 교회는 모든 민족을 축복하되, 남아 있는 미전도 종족에게도 축복을 전해야 한다.

교회의 네 번째 동력은 남아 있는 모든 미전도 종족에게 구원의 축복이 전달되는 모습을 보는 것이다. 이는 창세기 시작부터 하나님의 목표였으며, 교회인 우리가 감당할 마지막 목표이기도 하다.

이는 최전방, 개척 선교의 영역이며, 전 세계 그리스도인들도 자원을

교회의 총체적, 통합적 선교
시 67편, 행 1:8

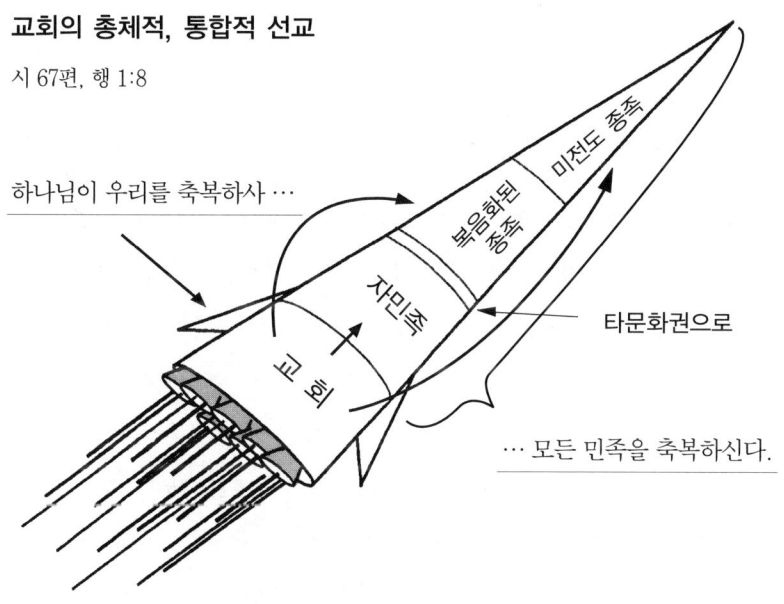

네 번째 동력 : 교회는 모든 민족을 축복하되
미전도 종족들도 축복해야 한다.

이곳에 집중시키며 동역자로 함께 참여할 수 있다. 교회의 '로켓'이 그 단계까지 오르면 어떤 일이 일어나게 될까?

예비 전도. 예비 전도란 구제 사역, 의료 사업과 더불어, 정치, 교육, 사업 영역에서 그리스도인들이 모범을 보이는 등, 미전도 종족 안에서 하나님의 성품을 드러내고 길을 예비하는 모든 활동을 뜻한다.

교회 개척. 불신자들이 그리스도를 믿고, 교회가 세워진다. 새롭게 태어난 교인들은 반드시 강건하게 성장해 자기 민족들을 전도할 수 있을 만큼 제자 훈련을 받아야 하고, 더 나아가 타문화권으로 들어가 모든 민족에게 축복을 전하기 위해 축복을 받는 역사(歷史)를 만들어가야 한다.

통합적인 비전

교회의 각 분야와 기능, 은사, 사역이 조화를 이루어 하나가 될 때, 교회 전체는 아버지의 일을 이루기 위해 전진한다. 우리는 단순한 가족이 아니라 아버지가 지시하신 가업을 이끌어간다. 하나님께서는 우리에게 축복을 부어주셨고, 그 축복을 전 세계의 각 종족들에게 전해주기 원하신다.

가업을 잇기 위해 우리가 할 일 ― 총체적인 선교 ― 은 분명하다.

우리는 분명한 목표를 향해 나아가고 있다. 천상의 도시 시온을 향해 나아가는 것이다. "모든 족속과 방언과 백성과 나라" 가운데서 온 사람들이 어린양의 보좌 앞에 모일 것이다(계 5:9). 수십억, 수백억의 인류가 축제를 즐길 것이다. "만군의 여호와께서 이 산에서 만민을 위하여 … 연회를 베푸시리니"(사 25:6). 눈부신 시온성에 들어가서 지나온 시간을 되돌아보면, 하나님이 예루살렘에서 땅끝 오지까지 하나님의 사람들을 통해 모든 민족을 이 잔치로 초대하셨음을 보게 될 것이다!

그곳에 모인 민족들이 누군지도 밝혀져 있다. 하나님께서는 "민족들을 등록"하셨고(시 87:6), 복음을 받아들일 사람들의 정확한 숫자도 기록하셨다. 그리고 우리는 하늘의 두루마리에 분명하게 적힌 숫자에 매우 근접해 가고 있다.

사명을 이루는 데는 정해진 시간표가 있다. 교회의 사명은 예수님이 오실 때까지 무작정 다 시도하고, 무한정 많은 회의를 해야 하는 불투명한 프로그램이 아니다. 세계 종족집단들의 복음화 상황을 파악하며 초읽기를 하는 것도 교회의 사명이다. "이 천국 복음이 모든 민족에게 증거되기 위하여 온 세상에 전파되리니 그제야 끝이 오리라"(마 24:14).

이렇게 구체적으로 연구하고 기도하다 보면 하나님이 이를 도구로 사용하셔서, 세계 선교 계획 가운데 우리의 역할을 찾도록 인도하실 것이다. 하나님은 당신이 자기 사명과 교회 사명의 방향성을 찾기 원하신다. 이 위대한 우주적 계획에 참여하면 하나님에 대한 신뢰가 새로이 싹트고, 하나님의 거대한 능력을 체험하면서 그분께 더욱 가까이 가게 된다.

교회의 통합적인 비전은 분명할 뿐 아니라, 비경쟁적이다. 미전도 종족이 제자화되는 모습을 보기 위해 로켓의 두부(頭部)에 자신의 관심과 사역을 쏟아 붓는 사람들은 어찌 되었든 하나님이 주신 다른 사역들과 연합하는 것을 지지하기 마련이다. 선교에 대한 열정을 가진 사람들은 최전방 선교야말로 강력하고 든든한 기반이 필요하다는 사실을 안다. 그래서 진정 선교적 비전을 품은 사람들은 본국의 사역이 교회의 총체적 사명에 어떤 식으로 부합하는지 고민한다. 그리고 여성 에어로빅 소그룹이나 주일학교 학생들과의 낚시 여행 등, 미전도 종족 선교와는 아무 관련 없어 보이기도 하는 교회 사역을 격려하고 도모하는 일에 열심을 낸다.

또한 교회의 통합적인 비전은 여러 제약과 편견으로부터 자유케 하는 힘이 있다. 지역 교회가 갖고 있는 통합적인 비전은 교회의 자원을 자유롭게 만든다. 인력과 기도의 힘, 재정, 재능을 죄다 고려하다 보면 (10장에서 살펴볼 것) 어김없이 자신의 한계성을 깨닫기 마련이다. 한 교회가 모든 일을 다 할 수는 없다.

교회가 자신의 근원과 은사와 관심 분야를 잘 알고, 교회의 총체적 사명 중 두 번째 동력에 중점을 둔다고 가정해보자. 그들은 이웃과 도시와 자기 문화 안에 하나님의 축복이 임하도록 모든 사역에 총력을 기울일 것이다.

전도가 하나님 나라의 군대를 세운다는 사실을 알고, 또한 사회 안에서 의를 굳게 세우는 것이 복음에 대한 신뢰를 세우는 데 중요하다는 사실을 알기에, 개인 전도를 위한 훈련 과정을 만들며, 노숙자들에게 점심 도시락을 나누어주고, 보육원을 방문하는 등 활발한 활동을 하게 될 것이다. 교회 사역이 총체적 목표를 향하는 도구가 되고, 열방을 향한 비전을 이룰 수 있다는 사실을 알기 때문이다.

그래서 이웃의 아이들을 모아 성경 구절을 가르침과 동시에, 이런 노래도 가르친다. "성경의 이야기는 하나, 하나님 사랑을 온 민족에게 전하는 것." 짧지만 이 힘 있는 가사가 15-25년 후면 싹을 틔워 열방을 위해 일할 일꾼들을 만들어낸다는 사실을 알기 때문이다.

그런데 이런 교회는 다른 문화권의 교회와 연합하지 말아야 하는 걸까? 미전도 종족 선교에 초점을 맞추지 말아야 하는 걸까? 주도적으로 그 일에 뛰어들지는 못할 것이다. 하나님께서는 각 개인에게 다양한 은사를 허락하셨듯, 각 교회에게도 나름의 특성과 중점 분야를 허락하셨다. 교회가 머리이신 주님의 권위에 순복할 때, 하나님은 총체적 계획 안에서 교회의 은사를 사용하신다.

교회는 기도 가운데 교회의 이 4가지 동력에 대해 인정하고 관심을 기울여야 한다. "성장하는 교회들은 다들 그렇게 한다"는 이유로, 모든 교회마다 한꺼번에 네 분야 모두를 감당해야 한다든가, 제한적인 자원을 죄다 사용해야 한다든가 하는 압박을 받을 필요는 없다. 최전방 선교 열심자들에게는 불편하게 들릴 수도 있겠지만, 모든 교회가 미전도 종족 교회 개척에 헌신해야 하는 것은 아니다.

교회가 사역의 목적을 제대로 알고, 중점 분야를 분명하게 알면 압박감을 느끼지 않는다. 목사와 장로, 선교 위원들도 자책감 없이 말할 수 있게 된다. "훌륭한 사역 계획이지만 우리 교회는 감당할 자원이 없습니다. 우리가 나아가야 할 방향은 다른 쪽이기 때문입니다." 그리고 교회가 할 수 있는 일에 최선을 다한다. 즉, 열방을 향한 기도를 하나님이 들으시고 역사하신다는 확신을 갖고, 교회의 젊은이들 중에 실제 그곳에 파송될 이들이 있으리라는 믿음을 갖는다.

한편, 교회들이 자유롭게 자신들의 강점에 중점을 두다 보면 무엇보다 교회들 사이에 네트워크가 형성된다. 자민족 선교에 중점을 두고 있는 A라는 교회가 이웃들을 대상으로 사역을 시작했다고 하자. 그러다 보면 다른 문화권에서 온 가정을 만날 수 있다. 그렇지만 타문화권 교회 개척에 중점을 두는 교회는 B 교회이기 때문에 A 교회는 B 교회에게 그 가정을 소개시켜 줄 수 있으며, B 교회는 A 교회의 예비 전도 덕에 유익을 얻을 수 있다.

통합적 비전은 분명하고, 비경쟁적이며, 자유케 한다.

사명 수행 가운데 드러나는 역기능

열방 가운데 하나님의 쓰임을 받고 싶다는 열정이 과연 역효과를 내기도 할까?

열정은 분열을 일으킬 소지가 있다. 교회 안에서 경쟁적으로 소규모 '미전도 종족 선교 모임'을 만들게 되면 게시판 확보, 예산 확보, 지원자 확보에 열을 올리기 마련이다. 그러다 보면, 최전방 선교 열심자들이 교회의 다른 성도들을 손가락질하면서 미전도 종족 선교에 동참하지 않는 사람들은 하나님의 뜻을 저버렸다는 식으로 비난하는 사태가 벌어지기도 한다.

이런 식의 사고는 오히려 교회의 연합을 심하게 무너뜨릴 수 있다. 사실 미전도 종족 선교를 강조하고, 소위 열방을 품은 그리스도인이라는 고상한 소수의 제자들이 되라고 권고하는 것이야말로 선교에 마음을 품은 그리스도인들이 지역 교회에서 밟아야 하는 가장 지겨운 단계가 될 수도 있다. 그리고 그러한 일은 그다지 존중받지 못하기에 시간과 자원을 헌신하려는 사람이 많지 않다.

교회의 사명을 나타내는 로켓 이미지 역시 여러 오류를 갖고 있다. 역기능을 초래하는 몇 가지 원인에 대해 살펴보자.

때때로 우리는 먼저 예루살렘과 유대와 사마리아에서 완벽하게 마무리를 짓기까지는 땅 끝에 관심 기울이는 것을 미루어야 한다고 생각한다. 1단계에서는 지역 교회가 강건하게 서는 일이 축복이며 사역의 기초가 되는 것이 사실이지만, 우리 자신이 완전히 채워질 때까지는 다른 문화권 사람들에 대한 관심은 거두어도 된다는 말은 거짓이다.

예수께서는 예루살렘과 유대와 사마리아와 땅 끝에서 동시에 복음을 전하라고 명령하셨음을 기억하라(행 1:8).

또 다른 역기능은 1단계에 머무르는 것이다. 자신을 강건하게 세우는 일에만 초점을 맞추는 교회는 마치 너무 심하게 근육을 만드는 바람에 제대로 움직이지도 못하는 보디빌더와 같다. 내적 성장 추구와 "자기 목숨을 구하는 사람은 잃을 것이요"라는 진리 사이에서 위태롭게 서 있는 꼴이다.

1단계에만 초점을 맞추는 교회는 추진력은 강하지만 나아갈 방향이 없는 로켓과 같다. 행동에 돌입은 하지만 마치 바람 빠진 풍선처럼 사방팔방 돌아다닌다. 분명한 방향성 없이 행사만 많은 교회는 자원을 마구잡이로 흩어 놓는다. 사람들은 일에 치인 나머지 완전히 기력을 소진하고 만다. 교회 안에서 일어나는 사역은 무서운 속도로 질주하지만, 사역의 열매는 희박하다.

자신들의 사역이 하나님이 행하시는 총체적 목표를 향한 수단임을 분명하게 인식하지 못하면, 질서가 무너지고 만다. 비전이 없으면 목표가 없다. 성경의 말씀처럼 비전이 없는 백성은 망한다(잠 29:18).

선교 사역에 힘쓰다가 나타나는 역기능 중 또 하나는 1단계에 대해 간과하는 태도다. 미전도 종족 선교에는 중점을 두지만 기반 강화에 대해서는 소홀할 수 있다. 그러한 교회는 추진력 없이 우주를 떠다니는 어설픈 로켓 두부(頭部) 꼴이 될 수도 있다.

선교에 열심인 사람들이 목표와 방향성은 뚜렷해도, 인력과 재정과 기도의 힘이 부족하여 낙담하는 경우가 가끔 있다. 이들은 실망한 나머지 목사와 장로가 비전이 부족하다고 비난하거나, 교인들이 너무 이기적이라며 손가락질한다.

여러분이 선교 사역을 하거나 선교 동원을 하는 데 있어 우선적인 문제가 혹 자원의 부족이라면, 잠시 멈추기 바란다. 새롭게 추진력을 확보하기 위해 교회를 강건히 세울 필요가 있다. 교회의 여러 사역들을 격려하면서 하나님이 교회에게 주신 사역 안에서 최전방 선교에 대한 총체적 비전을 갖고 일하도록 해야 한다.

선교에 마음을 품은 교회도 2단계에서 자기 문화권 전도에 실패함으로 역기능 현상을 보일 수 있다. 만일 그렇다면 미전도 종족에게 가서 "여호와로 자기 하나님을 삼은 백성은 복이 있다"고 말할 권리가 있겠는가?

예를 들어보자. 당신은 본국의 5개 교회 연합 파송으로 부리야트(Buryat) 몽골인들을 선교하러 왔다. 부리야트 인은 몽골 북쪽, 시베리아에 살고 있는 종족이다.

수도 울란우데(Ulan Ude)에서 원로 정치 지도자들과 좌담을 나누고 있다. 그들이 당신에게 묻는다. "우리는 기독교의 하나님을 섬기지 않습니다. 그런데도 당신네들이 와서 예수 이야기로 우리 국민들을 어지럽히게 그냥 놔둬야겠소?"

"우리 고향에서는 그리스도인들이 '기아 없는 지역'을 만들었습니다. 우리 도시에 굶주리는 사람이 한 명도 없게 하자는 것이죠. 울란우데에서도 그런 일이 일어나면 좋지 않겠습니까? 또 우리 집 근방에서는 그리스도인들이 청년들을 위해서 직업 훈련소를 시작했습니다. 여기서도 그런 곳이 생겨나는 모습을 보고 싶지 않으십니까? 우리 지역의 모든 그리스도인들은 알코올 중독 문제도 해결하고, 일하는 엄마를 위해 아이를 돌보는 일을 하고 있습니다. 글 못 읽는 분들에게 교육도 하고 노인들도 돌봐드리지요.

수년 동안 사업 기술을 닦은 그리스도인 사업가들도 있어서 우리 마을에 큰 혜택을 주고 있습니다. 그 중에는 울란우데에 와서 창업 방법에 대해 세미나를 하고 싶다는 분도 있습니다. 또 이 지역 일자리 창출을 위해 국제 기금을 모아주려는 사람들도 있구요. 게다가 이곳에서 나는 민물 어류의 수출 상담을 해주겠다는 분도 있고, 에너지 자원 개발을 돕겠다는 분도 계십니다."

그리고 이렇게 끝맺는다. "예수님은 제자들에게 모든 민족을 축복하라고 말씀하셨습니다. 그래서 우리는 울란우데에 있는 부리야트 민족을 축복하고 싶은 겁니다."

도시 원로들은 여전히 당신의 제안에 얼굴을 찌푸린다. "그렇지만 기독교에 대해서도 말할 게 아니오? 여기 사람들은 기독교도가 아닙니다. 우리 중에는 무신론자도 있고 라마 불교인도 있소."

당신은 이렇게 대답한다. "합의를 하죠. 우리는 부리야트 사람들을 축복하는 데 전심전력하겠습니다. 대신 누가 우리더러 왜 이런 일을 하느냐고 물으면, 그때는 예수님에 대해서 이야기하기로 말입니다."

원로들은 알 수 없다는 표정으로 천천히 서로 쳐다본다. 마침내 한 사람이 처음으로 통역 없이 영어 한 마디를 꺼낸다. "오~케이!"

땅 끝에 복음을 전하겠다는 비전을 가진 교회는 2단계를 굳건히 세워야 한다. 자민족 사람들을 전도하는 의무를 성취하게 되면 신뢰를 얻을 수 있다. 신뢰는 선교단체들이 미전도 종족에게 접근할 때 종종 부족한 부분이기도 하다.

게다가 지역 교회가 지역 사회를 전도하지 않으면, 큰 그림을 효과적으로 수행할 기도의 힘과 자원도 충분하지 않게 된다. 새로운 성도가 없다는 말은 역기능의 증표이기도 하다. 선교에 마음을 품었어도 지역 전도를 활발하게 수행하지 않는 교회는, 큰 것을 말하기는 하지만 하나님의 계획 중 극히 작은 부분만 이룰 수밖에 없다.

연합의 비전을 품은 교회

모든 민족을 향한 하나님의 마음을 비전으로 삼고, 총체적인 선교를 향해 방향을 잡아 통합적으로 사역하는 교회에는 과연 어떤 일이 일어날까?

1993년 10월, 21세기 운동 본부의 '10/40창을 위한 기도'에 맞춰 부탄의 미전도 종족을 위해 기도의 초점을 두었던 한 교회가 있다. 그 교회는 라마 불교 지역에 영적 돌파구가 일어나도록 전교인이 동원되어 수 시간을 기도하는 것 외에도, 부탄 인들을 사로잡은 견고한 진을 기도로 무너뜨리기 위해 직접 중보기도 팀을 부탄에 보냈다. 세 달 후, 어느 부탄인 신자가 보낸 팩스를 받고, 온 교인들이 얼마나 흥분했을지 상상해보라.

좋은 소식입니다! 부탄 국왕은 그리스도인들이 공개적으로 복음을 전파해도 된다고 공식 허가를 내렸습니다. 이제 극심한 제한은 없어졌지만 불교 승려인 라마들은 그 결정에 강력하게 반대하고 있습니다. 함께 기도해 주세요. 기도는 왕의 마음도 바꿀 수 있습니다!

다시금 종교적 탄압이 부탄 인들을 위협하고 있다. 그 때 기도하던 교인들은 기도의 기술과 비전을 더욱 넓혀가고 있다.

다른 한 교회에서는 타문화 선교에 참여하기 시작하면서, 교회가 강성해지는 큰 성장을 체험했다.

미국 펜실베이니아 주, 앨런타운의 시더 크레스트 성경 연합 교회(Cedar Crest Bible Fellowship Church)의 론 마후린(Ron Mahurin) 목사의 말이다. "15년 목회 생활을 하면서 두 번 정도 성전 건축도 했었지만, 이번 산다웨(Sandawe) 종족 프로젝트만큼 교인들이 자발적으로 참여하는 모습은 처음입니다. 1987년에 그 종족을 목표로 삼았고, 그곳으로 파송하기 위해 여러 가정들을 준비시켰습니다. 그러자 우리의 선교 사업과 예배당 건물이 두 배, 세 배로 늘어났습니다. 교인들도 성장했고, 모든 민족을 향한 하나님의 마음을 갖게 되었습니다!"

1987년, 론 목사와 클리프 부운(Cliff Boone) 전도사가 미전도 종족을 선교 목표로 삼은 몇몇 교회에 관한 ACMC의 소식지를 읽게 되면서 이 일이 시작되었다. 하나님께서 자신들에게도 동일한 사명을 주기 원하신다고 느낀 클리프 전도사는 탄자니아에서 6개월 동안 머물면서 알게 된 AIM(아프리카 내지 선교, Africa Inland Mission) 선교사에게 연락했다. 교회와 선교단체는 탄자니아의 산다웨 종족을 목표로 삼기로 결정했다.

이렇게 일이 진행되는 동안, 아프리카 내지 교회(Africa Inland Church)의 탄자니아 주교가 미국을 방문중이었으므로, 그는 교회 지도자들과 협력 여부에 대해 논의했다. 이렇듯 지역 교회와 선교단체, 현지 교회의 삼중 협력은 전도서 4장 12장의 원리를 바탕으로 빠르게 진전되었다. "삼 겹줄은 쉽게 끊어지지 아니하느니라."

본국에 있는 사람들이 목표로 삼은 종족을 위해 기도할 때 어떤 일이 일어날까? 현재 산다웨의 선교사로 사역하는 클리프 부운과 그 아내 베키는 본국에서 매주 수요일 밤마다 기도회를 하고 있다고 전한다. "그곳에 모인 많은 사람들이 기도에 전념하면서 산다웨를 위한 간구를 빼놓지 않습니다. 다양한 배경을 가진 남녀노소가 모두 아버지 앞에 엎드려 산다웨 사람들을 위해 중보하고 있습니다. 한 번 본 적도 없는 민족이지만 그들에게 복음을 전하겠다고 헌신한 겁니다."

탄자니아의 크왐토로(Kwamtoro)의 어느 무더운 목요일 아침, 그러니까 앨런타운 교회의 수요일 밤 기도회가 끝나고 기도의 용사들이 다 집에 돌아간 뒤 몇 시간이 지나, 어느 중년의 산다웨 남자가 오두막집 밖에서 부운 선교사 부부를 불렀다. 그 남자는 너덜너덜해진 스와힐리어 쪽복음 세 권을 내밀었는데, 부운 부부가 몇 달 전에 건네준 것이었다.

"두 달 동안 이 책을 가지고 있었어요. 읽고 또 읽었습니다. 그리고 책 내용에 대해서 아내와 이야기를 나눴지요. 구원을 받고 싶어서 이렇게 찾아왔습니다."

클리프 선교사는 그 남자에게 마실 것을 가져다준 뒤, 성경을 펴고 조심스럽게 복음을 설명했다. 오랜 토론과 많은 질문이 오고간 뒤, 그 남자는 말했다. "바로 제가 원하던 겁니다. 예수님을 믿고 싶어요."

앨런타운 교회의 든든한 기반을 가진 부운 선교사 부부는 이렇게 말한다. "하나님은 우리가 상상하던 것보다 훨씬 많은 일을 하고 계십니다." 최근 클리프 선교사는 32,000-40,000명인 산다웨 종족 가운데 20명이 그리스도인이라고 보고했다. 그리고 대부분 스와힐리어를 말하는 다수 부족 출신으로 구성된 아프리카 내지 교회에서도 첫 선교사 부부를 산다웨 종족으로 파송했다!

한편 미전도 종족에 초점을 맞춘 앨런타운의 시더 크레스트 성경 연합 교회 안에서는 어떤 일이 일어났을까? 론 목사에 따르면 1987년 이후로,

- 성전을 건축했으며, 이에 따른 6억 원 가량의 추가 비용도 모두 치렀다.
- 20억 원 상당의 두 번째 성전 건축에 착수하기 위해 모으기로 했던 8억 원의 목표가 거의 달성되었다.
- 선교 헌금이 1987년 4천만 원에서 1992년 1억 2천 5백만 원으로 늘어났다.
- 성도 수는 275명에서 현재 500명으로 늘어났으며(거의 두 배의 숫자다!), 매년 평균 45명의 새로운 사람들이 들어오고 있다. 론 목사는 그러한 수적 성장이 자연 성장이 아니라 새로운 사람들의 영입 때문임을 강조한다!
- 교회의 전체 재정이 탄탄해졌다. 특별 프로젝트도 수행하고, 100% 임금을 지급하는 2명의 사역자도 두게 되었다.

론 목사는 한 종족에만 초점을 맞추게 되면 성도들에 대한 사역에 제한이 생기지는 않을지 사람들이 걱정했다고 말한다. 그렇지만 사실상 선교 비전이 확장되면서 모든 사람들이 이에 합력하게 되었다. 5년 동안 13개 가정이 세계 곳곳에 선교사로 파송되었다. 미전도 종족을 목표로 삼게 되자 그 프로젝트가 교회 전체의 선교 프로그램을 선두지휘하게 되었다.

산다웨 종족을 입양하기로 결정을 내렸을 때, 그 결과를 예측한 사람은 아무도 없었다. 하지만 이후 몇 년 안에, 뉴욕과 펜실베이니아, 뉴저지 지역의 여덟 교회가, 아프리카 교회들과 아프리카 내지 선교회와 함께 손을 잡고 산다웨 종족을 선교하게 되었다. 부운 선교사 부부가 몸담고 있는 교회 개척 팀의 인도자는 탄자니아 현지 목사다. 산다웨는 처음으로 복음을 접하고 있다. 클리프 선교사의 보고다. "사람들이 그리스도를 영접하고 조그만 교회들이 세워졌습니다. 흑암의 땅에 빛이 비취기 시작한 겁니다!"

당신이 속한 교회가 미국에 있든 독일에 있든, 성경이 한 마음을 품을 것에 대해 말씀하시는 바를 기억하라. "몸이 하나이요, 성령이 하나이니, 이와 같이 너희가 부르심의 한 소망 안에서 부르심을 입었느니라. 주도 하나이요, 믿음도 하나이요, 세례도 하나이요, 하나님도 하나이시니, 곧 만유의 아버지시라. 만유 위에 계시고 만유를 통일하시고 만유 가운데 계시도다"(엡 4:4-6). 다양한 사역이 교회의 총체적 사명으로 통합될 수 있음을 안다면 분명 이해가 되는 말씀이다!

그렇다면 교회의 총체적 사명 안에서 당신이 맡은 분야는 무엇인가? 모든 민족에게 복을 주시고자 하나님의 백성들을 축복하시는 하나님의 계획 안에서 자기 위치를 찾을 수 있도록 다른 사람들을 돕는 방법은 무엇일까?

제2부
당신의 적재적소를 찾으라

Find your nicke

　이제 당신은 선교 사역 가운데 특정한 자기 자리를 찾을 자격을 갖추었다. 직접적이든 간접적이든 어린양의 보좌 앞에 모든 민족이 서는 모습을 보기 위한 사역을 하는 것이다. 우주적인 대모험 가운데서 당신에게만 주어진 특별한 역할이 있다. 그 기회를 놓친다면 얼마나 안타깝겠는가. 온 땅을 향한 개인의 비전과 교회의 비전은 우리가 스스로 만들어내는 것이 아니다. 하나님이 이미 당신을 위해 계획하신 것을 찾아야 한다. 그리고 하나님의 계획은 순종하려는 마음으로 그분을 계속 구할 때에야 찾을 수 있다. 그러므로 당신과 다른 그리스도인들이 하나님의 계획 안에서 과연 어떤 식으로 자신의 고유한 위치를 찾을 수 있는지 생각해보자.

당신에게 전략적으로 맡겨진 역할

열방을 향해 나아갈 준비를 하라

[1989년 11월, 러시아의 상 페테르부르크]

상상력을 발동시켜 보라. 당신은 미국 오클라호마 동부의 클레어모어 제일 침례교회에서 3학년 학생들을 맡은 주일학교 선생님이다. 매달 한 번씩 성찬용 잔을 씻는 일을 돕고 있다. 얼마 전엔 지역 포르노 산업에 항거했다는 이유로 교육 위원회로 선발되었다. 이번 여행을 하기 전까지는 여행이라고 해봤자 고작 반경 500킬로미터 정도를 벗어나 본 적이 없다.

그런데 지금 러시아의 상 페테르부르크의 닳아빠진 나무 의자 끝에서 하얗게 질린 채 앉아 있다. 날씨도 추운데 조명까지 이상하게 어두침침하다. 6미터 위 천장에 대롱대롱 매달린 전구 4개짜리 전등은 마치 전기에 굶주린 듯이 보였다. 막연하지만 구소련의 경제 상황에 대해 생각해본다.

지난 주엔 공원에서 뼛속까지 후벼드는 바람을 맞으며 서 있었다. 시민들이 길게 늘어선 줄 끝에 서서 전구를 팔고 있는 노점상과 이야기를 나눴다. "전구는 어디서 구하세요?" 물론 통역자의 도움을 빌었다.

그 상인은 전구를 팔고 돈을 받는 와중에도 웃으면서 대답했다. "정부가 주죠. 아침마다 달라는 대로 타버린 전구를 준답니다."

"타버린 전구라니요? 타버린 전구를 사람들이 돈 주고 산단 말입니까?"

그는 만족스러운 듯 말했다. "물론이죠. 사람들은 전구를 겉옷 주머니에 살짝 넣어서 출근합니다. 그런 다음에 직장에 있는 멀쩡한 전구랑 바꿔치기 해서 집으로 들고 오는 거죠. 정부의 돈을 받는 잡부들이야 전구를 교체하는 일이 생기는 거고, 시민들은 집에서 쓸 값싼 전구가 생기고, 나는 자본주의적 사업을 해서 이윤을 많이 챙기는 거니까 좋은 거 아닙니까!"

한 주가 지난 지금, 당신은 등이 굽은 어느 노 목사 옆에 앉아 있는데, 그분은 무릎 위에 있는 성경의 속지를 찢어내느라 여념이 없다. 당신과 함께 온 사람들 중 하나인 랄프 베시아는 강대상 위에 서 있는데, 통역을 써서 설교하는 것이 적이 언짢은지 팔을 마구 휘두르며 이야기하고 있다. 랄프는 에베소서 내용을 강의하는 중이고, 한 주 동안 성경 한 번을 읽어보지도 않은 통역자가 그 옆에서 돕고 있다. 통역을 기다리느라 말이 끊어지는 동안 랄프는 앞에서 성경을 찢고 있는 노인을 보며 꽤나 화가 나 있는 게 분명했다.

마침내 랄프는 설교를 하다말고 강대상을 뛰어 내려가 노 목사님 앞에 손을 내저으며 "니엣! 니엣!(안 돼요, 안 돼요)" 하고 소리친다. 사람들의 웅성거리는 소리가 가라앉을 즈음, 가만 보니 그 목사님은 예배에 참석할 때마다 그런 짓을 하는 게 분명했다. 1989년이지만 아직도 늘어나는 성도 수에 비해 돌아다니는 성경이 몇 권 되지 않았다. 성경이 매우 부족한 상황에서 사람들에게는 성경의 일부라도 있는 것이 아예 없는 것보다는 나았다. 그래서 노 목사는 예배 후 사람들에게 나눠주려고 성경을 찢고 있는 거다. 통역자는 그분이 성경을 손에 넣을 때마다 찢는 일을 무려 18년 동안 해왔다고 설명한다. 지금은 고인이 되신 어머니가 남긴 성경을 KGB에게 몰수당한 뒤로부터 말이다.

랄프가 다시 말씀을 전하러 강대상으로 오르는데, 갑자기 군중 뒤에서 한 남자가 큰 소리로 부른다. 통역자가 설명한다. "이 사람이 예전에 KGB에 있었답니다. 성경을 보관한 창고를 알고 있다는 군요. 자기랑 그곳에 함께 가기를 원한답니다."

한 시간 후, 당신과 랄프는 어두컴컴한 창고 안에 서 있다. 수상하리만치 긴장하고 있는 그 KGB요원 - 전직 KGB - 이 말한 대로라면 여기에 4만 권 이상의 성경이 쌓여 있는 거다. 그는 얼음장 같은 추위 속에서도 이마에 흘러내리는 땀을 닦으며 힘주어 말한다. "하지만, 무상으로 줄 수 있는 권한이 나에게는 없습니다. 구입해야 되지요. 규정에 따르면 경매로 사셔야 합니다."

그래서 그 오밤중에, 오클라호마 주일학교 교사인 당신은 어설프게 손을 들며 창고 가득 차 있는 성경의 '값'을 부른다. 그리고 결국 유일한 경쟁자인 랄프가 낙찰 받는다. 무시무시한 소련의 비밀경찰한테서 단 돈 몇십만 원에 4만 권의 성경을 구입한 거다. KGB 남자는 직접 트럭에 시동을 걸고 당신 일행이 상자를 싣는 것을 돕더니, 아직도 수백 명의 성도들이 얌전히 앉아 설교 마무리를 기다리고 있는 작은 교회로 태워다 준다.

통역자는 교인들 전체를 길 밖으로 불러내고, 쓸쓸한 가로등 아래 당신과 랄프와 KGB 남자가 트럭 뒤에서 사람들에게 성경을 나눠준다.

동틀 녘의 쌀쌀한 기운 속에서 연신 땀을 흘리며 일을 하던 당신은 스스로에게 묻는다. 과연 3학년 학생들을 가르치고 오클라호마 포르노 반대 운동을 하는 것과 이 일은 어떤 관련이 있을까? 이런 희한한 경험을 하는 데는 그저 여기 오게 되었다는 사실 말고 뭔가 다른 게 연관되어 있지는 않을까 … 어쩌면 말이다.

어두컴컴한 길가에서 교인들 중 한 무리가 갑자기 울음을 터뜨리며 손뼉을 치는데, 말 그대로 가로등 불빛 아래서 춤을 추고 있다. 언어 장벽에 짜증을 느낀 당신은 통역자를 보며 소리친다. "무슨 일이죠?" 길 저쪽에서 통역자가 큰 소리로 대답한다. "목사님인데요, 어머님이 쓰시던 성경을 찾았대요!"

자신만의 고유한 자리

이제 당신은 선교 사역 가운데 특정한 자기 자리를 찾을 자격을 갖추었다. 직접적이든 간접적이든 어린양의 보좌 앞에 모든 민족이 서는 모습을 보기 위한 사역을 하는 것이다. 우주적인 대 모험 가운데서 당신에게만 주어진 특별한 역할이 있다. 그 기회를 놓친다면 얼마나 안타깝겠는가.

온 땅을 향한 개인의 비전과 교회의 비전은 우리가 스스로 만들어내는 것이 아니다. 하나님이 이미 당신을 위해 계획하신 것을 찾아야 한다. 그리고 하나님의 계획은 순종하려는 마음으로 그분을 계속 구할 때에야 찾을 수 있다. 그러므로 당신과 다른 그리스도인들이 하나님의 계획 안에서 과연 어떤 식으로 자신의 고유한 위치를 찾을 수 있는지 생각해보자.

하지만 하나님의 역사 안에서 자신의 자리를 잡아가는 데 이 책의 도움을 받기 전에, 사역에 필요한 기초를 다져놓을 필요가 있다. 그 사역이 공식적이든 비공식적이든, 보수를 받든 자원 봉사든, 국내에서든 해외에서든, 자기 문화권에서든 타 문화권 출신 사람들 사이에서든 말이다. 미전도 종족 선교에 있어서 자신의 자리를 찾기 전에 갖춰야 할 일반적인 자격 요건에 대해 살펴보자.

1. **예수 그리스도의 주인 되심을 인정하라.** 그리스도를 구세주요 주님으로 부른다는 것은 "주의 나라를 위해서는 기꺼이 어느 곳이든 가고, 무슨 일이든 하며, 무엇이든 말하겠다"는 고백이다.

많은 그리스도인들이 이 시작점에서부터 갈팡질팡한다. 그런 수준에 도달하려면 두꺼운 신학 서적을 읽어야 하고, 수많은 군중들 앞에서 전도해야 하며, 많은 사람들을 주님께 인도하고, 수많은 밤을 기도로 지새워야 한다고 생각하는 것이다. 그런 후에야 마침내 '영적 성숙'의 고지에 도달한다고 말이다. 그래야만 주님을 위해 뭐든 할 수 있노라고 고백할 수 있다는 것이다.

너무 쉽게 포기하지 말기를 바란다! 일반적인 그리스도인의 생각과 마음을 넘어 기독교의 일정 수준을 '졸업'하는 일과는 상관없는 일이다. 그 이유는 다음과 같다. 본질적으로 그리스도인이 되는 것은 그분이 나를 위해 목숨을 버리셨으므로, 나도 그분께 내 삶을 드리겠다고 고백하는 것이지, 다른 것은 없다. 그게 전부다!

이 사실을 마음에 새겨두라. 어느 곳이든 가고, 무엇이든 하며, 어떤 것이든 말하며, 지구 반대편까지라도 가겠다는 마음 없이는 다음 단계로 넘어가지 마라. 이러한 적극적 태도는 그리스도인의 생활에 있어서 일반적인 모습이다.

하나님께서는 자신의 뜻을 계시하기에 앞서 순종하는 마음이 있는지 살펴보신다. 하나님께서는 우리가 하나님의 뜻에 기꺼이 순종하려 할 때 길을 보여주신다. 요한복음 14장 21절 말씀에서는 이렇게 표현되어 있다. "나의 계명을 가지고 지키는 자라야 나를 사랑하는 자니, 나를 사랑하는 자는 내 아버지께 사랑을 받을 것이요, 나도 그를 사랑하여 그에게 나를 나타내리라."

2. '마지막 목표'가 무엇인지 인식하라. 하나님의 계획 안에서 자신의 자리를 찾는 과정에서 깨달아야 할 두 번째 기초는, 지금까지 무슨 일을 해왔든 관계없이 당신의 삶은 열방에 영향을 미치게 될 것이라는 사실이다. 하나님이 보여주시는 길에 순종하겠다는 온전한 헌신으로 "갈렙 선언서"를 작성한 그리스도인들이 3만 명이 넘는다.

하나님의 은혜를 힘입고 주의 영광을 위하여, 나는 전 생애를 드려 마태복음 28장 18-20절 말씀의 명령을 순종하기로 헌신합니다. 하나님이 나를 이끄시면 어느 곳이든 어떤 모습으로든 따르겠으며, 아직 복음을 듣지 못한 종족들을 최우선 순위에 두겠습니다(롬 15:20-21).

서명 : _____

날짜 : _____

증인들 : _____

선언서를 작성한 사람들은 일단 미전도 종족에 최우선 순위를 두었지만, 여전히 "하나님이 이끄시면 어느 곳이든 어떤 모습으로든 따르겠다"는 마음을 갖고 있다. 이들 헌신자들 다수는 아직 본국을 떠나지 않았지만, 기도하고, 파송하고, 동원하는 일을 통해 열방에 영향을 끼치고 있다.

위의 사명 선언서를 신중하게 읽어보고 기도하라. 당신을 통해 열방을 축복하시려는 하나님의 열망을 아직도 받아들이지 못하고 하나님이 보내는 곳에 가려는 마음이 없다면, 앞으로 함께 살펴볼 내용이 별 도움이 되지 못할 것이다.

3. 달려갈 길을 다 마치기로 헌신하라. 이는 어려운 부분이다. 열방을 품고 산다는 것은 쉬운 일이 아니다. 분명, 여러분을 가장 크게 반대하는 사람들은 주변의 가까운 동료 그리스도인일 것이다. (나름의 수준으로) 하나님을 사랑하지만 하나님의 원대한 계획을 이해하지 못하는 사람들이다. 어쩌면 선교를 위해 기도하고 떠나고 흥분하는 사람은 당신 하나밖에 없을 수도 있다. 하지만 상황 때문에 멈추지 마라.

그렉 리빙스턴은 『아무도 막지 못하는 사람』(*Becoming Unstoppable*)이란 책에서 다음과 같이 쓰고 있다.

하나님이 주신 꿈을 위해 자리를 박차고 일어나는 사람들이 있기 전까지는 하나님의 역사가 거의 드러나지 않는다. 동기, 결심, 야망, 열정, 비전, 꿈, 갈망, 추진력, 직감, 승리에 대한 의지와 같은 위대한 요소가 있어야 무엇이든 성취해낼 수 있지 그렇지 않으면 아무것도 이루지 못한다는 사실을 이 세상은 잘 알고 있었다.

경주를 해본 적이 있는가? 나는 달리기를 잘 못한다. 그래서 여섯 개

학교가 모여 400미터 달리기를 하는데, 아스펜 고등학교 경주팀이 나더러 세 번째 선수로 뛰라는 말에 소스라쳤다. 하는 말이 경주에 나가려면 한 학교당 세 명의 선수가 필요한데, 우리 학교에는 두 명밖에 없다는 것이다. 내가 경기에만 나가준다면, 잘 달리든 못 달리든 중요하지 않을 거라고 했다. 내가 출전만 해주면 잽싼 두 친구가 알아서 달려서 결국 1, 2등을 차지하게 될 테니까 말이다.

기분이 몹시 나빴다. 내가 달려주기를 바란 게 아니라, 그저 규칙상 정원을 맞춰야 하니 몸만 나와 달라는 것이다. 하지만 나는 학교에 대한 충성심 때문에 옷을 입고 경기에 출전했다. 정말 기분 나빴던 건, 경기 임원진이 선수들 18명을 그냥 똑같이 한 줄로 세우는 모습이었다. 안쪽 선과 바깥쪽 선의 길이를 공평하게 맞추려면 어슷하게 서야 하는데 말이다. 더욱이, 나는 열여덟 번째 선수라 가장 바깥쪽으로 밀려나고 말았다! 윽, 나는 정말 화가 났다, 정말로 많이. 그리고 팀들과 코치, 임원들에게 보여주기 위해서라도 경기를 이기겠다고 마음먹었다.

그날, 내가 출발을 제대로 했는지 안 했는지 아는 사람은 없었다. 하지만 나는 출발대에서 총알같이 달려 나와 안쪽 선을 향해 내달렸고, 경기장을 반 정도 돌았을 때 나는 선두를 달리고 있었다! 나는 400미터가 아니라 40미터 경주를 하듯, 달리는 기차의 피스톤처럼 내 짧은 두 다리를 마구 움직였다! 중간 지점 쯤 왔을 때 코치가 외치는 소리를 들을 수 있었다. "맙소사, 저 녀석 지금 앞에서 뭘 하고 있는 거야?"

뭐, 말할 필요도 없이, 뛰어난 훈련에다 천부적 소질까지 갖춘 녀석들은 이를 악물고 냅다 달리는 놈들을 추월하기 마련이다. 우리의 잽싼 두 선수들이 순식간에 하나씩 나를 따라 잡았고, 다른 선수도 나를 따돌렸지만, 나는 4등을 했다! 나는 그 사실을 증명하려고, 다음 2주 내내 노란 리본을 자랑스럽게 달고 다녔다.

　이런 결심이 바로 이기기 위해서 달리라고 말한 사도 바울의 의도다. 여러분도 그리스도인의 삶을 이런 식으로 달리고 있는가? 아무도 당신을 막을 수 없는가? 이슬람과 불교와 힌두교의 골리앗이 유일하신 참 하나님의 이름을 더럽히고 있을 때, 당신 안에서 청년 다윗의 굳은 결심이 솟구치는가? 하나님의 영광을 위해 골리앗에게 나갈 사람이 아무도 없다는 사실을 알고 자신이 직접 나가기로 결심하는가?

　어느 누구든 교회가 승승장구하는 모습을 보면, 선교의 분위기에 편승하기 마련이다. 그렇지만 100여 년간 뻔히 실패를 거듭한 상황에서, 복음을 들고 무슬림 세계에 들어가기를 즐겨할 사람은 몇 되지 않는다. 모든 사람이 용기와 결단을 잃어버린 상황에서도 불가능을 대면하리라는 하나님의 용기와 결단력을 가진 사람을 주가 찾고 계신다.

우리는 이 땅에서 하나님의 선하심의 축복을 받고 있다. 그리스도의 피로 하나님의 가족이 되었고, 재정과 건강을 받았고, 무모하고 병적이고 미친 듯한 세상에서도 건전하게 살고 있으며, 하나님과의 관계 속에서 사랑을 누리고 있고, 성경의 진리를 깊이 이해하며, 주께 경배를 올려드린다. 그렇지만 우리는 세계 모든 민족에게 복을 전하기 위해 축복을 받은 것이다.

　우리는 더 많은 사람들이 영원한 천국의 삶을 누릴 수 있도록 여기에 서 있는 것이다. 모든 민족과 족속과 방언과 나라에서 온 사람들을 말이다. 그렇지만 경주를 달린다는 것이 주변 문화를, 심지어 교회의 문화를 거슬러가는 일을 의미하기도 한다.

　기독교 문화에서 비롯된 목표와 꿈이 오히려 당신을 옭아맬 수도 있다. 예를 들어, 어느 유명한 기독교 대학의 학장은 호수가 내려다보이는 언덕 높은 곳에 집을 지었다. 식당 건물 바로 옆이다. 정말 훌륭하다. 하지만 그게 무엇을 뜻하는가? "너도 이 대학을 졸업해서, 주변에 아무도 살지 않는 터에 집을 짓고 원하는 공간만큼 누리며 살아라." 이런 메시지는 세상의 빛과 소금이 되라는 그리스도의 명령에 완전히 반대된다.

남부 캘리포니아의 어느 목사는 지금 사는 집 외에 산 속에 있는 집을 추가로 구입했다(5억 원 상당). 그게 어떤 의미인가? "열심히 일한 당신, 떠나라!" 엉뚱한 이유이긴 하지만, 그 교회 성도들은 분명 이런 생각을 할 것이다. "흠, 나도 목사나 할 걸."

주를 섬기기 위해 해외로 가고 싶다는 생각을 밝힐 때, 주변의 그리스도인들이 이렇게 반대하는 소리를 듣는 것도 놀라운 일이 아니다. "네 인생을 내동댕이치려는 구나. 하나님이 정말 그렇게 하기를 원하신다구?" "여기도 할 일은 많잖아 … " 자신이 뭐라고 답했는지 곰곰이 생각해보라. 그런 후에 혹 자신의 경주가 주변의 문화를 거스른다 할지라도 끝까지 마쳐라.

경주를 끝마치는 것은 또한 악한 자의 공격에 대항하여 믿음의 방패를 높이 드는 것을 의미하기도 한다. 사탄은 당신을 경기장에서 끌어내리기 위해서 무엇이든지 다 동원할 것이다.

켄과 데브라는 선교 동원가로 활발하게 사역했고 이후에는 직접 현장에 나갈 준비를 했다. 떠나기 전, 데브라는 건강하고 생기 넘치는 사내아이, 조나단을 낳았다. 선교 현장에 나갈 준비 과정으로 그들은 일반적인 예방 접종 주사를 맞았는데, 그 중 하나는 사전에 주의를 요하는 약품이었다. 그렇지만 의사의 부주의로 조나단은 여러 번 부작용을 겪었다. 결국 뇌에 손상을 입었고, 지금도 성장 면에서 뒤떨어져 있다. 그렇지만 켄과 데브라는 여전히 선교 현장에 있으면서 아들에게(그리고 다른 자녀들에게도) 사랑과 관심을 쏟고 있다. 선교 현장에 가지 못하게 막으려는 악한 자의 교묘한 수작이었지만, 성공하지 못했다.

한 청년은 선교사로 무슬림 권에 나갈 준비를 하고 있었다. 훈련을 받는 도중 한 형제를 만났는데, 그 형제의 아버지는 리비아에서 일한 적이 있었다. 나중에 그 청년이 나와 이야기를 나누다가, 그 형제의 아버지가 배웠던 교훈에 대해 말해 주었다. "중동 지역에서 투옥되면 성적 능욕까지도 당할 각오를 하라"는 말이었다.

그 말에 청년은 충격을 받았다. 그는 주님을 위해서라면 죽겠노라고 고백했었지만, 하나님께 헌신하다가 다른 남자에게서 능욕을 당할 수도 있으리라고는 생각해 본 적이 없었다. 하지만 그는 믿음으로 두려움을 이겨냈다.

준비하라. 힘겨운 싸움이다. 하지만 하나님의 영광을 위해 인내하고, 그분께 온전히 자신을 내어드리라. 기도하는 마음으로 자신이 감당할 가장 큰 대가 지불에 대해 생각해보고, 하나님의 주권을 지속적으로 선포하면, 끝까지 경주를 달릴 수 있을 것이다.

4. 과거를 고집하지 마라. 하나님의 계획 안에서 자신의 자리를 찾아가는 과정에서 빠질 수 있는 함정은 하나님이 이전에 주셨다고 생각되는 인생의 방향성을 고집하는 것이다.

당신이 7년 전에 하나님을 만났다고 치자. 초반에는 성경 공부도 하고, 전도도 하고, 예배도 잘 참석하면서 순탄했었다. 그런데 4년 후, 전임으로 하나님을 섬기리라 다짐하면서부터 삶이 달라지기 시작했다.

당시에는 하나님을 섬기는 방법에 대해 아는 것이 별로 없었다. 전도

사나 목사, 아니면 선교단체에서 간사가 되는 것 정도였다. 그리고 하나님께서 직접적으로 섬길 방법에 대해 말씀하셨고, 그래서 당신이 지난 몇 년 동안 목사로 섬겼다고 가정하자.

그런데 최근 들어 열방을 향한 하나님의 마음에 대해 새로운 비전을 갖게 되었다. 이런 상황에서는 이전에 주셨던 방향성을 '고수'하는 편이 쉬울 것이다. 죽기까지 목회자로 섬기겠노라 결심하지 않았던가?

하지만 당신의 마음은 최근의 정보에 쏠려 있으므로, 이렇게 기도할 수도 있으리라. "좋습니다, 주님. 주님이 나를 목회자의 길로 들어서게 하셨습니다. 그런데 지금 무슬림 세계의 어려움과 불교도, 힌두교도, 부족민들에 대한 정보를 새로 듣게 되었습니다. 이제는 저를 어떤 방향으로 이끄시렵니까?"

누가복음 14장 33절에서 예수께서는 주의 통치권에 대해 가르치시면서 다음과 같이 요약하셨다. "이와 같이 너희 중에 누구든지 자기의 모든 소유를 버리지 아니하면 능히 내 제자가 되지 못하리라."

가진 모든 것, 소유를 포기한다는 말은 차나 집, 스테레오 같은 세상의 물질적 부 외에도 많은 것을 의미한다. 당신에게는 목적과 꿈, 갈망, 직업이 있다. 예수께서는 우리가 예수를 따르려면 눈에 보이지 않는 그런 부분까지 바꿀 수 있어야 한다고 말씀하신다. 그를 따른다는 것은 자기 나름의 계획까지 주님께 드린다는 것을 의미하기도 한다.

때로 새로운 비전을 위해 포기해야 할 가장 힘겨운 소유가 바로 한때 하나님이 주셨던 목표와 꿈일 수 있다. 자기 인생을 주님의 통치권 안에 온전히 내어드리려면, 방향 전환도 기꺼이 받아들여야 한다. 심지어 직업 선교사들 역시 새로운 방향을 제시하시는 예수의 뒤를 따라야 한다. 현장에서 방향을 전환하고, '은퇴'할 시기가 아닌데도 얼마 후 '집으로 돌아가야' 할 때도 있다. 하나님의 계획을 새롭게 받아들이는 데에는 예외가 없다.

하나님이 하라고 보여주신 일을 끝마치지 못했더라도, 하나님께서 당신을 위해 그 계획을 바꾸기도 하신다는 사실을 고려하면 도움이 될 것이다. 아브라함을 기억하는가? 하나님은 그에게 "네 아들, 네 사랑하는 독자 이삭을 데리고 모리아 땅으로 가서 내가 네게 지시하는 한 산 거기서 그를 번제로 드리라"고 말씀하셨다. 하지만 아브라함이 하나님의 명령을 다 끝내기 전에 하나님은 천사를 통해 막아서시며 "그 아이에게 네 손을 대지 말라"고 하셨다. 그리고 아브라함은 번제를 위해 대신 보내주신 숫양을 발견했다.

하나님의 음성에 세심히 귀를 기울이라. 그래야 하나님께서 새로운 영감을 주실 때, 하나님이 지금 현재 당신에게 원하시는 일을 새롭게 평가할 수 있기 때문이다. 그런 후에야 지구의 추수 밭에서 자신의 자리를 발견할 수 있는 것이다.

5. 제사장으로서의 자기 역할을 인정하라. 생소하지만 당신은 제사장이다!

하나님께서는 일찍이 이스라엘 백성들이 자신의 역할을 알고, 그들에게 주어진 놀라운 특권과 더불어 중대한 의무를 깨닫게 하셨다.

"세계가 다 내게 속하였나니 너희가 내 말을 잘 듣고 내 언약을 지키면 너희는 열국 중에서 내 소유가 되겠고 너희가 내게 대하여 제사장 나라가 되며 거룩한 백성이 되리라"(출 19:5-6).

구약의 제사장들은 무슨 일을 했는가? 매년 제사장들은 먼저 자신의 죄를 고백한 다음, 지성소 안의 법궤를 덮은 장막 안으로 들어갔다. 하나님의 임재 바로 앞에서 백성들의 죄를 위해 중보하고, 속죄의 피를

뿌렸다. 그런 다음 장막 밖으로 나가 제물로 드린 짐승의 고기를 나눠 주면서 백성들을 섬겼다.

제사장 나라였던 이스라엘이 섬겨야 했던 이들은 누구인가?

세계의 다른 민족들이었다.

하나님께서는 신약의 그리스도인들인 우리들에게 이와 동일한 특권과 의무를 주신다.

"오직 너희는 택하신 족속이요, 왕 같은 제사장들이요, 거룩한 나라요, 그의 소유된 백성이니 이는 너희를 어두운 데서 불러내어 그의 기이한 빛에 들어가게 하신 자의 아름다운 덕을 선전하게 하려 하심이라" (벧전 2:9).

대부분의 그리스도인들은 '그리스도인의 제사장 직분'을 그저 제사장의 중보 없이 하나님의 임재 앞에 곧장 들어갈 수 있는 정도로만 이해한다. 그것도 좋은 일이다. 하지만 하나님 앞에 부르심을 받고 서 있다는 이 놀라운 말씀이 의미하는 바가 그 뿐만은 아니다. 그리스도인들은 언제나 모든 사람에게 축복이 되기 위해 축복을 받는다. 그러므로 그리스도인이 왕 같은 제사장으로서 축복을 받는 데에는 두 가지 목적이 있다.

첫째, 세상의 모든 민족을 위해 중보하는 것.

둘째, 그들 가운데서 섬기고 사역하는 것.

민족들을 위한 제사장으로 부름 받았다는 사실을 이해하면, 현대 교회의 사고의 틀 안에 기어들어온 자기 중심적 사고에서 벗어나는 데 도움이 된다. "내 삶을 위한 하나님의 뜻은 무엇이며, 나는 어떻게 해야 하나님을 잘 섬길 수 있는가?" 하는 생각은 세상을 향한 하나님의 목적은 축소시키고, 나, 내 재능, 내 갈망만 지나치게 강조하는 처사다. 우리는 마땅히 이렇게 생각해야 한다. "주님께서 창세기와 계시록에 걸쳐 하시는 일을 봅니다. 주님은 세상 모든 민족이 주의 영광을 보게 되길 원하십니다. 그 목표가 이뤄지기 위해 제가 할 수 있는 일은 무엇입니까?" 이러한 질문을 품게 되면, 주님을 기쁘시게 하지 못할 편협한 비전에 안주하는 대신 세계 안에서의 자기 역할을 자연스레 구하게 된다. 우리가 가진 능력을 하나님의 목적을 성취하는 일에 매진하게 된다.

제사장 역할을 이해하게 되면 하나님의 계획 안에서 자신의 위치를 찾는 직접적인 방법을 발견한다. 제사장 직분의 두 가지 역할을 성취할 방법에 대해 생각해보라!

6. **자기 자신을 발견하라.** 하나님께서는 너무도 세심하게 당신을 조성하셨다. 당신은 이런 존재다.

"주께서 내 장부를 지으시며
나의 모태에서 나를 조직하셨나이다. …
나의 형체가 주의 앞에 숨기우지 못하였나이다.
내 형질이 이루기 전에 주의 눈이 보셨으며
나를 위하여 정한 날이 하나도 되기 전에
주의 책에 다 기록이 되었나이다" (시 139: 13-16).

당신은 하나님이 원하시는 대로 지음 받았을 뿐 아니라, 하나님이 원하시는 대로 인생의 경험을 쌓게 되었다. 비록 가족이라 해도 당신이 겪었던 경험, 인내, 기쁨을 똑같이 경험하지 못한다. 당신은 독특한 존재다. 당신이 겪은 인생의 경험은 이 세상 어느 누구도 경험해보지 못한 삶이다.

과연 어떠한 성품적 기질과 교육적 배경이 지금의 당신을 조성해 특정한 사역을 감당하게 할지 생각해보라. 민족적 배경이 당신의 방향성을 좌우할 수 있을까? 알코올 중독인 부모 밑에서 성장했던 어린 시절의 경험이 동일한 문제와 배경을 가진 사람들을 제자화할 수 있는 자격이 되기도 한다. 어린 시절 부모를 따라 여러 나라에서 살았던 경험이 미전도 종족 교회 개척자로 섬기기 위한 준비 과정은 아니었을까?

하나님께서는 "믿음의 분량" 즉 주를 의뢰하는 능력을 각자에게 정해두셨다(롬 12:3). 당신은 하나님에 대해 얼마만큼 신뢰하는가? 우즈베키스탄의 카라칼팍 족에게 보내실 수 있다고 믿는가? 5명의 다른 이들과 팀을 이루어 리비아로 보내실 수 있다고 믿는가? 믿음이 크다면, 미전도 종족을 위해 일하도록 하나님의 부르심을 받는 소수에 포함될 수 있다.

7. **자신의 영적 은사를 점검하라.** 하나님께서는 자연적인 재능, 흥미, 능력, 믿음의 분량에 영적 은사를 더해 주셨다. 당신은 "성령의 나타남" 즉 특정한 성령의 은사를 받았다(고전 12:7).

영적 은사에 대해 공부할 수 있는 자료들이 많다. 영적 은사에 관한 교리를 잘 모른다면 성경 말씀을 연구하고, 기독교 서점에서 이에 관한 책을 사서 점검하기 바란다. 다음은 성령께서 "그 뜻대로 각 사람에게 나눠 주신"(고전 12:11) 영적 은사들이다. 영적 은사에 대한 성경의 가르침에 대해 믿고 있다면, 자신에게 해당되는 것이 무엇인지 점검해보라. 다음의 명단은 로마서 12장, 고린도전서 12장, 에베소서 4장에 나온 내용이다.

사도   예언

가르침	전도
목양	섬김
지도	지혜
지식	믿음
권면/권위	기적 행함
치유	방언
방언 통역	영 분별
나눔	구제

물론 성령은 '뜻하시는 대로' 어떤 종류의 은사건 주실 수 있으므로, 위의 목록에 나와 있지 않은 것도 있다. 성경학자 중에는 독신도 성령의 은사라고 주장하는 사람이 있다(고전 7:7). 피터 와그너(Peter Wagner) 박사는 순교도 성령의 은사에 포함될 수 있음을 제안했다(고전 13:3)[1]

일반적으로 성령이 주신 영적 은사는 다음의 방법으로 찾을 수 있다.

(1) 개인적으로 성령의 은사에 대한 성경의 말씀을 연구한다.

(2) 자신에게 주어진 영적 능력을 깨닫는 것이 유익하다는 사실을 인정하면, 하나님께서 이를 계시해 주신다.

(3) 자신의 영적 은사를 발견하는 데 도움이 되도록 은사 점검 테스트를 해본다.

(4) 당신을 잘 아는 성숙한 그리스도인에게 물어본다.

(5) 직접 그 은사를 가지고 사역해본다. 그리고 그 안에서 어떠한 일이 일어나는지 지켜본다.

8. **사역 안에서 은사를 활용하라.** 사도 바울은 이렇게 쓰고 있다. "은사

는 여러 가지나 성령은 같고 직임은 여러 가지나 …"(고전 12:4-5).

다른 사람을 섬기기 위해 자신의 영적 은사를 사용하는 방법은 다양하다. 예를 들어, 권면/ 권위의 은사를 가진 한 그리스도인이 있다고 하자. 희랍어로는 파라클레토스(*paracletos*)라고 하는데 이는 '옆에서 돕기 위해 부르심 받은 자' 라는 뜻이다. 이 은사를 '상담'의 은사로 표현하는 이들도 있다.

다른 은사들과 마찬가지로, 권면의 은사는 비그리스도인 미혼모 상담에서부터 시작해 그리스도인 부부 상담이나, 알코올 중독자 상담까지 여러 가지 사역에서 사용될 수 있다.

자신의 은사를 최고로 발휘할 수 있는 사역을 찾기 위해서는 직접 시도해보는 것만큼 좋은 방법이 없다. 비그리스도인 미혼모 상담에 열매가 없다면, 그리스도인 부부 상담을 시도해볼 수 있다.

중보자로 남을 섬기는 제사장의 역할과, 여기에 한 개인의 개성, 기술, 관심, 배경이 더해지고, 또 영적 은사와 믿음의 분량까지 합해진다면, 수만 가지 다양한 방법으로 사역할 수 있다.

9. 다양한 지역에서 사역을 경험해보라. 자신을 비우고 새롭게 시작하는 것이다. 이런 질문으로 시작한다. "세계 선교의 사명을 위해, 과연 나는 어디서, 어느 민족 가운데서 사역을 할까?" 은사도 다양하고 사역도 다양하며, 그 효과도 다양하다(고전 12:5-6).

사역의 효과란 실질적 결과, 즉 누구에게 어떤 일이 일어나는가에 관한 것이다. 교회의 총체적 선교 가운데, 당신의 사역을 통해 영향을 받는 동력 단계는 어느 부분인가? 권위자라면 첫 번째 동력에서 그리스도인들의 교제 가운데 효과적으로 발휘될 것이다. 상담가라면 자기 문화권의 비 그리스도인을 축복하는 두 번째 동력에서 효과적으로 사역할 수 있을 것이다. 또는 상담이 다른 문화권에서도 사용될 수 있다. 아니면 미전도 종족 가운데서 비그리스도인에게 실질적으로 사용될 수도 있다.

자신의 사역이 어디에서 누구를 대상으로 사용될 수 있는지 정확하게 발견할 수 있는 방법은 무엇인가? 그것은 바로 직접 경험해보는 것이다! 그저 "심겨진 곳에서 열매를 맺으라"는 교훈을 인용하며 그 자리에 안주하지 마라. 물론 자신의 부르심이 교회 안에 있다고 깨달은 거라면, 멋진 일이다! 하지만 다른 민족, 다른 장소, 다른 문화권 안에서 자신의 은사를 사용하려는 시도도 않은 채 당신을 향한 하나님의 위대한 계획을 제한하지 말라.

10. 자신의 적재적소를 찾으라. 그리스도의 주인되심을 받아들이고 그 의미를 깨달으며, 제사장으로서의 자기 역할과 자신만의 독특한 성격, 삶의 경험을 주의 깊게 살피며, 또한 자신의 영적 은사와 섬길 방법, 장소를 잘 파악하는 것은, 온 민족을 향한 하나님의 계획 안에서 자신을 비우는 태도다.

처음에는 노력해도 별 성과가 없는 것 같아 좌절을 경험할지도 모른다. 이 모든 요소를 한데 섞어 멋진 한 덩어리 케이크를 만드는 일이 당신에게는 어려울지 몰라도, 하나님께는 그렇지 않다. 우리는 당신이 인간으로서, 그리스도인으로서 내가 누군지, 성령의 이끄심을 받아 자신을 성찰하는 시간을 가질 것을 제안한다. 시간이 걸리는 일이다. 하지만 하나님께서는 당신의 인생을 향한 하나님의 목적 안에 이 모든 것을 넣어 두셨다. 하나님의 계획 안에서 자신의 적재적소를 찾아가는 경험은 하나님의 계획을 위해 당신을 준비시키는 과정의 일부다. 그러므로 그 과정에서 절망하지 말고, 자신이 향하던 방향을 잊어버렸다며 괴로

워하지도 마라!

스스로 내리는 자기 평가와 관계없이, 하나님은 당신을 거룩한 계획 안에 빚으신 '걸작품'이라 말씀하신다. 걸작품이란 에베소서 2장 10절에 나오는 '만드신 바'를 문자 그대로 정의한 단어다. "우리는 그의 만드신 바라. 그리스도 예수 안에서 선한 일을 위하여 지으심을 받은 자니 이 일은 하나님이 전에 예비하사 우리로 그 가운데서 행하게 하려 하심이니라."

여기서 "선한 일"은 "하나님이 [당신을 위해] 미리 준비하신 선한 일"로 번역되기도 한다. 당신만 독특할 뿐 아니라, 당신이 감당해야 할 하늘의 경주 또한 특별하다. 하나님은 당신이 이 땅에서 행할 일을 당신이 태어나기 전부터 알고 계셨다. 그리고 당신이 행할 선한 일, 행동, 특별한 길까지도 미리 예비하셨다. 또한 놓치지 말아야 할 점은, 모든 세계가 하나 되길 원하시는 하나님의 갈망과 이방인 문제에 대한 논의 가운데 이 구절이 나온다는 것이다(엡 1:10). 다시 말씀에 귀 기울이라. 하나님은 세계를 위한 계획에 당신을 동참시키실 것이다!

바울은 자신의 달려갈 바에 대해서도 목표가 분명했다. "나의 달려갈 길과 주 예수께 받은 사명 곧 하나님의 은혜의 복음 증거하는 일을 마치려 함에는 나의 생명을 조금도 귀한 것으로 여기지 아니하노라"(행 20:24).

모든 그리스도인이 기억해야 할 말은 이것이다. 하나님은 하나님의 계획 안에서 당신에게 맡길 일, 즉 당신만이 기쁨으로 맡을 일을 준비하셨다. 선택은 당신에게 있다. "너희 몸을 하나님이 기뻐하시는 거룩한 산제사로 드리라, 이는 너희의 드릴 영적 예배니라"(롬 12:1)는 말씀에 순종할 수도 있으며, 자신만의 유일한 소명이 연기 속에 사라지는 모습을 보게 될 수도 있다.

우리 모두는 세상을 향한 하나님의 계획 안에서 자신만의 전략적 위치를 찾을 수 있다. 이번 장을 한 마디로 요약한다면 "현재 당신이 있어야 할 적재적소를 찾으라"는 것이다. 하나님은 귀한 추수 일꾼들을 세계 이곳에서 저곳으로 방향 전환을 시키기도 하신다. 그러므로 한 자리에서 한 가지 사역만을 고수한다면, 우리는 틀에 박힌 위치에만 머물게 될 것이다!

자신의 전략적 위치 찾기

그동안 나눈 내용을 다시 정리해보자.

1단계. 자신의 삶 속에서 그리스도의 주인 되심을 인정하라(고전 6:19).

2단계. 열방에 복음을 전하는 것을 자신의 최종 목표로 삼으라(롬 1:5-6).

3단계. 승리를 위해 달리라(고전 9:24-27).

4단계. 하나님이 예전에 보여주셨던 부르심에만 매달리는 것은 어리석다(눅 14:33).

5단계. 제사장으로서의 자기 역할을 인정하라(출 19:5-6, 벧전 2:9).

6단계. 자신의 특징을 파악하라(시 139:13-16).

7단계. 자신의 영적 은사를 파악하라(롬 12:4-8, 고전 12:7-11).

8단계. 사역 안에서 자기 은사를 활용하라(고전 12:5).

9단계. 여러 지역에서 사역을 시도해 보라(고전 12:6).

10단계. 자신의 적재적소를 찾으라(엡 2:10).

물론 여기서 9단계는 교회의 총체적 사명 가운데 자신의 사역 방향을 찾을 수 있는 열쇠다. 하지만 그 단계가 선교 동원가나 보내는 사람, 가는 사람, 또는 국내 외국인 사역자 등 어떻게 섬겨야 할지 찾는 데 도움을 줄 수는 있어도, 선교 사역의 '부르심'을 받았는지에 대해서는 알려주지 않는다. 왜 그럴까?

당신의 부르심

선교의 현장으로 나가는 많은 이들이 '부르심'에 대해 말한다. 대부분의 목회자들도 "사역에 부르심을 받았다"고 말한다.

그런데 지역 교회가 섬기는 자로 '부르심'을 받았다는 얘기를 들어본 적이 있는가? 아니면 보내는 사람이 본국에 머물도록 '부르심'을 받았다는 말을 들어본 적은 있는가?

솔직하게 생각해보자. 하나님은 특별한 사명을 주기 위해 누군가를 분명하게 선택하신다. 그리고 주변의 상황, 성숙한 조언자, 성경 등등 원하시는 방법대로 부르신다. 하나님께서 원하신다면, 구름을 통해서도, 당나귀를 통해서도, 혹은 불타는 덤불을 통해서도 부르시고, 그 사람이 사역할 자리에 대해 분명한 열쇠를 주신다. 하지만 성경 어디에서도 사역으로의 극적인 '부르심'을 교리화하거나 그것을 제사장으로 사역하기 위한 필수조건으로 두고 있지 않다.

성경은 각자 특정한 인생의 상황으로 부르심을 받는다고 말한다(고전 7:21). 예를 들어 독신 생활이나 결혼 생활로 부르심을 받는 것과 같이 말이다. 하지만 신약 성경에서 '부르심'이란 단어는 대부분 불신자가 그리스도인이 되는 부르심에 대해 언급한다(그 예로 살후 2:13-

14, 히 3:1을 참조하라).

게다가 하나님의 우주적 비전 가운데 특정한 역할로의 부르심에 대해서라면, 대부분의 그리스도인들은 자신이 무엇을 찾고 있는지조차 모른 경우가 많다. 보통은 그리스도에게 전적으로 삶을 헌신하며 살 때 어떤 초자연적인 '부르심'을 받아 무엇을 해야 할지 알게 될 것이라 기대한다. 그리고 이러한 생각으로부터 성경에는 나오지 않는 부르심의 개념이 나타난다. 사람이 사역을 시작하기도 전에 부르심을 받는 경우는 드물다! 누군가 말했듯 주차된 차의 방향을 잡기란 힘겨운 일이다. 특정 사역으로 인도하심을 받는 일에 있어서도, 우리가 이미 알고 있는 그분의 커다란 계획을 향해 '나아가는 동안' 구체적인 방향을 듣게 되는 경우가 많다. "너희가 우편으로 치우치든지 좌편으로 치우치든지 네 뒤에서 말소리가 네 귀에 들려 이르기를 '이것이 정로니 너희는 이리로 행하라' 할 것이며"(사 30:21).

사실상 하나님이 당신에게 맡기실 역할에 대해 조명해주지 않으셨는데도, 자기 스스로 조명하는 것, 즉 하나님이 원하시는 바를 임의로 해석하거나, 엉뚱한 상황을 하나님의 부르심인 양 가장하는 행위는 위험하다. 하나님께서는 때로 어두움 가운데서도 우리가 하나님의 신실하신 성품을 의뢰하며 믿음으로 나아가게 하신다. 여기서 말하는 어두움이란 죄가 아니라 알지 못하는 상태를 뜻한다. 하나님은 이사야를 통해 다음과 같이 말씀하신다.

"너희 중에 여호와를 경외하며 그 종의 목소리를 청종하는 자가 누구냐? 흑암 중에 행하여 빛이 없는 자라도 여호와의 이름을 의뢰하며 자기 하나님께 의지할지어다. 불을 피우고 횃불을 둘러 띤 자여, 너희가 다 너희의 불꽃 가운데로 들어가며 너희의 피운 횃불 가운데로 들어갈지어다. 너희가 내 손에서 얻을 것이 이것이라. 너희가 슬픔 중에 누우리라"(사 50:10-11).

다른 말로 하자면, 하나님의 원대한 계획 속에서 자신의 길을 찾기 위해 하나님보다 앞서 나아가지 말라는 것이다. 사역으로 나아가기 전에 당신의 자리를 계시하는 것이 좋을 때에는 하나님께서 말씀하실 것이다(시 84:11). 혹 그렇지 않다면, 말씀하지 않으실 것이다. 사역에 대해 분명하고 초자연적인 부르심을 듣지 못했다고 해서 고통스러워하지 마라. 그저 하나님께서 보여주신 첫 발을 밟으며 순종하면 된다. "무슨 말씀을 하시든지 그대로 하라"(요 2:5).

사도행전에 나오는 선교적 부르심

부르심에 대한 개념을 제대로 파악하지 못한 까닭에 타문화 선교 자원자들이 효과적으로 하나님을 섬기지 못하는 경우도 있다. 무엇을 해야 할지, 어디로 가야 할지, 첫 회심자는 언제쯤 나오게 될지 하늘로부터 개인적인 명령이 내려오기만을 앉아서 기다린다. 그들이 전임 사역자로 섬기는 것이 하나님의 뜻인데도, 그들이 기대하는 식의 명령이 내려오지 않는 경우도 있다. 그래서 그들은 기다린다. 안절부절 못한다. 좌절한다. 하나님의 침묵에 대해 약간의 분노와 함께 죄책감도 느낀다. 부르심을 제대로 듣지도 못할 만큼 영적이지 않다는 생각에 말이다.

사도행전을 읽어보면 타문화권에서 섬겼던 이들을 한 명씩 만나볼 수 있다. 그렇다면 이런 질문을 던져보는 게 좋겠다. "그 사람들은 어떻게 타문화권까지 가게 되었는가?"

타문화권에서 하나님을 섬겼던 사람의 99%가 그곳까지 가게 된 이유는 바로 박해였다. 그렇다. 사도행전 2-7장을 보면 복음이 불길처럼 번져가고는 있지만, 예루살렘 밖으로까지는 번지지 못했다. 사도행전 1장 8절의 "예루살렘과 온 유대와 사마리아와 땅 끝까지 이르러"란 말씀에 순종하지 않은 것이다.

하나님께서는 스데반이 돌에 맞아 순교하게 하셨고, 교회에 대박해가 시작되었는데, 이는 유대와 사마리아로 제자들을 내보내기 위함이었다(행 8:1). "그 흩어진 사람들이 두루 다니며 복음의 말씀을 전할새"(행 8:4).

당시 그리스도인들이 "와아~! 대사명이 우리에게 주어졌다. 세계를 향해 나아가자" 하고 외치며 이리저리 뛰어다니지 않았다는 사실에 주목하라. 그렇다고 하늘에서 "가라"는 음성을 들은 것도 아니었다. 그들은 단지 박해로 흩어졌다가 말씀을 전파하라는 하나님의 명령을 완수한 것뿐이다. 사도행전 1장 8절을 시행하지 않으면, 사도행전 8장 1절의 결과가 일어나리라는 말씀인 것이다!

그렇다면 사도행전에 나오는 나머지 1%는 어떨까? 그들은 어떻게 타문화권 선교를 하게 되었을까?

타문화권에서 하나님을 섬겼던 그 1% 가운데 74%가 바울에게 도전을 받아서 일하게 되었다는 사실이 참으로 놀랍다.

그 외 18%는 교회에서 파송했다. 물론 그 분명한 예는 "예루살렘 교회가 이 사람들의 소문을 듣고 바나바를 안디옥까지 보냈던" 때의 일이다(행 11:22). 여기서 '보냈다' 는 말에 어떤 의미가 담겨 있는지 우리는 정확히 알 수 없다. 바나바는 그 제안에 손을 들고 이렇게 소리칠 수도 있었을 것이다. "제발, 나, 나, 나 좀 보내주세요!" 그렇지만 이렇게 말했을 수도 있다. "나요? 왜 나지? 나는 직업도 있고, 그 여자랑 잘 돼

가고 있는 중인데, 왜 하필 나냐구?"

분명한 것은 우리도 잘 모른다는 점. 하지만 어쨌든 교회가 필요를 보고서 그를 '보낸 것'은 분명하다.

교회의 지도자들이 "형제님, 우리는 하나님이 형제에게 해외에서 사역하는 은사를 주셨다고 믿습니다. 팀으로 나가서 섬기는 일에 대해서 한 번 기도해보기를 바랍니다"라고 제안하는 것은 매우 성경적인 일이다. 그런 제안을 받고서 형제가 "그런 부르심을 받은 것 같지 않다면요?"라고 반문한다면, 장로들은 이렇게 대답하면 된다. "좋습니다. 우리가 그 문제를 놓고 기도하죠. 하나님께서 그 부분에 대해 형제님을 인도해주시리라 믿습니다."

교회와 긴밀히 연계하는 것이 그토록 중요한 이유가 바로 이것이다. 하나님께서는 당신이 지닌 선교적 중요성을 보여주시기 위해 그들을 사용하기로 택하셨는지도 모르기 때문이다. (당신의 영적 성숙도를 무시하는 말이 아니다).

마지막으로 타문화권 선교를 했던 나머지 7%는 자신의 열심 때문에 나갔다. 그 외에 다른 이유는 없는 듯하다.

단기 사역에서부터 장기 사역자들까지 사도행전에 나타난 4명의 사역자가 있다. 빌립, 베드로, 바울, 바나바가 그들이다. 빌립은 천사가 나타나 가사로 향하는 길로 가라고 말했을 때, 사마리아에서 타문화 사역을 하고 있었다(행 8:26). 하나님께서 당신에게도 그렇게 말씀하신다면, 당신은 즉시 말씀을 받아들일 것이다! 고향을 떠나 욥바에서 사역했던 베드로는 가이사라에 있는 이탈리아인 백부장 고넬료에게 가라는 하나님의 환상에 마지못해 순종했다(행 10). 혹 당신도 하늘에서 보자기가 내려오는 모습을 본다면, 주의해서 지켜보길!

하지만 선교사의 부르심에 관해 가장 친숙한 구절은 안디옥에서 타문화 사역을 했던 바울과 바나바에 대한 내용이다. 여기서 성령께서는 그들에게 말씀하셨다. "내가 불러 시키는 일을 위하여 바나바와 사울을 따로 세우라"(행 13:2). 여기까지 읽고서 이렇게 우기는 사람도 있을 것이다. "거보세요. 하나님께서 분명하게 말씀하고 계시지 않습니까!"

하지만 바울과 바나바가 이렇게 명백한 부르심을 들었을 당시, 이미 선교 현장에 있었다는 사실을 기억하라. 고향에 앉아 "하나님, 제게 무엇을 원하십니까?" 하고 기도하다가 받은 부르심이 아니다. 빌립과 베드로도 마찬가지다. 하나님도 주차된 차를 돌리지는 못하신다.

하나님 나라 확장을 위해 타문화권 사역으로 극적인 '부르심'을 받는 것은 원칙이라기보다 예외적인 일에 가깝다. 하나님은 좀 다른 방법으로 당신을 해외 선교로 보내고 싶어하실지도 모른다.

그렇지만 성경에는 분명한 위임 명령이 나온다. 사도 바울은 세계 선교에 동참하지 않았던 상황에서 초자연적인 방법으로 타문화 선교의 부르심을 받은 분명한 예다. 하나님께서는 그에게 "내가 너를 멀리 이방인에게로 보내리라"고 말씀하셨다. 당시 지구상에는 최고 6만 개의 종족이 있었던 것으로 추정된다. 하나님께서는 바울을 유대인이 아닌 나머지 599,999개 종족에게 보내신다고 말씀하신 것이다! 그리스도인이라면 이 말씀을 통해 이방인에게 나아가라는 분명한 부르심을 받은 게 아닐까? 모든 민족에게 축복이 되라는 아브라함의 위임 명령에서부터 시편 기자의 "그 영광을 열방 중에 선포할지라"(시 96:3)는 선포, 그리고 대사명(마 28:19-20)에 이르기까지 하나님의 모든 백성들은 이미 "지구상의 이방인/모든 민족/모든 나라로 가라"는 부르심을 받은 것이다!

마틴 루터는 성경을 읽고 친구와의 상담을 통해 자기 인생을 향한 하나님의 뜻을 깨닫기는 했지만, 필생의 소명이라는 극적인 부르심은 받은 적이 없다고 고백했다. 그는 그저 상황이 자신을 하나님이 맡기신 일로 몰아갔다고 말하곤 했다.

그렇다면 그리스도인들 사이에서 선교에는 특별한 부르심이 필요하다고 가르치는 이유는 무엇일까? 다수 선교사들이 이를 언급하고 있기 때문일 것이다. 현재 사역지에 있는 서구 선교사들의 80%가 10살에서 12살 사이에 선교사가 되라는 하나님의 '인도하심' 혹은 '부르심'을 느꼈다고 말한다.

허버트 케인(Herbert Kane)은 수백 명의 선교사들을 대상으로 면담을 했는데, 대부분이 명백한 부르심에 대해 말하고는 있지만, 세심하게 자신의 길을 평가하면서 사실상 그러한 부르심은 하나의 과정이었다고 인정했음을 발견했다. 그 과정이 수년에 걸쳐 일어났지만, 선교사가 그 기간을 뒤돌아보는 중에 분명하고도 명백한 부르심을 받았다고 고백하는 것이다. 허버트 케인은 '부르심'의 과정을 다음과 같이 정의했다.

호기심 : 이 종족은 어떤 사람들일까?
관심 : 좀더 자세히 알아봐야겠다.
이해 : 그 사람들에 대한 마음이 생기기 시작했다.
신념 : 하나님이 이 사람들을 위해 나를 사용하실 수 있으리라 믿는다.
확신 : 나는 그 사람들을 위해 사역하도록 지음 받았다.
헌신 : 하나님이 인도하시면, 나는 가리라!
행동 : 나는 이들 종족에게 가기로 마음먹었다![2]

이렇듯 경험에 근거해 특별한 부르심을 받았다고 주장하는 얘기로 인해 — 하나님의 말씀은 이를 주장하지 않을 때 — 하나님의 큰 그림 안에서의 개인 역할에 관해 혼란이 야기되기도 한다. 하지만 하나님은 혼란 가운데서도 역사하신다. 예를 들어, 프론티어 선교회의 팀 리더가 '부르심'을 기다리는 데 지친 나머지, 어느 날 세계 지도를 향해 화살 침을 던져보았다. 그런데 공교롭게도 오늘날 사역이 가장 많이 필요한 지역인 중동 지역에 꽂힌 것이 아닌가!

하나님의 세계 계획 가운데 자신의 전략적 위치를 찾으려 행동하기 이전에, 아직도 그런 류의 부르심을 기다리고 있지는 않은가? 더 이상 기다리지 마라. 하나님의 백성인 우리는 이미 분명한 명령을 받고, 위임을 받았으며, 부르심을 받았다. 우리는 자신을 포함하여 모든 민족을 제자로 삼아야 하는 목표에 자신의 인생을 조준해야 한다. 구약 성경 방식으로 표현하자면, 모든 민족을 축복해야 한다. 예수 그리스도의 구속을 통해 하나님의 가족이 되는 특권을 나누어줘야 하는 것이다.

고인이 된 음악가 키이스 그린(Keith Green)은 이렇게 표현했다. "그분은 이미 우리를 부르셨다. 다만 우리 쪽 전화 수화기가 불통인 것이 문제다." 아마도 우리가 너무 바빠서 하나님의 마음을 듣지 못한 것이리라. 혹 특별한 부르심의 힘으로 충전 받지 못한 이상 하나님 나라에서 특별한 일을 하지 못할 것이라는 가르침으로 우리 자녀들을 훈련하는 사람들이 있다면, 이는 수십, 수백만의 선교 헌신자, 보내는 사람, 국내 외국인 사역자, 선교 동원가들을 엉뚱한 길로 인도하고 있는 셈인지도 모른다.

하지만 분명하게 짚고 넘어가자. 하나님의 구체적인 인도에 귀를 기울이는 것은 참으로 성경적이며, 우리는 순종함으로 그 길을 따르고 있다. 하나님을 따르지 않는 제자, 섬기지 않는 종은 하나님의 음성을 듣지 않는다. 하지만 이미 전장에 나가 있는 사람들이야말로 하나님의 보좌에서 흘러나오는 실제적 음성을 받아들인 성경적인 사람들이다.

이제, 당신의 자리는 어디인가?

비웃지도 말고, 두려워하거나, 기절하지도 마라

어떤 이들은 하나님께서 그들에게 특별한 역할을 맡기기 위해 분명한 부르심을 주셨노라 주장하기도 한다. 또 어떤 이들은 그들이 구체적인 부르심을 들었으므로, 우리 평범한 그리스도인들에 비해 더 영적이라고 느끼기도 한다. 또 어떤 이는 그들이 평범한 우리보다 훨씬 어리석은 게 분명하다고 생각한다. 5살 아이에게 하듯 또박또박 말씀하셔야 했으니 말이다.

하지만 하나님의 사역에 있어서 대부분의 그리스도인들은 자신의 자리를 찾을 열쇠인 부르심을 분명하게 듣지 못한다. 우리들 대부분이 그런 미세한 부르심을 듣지 못한다면, 어떻게 우리의 자리를 결정할 수 있을까?

이렇게 가정해보자. 하나님은 당신에게 무언가 보여주기 원하신다.

그것이 무슨 뜻인가? 하나님께서는 당신을 위한 특별한 뜻을 갖고 계신다. 어쩌면 당신은 이미 그 사실을 애초부터 믿고 있었고, 지금은 그런 질문을 하고 있지 않을 수도 있겠다. 하지만 구체적인 하나님의 뜻을 발견하는 데 도움을 주기 위해서, 당신이 아직 그런 사실을 믿지 못하고 있노라 가정해보자.

주의해야 할 점은, 특별한 '부르심'을 받지 못했다고 해서 지금 있는 자리에 가만히 있어야 한다는 의미는 아니다. 사람들은 그럴 경우 하나님께서는 당신이 좋은 직업을 얻고, 좋은 교회에 참석하며, 있는 곳에서 사람들에게 영향력을 미치기 원하신다고 말한다. 하지만 따지고 보면 '예루살렘'에 머물러 있으라는 지시를 받은 적도 없지 않은가?

이러한 생각이 잘못되었다고 주장할 수 있는 이유는 다음과 같다.

첫째, 성경적이지 않다. 지금 있는 곳에서 사역하라고 말하는 사람들이 주로 인용하는 성경구절은 사도행전 2장으로, 제자들이 성령의 능력으로 예루살렘에서 사역을 시작했던 부분이다. 여기서 놀라운 사실 하나! 제자들은 예루살렘 출신들이 아니었다. 그들은 멀리 시골에서 왔을 뿐더러, 사투리가 너무 심해 예루살렘 사람들이 말하는 소리를 듣자마자 이렇게 반응했다. "이 말하는 사람이 다 갈릴리 사람이 아니냐?"(행 2:7) 예수님의 첫 제자들은 외딴 문화권에 있었던 것이다.

당신이 지금 있는 곳에서 사역해야 한다고 하더라도, 하나님께서 당신이 그곳에서 장기로 사역하길 원하신다고 쉽사리 단정 짓지 마라.

제자들은 타문화권에서 성령의 힘을 새롭게 입어 사역을 시작했다! 왜인가? 이곳이야말로 전 세계에 복음을 전할 수 있는 전략적 장소였기 때문이다. 그곳에는 모든 방언, 족속과 나라 출신의 사람들이 모여 있었다(행 2:5, "그 때에 경건한 유대인이 천하 각국으로부터 와서 예루살렘에 우거하더니"). 이곳은 다른 나라에서 온 사람들이 많아 자기 언어로 복음을 들을 수 있으므로 최적의 장소였다(행 2:6, "이 소리가 나매 큰 무리가 모여 각각 자기의 방언으로 제자들의 말하는 것을 듣고 소동하여"). 복음의 씨앗을 온 세계에 뿌릴 수 있는 절호의 기회였던 것이다!

우리가 던져야 할 질문은 "내가 거하고 있는 예루살렘에서부터 시작할 것인가?"가 아니라 "하나님이 주신 은사와 재능을 가지고 복음을 가장 효과적으로 전할 수 있는 나라가 어디인가?"가 되어야 한다.

극적인 부르심이 없을 경우 현재 자리에 있어야 한다는 이론이 성립되지 않는 두 번째 이유는 그것이 안전한 자리를 고집하려는 천성적인 인간 성향에서 온 것이기 때문이다. 이런 성향은 주님보다는 주변 환경에 의존하도록 만든다.

사도행전 2-7장에서 예루살렘에 머물러 있던 사람들을 기억하는가? 그 외에 다른 것은 알지 못했으므로 거기에 머물러 있었다. 평생을 거기서 살아왔다. 직장도 거기 있고, 월급도 꼬박꼬박 받고 있었으며, 집과 가장과 친척들도 다 거기에 있었다. 모든 안정감이 죄다 거기에 있었다. 그런데 왜 떠나겠는가?

하지만 하나님께서는 다른 계획이 있으셨다. 아마 이렇게 말씀하셨을 것이다. "나에게는 너희의 안전보다 더 중요한 우선순위가 있다. 안락한 삶보다 더 좋은 계획이 나에게 있다. 나는 너희를 사용해 모든 나라들에게 복음을 전하고 싶다. 너희가 자진해서 가지 않겠다면, 내가 너희를 보내겠다."

하나님께서는 우리가 하나님만을 의지할 수밖에 없는 상황으로 몰아가셔서, 결국 하나님의 영광을 햇빛보다 더 밝게 빛나게 하신다. '예루살렘'이 주는 안정감 때문에 현재 있는 자리에 머물러서는 안 된다는 사실을 기억하라. 그 사실을 염두에 두라. 가깝다든가 안전하다는 이유로 그 자리에 머물러 있어서는 안 된다. 사실상 우리가 함께 연구하는 목적을 위해서라도 이런 가정을 세우기 바란다. "지금 있는 곳은 하나님이 내게 평생 머물라고 하신 곳이 아니다. 나는 하나님 나라를 위해 새로운 전략적 역할을 맡게 될 것이다. 변화는 내 미래의 한 부분이다."

당신에게 주어진 적재적소가 가는 것이건, 보내는 것이건, 국내에서 외국인 사역을 하는 것이건, 선교사들을 동원하는 것이건 간에, 진정한 예수의 제자라면 "갈렙 선언문"을 기억해야 한다. 짐바브웨의 어느 젊은 목사는 벽에 이런 문구를 붙여놓았다.

나는 부끄럽지 않은 교회의 한 지체다. 내게는 성령의 능력이 있다. 죽음의 세력을 물리쳤다. 과감히 출발 선상에 섰다. 이미 결정은 내렸다. 나는 그분의 제자다. 나는 뒤돌아보지도, 방관하지도, 멈추지도, 돌아서지도, 침묵하지도 않을 것이다.

나의 과거는 사해졌고, 현재는 의미가 있으며, 미래는 안전하다. 나는 저속한 생활과 산만한 마음, 소심한 계획, 편한 생활, 무기력한 꿈, 익숙한 비전, 세상 이야기, 싸구려 적선, 위축된 목표와는 완전히 단절했다.

나에게는 더 이상 탁월함도, 재산도, 소유나 출세, 인기도 필요가 없다. 나는 옳다는 소리를 듣거나, 첫째가 되고, 최고가 되며, 인정받고, 칭찬받고, 대접받고, 보상받지 않아도 좋다. 나는 이제 믿음으로 살고, 주의 임재에 의지하며, 인내로 하루를 살고, 기도로 힘을 얻으며, 주의 능력으로 일한다.

내 갈 길은 정해졌고, 발걸음은 빠르며, 목표는 저 천국이다. 길은 좁고 험하지만, 믿을 만한 분이 인도하시니, 나의 사명은 분명하다. 다른 곳에 마음을 뺏기거나, 타협하거나, 우회하거나, 유혹을 받거나, 뒤돌아서거나, 현혹되거나, 늦춰질 수 없다. 나는 포기하지도, 입을 닫지도, 방관하지도 않으리라. 그분이 오실 그날까지 나는 갈 것이며, 그분이 나를 멈춰 세우실 날까지 일할 것이다.

나는 예수님의 제자다.[3]

가는 사람 1 : 가기로 결심하다
"제발 아프리카에는 보내지 마소서!"

> 기독교의 흥왕을 눈 녹는 사이로 파란 잔디가 드러나는 것에 비유할 수 있겠다.
> 거대한 눈이 온 땅을 덮는 것은 마치 인간의 영혼을 빼앗아가는 것과 같다.
> 현재(1740) 아직도 이교도와 유대인을 위한 선교의 시대가 온전히 도래하지 못했다.
> 기독교 교회가 오랫동안 그들을 섬길 사역자들을 보내지 못한 것은 태만의 죄인 듯하다.
> 그들을 향한 선교의 노력은 지금껏 신성에 대한 논쟁 속에 안주하고,
> 자기 위신과 명성 얻기에만 급급했던 개신교의 과도한 수고에 비해 훨씬 고귀한 일이다."
> — 존 앨버트 벤젤(1687-1752)

[파키스탄의 카라치]

큰 고함소리가 들리고 이중으로 된 나무문이 벌컥 열리더니, 하얀 옷에 수염을 기른 한 남자가 거지의 옷깃을 잡아끌며 경찰서 안으로 들어온다. 당신은 지금 카라치에 와 있다. 제자 훈련의 시범을 보이고 지역 교회 사람들에게 전도 훈련을 시키러 온 것이다. 당신은 남루한 노인이 앉을 수 있게 황급히 의자 한 쪽으로 당겨 앉는다. 당신의 손은 미끈거리며 더럽고, 발도 신발 속에서 땀에 절어 있다. 녹색 칠을 한 음침한 경찰서 안에 앉아 뱃속이 거북함을 느끼면서 문화 충격을 겪고 있음을 실감한다. 천장 위 선풍기는 후덥지근한 방에서 속수무책 돌아가고 있다. 이곳 무슬림 도시에서는 운전 면허증을 신청하는 일조차도 엄청난

고통이다. 피곤해 보이는 경찰서장이 20분째 책상에 앉아 당신이 제출한 서류를 훑어보다가 간간히 당신을 흘깃 쳐다보고만 있다.

남루한 노인이 당신 쪽으로 푹 쓰러지자 당신은 얼른 피한다. 물론 점잖게 말이다. 노인의 핏발 선 눈을 쳐다보니 뭔가 장난기 같은 것이 느껴진다. 하얀 옷의 남자는 서장의 책상을 쾅쾅 치고 시끄런 우르두어로 고함을 지르며 노인을 향해 손가락질을 하다가 당신 쪽도 가리킨다.

어쩔 수 없이 눈을 피해 옆에 앉은 노인 쪽을 쳐다보는데, 그가 씩 웃더니 영국식 영어 억양으로 당신에게 말을 건넨다. "영어 하십니까?"

"예? 예."

"그리스도인이신가요?"

"어떻게 아셨습니까?"

송송 수염 난 그의 얼굴에 주름진 미소가 감돈다. "나는 누구한테든지 그리스도인이냐고 물어보죠."

"무슨 일로 여기 오셨습니까?"

"여기로 날 끌고 온 저 신사 분은 무슬림 사제인 이맘입니다. 나는 무슬림을 사랑하는 제자들 공동체의 일원입니다. 우리는 버스에 뛰어올라 예수 그리스도의 사랑에 대해 간증을 나누지요. 그런 다음 원하는 사람에게 인질(Injil : 신약의 복음서)을 줍니다. 적대적으로 반응하는 사람들에게 기습적으로 복음을 전하기 위해 모든 과정을 순식간에 해치웁니다. 그리고 얼른 버스에서 뛰어내리는 거지요." 그는 아직도 서장과 이야기를 나누고 있는 이맘을 보면서 이렇게 이야기한다. "그런데 이 신사 분은 일반 사람들보다 무척 빠르더군요. 즉각 버스 기사를 멈추게 하고선, 나를 버스에서 끌어내리더니 택시를 세워 나를 던져 넣었답니다." 노인은 즐거운 듯 웃는다. "그래서 나는 이렇게 말했죠. '나으리! 제가 출세했습니다요! 가난한 놈이라 택시를 타본 일이 없는데 말입니다. 감사합니다요!' 그런데 오히려 그 말이 저 사람을 더 화나게 만든 것 같네요."

"그럼 이제 어떤 일이 생기는 겁니까?"

"다시 체포되겠지요. 나는 체포된 경험이 많아요. 그래서 이걸 들고 다니죠…" 노인은 셔츠 안쪽 깊숙이 주머니를 더듬더니 때 묻은 서류 한 뭉치를 꺼낸다. "이게 바로 인쇄물 배포의 자유를 인정한 파키스탄 헌법의 일부랍니다." 그는 핏발 선 눈을 찡긋하며 웃는다.

노인은 당신의 세계에 새로운 장을 열고 있다. 급진적인 전도자, 복음에 대한 헌신이 늘 피와 땀과 기쁨으로 묻어나오는 사람. 당신은 갑자기 파키스탄 선교사인 자신의 모습이 부족하게 여겨진다. 이토록 헌신된 사람들에게 과연 무엇을 가르칠 수 있단 말인가?

노인은 말을 잇는다. "어느 날 아침, 나와 여러 선교사들이 인질을 나눠주고 있었는데, 다른 기독교도들 한 무리가 우리를 향해 소리를 지르고 손가락질하며 주변을 에워쌉디다. '왜 우리들의 책을 무슬림에게 나눠주는 거야?' 하고 소리치더군요. 바로 며칠 전에 무슬림들이 그곳에서 기독교 서적과 복음서를 있는 대로 다 모아 불을 질렀거든요. 그 기독교도들은 자기네가 큰 모욕을 받았으니 무슬림들을 대항해 싸우기로 결의했다면서, 절대 책을 나눠주지 말라고 우리에게 욕을 했습니다! 믿는 사람들이 말이지요."

노인은 고개를 돌려 당신을 바라본다. 이맘은 열변을 끝마쳤고, 서장은 책상 위 서류 사이에서 우왕좌왕하고 있다. 노인이 말한다. "그 사람들은 우리가 무슬림들에게 인질을 계속 나눠준다면, 나와 선교사들을 태워죽이겠다며 소리를 지르기 시작했습니다! 상상이 되십니까? 우리는 생각했습니다. 아니 사실상 나 혼자 곰곰이 생각하기 시작했습니다. '하나님, 이런 수치스런 상황 가운데 어디 계십니까?' 그런데 바로 그 때…" 노인은 당신 쪽으로 몸을 굽히며 말한다. "마을 모스크에서 요란한 소리로 안내 방송이 나오지 뭡니까. '책을 판매하고 있는 사람들이 있습니다. 그들을 찾아가십시오. 6명의 외국인과 한 명의 현지 그리스도인입니다.' 우리는 너무 놀라 심장이 멎는 줄 알았습니다. 그런데 방송이 계속 흘러나오더군요. '그들을 찾아가 책을 구입하십시오. 좋은 책입니다.'" 노인은 기쁨에 겨워 눈을 크게 뜬다. "믿어집니까! 하지만 대체 누가 무슨 일로 모스크에서 그런 놀라운 방송을 했는지 그 후로도 찾을 수가 없었습니다. 그런데 마치 하나님이 우리에게 이렇게 말씀하시는 것 같았죠. '이제 내가 어디 있는지 알겠지!'"

그 때, 이맘과 경찰서장이 당신과 노인을 쳐다본다. 서장은 서류를 흔들며 말한다. "당신. 이제 면허증 가지고 가도 좋소." 그리고 노인을 가리키며 말한다. "이 거지는 이맘, 당신하고 상관이 없소."

이맘이 이를 갈며 말한다. "그렇소."

서장은 계속 말을 잇는다. "그저 인쇄물을 나눠준 것뿐이요, 그리고 법적으로도 허락된 일이고 말이요."

이맘이 소리친다. "뭐라고?"

서장은 당신을 보고 고갯짓한다. "당신, 이리 와."

당신은 서장에게 가서 면허증을 받고 감사의 말을 전한 뒤, 문 쪽으로 향한다. 몸을 돌려 이맘과 서장 사이에 고함이 오고가는 모습을 본 후, 노인에게 미소를 짓는다. 노인은 큰소리로 외친다. "다시 만날 거요, 친구. 같이 버스 한번 탑시다!"

가는 자로서 자격을 갖추었는가?

가는 사람, 즉 선교사는 자기 힘으로 세계를 구원할 수 없다. 그리고 전대미문의 영성으로 '현지' 그리스도인들에게 감명을 줄 수 있는 것도 아니다. 사실상 가는 것 자체는 상당히 체면을 깎는 열정이다.

우리가 생각하는 것보다 더 많은 사람들이 실은 가는 자로서 사명을 받는다. 하나님의 사랑에 대해 들어보지도 못한 수많은 사람들을 생각할 때, 하나님께서는 분명 실제로 떠나는 사람보다 더 많은 이들이 가기를 원하실 것이다. 사실 단기 타문화 사역에 대한 도전은 모든 그리스도인들이 받아들일 만하다. 하지만 장기로 가든 단기로 가든, '가는 것'에 대한 기본적 사실에 대해 이해할 필요가 있다. 그러므로 가는 자가 되는 데 필요한 세부적인 사항을 살펴보도록 하자.

우선, 앞에서 살펴보았던 하나님의 세계 계획 속에서 자신의 역할을 찾는 문제로 다시 돌아가보자. 하나님 나라의 확장을 위해 하나님이 당신에게 주신 역할에 대해 분명한 방향성을 구하는 데서부터 시작하라. 가든지, 머물든지, 동원하는 사람이 되든지, 국내 외국인을 섬기는 사람이 되든지 말이다. 지금 현재 하는 일은 하나님이 방향성을 분명하게 보여주실 때까지 일시적이라는 태도를 가지라.

자기 자신은 선교사가 되기 위해 만들어진 존재가 아니라고 생각하기는 매우 쉽다. 주일학교 어린 시절부터든, 어른이 되어 교회 생활을 하면서부터든, 우리는 사고의 틀 속에 나는 '가는 사람이 아니라'는 생각을 심는다. (극적인 부르심 없이 선교사로 헌신하면 문제가 생긴다는 과장된 생각에서 비롯된 경향이다!)

딱히 증거가 없고서야 나는 나가는 사람이 아니라는 신념은, 마치 아무도 대학을 못갈 거라는 고정 관념에 사로잡힌 집안과 비슷하다. 그 집안의 모든 아이들은 태어나면서부터 이런 소리를 듣는다. "너는 대학에 갈 만한 놈이 아니야. 우리 중 아무도 못가. 그러니 고등학교 졸업 후부터의 인생을 계획해봐라." 그런 집안에서 감히 대학 입시 준비반에 들어갈 생각을 하는 사람이 있겠는가? 대학에 원서조차 내겠는가? 절대 그러지 못한다. 어쩌다 결단성이 있거나 반항기 많은 녀석이 집안의 금기를 깨고 대학에 들어가 학위를 얻을지는 모른다.

오로지 몇 명 소수만이 선교사로 지음 받았다는 신념을 원수가 교회 안에 심어놓은 것을 보면 기가 막히다. 기독교 가정에서 천지가 개벽할 부르심이 없으면 선교사 감이 아니라는 가르침을 자녀들에게 훈련시키는 것이 과연 성경적인가?

혹 당신이 자녀들에게 그렇게 가르쳐왔다면, 이 글을 읽고 약간 불편해질 수도 있으리라. 당신도 어쩜 가는 사람일 수 있다. 한 때 자신의 마음속에 이런 생각이 스쳐간 적이 있었겠지만, 오직 소수만이 '부르심'을 받는다는 전통적인 기독교의 지혜가 자신을 누르는 바람에, 쉽사리 생각을 떨쳐버릴 수 있었으리라.

실상 이 책을 읽으면서, 젊은 시절 당시, 선교 사역에 참여해야 한다는 긴박감을 느낀 적이 있었다는 사실을 깨닫는 이도 있을 것이다. 하지만 거기에 순종하지 못했다는 자책감으로 세월을 보내왔을 수도 있다. 마음을 편안히 하라. 지금이라도 순종할 수 있다! 여러 선교단체들이 은퇴한 부부들을 모집하고 있다. 어떤 이들은 교회 개척자로, 어떤 이들은 본국 사무실에서, 또 어떤 이들은 현장 관리자로 일한다. 현장 관리자란 은행 업무나 물품 구입, 손님 접대 등과 같은 일상 업무를 감독함으로, 복음 전도자들이 자유롭게 일할 수 있게 하는 사람이다. 은퇴자들은 교회 개척팀에게 없어서는 안될 부분이다.

여전히 선교사에 대한 전형적인 고정관념에 빠져 있는 사람들도 있을 것이다. 그렇다면 중간 규모의 선교단체에서 발간한 선교 사역 정보지들을 한번 살펴보기 바란다. 세계 선교의 역할을 감당해보고 싶다는 꿈을 한 번도 꾸어본 적 없는 당신이나 친구들이 혹 감당할 만한 일은 없을까?

회계	은행 업무
미술, 삽화	항공 전자 공학
비즈니스 관리, 경영	비즈니스 상담
통신	컴퓨터
건축	치과 의술
교육 - 교수, 교사, ESL/EFL	출판
기계 공학	수력학(水力學)
산업	법률
도서관학	언어학
기계학	대중 매체
의료 전문가, 종합 의사	품질 관리
과학	비서, 서기
관광	

나열하자면 끝이 없다. 여러분의 기술과 배경, 관심, 자격에 관계없이, 부족하다 하더라도 타문화 권 안에서 수백 가지 방법으로 사역할 수 있다.

대부분의 그리스도인이 불편해하는 것이 바로 그것이다. 경영, 목표 설정, 개인 성장 훈련 가운데서도, 자신의 '안전지대'가 핵심 관심사이다. 특히 그리스도인들은 자신의 안전지대 안에서 영원토록 뒹구는 것을 선호하는 경향이 있다. 즉, 천국행을 대기하는 동안 안전함과 편안함을 즐기는 생활방식 안에 머물러 있음으로써 하나님과의 영원한 관계라는 안정성을 확보한다고 생각하는 것이다. 당신과 같은 문화권 안의 그리스도인들이 공통적으로 갖고 있는 '그리스도인의 생활 방식'이 인생의 거대한 모험을 시도하지 못하게 막을 수도 있다.

우리들 대부분은 어떤 고민을 통해 그리스도를 만나게 되었다. 그분께로 나아가는 것은 여러 모로 쉬웠다. 마치 돌덩이가 골짜기를 굴러 내려가듯 말이다. 위로자의 위로에 반응하고, 그 사랑을 받아들이며, 하나님과 동행하는 평안을 누렸고, 영원한 축복과 행복을 기대하게 되었다. 여러 동료 그리스도인들의 도움으로 아름다운 안전지대에 정착하게 되었다. 이곳은 약간의 노력만 기울이면 누릴 수 있는 편안한 삶이다.

그렇지만 예수께서는 다음과 같은 말씀으로 고난의 자리에 들어올

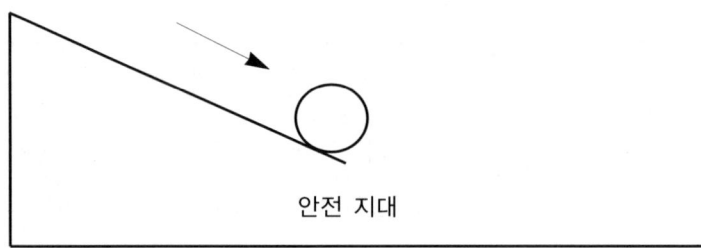

것을 도전하신다. "아무든지 나를 따라 오려거든, 제 십자가를 지고 나를 좇을 것이니라." "누구든지 자기의 모든 소유를 버리지 아니하면 능히 내 제자가 되지 못하리라." 예수께서는 물질적 안정이 없고 무리에서 벗어나야 하는 예측불허의 자리로 우리를 부르신다. 예수를 믿기 전에 느꼈던 것보다 더 고통스러운 자리로 말이다. 하지만 그 고통에는 목적이 있다. 그분의 모험을 즐기는 것이다!

손에 있는 모든 것을 포기하고, 당신을 몽골이나 가까운 슬럼가로 보내실 수도 있는 주인께 순복하는 것은 고민스러운 일이다. 하지만 이는 '믿음으로 사는 생활'을 의미하기도 한다. 물질적 풍요를 누리는 관점에서 본다면, 하나님이 당신을 통해 일하시도록 벼랑 끝에 선다는 것이 안정적인 삶은 아니다.

그래서 본국에 있는 그리스도인들에게는 소수 종족들이 사는 곳처럼 불편한 환경에서 생활하는 것이 생각만 해도 힘겨운 일이다. 타문화 사역의 부정적인 면을 보는 대신, 믿음의 발걸음을 내디딘 자에게 주어질 풍성한 상급을 바라보기란 힘겹다. 하지만 자신의 안전지대를 기꺼이

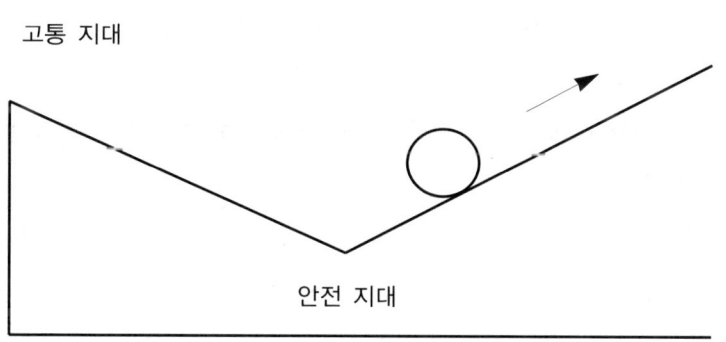

벗어나야 하는 것은 명령이다.

떠나려고 하는 동기는 무엇인가? 머물려고 하는 동기는 또한 무엇인가? 잠시 멈춰 점검하다 보면, 우리가 어디 있든 우리 삶 속에는 수많은 아픔과 실망이 가득함을 깨닫는다. 중요한 것은 우리가 하나님이 주신 역할을 기꺼이 받아들이냐 마느냐에 있다.

바울은 고린도전서 4장에서 우리에게 이렇게 권면한다.

사람이 마땅히 우리를 그리스도의 일꾼이요, 하나님의 비밀을 맡은 자로 여길지어다. 그리고 맡은 자들에게 구할 것은 충성이니라. 너희에게나 다른 사람에게나 판단 받는 것이 내게는 매우 작은 일이라. 나도 나를 판단치 아니하노니, 내가 자책할 아무것도 깨닫지 못하나 그러나 이를 인하여 의롭다 함을 얻지 못하노라. 다만 나를 판단하실 이는 주시니라. 그러므로 때가 이르기 전 곧 주께서 오시기까지 아무것도 판단치 말라. 그가 어두움에 감추인 것들을 드러내고 마음의 뜻을 나타내시리니 그때에 각 사람에게 하나님께로부터 칭찬이 있으리라(고전 4:1-5).

본국에 남아 사업을 해서 수십억을 벌고, 그 중 반을 선교 사역에 헌금할 사람도 필요하다는 사실을 알기에, 그 자리에 남아 있고자 하는 사람이 있다고 하자. 그런데 실상 그 사람은 나머지 돈으로 즐기며 사는 데 더 관심이 있다고 한다면, 하나님의 눈앞에 그의 동기는 적절하지 못하다.

자기 사역을 충족시킬 사람이 필요하다는 이유로 선교 현장에서 돌아오게 만들려는 목사를 조심하라. 탄자니아의 스티브 마나마는 회의 때 이런 얘기를 했다. "나의 최대의 적은 바로 목사님입니다. 내 인생을 향한 하나님의 목적에서 돌이키게 만들려고 했죠."

또한 자신이 못 갔다는 양심의 가책을 잠재우기 위해 자식을 선교 현장으로 내몰려는 부모 역시 조심해야 한다. 다른 사람의 꿈을 위해 살지 마라. 이는 당신을 위한 하나님의 뜻이 아니다.

또한 기독교적 가르침과 둔감한 제자 훈련이 지긋지긋하기 때문에 미국식 기독교를 벗어나 해외로 가려는 동기 역시 좋지 못하다.

자신의 의지력을 사용하라. 넓게 생각하고, 모험을 즐기며, 열정적인 노력을 기울여보라. 스스로 자신의 안전지대를 걸어 나와 자문해 보라. "이곳에 머물도록 붙잡는 것이 무엇인가?" "이곳에서 떠나기 위해 필요한 것이 무엇인가?"

하나님 나라에서의 자기 역할을 분별할 때가 되었다면, 과거를 깨끗이 잊어버리도록 기도하라.

본국에 그냥 모른 척 남아 있지 않으리라는 신념과, 하나님이 나를 가는 자로 부르시리라는 확신을 가지고, 이제는 "선교사가 무엇인가?"라는 학문적 기초를 다져보도록 하자.

보내심을 받은 자

흥미로운 사실은 성경에서 선교사란 단어가 나오지 않는다는 점이다. 이 단어는 '보내다' 라는 뜻의 라틴어인 미씨오(*missio*)에서 파생되었다. 성경에서 '선교사' 와 가장 밀접한 신약의 단어로는 '사도' 가 있는데, 사도(*apostolos*)란 '보내심을 받은 자' , '대사' 라는 뜻이다.

넓게 보면, 우리는 모두 하나님께 보냄을 받았다. "아버지께서 나를 보내신 것같이 나도 너희를 보내노라"(요 20:21). 하지만 '보냄을 받은 자', '사도'라는 말을 전문적으로 연구해 보면 좀더 구체적인 뜻이 있다. 공식적으로는 열두 제자만이 사도로 불렸다 — 맛디아(행 1:26)와 바울(고전 9:1) 가운데 누가 열두 번째 사도냐 하는 질문은 접어두자. 어쨌든 신약 성경은 본래의 열두 사도에 대해 한 가지 특이한 점을 보여준다. 베드로는 사도의 자격에 대해 다음과 같이 말했다. "이러하므로 요한의 세례로부터 우리 가운데서 올리워 가신 날까지 주 예수께서 우리 가운데 출입하실 때에 항상 우리와 함께 다니던 사람 중에 하나를 세워 … ." 그리고 본래의 12명이 사도가 되어야 할 이유에 대해 언급한다. "우리로 더불어 예수의 부활하심을 증거할 사람이 되게 하여야 하리라"(행 1:21-22).

하지만 성경은 사도로 공식적인 직함을 얻지 못한 다른 사람을 설명할 때도 사도라는 말을 사용한다. 예를 들어, 바울은 안드로니고와 유니아를 "사도들 가운데서도 뛰어난 사람들"이라고 칭찬하고 있다(롬 16:7, 현대인의성경). 교회가 특별한 메시지나 사명을 안고 보낸 사람들도 사도나 사신으로 칭함 받았다. 에바브로디도가 그 예다(빌 2:25).

좀 더 엄밀하게 말하면, 사도란 한 종족 집단에서 다른 종족 집단으로 문화를 넘어 파송된 사람이다.

바울은 수사학적인 질문을 던진다. "다 사도겠느냐? 다 선지자겠느냐? 다 교사겠느냐? 다 능력을 행하는 자겠느냐?"(고전 12:29). 희랍어 성경에서는 바울의 대답이 정확하게 아니라고 나온다. 모든 사람이 보내심을 받은 사도는 아니다. 우리는 모두 증인이긴 하지만(행 1:8), 모두 선교사는 아니다.

그래서 자기 문화권이 아닌 다른 곳으로 가서 사역하는 사람을 오늘날 선교사의 범주로 받아들이고 있다. 그렇지만 선교사의 정의에 대해 그다지 보편적이지 않은 몇 가지 요소가 있다. 선교사들 가운데는 진정한 선교사의 자격 요건을 놓고 뜨거운 논쟁이 일고 있다. 때론 항아리에 천사가 몇이나 들어갈까를 따지는 3세기 수준의 논쟁으로 추락하기도 한다. 하지만 국제 선교 회의를 거쳐 논의된 사항을 살펴보기 위해, 진정한 선교사에 대한 기본적인 여러 이론들을 보기로 하자.

1. 진정한 선교사란 복음을 나누는 그리스도인이다.
2. 진정한 선교사란 미전도 종족이든 전도된 종족이든 다른 문화권 안에서 사역하고 일하는 그리스도인이다.
3. 진정한 선교사란 미전도 종족이든 전도된 종족이든 다른 문화권 안에서 사람들을 그리스도께로 인도하는 그리스도인이다.
4. 진정한 선교사란 미전도 종족이든 전도된 종족이든 다른 문화권 안에서 교회를 개척하는 그리스도인이다.
5. 진정한 선교사란 최전방 개척 선교사이며, 미전도 종족 안에서 사람들을 그리스도께로 인도하는 그리스도인이다.
6. 진정한 선교사란 미전도 종족 안에서 교회 개척을 하는 최전방 개척 선교사다.

어떤 것이 올바른 정의일까? 누가 진정한 선교사일까?

일반적으로 진정한 선교사란 자신과 다른 종족 집단 안에서 사역하는 사람을 일컫는다.

선교사가 전도된 종족 가운데서 사역하고 있다면, 선교사의 사역은 교회를 세우는 데 역점을 두어야 할 것이다. 굳이 '진정한' 선교를 말하자면, 주어진 기회를 따라 미전도 종족 가운데 교회를 개척하기 위

선교사들은 어디로 가고 있는가?

중요한 것은 어디가 아니라 어떤 종족인가 하는 질문이다. 하나님은 "민족들을 등록"하시고 그 수를 세신다(시 87:6). 아무리 외졌거나 복음에 배타적이거나 교회들에게 잊혀진 곳이라 해도, 하나님께서는 그들 하나하나를 방문하실 때를 정해두고 계신다.

대부분의 그리스도인들은 세계 복음화에 대해 막연한 생각을 품고 있다. 워낙 거대한 세계를 향한 거대한 사명인지라 구체적인 사항을 짚어주는 것은 그다지 영적인 이야기로 들리지 않는다. 하지만 지상 대사명을 애매모호하게 일반화시킨 덕분에 많은 그리스도인들이 우선순위를 몰라 주변에서 헤매고 있다. 방법도 구체적이고 전해야 할 대상도 구체적이다. 모세가 하늘에서 본 모습 그대로를 본 따 장막을 지어야 했던 것처럼(출 25:40, 히 8:5), 우리가 세계 복음화 계획을 짜는 데 있어서도 실질적이고 분명하게 "민족을 등록"하는 개념을 따르는 것이 옳다.

아직 강력한 교회 운동이 일어나지 않는 종족은 누구인가? 아래의 종족 집단은 아프가니스탄의 미전도 종족이다(물론 아래 명단이 하나님의 등록 장부에서 그대로 따온 것은 아니므로, 실수가 있을 수 있다. 다만, 아프가니스탄에 사는 사람들이 죄다 아프간 민족이 아니라는 사실만은 깨닫기 바란다.)

아프샤리	발크흐 아랍	바흐루이	라우로완	투르크멘, 테케
잠시디	캄데시	카자흐	와크히	다라이 누르
나르위지	오르무리	파샤이	고라니	코울리 집시
샤무슈티	슈그흐니	타타르	말라켈	페르시아
아물라흐	발로치(발루치)	차가타이	카스카리	다르와지
자티	캄비리	코와르	웨갈	쿠르드
니쉐이	파흘라바니	남서부 파샤이	그랑갈리	프라수니
샤례	신드히	테이무르	모그홀리	우르
아레트	칸트와이	칠라스	카타리	쿠샤니
유대	파라치	파탄	람갈리	푼자비
누리스타니	타지크	다리	자르가리	우즈벡
쉬나	바슈카리크	키르기즈	굴바하르	라흔다
아슈쿠이	카라칼팍	티라히	낭갈라미	푸쉬툰
유대계 페르시아	파루니	다라이	나로지	와다후
쇼툴리	탕시우이	코르다리	사우	가와르 바티

해. "그리스도의 이름이 드러나지 않은 곳을 찾아가는" 것이다.

미전도 종족을 향해 나가는 사람들은 "진정한 선교사" 외에도 "개척자", "선구자"라고 표현하는 것이 어울린다. 이들은 구제 사역이나 문맹 퇴치 교육과 같은 간접 복음 사역에 가담할 수도 있다. 개척 선교사들은 미전도 종족 안에서 개인을 만나 예수 그리스도를 소개하는 데 역점을 두기도 하고, 그리스도를 영접한 개개인들을 집중적으로 훈련시켜 교회를 개척하고, 그들이 직접 현지 교회 운동을 주관하게 하기도 한다.

은사와 사역, 연계 사역과 관계없이, 그리고 미전도 종족이냐 아니냐에 상관없이, 선교의 역할에는 높고 낮음이 없다. "눈이 손더러 내가 너를 쓸데없다 하거나 또한 머리가 발더러 내가 너를 쓸데없다 하거나 하지 못하리라"(고전 12:21). 사도 바울은 "주께서 각각 주신 대로 … 심는 이와 물주는 이가 일반이나"(고전 3:5-8)라고 지적하였다. 모든 타문화권 사역이 하나의 목표로 긴밀하게 연합할 수 있다. 직접적이든 간접적이든 모든 사람, 모든 민족, 모든 방언, 모든 나라에게 그리스도의 구속의 축복을 전해주는 것이 목표인 것이다. "그에게서 온 몸이 각 마디를 통하여 도움을 입음으로 연락하고 상합하여 각 지체의 분량대로 역사하여 그 몸을 자라게 하며 사랑 안에서 스스로 세우느니라"(엡 4:16).

가는 사람 : 천편일률적인 모습을 탈피하라

보내심을 받은 자, 즉 사도나 가는 사람으로서 하나님 나라를 위해 섬길 때에는 천편일률적인 역할을 탈피해야 한다. 선교사란 터번을 두르고, 나무 아래서 설교하거나, 집집마다 돌아다니며 슬라이드를 보여 주는 사람이 아니다. 하나님은 놀랄 만큼 다양한 모습의 역할을 계획하셨다.

선교사는 교회에게 보내진 선물이다. "그[예수 그리스도]가 어떤 이는 사도로" 보내셨다(엡 4:11). 교회에 보내진 이 선물(선교사)에게 은사가 주어졌다. 각 선교사들에게는 관리하는 것부터 해서 믿음이나 가르침까지 개인적인 영적 은사가 있다(고전 12:7-11, 롬 12:4-8).

한 사람이 선교사로 섬기고 있는가를 결정짓는 것은 장소가 아니라, 다른 민족 집단을 대상으로 사역하는가 하는 것이다. 암스테르담에서 크메르 이민자들을 위해 응급 처치법을 가르치는 어느 네덜란드인 간호사야 말로, 말 그대로 선교사다.

선교사가 될 자격이 있는지 살펴볼 자가 진단법이 있다(이 책의 부록 서두 부분을 참조하라). 하지만 지금 당장 진단하게 되면 시도를 해보기도 전에 포기할지도 모른다. 당신을 신랄하게 비판하는 사람은 자기 자신이다. 이를 좀 다른 각도에서 보도록 하자.

잭 형제는 프론티어 선교회에서 간사로 섬기기 전에, 미국 펜실베이니아 주, 피츠버그 도심에 위치한 드라보라는 회사의 엔지니어로 일했다. 직장을 그만두고 간사로 섬기자는 생각이 처음 들었을 때, 그는 하나님이 자신을 쓰실 수 있도록 내어드렸다. 당신도 잭 형제가 그랬듯이 하나님께 반응한다면, 엄청난 선교사의 잠재력을 가지고 있는 것이다.

하나님은 그에게 이렇게 질문하셨다. "잭, 직장을 그만 두고 나와 함께 무슬림 전도에 나서는 게 어떻겠니?"

그의 반응은 이러했다. "안 돼요. 직장도 그만두고, 친구들도 내 안정감도 다 포기하고, 후원을 받아가면서 사역을 하라구요? 그럴 순 없어요. … 하지만 … 한번 기도해보겠습니다. …"

그는 하나님이 자신의 계획을 바꾸시도록 내어드렸기 때문에, 하나님께서는 그에게 갈 길을 보여주셨다.

당신에게도 엄청난 선교사의 잠재력이 있는가? 기회는 당신이 만드는 것이다. 온 우주의 하나님, 만물의 창조자이신 하나님. "너는 나를 통해 무엇이든 할 수 있다"고 약속하신 그분이 당신 안에 살아 계신다. 그리고 당신의 능력보다 더욱 중요한 것은 가능성이다. 하나님의 질문을 놓고 기꺼이 기도한다면(또한 전심으로 순종할 마음이 있으면), 하나님은 당신을 분명히 쓰신다.

불타는 가시덤불을 통해 모세에게 말씀하신 이후에(출 3장), 하나님은 이스라엘을 구원하시려는 자신의 계획을 모세에게 알리셨다. 7-10절을 보면 하나님이 자신에 대해 언급하시는 횟수는 많지만, 모세에 대한 언급은 몇 번 되지 않는다.

여호와께서 가라사대 내가 애굽에 있는 내 백성의 고통을 정녕히 보고 그들이 그 간역자로 인하여 부르짖음을 듣고 그 우고를 알고 내가 내려와서 그들을 애굽인의 손에서 건져내고 그들을 그 땅에서 인도하여 아름답고 광대한 땅, 젖과 꿀이 흐르는 땅, 곧 가나안 족속, 헷 족속, 아모리 족속, 브리스 족속, 히위 족속, 여부스 족속의 지방에 이르려 하노라. 이제 이스라엘 자손의 부르짖음이 내게 달하고 애굽 사람이 그들을 괴롭게 하는 학대도 내가 보았으니 이제 내가 너를 바로에게 보내어 너로 내 백성 이스라엘 자손을 애굽에서 인도하여 내게 하리라(출 3:7-10).

세어 보았는가? 하나님께서는 자신에 대해 아홉 번 언급하시고, 모세에 대해서는 한 번 언급하신다. 하지만 다음 절에서 모세가 어떤 반응을 하는지 보라. "모세가 하나님께 고하되 내가 누구관대 바로에게 가며 이스라엘 자손을 애굽에서 인도하여 내리이까?"(출 3:11)

사실상 이렇게 말하고 있는 것이다. "주님, 죄송합니다만. 주님이 그들의 압제를 보시고 그들의 외침을 들으시고, 걱정이 많으시다는데 … 제가 어떻게 거기에 함께하겠습니까?"

모세는 자신의 부족함만 보고 있을 뿐, 하나님의 능력에 대해서는 감쪽같이 잊고 있다. 즉, 하나님이 언급하신 90%는 보지 않고, 10%에만 집중하고 있다. 타문화권에서 사용되기에는 자신이 너무 부족하다고 느낀 적이 있는가? 기운을 내라, 당신에게는 위대한 친구가 있다!

모세가 자신에 대해 품는 의구심을 보고 하나님이 이런 식으로 대답하셨을 수도 있었다.

모세야, 보거라. 지금까지 살아온 시간을 잊어버렸구나. 40년간 양치기로 지냈던 시간은 헛것이 아니었다. 사실상 너를 깨뜨리고, 준비시켜서, 나를 온전히 의뢰하도록 만들기 위한 나의 뜻이었단다. 이제 너는 쓰임 받을 준비가 다 되었다.

하지만 하나님께서는 모세에게 이런 식으로 대답하지 않으셨다. 실상 하나님은 모세의 무력함에 대해 언급하지 않으셨다. 오히려 "내가 너와 함께하겠다"는 단순한 몇 마디 말을 해주셨다.

그리고 이렇게 말씀하셨다. "내가 정녕 너와 함께 있으리라. 네가 백성을 애굽에서 인도하여 낸 후에 너희가 이 산에서 하나님을 섬기리니 이것이 내가 너를 보낸 증거니라"(출 3:12). 하나님이 지금 어떤 일을 하고 계신가? 모세의 관심을 10%가 아닌 90%에 돌리도록 하고 계시는 것이다!

모세는 한때 자신이 백성들을 이집트에서 해방시킬 능력이 있다고 생각한 적이 있었다. 히브리인을 구타하는 이집트인을 살해했던 출애굽기 2장에 나타난다. 하지만 그가 하나님의 목적을 성취하기 위해 하나님의 쓰임을 받을 능력이 있다고 믿었던 그 때에는 오히려 실패했다. 40년간 양치기로 지낸 후, 모세는 자신이 무기력하다고 생각했고 하나님께서는 그에게 할 수 있다고 말씀하셨다.

하나님이 모세 안에서 역사하기 시작하시면서, 그는 이전에 알지 못했던 방법으로 하나님을 신뢰하게 되었다.

혹 자신이 온전한 자격을 갖추었다는 흔들림 없는 확신을 갖고 있다면, 하나님의 쓰임을 받을 만큼 주를 신뢰하지 못하는 것인지도 모른다. 두려움과 무능력함이 느껴진다면, 하나님이 이렇게 말씀하실지도 모른다. "너는 준비되었다!"

힘겨운 현실

우리들 대부분은 스스로 생각하는 것보다 가는 자로서의 자격을 잘 갖추고 있다. 하지만 그 사람이 아직 갈 준비가 되지 않았음을 보여주는 몇 가지 환경적 문제, 성품 문제, 미성숙의 증거가 있다. 이젠 방향을 좀 바꾸어 선교 현장에 나가지 못하도록 저해하는 요소에 대해 살펴보도록 하자.

미국 프론티어 선교회 인사부장인 빌 레이크(Bill Leick)가 말하는 선교사 지망생의 부적격 요소는 다음과 같다. (이중 몇 가지 문제는 시간을 두고 해결해야 하므로, 지망생의 파송 시기가 늦어질 수도 있다.)

파송 교회가 없음
고질적인 성품 문제(배우자나 자녀들에 대한 감정적 학대, 만성적 거짓말, 포르노 및 기타 중독 증세, 동성애 등의 습관적인 죄악)
정신병
전도나 제자 훈련, 성경 공부를 인도한 경험이 없음
그리스도인의 생활에 있어서 기본적인 훈련이 잘 되어 있지 않음.

선교단체의 특성에 따라 다음과 같은 부적격 요소도 있다.

이혼
이혼 후 재혼
아이를 제대로 돌보지 못하는 편부모
은사주의자
비은사주의자
빚

물론 훈련 프로그램을 받으며 준비하는 동안, 선교단체에서는 지원자들의 행동이나 성품적 특성을 관찰해서 해외 선교 사역에 적합한지 결정한다.

당신은 자격을 갖추었는가? 이 세상에는 하늘 아버지의 영광을 모르는 수십억의 사람들이 있으며, 하나님은 그들에게 영광을 드러내기 원하신다는 사실을 기억하라. 창세기부터 계시록에 이르기까지 분명하게 드러난 하나님의 뜻은 그의 백성이 복된 소식을 널리 전하는 것이다. 그렇다면 믿음의 발걸음을 떼어 이곳을 떠나 그곳으로 나아가는 것을 고려하는 것이 어떻겠는가?

가는 사람 2 : 그곳으로 나아가다

미로를 뚫고 자신의 길을 찾으라

[1992년 베트남]

두크, 프렘, 니흐는 중앙 베트남 산맥 지역에 거주하는 부족민들을 대상으로 사역하는 순회 전도자들이다. 그들은 그리스도인이 된 지 얼마 되지 않았고, 받은 훈련도 싱가포르의 '부족과 민족 아웃리치'(Tribes and Nations Outreach)의 3주 전도 훈련이 고작이었다.

고산 마을의 어느 비 오는 오후, 이들을 괴롭히며 박해하던 주술사가 집으로 들이갔는데, 벼락이 치는 바람에 집이 두 동강이가 나고 말았다! 주술사는 황급히 두크, 프렘, 니흐에게 달려가 무릎을 꿇더니 하나님의 용서를 빌기 시작했다. 얼마 후 그 마을 전체가 그리스도께 돌아오게 되었다. 5달이 채 되지 않는 시간 동안, 10개 마을의 족장들과 6천 명의 부족민들이 복음을 받아들였다.

호치민 시에서 부족민들의 개종 소식을 들은 공산당 간부가 이에 염려한 나머지 관리들을 보내어 '재교육 캠페인'을 벌이게 했다. 한 관리가 어느 마을에서 회의를 열어, 남녀노소할 것 없이 전체 마을 사람들을 광장에 집합시켰다. 그런 뒤 칠판에 두 개의 기둥을 그리고, 한 쪽에는 "그리스도에 찬성", 다른 쪽은 "그리스도에 반대"라고 적었다. "이제, 자신이 해당하는 쪽에 이름을 적어 넣으시오." 이제 막 그리스도인이 된 마을 사람들은 20여 분간 꿈쩍 않고 앉아 있었다. 그런데 어느 나이든 여자 분이 일어서더니 이렇게 말했다. "나는 지난 20년 동안 마르크스주의를 따르려고 노력했습니다. 하지만 지금은 예수님이 더 좋은 길을 보여주신다는 걸 알아요." 그는 앞으로 나와 분필을 쥐더니 "그리스도에 찬성" 편에다가 자기 이름을 써 넣었다. 자리에 돌아오자, 마을 사람들 전체가 나와 다들 같은 기둥에 이름을 적었다. 이 모든 일은 세 명의 베트남 전도자들을 통해 일어났다. 이들은 선교단체가 생각하는 선교사의 모습을 제대로 갖추지 못한 사람들이었다.

현장에 나갈 준비를 갖추다

앞 장에서 말했듯, 이 세상에는 그리스도를 알지 못하는 사람이 너무도 많으며, 하나님께서는 우리가 생각하는 것보다 더 많은 사람들이 그들을 향해 나아가길 바라신다. 그리고 우리는 스스로 생각하는 것보다 나가는 자로서의 자격을 갖추고 있다. 그렉 리빙스턴은 다음과 같은 도전적 생각을 품고 프론티어 선교회의 선교사 훈련 학교를 시작한다. "당신이 역기능적 가정 배경에서 자랐더라도 우리는 길을 열어주기 위해 노력을 다할 것입니다. 우리는 완벽한 사람을 찾지 않습니다. 하나님이 쓰신 사람들 중에 죄로 인해 해를 입지 않았던 사람은 없었기 때문입니다. 하나님은 주의 말씀을 진지하게 받아들이는 가능성 있고 성장하는 사람들을 쓰십니다."

선교사들은 일상적인 평범한 사람들이다. 많은 이들이 낮은 자아상을 가지고 있다. 많은 이들이 역기능 가정에서 성장했다(모든 가정이 어느 정도 역기능적이지 않은가?) 미혼 선교사들은 과연 하나님이 배우자를 주실지 의아해한다. 기혼 선교사들은 결혼 생활을 최우선순위에 두기 위해 힘겹게 애쓴다. 부모들은 자녀들이 (어떤 기준에서건) '정상적'으로 자라줄지 걱정스러워한다.

선교사의 성공 열쇠는 배우고자 하는 갈망이다.

하나님은 당신이 있는 그곳에서 시작해 조금씩 준비시켜 가신다. 당신이 떠나기로 결정할 때, 배움에 대한 갈증은 선교지로 나갈 복잡한 준비과정을 기꺼이 감당하려는 모습으로 나타난다. 당신은 선교사로서 자기 자신과 자신의 믿음, 미전도 종족 접근 방법에 대한 이해를 놓고 질문을 던져야 한다. 즉, 매우 실질적인 작업을 거쳐야 하는 것이다!

배움에 대한 갈증이 있는가? 파송을 준비하기까지의 실제적 준비에 대해 알아보기로 하자.

선교단체 선택하기

많은 이들이 해외에서 하나님께 쓰임을 받고자 하지만, 어디로 가야 할지 모른다. 특정 민족을 위해 부르심을 받아야만 하는 줄로 생각할는 수도 있다. 하지만 언제나 그런 식으로 진행되는 것은 아니다.

하나님이 특정 나라나 종족에 대해 보여주시는 방법은 다양하다. 동행한 친구를 통해서, 자기 직업을 통해서, 특정 선교단체의 정책이나 신학적 문제를 따라서 정해질 수도 있다.

이런 생각도 좋다. "나는 모든 민족을 품고 있습니다. 어느 민족을 대상으로 일하든 상관없어요. 다만 친구들과 함께 가고 싶습니다." 친구들과 함께 팀을 이루어 가는 것은 독창적인 생각일 뿐만 아니라 멋진 생각이기도 하다! 그런 식으로 하면 많은 선교사들이 가장 많이 겪는 문제점, 즉 선교사들 간의 관계 문제를 해결할 수 있다. 이미 서로 든든한 친구 관계를 다져두었으므로, 엄청난 자산이 되는 것이다! 이제는 친구들과 이룬 팀을 파송해줄 선교단체를 찾아야 한다.

당신은 이렇게 말할지도 모르겠다. "직업을 통해 하나님을 섬기는 것이 내 목표입니다. 거기에 정말 많은 시간과 힘을 쏟았거든요." 좋은 생각이다! 당신은 직업을 최대한 발휘할 수 있는 선교지를 찾으면 된다. 자기 직업을 사용할 수 있는 기회가 있는지 살펴보고 이를 추진하라. 자신에게 직업이 우선순위라면 임의적으로 사역을 부과하는 선교단체는 피하면 된다.

혹은 제대로 조화를 이루며 사역할 수 있는 선교단체를 찾는 것이 최우선 사항일 수도 있다. 하나님은 그런 바람도 귀하게 여기신다. 선교단체를 고려할 때 살펴보아야 할 몇 가지 사항이 있다.

- 이 단체의 목표는 무엇인가? 교회 개척인가? 문서 번역인가? 단기 선교 프로그램을 제공하는가? 제자훈련인가? 전도인가?
- 그들이 표방하는 신조는 무엇인가? 이에 동의할 수 있는가?
- 단체 영입을 위한 자격 요건이 무엇인가? 성경학교, 신학교 졸업 학위인가? 선교 훈련인가?

- 선교지에서 몇 년 간 사역해야 하는가?
- 선교지 정책을 결정하는 곳은 어디인가, 현지 사무실인가 본국 사무실인가?
- 직접 후원자를 찾아야 하는가? 그렇다면 단체의 후원 정책은 어떤 식으로 진행되는가? 전체가 사용할 수 있도록 공동재정화하는가? 내게 지정된 헌금은 직접 사용할 수 있게 송금되는가?
- 후원자를 찾도록 단체에서 도움을 주는가?
- 친구들과 만든 팀을 단체에서 함께 파송해주는가?
- 단체에서 갈 지역을 정해주는가, 자신이 직접 정하는가?
- 현장 훈련 프로그램을 운영하는가? 언어 학교를 운영하는가?
- 선교 현장에서 실제 사역의 열매를 맺고 있는가?
- 선교사 아내의 역할은 무엇인가?
- 자녀들이 적절한 교육을 받을 수 있는가? 자녀들이 다닐 학교를 결정해주는 담당자는 누구인가?
- 선교지에서 재정 조달은 어떻게 받는가? 공동체 숙소에서 지내는가, 개인 숙소가 따로 있는가?
- 휴가 기간과 주기. 휴가 기간 중 재정이나 거처를 제공하는가? 휴가는 의무 사항인가?
- 은퇴 계획을 세우는 것을 허락하는가?
- 질문에 쉽게 답을 해주는가?
- 그 단체에 대해 다른 사람들의 평은 어떠한가?

선교단체의 교리가 선택 요소가 되는 사람도 있다. 어디로 가서 누구와 함께 어떤 일을 하는가에 대해서는 융통성이 있지만, 하나님이 주신

은사를 사용할 수 있게 해주고 교리적으로 온전히 동의할 수 있는 사람들과 함께 일하고 싶다는 생각을 가질 수도 있다.

그렇지만 선교단체를 선택하기에 앞서 자신의 목표를 분명하게 하라. 예를 들어, 교회 개척은 문서 번역과는 참으로 다른 사역이다. 문서 사역은 제자훈련과 다르고, 제자훈련은 전도와 다르다. 자신이 하고 싶은 일을 발견한 후에, 그 일을 하게 해주는 단체를 선택하라.

목표를 분명하게 세웠다면, 나머지는 가볍게 받아들이라. 목표와 상관없는 것에 너무 얽매이지 마라. 모든 가능성에 열려 있더라도, 자신의 기본적 목표를 분명하게 하는 것이 효과적인 타문화 선교사가 되는 열쇠다.

그리고 상황에 대해 융통성을 가질 필요가 있다! 한 겨울에 난방 하나 없는 집에 몇 주를 머물게 될지도 모른다. 물을 마실 때마다 정수기로 걸러야 할 수도 있다. 말리의 한 복판에 자기가 살 집을 직접 지어야 할 수도 있다. 또는 그나마 일주일에 한 번 하는 샤워도 한 동이 물로 만족해야 할지 모른다.

선교단체를 결정하는 데 있어서 마지막 주요 요소는 이것이다. 선교지로 갈 준비를 하는 데 있어서 주요 요소가 가능성이라면, 선교지에서 성공하는 데 있어 주요 요소는 배우려는 열정과, 배움을 멈추지 않으려는 갈증이다!

그러므로 선택한 단체가 지속적으로 현장 훈련을 실시하는지 확인해 보아야 한다. 선교사 준비 훈련은 결혼 예비 상담과도 같다. 목사님에게 찾아가 말씀을 듣기는 하지만 한쪽 귀로 다 흘려버리고 이해한다는 듯 고개만 끄덕인다. 신혼 기간이 지나봐야 목사님에게 와서 애타게 묻기 마련이다. "배우자가 이렇게 행동하면 어떻게 반응해야 된다고 말씀하셨던가요?" 선교지에서의 지도 훈련이 그토록 중요한 이유다.

배움에 대한 갈망이란 수준 향상에 대한 갈망을 의미한다. 릭 형제는 현지에서 박사 학위를 땄다. 조셉은 아프리카에서 구제 사역과 성경 번역 사역을 하는 동안 학위를 받았다. 정기적으로 다른 팀의 지도자들이 정직한 평가를 내려주길 바라는 팀 지도자들이 많다. 동료들이 내려주는 사랑의 비평을 듣고 싶은 것이다.

많은 이들이 프론티어 MBA 프로그램(Master Builder's Academy — 고전 3:10)을 받기 위해 본국으로 돌아온다. 그곳에서 건축자의 성품을 집중적으로 연구하며 팀 지도자가 의미하는 바를 배운다. 완벽한 상태로 선교지에 가는 사람은 없으며, 일하는 동안 자신에게 부족한 것이 무엇인지 깨닫게 된다. 단순한 교회 개척 기술이 아니라 성품 개발을 배우고, 아내와 가족을 사랑하는 법과 동료 선교사와 지내는 법에 대한 기술을 배우며 스스로를 준비시켜간다.

나갈 준비

어디로 갈지, 어느 단체에 소속될지 알지 못하는 상태인데도, 지금 당장 나갈 훈련을 할 수 있는지 의아해하는 사람도 있을 것이다.

가장 먼저 해야 할 일은 당신을 후원해주고 파송해줄 모교회와 좋은 관계를 세우는 것이다. 어느 누구든지 든든한 교회의 후원 없이 선교지에 나가려 해서는 안 된다. 선교지에 나가는 것뿐 아니라 그곳에 오래 머물기 위해서는 기도의 후원과 격려를 얻을 수 있는 후원자가 필요하다.

모교회의 지원을 받는 것은 하루 아침에 일어나는 일이 아니다. 대부분의 교회는 파송해주기 전에 최소 2년 정도는 교회에서 머물며 사역 해주길 원할 것이다. 캠퍼스 사역에 성실하게 임했던 대학생의 경우, 지역 교회 활동에 깊이 참여하지 못했으므로 교회의 후원을 얻어 해외 사역을 나가리라고 기대할 수는 없다. 자기 모교회의 활동에 참여하고 오랜 시간에 걸쳐 선교에 대한 자기 뜻을 알리면 교회 사람들도 당신의 목표를 알게 된다.

둘째, 예수님을 섬기는 기쁨보다는 예수님과의 교제에서 기쁨을 누리는 법을 배우라. 많은 이들이 대학시절에 CCC나, 네비게이토, 예수전도단, IVF와 같은 단체에서 활발하게 사역하다가 졸업하자마자 곧장 선교지로 나가기도 한다. 친구들이 예수를 알아가도록 돕고, 성경 공부를 인도하며, 삶이 변화되는 모습을 보면서 하나님을 섬기는 일에 기쁨을 발견한다. 여기에 잘못된 것은 없지만, 사역이 나의 기쁨의 근원이 된다면, 이는 재앙의 밑거름이 되고 만다.

선교지에서의 초기 몇 년 동안에는 언어를 배우고, 새로운 문화에 적응하는 데에 많은 시간을 투자하게 된다. 즉, 그다지 많은 열매가 없다는 말이다. (나를 통해 역사하시는 하나님의 일이 아닌) 하나님이신 주를 예배하고 알아가는 데에서 기쁨을 누리지 못한다면 '선교의 희생자'로 전락할 수밖에 없다.

건강한 자아상을 세우는 데 전력하는 것도 중요하다. 마이런 로스 (Myron Loss)는 『문화 충격』이라는 책에서 문화 충격과 낮은 자아상의 직접적인 연관성을 그리고 있다. 엄청난 문화 충격을 겪는 사람들은 인간으로서 그리스도인으로서 안정감이 부족한 이들이다.

건강한 자아상을 세우기 위한 최선의 방법 가운데 하나는 자신이 그리스도 안에서 어떤 사람인지 발견하고, 하나님이 자신에 대해 무엇이라 말씀하시는지 배우는 것이다. 닐 앤더슨(Neil Anderson)의 책, 『내가 누구인지 이제 알았습니다』(조이선교회 펴냄)부터 시작하면 좋겠다.

네 번째 방법은 대인 관계의 갈등을 해소하는 법을 습득하는 것이다. 많은 그리스도인들이 부족한 부분이기도 하다. 우리에게는 사이가 좋지 않은 사람을 피하려는 경향이 있고, 문제가 첨예하게 드러나면 교회를 바꿔버리기도 한다.

선교지에서는 그런 선택을 할 수 없다. 소수의 팀이므로, 사이가 좋지 않다고 해서 피해버릴 수도 없는 노릇이다. 마태복음 18장 15-20절, 5장 23-24절, 갈라디아서 6장 1-2절을 적용하는 법을 배우지 못했다면, 즉시 관계 문제에 얽혀버리고 말 것이다.

평화의 도구로 쓰임 받는 법을 배우는 것은 단지 선교지에서 자신을 지키기 위한 길일 뿐 아니라 교회 개척을 위한 길이기도 하다. 어느 경험 많은 선교사의 말이다. "이전에는 교회가 개척된 후에야 평화의 중재가 필요하다고 생각했습니다. 이제는 교회 개척의 과정 가운데 하나가 평화의 중재라는 사실을 깨달았죠!"

다섯 번째는 다른 사람들에게 자신의 비전을 알려 기도 후원자로 세우는 것이다. 선교지로 가기 전에 언제든 당신을 위해 기도해줄 사람들을 준비시켜놓아야 한다.

그 외에 지금 당장 할 수 있는 일이 무엇일까? 혹 본인은 가는 사람이 아닐 경우, 나갈 계획을 세우고 있는 동료에게 어떤 제안을 할 수 있을까? 아랍 세계 선교(Arab World Ministries) 소속의 선교사가 제안하는 방법은 다음과 같다.

스스로 준비되라. 프랭크와 지나 마코우 부부는 하나님께서 프랑스의 유대인들을 위해 사역하도록 이끄신다는 느낌을 받았다. 그래서 유대인 사역에 지원을 하려는 중, 프랭크에게 대학 졸업 학위가 없어서 선교단체에 영입될 수 없다는 사실을 알게 되었다. 그래서 그들은 지금 첫 번째 준비 단계로 대학 학위를 얻기 위해 열심히 노력하고 있다.

마이크와 미리암 코튼 부부는 지난 1992년 여름 중앙아시아의 한 국가를 방문하면서 그 지역의 필요를 보고 매우 놀랐다. 선교 여행에서 돌아온 후 그곳 사람들의 영적 기아를 해결해야 한다는 긴박감이 지속적으로 그들 부부 안에 일었다. 그렇지만 현명한 상담자들을 통해 하나님께서 그들의 첫 준비 단계로 보여주신 것이 무엇이었을까? 마이크가 이전부터 관심을 갖고 있던 분야, 즉 의학 기술 훈련을 마치는 것이었다.

타문화 적응 능력을 개발하라. 프랭크와 지나 부부는 단지 유대인들이나 프랑스인들 대상으로 사역하기 위해 프랑스에 갈 날만 기다릴 필요는 없다. 그들이 사는 지역에서 그곳 출신의 사람들을 찾아, 그들의 관심 분야와 좋아하는 것, 싫어하는 것을 배울 수 있기 때문이다.

마이크와 미리암 부부는 중앙아시아 선교 여행에서 돌아오자마자, 그들이 사는 도시에서 자신들이 목표로 하던 종족 출신의 가족을 찾을 수 있었다. 그 사람들과 함께 앉아 이야기를 나눌 수 있는 능력을 키우는 것으로부터 타문화 경험이 시작된다는 사실을 깨닫고 있다.

소그룹 단위로 사역하는 법을 배우라. 자기 문화권을 떠나는 사람들이 겪는 가장 충격적인 부작용은 자신을 지탱해주던 그리스도인들의 영적 후원이 거의 사라진다는 점이다. 아랍 세계 선교회의 선교사는 다음과 같이 표현한다. "다수 그룹이나 다양한 사회 활동을 하는 교회에 의존하지 않는 것이 중요하다. 선교지에서는 지속적인 성경 공부도, 배움도, 성경 수업 준비도 없을 테니까 말이다. 자가 학습으로 부족한 부분을 채우는 법을 개발하라. 무에서 시작해서 유를 창조하는 일에 기꺼이 도전하라. 지금 시도해보면서 이에 만족하는 법을 배운다면 타문화 사역에 도움이 될 것이다."[1] 프랭크, 지나 부부와 마이크, 미리암 부부는 모두 활동적이고 선교에 대한 마음을 가진 큰 교회 교인이었다. 두 부부는 선교사의 고립되고 혹독한 삶을 준비하는 차원에서 기독교적 분위기에 의존하지 않을 필요가 있음을 깨달았다.

기본적인 생활 환경에 익숙해지라. 아랍 세계 선교회 소속 선교사의 말이다. "이것이야말로 많은 선교사들이 본국으로 귀향하는 이유라는 사실을 알게 되었습니다. 본래 익숙했던 생활수준에 비해 열악하고 기초적인 생활 환경에 적응하지 못한 것이지요. 지금부터 어떤 환경에도 유연하게 대처하는 태도를 개발하고, 선교지에서의 생활이 고향과는 다르리라는 점을 인식하십시오."[2]

두 부부는 모두 이미 수년 동안 소위 '전시 생활'을 훈련해왔다. 즉, 최대한 많은 장식품 없이 간소하게 생활하고, 선교적 목적을 위해 필요한 만큼 재정을 충당했다. 본래 전시에는 군인들이 사치를 즐기지 않는 법이지만, 그 대신 아주 값비싼 무기를 사용한다. 비록 사막에 쭈그리고 앉아 비상식량이나 먹는 일개 사병이지만 그가 기대고 있는 것은 수십억 원 상당의 패트리어트 미사일 발사대 바퀴다. 두 부부는 (부자 친구들이 부러워할 만큼) 여기저기 여행을 다니면서 (쇼핑 좋아하는 친구들이 부러워할 만큼) 고급 컴퓨터 통신 장비를 구입하지만, 이례적으로 간편하게 생활한다. 전 세계 그리스도인이 그러하듯 그들도 차츰 하나님의 위대한 전투 계획에 맞춰 생활비를 줄여나가고 있다. "군사로 다니는 자는 자기 생활에 얽매이는 자가 하나도 없나니 이는 군사로 모집한 자를 기쁘게 하려 함이라"(딤후 2:4).

정규 교육 추구하기

선교사로 준비하는 데 있어서 정규 교육이 요구될 수도 있고 그렇지 않을 수도 있다.

다시는 학교 교육을 받을 수 없다는 생각 때문에 선교사로 나갈 자격이 되지 않는다고 단정 짓기 전에, 정보를 얻으라. 영입되기 전에 신학교 학위를 요구하지 않는 선교단체가 많다. 학위보다는 하나님과 동행하고 있다는 이력과 좋은 추천서를 요구할 수도 있다.

여기에는 두 가지 이유가 있다.

첫째, 단순히 신학교를 졸업한다고 해서 무조건 목사가 되는 것도 아니고(목회는 은사다), 신학교 학위가 선교사로 만들어주는 것도 아니다. 사도 바울은 자신이 은혜로 구원받았음을 알았을 뿐 아니라(엡 2:8-9), 사역지에서 자신을 이끌고 지탱해주는 힘 역시 하나님의 은혜임을 신뢰했다(엡 3:8, "모든 성도 중에 지극히 작은 자보다 더 작은 나에게 이 은혜를 주신 것은 측량할 수 없는 그리스도의 풍성을 이방인에게 전하게 하시고"). 하나님의 은혜로 천국에 가는 것과 마찬가지로, 당신은 하나님의 은혜로 유능한 타문화 사역자가 되는 것이다.

둘째, 해외에 나가면, 특히 10/40창 지역에서는 직업적 기술을 통해 입국할 수 있는 엄청난 기회가 있다. 어떤 면에서 당신의 이력서가 입국증이 되는 것이다. 1, 2년의 짧은 시간이지만 성경 학교 졸업 이력을 보고, 이슬람, 힌두, 불교 정부 관리들이 달가워하지 않을 수 있다.

일반 대학에서 CCC나 네비게이토, IVF 등의 훈련을 받는 것이 선교지로 나가는 준비를 하는 데 효과적일 수도 있다. 많은 교회들도 자체적인 훈련 프로그램을 가지고 있다. 따라서 자신이 가고자 하는 선교단체에 따라 반드시 정규적인 훈련을 받아야만 하는 것은 아니다.

또한 너무 많은 교육을 받는 경우도 있다. 홀리와 주디는 같은 팀에서 일하는 자매 사역자들이다. 팀 지도자의 부인인 주디는 미국 남캘리포니아의 신학교에서 타문화 사역 학사 학위를 받았다. 홀리는 미혼 여성으로 주디의 가족과 절친한 관계이다. 그는 특별한 학위를 받은 적은 없지만 팀 지도자 가족의 보모로 입국했다!

팀이 사역을 시작했을 때, 사람들은 주디보다 홀리가 더욱 편안하게 사역하고 있음을 알게 되었다. 홀리는 아이 돌보기나 음식 준비 등, 자신의 전반적인 일상생활에 대해 이야기하는 것을 좋아했기 때문이었다. 이런 일은 현지 여성들이 하루 중 95%의 시간 동안 하는 일이기도 하다. 반대로 주디 역시 아이 키우기나 음식준비에 대해 이야기하기는 하지만, 그보다는 지적인 대화를 나누고 싶어했다. 그렇지만 현지 여성들의 수준은 자신과 다르다는 사실을 깨닫게 되었다. 어떤 면에서 주디는 너무 많은 훈련을 받은 것이다. 이웃 여자들과 몇 시간이고 계속 이야기를 나누는 것이 홀리에게는 자연스러웠지만, 주디에게는 곤혹스러운 일이 되었다.

오늘날의 대학생들에게는 또 다른 고민거리가 있다. 학비 내기가 갈수록 힘들어진다. 학교를 마치기 위해 수백만 원의 빚을 져야 하는 어려움을 당면하고 있다.

빚에 대한 아주 쉬운 법칙이 있다. 빚을 지지 않는 것이다! 할 수 있는 한 빚을 지지 않도록 하라. 빚을 완전히 청산하기 전까지, 대부분의 선교단체에서는 절대 파송해주지 않을 것이다. 빚이 3천만 원이 넘어가게 되면(의대생이 아니더라도 이 정도 액수의 빚을 지는 일이 드물지 않다), 선교지와는 영영 멀어지게 된다.

이런 일반적인 빚 문제를 예방한다는 것은 창조적인 재정 해결책을 찾는다는 의미도 된다. 어떻게 해결할 수 있을까?

- 학교 다니는 중에 일을 하라. 대학 재학 기간이 길어질 수도 있지만(4년 후 졸업이 아니라 5, 6년 후가 될 수도 있다), 직업 경험이 자신에게 유익이 될 것이다. 효과적인 시간 관리, 돈 사용법에 대해 배우게 된다.
- 학교를 바꾸라. 안타깝지만 어떤 학교들은 학비가 비싸다. 빚을 지지 않으려면 좀 더 싼 다른 학교로 바꾸는 것도 고려하라. 학교마다 기독교 동아리들이 많으므로, 옮긴다고 해서 훈련의 질이 떨어지는 것은 아니다.
- 상담자를 찾아가 혹 자신에게 해당되는 장학금 제도가 있는지 알아보라.
- 선교사가 되는 것이 목표라면, 대학은 자비량 선교로 해외에 나가는 열쇠가 된다. 일반 학교를 다니면서도 '후원자를 모을' 수 있다는 사실을 모르는가? 당신을 잘 아는 친구들이 졸업 후 당신이 해외로 가려고 한다는 소망을 알기에 재정적으로 도움을 줄 수도 있다.
- 용돈을 줄이라. 싼 값으로 기거할 수 있고, 식사도 제공해주는(씨름부 학생만 아니라면 무료로도 주지 않을까?) 학교 근처 자취방이나 하숙집을 달라고 기도하라.

혹 이 글을 읽고 있는 이들 가운데, 이미 빚을 지고 있어서 "어떻게 해결해야 하는가?"를 고민하는 사람도 있을 것이다.

앞으로 일할 선교단체의 결정을 따라야 할 것이다. 어떤 단체는 채무를 다 이행하기 전에는 입회를 허용하지 않는다. 그런 경우, 빚을 다 청산하기까지 일해야 한다. 하지만 빚을 갚기 위해 일하는 동안에도, 자신이 재정적으로 책임을 지고 있다는 사실을 염두에 두어야 할 것이다. 학교 다닐 때보다 직장인으로 일할 때 오히려 빚을 더 많이 지기 쉽다. 새로운 직장이 좋은 차와 빵빵한 스테레오를 사게 해주리라는 착각 때문에 여유가 안 돼도 우선 사고 보는 것이다. 어깨 너머로 불쑥 던지는 동료의 날카로운 질문에 귀 기울여보라. "너 정말 이 물건 필요하니?"

어떤 단체는 빚을 진 상태로 선교지에 가는 것을 허용하기도 한다. 하나님이 인도하신다고 생각된다면, 점검해보라. 이들 단체들은 해외에서 일하는 것을 국내 업무와 동등하게 여기므로, 자연스레 후원금을 빚 갚는 쪽으로 돌린다. 후원자들에게 후원금의 일부를 빚 청산에 사용한다는 사실을 선교사가 직접 알릴 것을 명문화하는 선교단체들도 많다. 후원자들이 이에 반대하지 않으면, 선교단체도 반대하지 않는다.

빚을 해결하는 또 다른 창조적인 방법은 당신의 선교사 파송을 고대하는 사람 가운데 나눔의 은사가 있는 분을 찾는 것이다. 그들에게 당신이 빚을 지고 있다는 사실을 말하라. 그게 무슨 의미일까? 선교지로 나갈 수 있도록 당신의 빚을 대신 갚아줄 만큼 당신을 깊이 신뢰하는 사람을 찾으라는 뜻이다. 기꺼이 이 일을 감당해줄 사람을 용케 찾을 수만 있다면, 어느 선교단체든 지원할 수 있는 것이다!

해외 선교를 준비하는 학생이라면, 선교 현장에서 도움이 될 만한 학위를 선택하고 싶을 것이다. 하지만 이와 동시에 자신이 원하는 것, 그리고 본국에서도 시장성이 높은 전공을 선택하라. 평생을 선교지에서 살게 하시리라는 보장이 없기 때문이다. 때로는 본국으로 돌아와 전공에 따라 일을 해야 할 수도 있다.

본국에서 시장성이 떨어지는 전공이라면 현지에서도 마찬가지다. 본국에서 고용 적격자가 되기 위해 높은 수준의 학위가 필요하다면, 선교지에서도 마찬가지일 것이다.

하지만 자기 문화권 안에서만 유용한 직업은 피하라. 상담학과 심리학이라면 어느 정도 사용할 수 있을 것이다. 법학을 공부한 사람이라면 국제법을 특별히 공부해야 도움이 될 것이다. 신학교 학위만 가진 사람은 폐쇄 국가에 들어갈 수 없다. 그들 국가는 성경 교사를 원하지 않는다.

'선교사에게 알맞는 직업 리스트'에 자신을 한정시키지 마라. 하나님께서는 고도로 전문화된 영역에서 직업을 얻게 하실 수도 있다. 또한 폐쇄된 나라에서 사역하는 동안 한 직업에서 다른 직업으로 옮기실 수도 있다.

미혼의 현실 다루기

미혼으로 선교지에 가는 것을 주제로 이야기해보자.

여러 나라를 돌아다니면서 가장 흔히 듣는 질문 가운데 하나가 "나는 미혼 여성입니다. 그런데도 선교지에서 하나님의 쓰임을 받을 수 있을까요?" 하는 것이다. 이에 대한 대답은 아주 간단하다. 그것도 아주 큰 소리로 "물론이죠"라고 대답한다. 미전도 종족의 반수가 여성이며, 이 지역의 가장 중요한 규칙은 여성이 여성을 사역하는 것이다. 한 예로, 지난 수십 년간 북아프리카에서 많은 일을 감당했던 이들이 미혼 여성들이다.

하지만 여기에는 제한 사항이 따른다. 많은 미혼 여성들이 지혜롭지 못한 계획과 현지에 대한 지식 부족으로 선교지에서 큰 모욕을 당한다.

매리와 수잔과 바바라는 함께 중동에서 사역하기로 헌신한 3명의 미혼 여성들이다. 이들은 같이 거주했을 뿐 아니라, 함께 사역하고 언어도 같이 배웠다. 그들은 3쌍의 부부와 2명의 미혼 남성들과 더불어 한 팀을 이루고 있었다. 팀원들은 한 주에 한 번씩 모여 회의를 했다. 회의가 끝나면 미혼 남녀들은 숙소에 모여 그 지역 사람들을 위해 뜨겁게 기도했다.

사역한 지 몇 달 후, 3명의 미혼 사역자들이 길을 걸어가고 있는데 그 셋 중 (아랍어를 잘 이해하는 사람) 한 명이 사람들이 이런 말 하는 소리를 들었다. "저기 미국 창녀들이 간다." 이들은 심하게 모욕을 당했다. 거룩하고 흠 없이, 세상의 빛으로 보이길 원했는데, 사람들은 밤일하는 여자들로 본 것이다.

현지인들이 그렇게 보게 된 이유가 있다. 미혼 남성 사역자들이 여성 사역자들 숙소에 가서 몇 시간 동안 머물다 나오기 때문이었다! 미혼 여성으로서 중동에서 사역하기란 매우 힘겨운 일이 될 수 있다. 사실상 어떤 팀에서는 부담감을 느낀 나머지 미혼 여성들을 받아들이지 않는 경우도 있다.

홀리와 주디를 기억하는가? 주디와 그 남편인 팀은 현지에 도착한 후 홀리를 데려올 방법을 강구했다. 그렇지만 몇 가지 문제가 있으리라는 사실을 알고 있었다. 주디가 자신들과 함께 지내게 되면 사람들은 홀리를 두 번째 부인으로 볼 것이다. 집 밖에서 살게 되면, 친구들을 방문할 때마다 창녀로 오해를 받을 것이다.

그들은 이 문제를 어떻게 해결했을까? 간단하다. 홀리를 초청하기 전에, 주디와 팀은 주변 이웃들을 찾아가 이 문제를 상의했다. 이웃 사람들은 홀리가 어디서 머물지에 대해 찬반 논의를 벌였다. 그리고 문제를 해결하자 주디와 팀에게 와서 결과를 알려주었다. 홀리가 현지에 도착했을 때, 그는 주디 가족과 머물렀다. 하지만 어느 누구도 홀리를 두 번째 부인으로 오해하지 않았다. 이웃들은 그들의 상황을 잘 알고 있었고, 그들이 직접 결정을 내렸기 때문이었다.

미혼 여성들이 사역하기 가장 힘든 지역이 중동이다. 하지만 무슬림 세계라 하더라도 미혼 여성들이 갈 만한 사역지는 많다. 인도네시아의 마닝카바우(Maningkabaugh)는 여성 족장 사회로, 미혼 여성들이 사역하기에 아무런 문제도 없을 뿐만 아니라, 엄청난 권한이 주어진다! 동남아시아의 많은 지역이 미혼 사역자들에게 활짝 열려 있다. 파키스탄에서는 여성 수상을 세운 후로, 여성들에 대해 달리 생각하기 시작했다. 독립국가연합 지역에서는 많은 미혼 여성들이 놀랍게 사역하고 있다. 중국에서는 미혼 여성이 사역하는 데 아무런 문제가 없고, 터키와 동유럽은 미혼 여성들에게 매우 관대하다.

혹 본인이 미혼이고 정말 간절하게 결혼을 원한다면, 이 말을 기억하기 바란다. "미혼일 동안에, 사탄에게 매일 덤탱이를 씌우라." 즉, 미혼으로 지내는 동안 주를 위해 할 수 있는 모든 것을 해보라는 듯이다. 언제든 어디서든 말이다. 여행할 수 있는 자유를 맘껏 누리라. 결혼하면 자유가 제한된다. 특히 아이가 생긴 후에는 더더욱 말이다!

현실적인 기대치 세우기

선교사의 이국적 삶에 대한 낭만적인 생각은 버리라. 장기든 단기든 타문화 사역자로 살아남으려면 현실적인 기대치를 갖는 것이 중요하다.

준비만 잘 하면 성공적인 선교사가 될 수 있을까? 카렌 두버트(Karen Dubert)는 성공적인 사역자로 평가받는 네 명의 선교사를 예로 들면서 성공적인 사역에 대한 이해를 달리하라고 촉구한다.

- 이 사람은 선교사로 일했던 세월의 반을 방에서 꼼짝 않고 지냈다.
- 이 사람은 5년 동안 무리해서 일하는 바람에 건강을 잃고 말았다.
- 이 사람은 접시를 닦는 일에 하루 대부분의 시간을 보냈고, 쓰레기를 치우는 일을 설교만큼이나 중요하게 여겼다.
- 이 사람은 3명의 아내를 묻었고, 그 중 한 명은 정신병자였다. 그는 가정을 제대로 돌보지 않았다.

이런 '얼빠진' 선교사들이 대체 누구일까?

- 에이미 카마이클(Amy Carmichael). 그는 20년 동안 고통스런 불구의 몸을 이끌고 엄청난 영향력을 발휘했다.
- 뛰어난 선교사 데이비드 브레이너드(David Branerd). 그는 스트레스로 건강을 잃고, 폐결핵으로 사망했다.
- 중세 수도사인 로렌스 형제(Brother Lawrence). 그는 평생 접시 닦는 일을 했던 특출난 사람으로, 그가 쓴 책 『하나님의 임재 연습』은 수백 년이 지난 지금까지도 널리 읽히고 있다.
- '현대 선교의 아버지'인 윌리엄 캐리(Willam Carey). 그는 선교지에서 세 명의 아내를 잃었다.

성공적인 타문화 사역자에 대해서는, 스페인에서 선교 교회 사역자로 일하는 롤리 로열티(Rollie Royalty)의 조언이 가장 도움이 될 것 같다. "성공하려는 생각일랑 접으라. 그저 하나님의 뜻대로 행하라."[3]

자기 문화권에서는 굉장히 성공적인 삶을 살았다 하더라도, 다른 문화권에서 세계를 구하는 일 따위는 기대하지 마라. 섬길 준비만 하라. 다른 문화권에서 사역하고자 하는 자신의 마음에 있어 후원하고 돕고자 하는 태도가 있는지 점검하라. 특히 복음이 전해진 문화권에 들어갈 경우, 선교사의 역할은 지도자라기보다는 협력자로 섬기는 쪽에 가깝다. 현지 그리스도인의 창조적이고 대담한 사역을 존중하는 법을 배우게 될 것이다. 어느 문화권이든지 앞에서 보았듯 달리는 버스에 올라 복음을 전하는 용감한 전도자들이 있기 마련이다. 교회마다 자체적으로 사울과 바울을 길러내고 있다.

훈련을 받지 않은 네팔 청년의 놀라운 이야기가 있다. 그는 1988년에 예수의 이름을 전한다는 이유로 수감되었다. 35명의 죄수들이 수감된 감옥에 던져진 청년은 하나님의 은혜로 수감자 전원에게 복음을 전할 수 있었다. 이 같은 소식에 오싹해진 간수들은, 그를 다른 수감 시설에 집어넣었다. 하지만 다시 그곳 죄수들 전원이 그리스도를 만나게 된 것이었다! 당황한 간수들은 더 많은 이들을 전도하지 못하게 하기 위해 어쩔 수 없이 청년을 풀어주었다.

한 번은 청년이 출소 후 카트만두 도시 한복판에서 — 당시 기독교 전파는 완전한 불법이었다 — 공개적으로 복음을 증거한 적이 있었다. 하지만 청년이 대놓고 전도하는데도 공무원들은 아무 손을 쓸 수가 없었다. 네팔에서는 같은 죄목으로 다시 수감할 수 없기 때문이다. 그 청년은 그리스도를 아는 지식과 은혜 가운데 자라났고, 네팔의 종교 자유를 위해 그리스도인들을 한데 모아 2000개 좌석 규모의 예배당을 지었는데, 현재 청년은 그곳에서 사역자로 섬기고 있다!

우리의 기준으로 보기에 훈련되지 않은 것 같지만, 현지 그리스도인 사역자를 놀랍게 축복하시는 하나님의 능력을 절대 과소평가하지 마라. 그리고 자신을 위대한 그리스도인으로 과대평가하지도 말라.

혹 서구인 사역자인 경우, 예전 식민 시대의 선교사들처럼 특별한 외국인 대우를 받으리라 기대하지 마라. 오늘날 세계는 민족주의가 팽배해 있으며, 반서구적인 곳도 많으므로, 사람들은 선교사를 그저 돈을 얻을 수 있는 통로 정도로 여긴다. 고향에서 어떤 재능을 발휘했는지 따위에는 관심 없다. 현지 그리스도인들조차도 서구 사역자들의 취약점을 악용하기도 한다(예전 식민주의자들이 '여긴 내 땅이다' 하던 모습과는 반대로). 수년 동안 동생을 못살게 굴다가, 이제는 대장이 된 동생 밑에서 꼼짝달싹 못하는 나이 많은 형 취급을 받기도 할 것이다!

모든 문화를 자신의 문화와 연결시켜 이해하려고 애쓰지 마라. 그들의 가치관과 행동과 언어적 특성과 세계관 중에는 당신의 것과 비교될 수조차 없는 것이 있다. 우리는 모두 같을 수 없다.

생활 환경에서 여러 실질적인 문제가 있을 것을 예상하라. 현대적 도시에서 단기간 동안 사역한다 할지라도, 매일 매일 생활하는 데 있어서 엄청난 인내가 필요하다. 기혼이거나 미혼이거나 자녀가 있는 사람을 불문하고 말이다. 생활 환경과 가정 문제는 사탄이 사역자들을 넘어뜨릴 수 있는 가장 민감한 부분 중 하나다.

후원자 세우기

힘겹게 고민하는 또 다른 문제는 후원자를 세우는 것이다. 솔직히 이렇게 생각하는 사람도 있을 것이다. "나는 후원자를 모으고 싶지 않아." 정말로 그렇게 생각한다면 함께 몇 가지 사항을 논의해보자.

물론 그 외에도 다른 선택을 할 수도 있다. 본인의 훈련 정도와 소속 단체, 가려고 하는 지역에 따라, '자비량' 활동으로 재정을 확보할 수 있다. 모든 단체가 이를 허용하지는 않는다. 자비량 선교를 허용하는 곳에서도 찬반 논란이 있다.

찬성 의견

- 현지 사회에서 사역자의 위치가 높아질 경우, 직업을 통해 재정을 조달하는 것을 단체가 허용할 것이다. 왜냐하면 사역자가 현지 사람들에게서 높은 평가를 받기 때문이다.
- 경영하는 회사를 통해 사역자가 널리 알려지므로, 현지인들이 무척 만나고 싶어하는 인물이 될 수 있다.
- 고위 계층 사람들과 좋은 관계를 맺는 발판이 될 수 있다. 대중들 앞에 그저 평범한 방문자나 여행객으로 비춰진다면 그런 관계를 맺을 수 없었다.

반대 의견

- 사역자가 일하는 회사의 특성에 따라 현지인들이 아닌, 다른 외국인들과 더 많이 어울려야 할지도 모른다. 그러다 보면 본래의 목표 대상에서 멀어지게 된다. (어떤 직업을 가지더라도 일어날 수 있는 일이다.)

- 일주일에 40시간을 일해야 할지도 모르는데, 너무 피곤해서 언어를 배우거나 사람들을 만나 사역할 여력이 있겠는가.
- 사역보다는 일을 해서 돈을 버는 데 더 많은 관심을 둘 수도 있다.

그렇지만 후원자를 세우지 않겠다는 마음이 혹 그리스도의 주인 되심과 관련된 것은 아닌지 파악할 필요가 있다. 자존심의 문제일 수도 있고, 반항의 모습일 수도 있다. 어찌되었든, 하나님께서는 당신에게 이렇게 말할 권리를 갖고 계신다. "나는 네가 다른 사람들의 재정 후원으로 선교지에서 생활하기 원한다."

이러한 생활방식은 사실 성경적이다. 베티 바네트(Betty Barnett)의 『닫힌 창고 문을 열라』(예수전도단 펴냄)와 브라이언 러스트(Brian Rust), 배리 맥리쉬(Barry McLeish)의 『후원자 모집 : 기독 사역자를 위한 안내서』(The Support - Raising Handbook : a Guide for Christian Workers)를 읽으면 그러한 개념을 이해하는 데 도움이 될 것이다.

어느 젊은이가 부모님에게 찾아가 선교단체의 간사로 일하면서 후원자를 세우겠다고 말씀드렸다. 부모님은 실망한 나머지, 자기 교회 사람들에게 후원을 요구하는 것을 허락지 않았다. 그는 간사가 되는 것이 하나님의 인도하심이라 믿었기 때문에, 부모님께 자신이 갈 도시를 정해주시라고 부탁했다. 부모님이 한 곳을 정하자, 그는 그곳으로 옮겨갔는데, 하나님께서는 이전에는 전혀 알지 못했던 사람들을 통해 재정을 공급해 주셨다!

부모님 설득하기

이 책을 읽은 젊은 사람들 중에는 "부모님은 반대하시는데, 어떻게 설득하지?" 하고 고민하는 이들도 있을 것이다.

성경은 네 아버지와 어머니를 공경하라(엡 6:2)고 말씀하신다. 부모님이 하나님을 알든 모르든 말이다. 그렇다면 어떻게 하는 것이 최선책일까?

자녀가 해외로 간다는 소식에 부모님이 좋아할리는 없다. "사람들한테 후원하라고 구걸할 참이냐? 우리 동네에서는 절대 안 된다"라는 질문에서부터 "우리나라에도 할 일이 태산 같은데, 왜 외국까지 나가야 되니? 우리 손주들을 대체 어디서 키울 셈이냐?"라는 책망까지 구구절절 나온다.

그 와중에서도 부모님을 공경하기 위해서는 그분들을 근심하게 만드는 원인을 찾아야 한다. 많은 부모님들이 걱정하는 바는 자녀의 행복과 안전이다. 그 사실을 깨달았다면 다음과 같이 대답할 수 있다. "엄마, 아빠, 그냥 우리나라에서 사는 걸로 저는 만족 못해요. 하나님이 원하시는 곳에서 그분을 섬기는 것이 저의 가장 큰 기쁨이라구요. 비록 그곳이 외국이라고 해도 가야 해요. 안전에 대해서는 걱정 마세요. 하나님의 뜻 안에 있는 것이 가장 최선의 장소니까요. 하나님의 뜻을 떠나 살면서 이곳에서 지내는 것보다 이스탄불 거리를 다니는 게 더 안전할 거라구요."

또한 교회의 다른 사람들도 파송에 동의했다는 사실을 말씀드리면 부모님께 격려가 될 것이다. "엄마, 아빠. 이건 저 혼자 결정한 일이 아니에요. 교회 장로님들과 함께 상의해서 결정한 거구요. 그분들도 제가 가는 것이 하나님의 뜻이라고 생각하세요."

사역하게 될 선교단체에 대해서도 최대한 많은 정보를 알려드리라. 단체 안에 은퇴자 우대 정책이 있는가? 말씀드리라. 매년 회계 감사를 하는가? 그 사실도 말씀드리라. 부모님들은 그러한 것들을 염려하신다. 가려고 하는 나라에서 전화, 팩스, 이메일을 사용할 수 있는가? 부모님께 말씀드리고, 연락할 수 있는 방법을 가르쳐드리라. 휴가, 휴식 등 선교의 모험이 '정상적'인 일임을 최대한 잘 말씀드리라.

혹 부모님이 그리스도인이 아니거나 기독교에 대해 잘 모르신다면, 기독교적인 말 대신 부모님들의 용어를 사용해야 한다. '파송'이 아니라 '파견', '사역'이 아니라 어떤 '일'을 하게 되는지 말씀드리라. 단순히 돈을 건네주는 기증자가 아니라 재정으로 함께하는 후원자들을 얻게 될 것이다.

무슨 일을 하든, 준비 과정에 대해 부모님께 알려드리라. 세계를 향한 하나님의 비전에 대해 깨닫기 시작했다면, 부모님들께 그 마음을 나누라. 자신이 배우고 있는 바를 조금씩 말씀드리라. 졸업 후에는 부모님께 전화를 드려서 내가 해외에서 하나님을 섬기는 것이 그분 뜻임을 분명하게 말씀드리라. 부모님들은 자녀가 집에 돌아와서 가정 경제에 보탬이 될 것을 기대하고 계신다.

물론 하나님의 뜻을 부모님과 바꿀 마음은 없겠지만, 이렇게 말함으로써 부모님에 대한 존중을 표현할 수도 있다. "엄마, 아빠. 4년 동안이나 학비 대주시느라 고생하셨죠. 감사합니다. 그럼 제가 2년 정도 일하다가 나중에 해외에 나가는 것에 대해서는 괜찮으시겠어요?"

이렇게 노력을 다했는데도 끝까지 반대하시면 어떻게 할까?

두 가지 방법이 있다.

미혼 여성은 결혼 전까지 부모님의 권위 아래 있으며, 결혼 후에는 남편에게 새로운 권한이 주어진다고 말하는 이들도 있다. 그때까지는 부모님께 순종하는 것이 하나님의 뜻이라는 것이다. 하나님께서 이를 통해서 역사하시고자 하는지 기도해볼 수도 있겠다.

혹은 재학 기간 중 여름 동안만 단기 선교 여행을 계획하고 있는데, 특히 부모님이 학비를 대시며 본인이 직접 돈을 벌어서 선교 여행을 떠나고자 하는 경우라면, 부모님의 말씀에 순종하는 편을 원할 것이다. 부모님의 재정적 그늘 아래 있는 동안에는 그분들이 원하시는 것을 중요하게 생각하기 마련이다.

하나님께서 부모님의 소망을 통해 자신의 뜻을 보여주실 리가 없다는 식으로 하나님을 제한하지 마라. 하나님께서는 부모를 통해 역사하실 모든 권리가 있으며, 심지어 믿지 않는 부모를 통해서도 역사하신다.

하나님께서 당신이 전임으로 섬기기 원하신다는 생각을 떨쳐버릴 수가 없고, 다른 사람들도 모두 이에 동의한다면, 그 때는 하나님께 순종해야 하며(행 5:28-29), 사랑하는 마음으로(공경하는 태도로) 하나님이 주신 사명에 대해 부모님께 말씀드리면 된다.

자녀를 위한 계획 세우기

당신이 어린 자녀를 둔 부모라면 이 부분도 중요하다. 해외에서 아이를 키우는 것은 불가능하다고 생각할지 모르겠다. 이에 대한 답은 아주 간단하다. 당신 말이 맞다. 하나님의 도움 없이는 해외뿐만 아니라 이곳에서 아이를 키우는 일 역시 불가능하다.

만물의 아버지께서 당신이 해외로 나가 어느 지역에서든 그분을 신뢰하기를 원하신다면, 이곳에서도 그러하듯 그곳에서도 필요한 것을 채워주신다.

어느 선교사 지망생 부부가 기도하던 중에, 안락한 집과 생활 방식을 버리고 환경이 좋지 않은 어느 도시의 선교단체에 들어가야 한다는 생각을 갖게 되었다. 그 지역은 집세가 높고, 교육 체계가 형편없는 곳이었다. 그들의 주된 걱정은 아이들이 그런 환경에서 어떻게 자라날 것인가에 대한 부분이었다. 선교단체 지도자가 결정을 미루는 그들의 얘기를 듣고서, 전화를 걸었다.

"존 형제님, 아들 그래함에게 하나님과 동행하는 법을 가르쳐주길 원하시죠? 그런데 아빠가 집 사는 문제, 안정적인 재정, 좋은 교육 문제를 놓고 고민하는 모습을 보면서 아이가 무엇을 배울까요? 필요를 채우시는 하나님을 신뢰하는 법을 배울 수 있을까요? 우리가 속해 있는 영적 전쟁에 대해 제대로 설명해줄 수 있을까요?

형제님, 아들에게 우리가 영혼을 구하는 일을 하고 있다고, 그리고 그 일은 가장 중요한 일이며, 그 일을 성취하기 위해 무엇이든 아끼지 않겠다고 가르치고 싶지 않으십니까?"

아주 강경한 말이었지만 존은 다시금 생각을 정리하게 되었.

사회적으로나 정서적으로 제대로 성장하지 못한 몇몇 선교사 자녀들의 이야기를 일반화시키려 들지 마라. 최근 자신이 다니고 있는 교회를 주의해서 살펴보았는가? 교회 지도자들의 자녀들이 보이는가? 여러분의 자녀는 어떤가? 북미나 유럽에서 자라난다고 아무 문제가 없는가?

조쉬 맥도웰(Josh McDowell)에 따르면, 서구권에서 17세 청소년들의 50%가 성적 순결을 잃었으며, 기독교 학교 역시 별반 차이가 없다.

안식년으로 들어온 선교사들이 느끼는 가장 큰 두려움은 자녀들을 다시 본국으로 데리고 들어오는 것이다. 일반적으로 본국에서보다 현지에서 훨씬 안정적인 생활을 누리기 때문이다!

선교지에서 아이들을 기르는 것에는 많은 유익이 따른다. 물질주의의 폐해를 입지 않고, 다른 사람들의 생활환경에 민감하며, 이중 언어와 이중 문화에 익숙한 아이로 성장한다. 그리고 교육의 질도 높다.

여러 선교 팀들을 보면, 부모가 직접 가정교육을 하거나 다른 사역자가 들어와 아이들을 교육한다. 현지의 국제 학교를 이용하는 아이들도 있다. 가족 단위로 운영할 수 있는 창조적인 방법이 많다.

자녀 문제로 선교지 나가는 일을 포기하는 부모들에게 해주고 싶은 말이 있다. 당신의 태도가 자녀들에게 어떠한 메시지를 전달하는지 아는가? 당신의 최우선 순위는 무엇인가? 가정과 가족들이 우선이라면 왜 그리스도께서 우리에게 지상 대사명을 주셨을까? 미혼자들에게만 해당되는 명령이고 부르심일까?

사정이야 어찌되었든, 주님께 자녀들이 걱정되어서 선교지로 가지 못하겠다는 말은 하지 마라! 하나님은 당신과 비교할 수 없을 만큼 자녀들을 사랑하시고, 그들을 위한 계획을 갖고 계시다. 아이들이 해외에서 성장하는 것이 그분의 뜻일 수도 있다.

문제가 되는 것은 자녀가 아니라 당신일 수 있다

많은 성인 남녀들이 선교지에 나가지 못하는 이유는 자녀들 때문이 아니라 그들 안에 깊이 뿌리박은 실패에 대한 두려움 때문이다.

특히 서구 세계에서 말하는 진정한 남성상 때문에 더욱 그러하다. 사회는 남성들에게 실패할 수 있는 자유를 허용하지 않는다. 전통적으로 중한 책임을 감당하는 이들이 바로 남성들이다. 일이 잘못되면, 비난을 받는 사람은 남자다. 이것이 서구 문화의 가르침이다.

남성들의 입장에서 생각해 보면 왜 그들이 실패를 두려워하는지 이해하기가 쉽다. 교회 앞에 서서 "이것이 하나님께서 우리에게 명하시는 것입니다"라고 말하는 쪽은 남성들이다. 그리고 재정적 필요에 대해 언급하고, 생판 모르는 사람들에게라도 힘들게 모은 돈을 자신의 선교 사역에 투자하라고 설득해야 한다. 직접 언급은 안하지만 "이쯤은 할 수 있다"라는 의미가 그의 말에 내포되어 있다. 그리고 많은 이들이 해외로 가기 위해 직업을 포기하고 있다.

남성들이 갖는 실패에 대한 두려움은 특히 무슬림 세계로 나가는 사역자들 사이에서 더욱 빈번하게 나타난다. "수세기 동안 아무런 돌파구가 없었던 곳인데, 내가 간다고 한들 무슨 변화가 있을까?"

많은 이들이 사역지에서 사실상 아무 열매가 없는 실패를 경험하게 되면서 이런 생각을 품는다. "이렇게 열매도 보지 못하고 본국으로 돌아가면 어떻게 하지? 내게 남는 것은 무엇인가? 본국 교회에서는 나나 가족에 대해서 무슨 생각을 할까? 선교지에서 실패하면 본국에 돌아가서 주류로 복귀할 수 있게 도와주기나 할까? 이렇게 오랜 세월 동안 떠나 있었는데, 돌아가면 다시 직장을 가질 수 있을까? 못한다면 앞으로 뭘 하지? 공사판에라도 나가야 하나?"

솔직히, 실패자를 배려하는 곳은 거의 없다.

이런 두려움을 어떻게 극복할 수 있을까?

질문 자체가 잘못되었음을 인식하라. 선교는 성공과 실패의 문제가 아니라, 순종과 불순종의 문제다.

빌 브라이트가 말하는 성공적인 복음증거의 정의는 다음과 같다. "성령의 힘으로 그리스도를 증거하고, 그 결과는 하나님께 맡겨드리는 것." 물론 후원자들이 결과에 관심을 갖기는 하지만, 결과는 그다지 핵심적인 열쇠가 아니다. 하나님의 명령에 순종하는 것이 열쇠인 것이다.

예레미야는 50년 동안 사역했지만 그가 하는 말에 귀를 기울인 사람은 거의 없었다. 그는 성공적인 사역자였을까? 그렇다. 그는 순종했다. 많은 이들이 가슴에 품어야 할 교훈이다. 개종자의 숫자가 아니라, 순종이 성공이다. 실패에 대한 두려움에 사로잡힌 채 선교지로 떠나는 일은 없어야 할 것이다.

반대 의견에 답하기

많은 이들이 '그곳이 위험하지 않느냐'고 묻는다. 다시금 말하지만 이에 대한 답은 간단하다. "그런 질문은 성경적이지 않다."

하나님을 섬기는 일이 안전할 것이라는 발상이 어디서 시작되었는가?

많은 이들이 신약성경의 인물들처럼 하나님으로 충만한 삶을 경험하고 싶다고들 말한다. 그렇다면 감옥에 던져져야 하지 않겠는가? 투옥이야말로 신약 성경을 가장 사실적으로 체험하는 일이다. 복음서가 어디서 기록되었던가?

웬일인지 많은 그리스도인들(그리고 목회자들)이 고난에 대한 성경의 내용들을 회피한다. 스데반은 믿음 때문에 돌에 맞아 죽지 않았던가? (이에 관한 설교를 마지막으로 들은 때가 언제인가?) 하나님의 나라에 들어가려면 많은 시험과 고난을 겪어야 한다고 성경은 말씀하시지 않았는가?(행 14:22). 바울의 생애를 보라.

세 번 태장으로 맞고 한 번 돌로 맞고 세 번 파선하는데 일주야를 깊음에서 지냈으며 여러 번 여행에 강의 위험과 강도의 위험과 동족의 위험과 이방인의 위험과 시내의 위험과 광야의 위험과 바다의 위험과 거짓 형제 중의 위험을 당하고 또 수고하며 애쓰고 여러 번 자지 못하고 주리며 목마르고 여러 번 굶고 춥고 헐벗었노라(고후 11:25-27).

불행히도 많은 그리스도인들이 "하나님은 너희 가족이 안전하길 원하신다"라는 교리에 빠져 있다. 사실 성경은 우리에게 그런 말을 한 적이 없다. 고난이야말로 하나님과 함께 영원히 다스릴 준비를 하게 해주는 하나님의 성화 과정 중 하나라는 사실을 성경을 통해 긴밀히 연구해야 할 필요가 있다. 고난을 받을 수 있는 기회를 버리지 마라.

또한 이런 질문을 빈번하게 듣는다. "여기서도 할 일이 많은데, 왜 굳이 해외로 가려고 하는가?"

이러한 질문을 던지는 사람들은 몇 가지 사실을 놓치고 있다.

첫째, 그들은 열방을 향한 하나님의 마음을 느껴본 적이 없다. 그들의 눈에 보이는 거라곤 당장 주변의 필요들이다. 혹 당신이 이러한 질문을 받게 된다면, 창세기에서 계시록까지 하나님의 마음이 무엇인지 성경을 통해 차근차근 사랑으로 보여주라. 하나님께서는 모든 민족의 경배를 원하신다.

둘째, 그들은 다른 문화권에서 드리는 경배를 통해 하나님이 영광 받으신다는 사실을 전혀 경험해본 적이 없다! 만백성의 왕이신 그분을 보는 대신, 자기 문화권 안에서만 하나님을 경배한다면 큰 기쁨을 놓치는 셈이다. 다른 문화권에서 온 사람들과 함께 기도하면, 하나님에 대한 우리의 시각이 넓혀진다. 열방이 우리 왕 앞에 영광을 돌리는 모습이 얼마나 경이로운가!

> 만국이 그 빛 가운데로 다니고 땅의 왕들이 자기 영광을 가지고 그리로 들어오리라. 성문들을 낮에 도무지 닫지 아니하리니 거기는 밤이 없음이라. 사람들이 만국의 영광과 존귀를 가지고 그리로 들어오겠고 … (계 21:24-26).

셋째, 의구심을 가진 그들의 부르심이 '국내 사역'이라면 당신의 부르심은 '해외 사역'이라고 말해주라. 우리의 질문은 "내 인생을 위한 하나님의 계획은 무엇인가?"가 아니라, "하나님, 주께서 이 세상에서 역사하시는 일 가운데 제가 섬길 수 있는 일은 무엇입니까?"가 되어야 한다. 하나님은 모든 방언과 족속과 민족의 사람들을 이끄시려는 목표를 향해 매진하고 계신다(계 5:9). 하나님께서 당신에게 그 일부를 보여주셨다면, 그 역할을 온전히 감당해야 할 것이지, 그 일이 당신 인생에 어떤 유익이 있을지 근심해서는 안 된다. 그는 왕이시다. 그가 모든 값을 치르셨다. 우리는 그분의 소유다.

국내의 필요에만 관심을 가지라는 주변 사람들의 말 때문에, 주춤하는 일은 없어야 한다. 그들이 국내에서 사역하더라도 세계를 품을 수 있도록 도와주라. 그리고 그들의 사역 자체가 목적이 되지 말고, 세계 선교라는 총체적인 목표를 향하는 수단이 될 수 있게 도와주라.

계속 전진하라

여전히 의심이 생기고 "내가 나가는 사람일 수도 있겠지만 확신이 안 서"라는 생각이 든다면, 다음의 두 가지 중 한 가지를 시도해 보라. 첫째, 선교단체 몇 군데에 지원서를 넣고, 어떤 일이 일어날지 마음을 열고 기다리라. 한 군데서라도 허입해준다면, 문이 열린 것이다. 거기서부터 기도하면서 마음의 결단을 내리라. 어느 단체에서도 허입시켜주지 않는다면, 문이 닫힌 것이다 … 현재로선 말이다. ('주어진 범위' 안에서 하나님을 섬기는 법을 발견하기도 한다는 사실을 기억하라.) 둘째, 단기 선교사로 나가서 현장을 맛보라. 믿음의 발걸음을 내디디며 직접 움직이지 않는 이상, 하나님이 그 길로 인도하지 않으실 수도 있다! 단기 해외 선교사의 경험을 통해, 훌륭하고 효과적인 국내 사역자, 즉 보내는 사람, 선교 동원가, 국내 외국인 사역자가 될 수 있다.

각자의 상황이 어떠하든, 훗날 "그 때 시도라도 해볼걸" 하고 후회하는 일은 없어야 한다.

9

자기 집 마당에서 추수하기

국제 학생들을 대상으로 사역하는 사람들

[이란의 수도, 테헤란]

상상력을 키워보자. 당신은 17세의 페르시아계 남자로, 이름은 '레자'다. 이제 이방인으로서의 삶을 살기 위해 긴장된 여행을 막 시작할 참이다.

"음료수 드시겠습니까?" 비행기 승무원이 묻는다.

그 소리를 듣지 못하는 당신. 미국에 도착한다는 사실에 무척이나 흥분한 것이다. 당신은 테헤란에서도 이례적인 예로, 아버지가 사촌 알리와 핫산과 같이 지내면서 공부를 마치라며 특별히 워싱턴 주 시애틀로 보내준 것이다. 알라께서 참으로 큰 영광을 베푸셨다. 17살 나이에 고국을 떠나 해외로 공부하러 가는 학생들이 몇이나 되겠는가?

지금 같은 때에 아버지께서 해외로 보내주셔서 기쁘다. 그동안 국내에서는 정치적 불안이 극심했고, 그 누구도 당장 무슨 일이 일어날지 장담하지 못했다. 아야톨라 호메이니(Ayatollah Khomeini)라는 종교 지도자가 이란 국왕에 반대하는 자신의 메시지를 카세트 테이프에 담아 계속해서 이란 전역에 살포하는 바람에 늘 분란이 일었다. 그는 프랑스에서 저항 운동을 시작하더니, 이제는 이란 국경에서 몇 킬로미터 떨어지지 않은 이라크에서 지내고 있다.

"음료수 좀더 드시겠습니까?" 승무원이 다시금 묻는다. 당신은 혼자 있고 싶어서, "아니오"라는 고갯짓을 해 보인다.

내국인용 입국 심사대는 사람들로 꽉 찼다. 어떤 면에서 당신은 미국인이 아니라 내심 감사하다. 벌써 오후 10시인데, 심사대마다 장사진을 이루고 있다. 참으로 많은 사람들이 팬암 직항기를 타고 테헤란에서 18시간이나 날아왔다. 당신은 외국인용 입국 심사대에서 세 번째 줄에 서 있다.

이윽고 당신 차례가 되어 관광 비자 확인을 받은 후 짐 검사를 받고 있다. 가방을 열었는데, 세관원이 왜 그토록 당신의 책을 유심히 관찰하는지 의아하기만 하다.

"비자 좀 보여주실까요?" 세관원이 묻는다. "비자 말입니다." 더 큰 소리로 요구한다. 턱수염에 키가 크고 거뭇한 얼굴의 세관원은 마치 고향집 이웃 사람같이 생겼지만, 전혀 친절해보이지 않는다. 당신은 어리둥절한 채 여권과 관련 서류를 모두 넘겨준다.

그 사람은 불친절한 태도로 묻는다. "관광 비자로 왔군요. 그런데 이 책들은 다 뭡니까?" 대답 없는 당신. "관광 비자로 왔다면서 책을 왜 가져왔냐구요?" 그 남자는 흥분한 듯 보였다. "학생 신분으로 들어오려면 테헤란에서부터 받아왔어야지, 여기서는 학생 비자를 받을 수 없소."

5분 동안 질문이 이어지다가, 결국 세관원의 의구심만 더해지고 만다. 당신은 영어를 한 마디도 못하므로 ….

그날 밤 머물렀던 호텔은 꽤 지낼 만했다. 사람들도 친절했다. 그런데 15시간 전에 타고 왔던 바로 그 비행기를 다시 타느라 탑승 수속을 기다리는데 속이 메스껍다. 테헤란으로 되돌아가는 18시간은 당신의 생애에서 가장 긴 시간이다. 아버지께서는 몹시 화를 내실 거다. 미국에 보내느라 돈을 많이 쓰셨기 때문이다.

비행기가 하강하는 소리에 잠을 깬다. 고향에 도착했나 싶어 창문을 열어보는데, 뭔가 잘못되었다. 저게 다 무슨 건물인가? 저 넓은 바다는 또 뭔가? 카스피 해일 리가 없다. 도시에 너무 가깝게 붙어있지 않은가?

오만 가지 생각이 교차한다. 지금 비행기가 어디에 내리고 있는 거지? 엉뚱한 비행기를 탄 건가? 세관원이 엉뚱한 비행기에 나를 태운 건가? 지금 여기는 어딘가? 부모님에게 이 사실을 어떻게 알리지? 아까는 메스꺼웠다면, 지금은 정말이지 토하기 직전이다. 앞자리에 꽂힌 위생 봉투를 얼른 연다. 속은 뒤틀리고 생각은 멍하다.

심사대에 서 있자니 더욱 긴장된다. 알지도 못하는 언어로 질문을 받을 텐데, 당신 앞에는 겨우 두 사람 남았다. 내 여권을 가지고 있던 승무원들은 다 어디에 있는 걸까? 비행기에서 내리기 전에 여권을 달라고 부탁했건만, 그 사람들은 나 대신 지니고 있어야 한다며 완강히 거부했다.

심사원이 터키어로 묻는다. "여권 보여주세요." 대체 어떻게 해야 할지 모르겠다. "여권을 달라니까요!" 심사원은 이미 승객들 때문에 짜증이 난 상태다. 이란에서 비행기 착륙을 허용하지 않았기 때문에 승객들이 화를 냈기 때문이다.

무엇을 해야 할지 모르는 당신. 페르시아어로는 아무 데서도 통하지 않는다. 눈에 눈물이 고이지만, 남에게 보이지 않으려 애쓴다.

얼마 후, 조사실로 끌려간 당신. 뭔가 심각히 잘못되어가고 있음을 느낀다. 여권도 없고, 서류도 없고, 더욱이 말도 통하지 않으니….

4시간 동안 심문을 받고 나니 눈물도 말라버린다. 더 이상 울 수도 없다. 생각은 멍한 상태. 이젠 무슨 일이 일어나든 상관없다. 그저 어디론가 가서 쉬고 싶을 뿐.

차에 태워지자 평온한 마음이 밀려온다. 미국 사람들이 그랬듯 편안한 호텔에 묵게 해준 다음 테헤란으로 보내주리라 생각한다. 그건 오직 당신 생각일 뿐. 어떤 남자의 사진 아래로 깃발이 펄럭이는 건물이 보인다. 터키 사람들은 내가 원하는 대로 해줄 마음이 없는 것이다!

당신의 평정심은 온데 간데 사라진다. 이 건물은 호텔이 아니다.

감옥에 앉아 있으니, 원망만 더해간다. 왜 사촌들은 날 만나러 뉴욕에 오지 않았을까?(그쯤은 식은 죽 먹기라고들 했었는데) 왜 그 미국 세관원은 날 들여보내주지 않았을까? 어쩌다 여권을 잃어버렸을까? 왜 비행기 승무원들은 제대로 책임도 져주지 않은 걸까? 터키 경찰은 왜 날 감옥에 집어넣은 걸까? 많은 이들에 대해 분이 치밀어 오른다.

하지만 무엇보다도 신께 원망과 분노를 느낀다. 왜 알라께서는 이런 일이 일어나게 하신 건가? 평생 나는 성실한 무슬림이었는데. 학교에서도 최고 모범생이었는데. 신께서 그런 식으로 나를 대하시면 안 되지.

차츰 몸은 쇠약해간다. 여섯 명의 죄수들과 함께 감옥 생활을 한 지도 벌써 두 달이다. 다섯 명은 터키어를 말하는데, 다른 한 명은 대체 무슨 언어를 구사하는지도 잘 모르겠다. 침침하고 지저분하다. 음식이 먹히지 않는다. 식욕을 완전히 잃었다.

무엇보다 자신을 괴롭히는 것은 극도의 외로움이다. 부모님께 전화를 거는 것조차 허용되지 않았다. 부모님들은 내가 시애틀에서 미국 생활을 즐기고 있노라 생각하고 계시겠지. 내가 어디 있는지 아는 사람도 하나 없고, 내가 무슨 생각을 하는지 관심 가져주는 사람도 하나 없다.

AK 47 소총을 맨 한 남자가 나에게 나오라며 손짓한다. 몸짓언어야 만국공통어지 않은가. 당신은 그 사람을 따라간다.

어설픈 발음이었지만 분명히 들었다. 테헤란이란다! 비행기가 테헤란으로 간다는 거다. 병들고 쇠약한 몸에 기쁨이 몰려든다. 페르시아 대사의 말이 이란이 아야톨라의 지배 하에 들어가는 바람에(그래서 강제로 이스탄불에 착륙한 것), 당신이 고향으로 돌아가는 데도 승인을 받아야 했다는 것이었다. 이제 비행기가 제 항로를 찾았으니 얼마 후면 부모님의 집으로 돌아갈 것이다.

이스탄불에서 출발하여 도착한 후 비행기 문이 열리고 착륙 계단이 부착되자 모두들 잠시 앉아 있으라는 안내방송이 나온다. 당신은 구급차에 실려 가까운 병원으로 급히 후송되어, 회복을 위해 링거 주사를 맞는다. 당신은 기뻐서 어쩔 줄을 모른다. 부모님이 나를 만나러 병원에 오시는 걸까?

4일이 지나자 몸은 건강해졌는데, 마음은 상했다. 이란 국경이 여전히 폐쇄된 사실을 어떻게 터키 당국이 모를 수 있단 말인가? 왜 나는 지금 인도 병원에 누워 있단 말인가? 어쩜 부모님께 전화할 수조차 없단 말인가?

지루하고 외로운 2주가 지나자, 이란 국경이 곧장 열리지 않을 것이라는 소식에, 병원비가 엄청날 것을 예감한 팬암 비행사 관리들이 당신을 다른 곳으로 옮긴다. 그들은 당신을 책임져야 하니까.

얼마 후 당신은 어느 인도 가정에서 지내게 된다. 처음에는 그 좁은 공간에 여섯 명의 식구가 비좁게 사는 모습을 보며 두려움을 느꼈으나, 점점 두려움은 사라진다. 이 사람들은 뭔가 다르다. 당신을 돌봐준다.

누구의 보살핌도 받지 못한 지 벌써 3개월이 되었다. 그 집에 머문 첫날, 가족들은 당신의 이야기를 듣더니 자기네 집 전화로라도 당장 부모님께 연락해야 한다고 성화다. 도저히 믿을 수가 없다. 관리들도 이런 제의는 한 적이 없다.

테헤란으로 돌아가지 못한 당신은 이곳에서 한 가족처럼, 함께 음식을 먹으며 사랑을 나누고 있다. 고향 집에 비하면 보잘 것 없는 환경이지만, 이곳 사람들은 행복하고 유쾌하다. 당신에게 없는 그 무엇을 가진 사람들이다.

여섯 명의 식구로 꽉 찬 바로 이 조그만 인도인 가정에서 당신은 처음으로 예수 그리스도의 사랑에 대해 들었다. 가족들의 사랑과 다른 이들의 관심을 통해 당신은 이제 왕이신 하나님을 알게 된 것이다! 당신을 하나님의 가족으로 맞이하게 되었다!

고아와 과부, 외국인들 돌보기

하나님의 군대는 일상적이고도 평범한 사람들로 이뤄진다. 그들은 전 세계에 흩어져 살면서 두 가지 계명을 실천한다. 마음과 영혼과 생각과 힘을 다해 주 하나님을 사랑하고, 자신을 사랑하듯 이웃을 사랑하라는 계명이다.

그런데 누가 우리의 이웃일까?

누가복음 10장 25-37절에서 사람들은 예수께 동일한 질문을 했고, 예수께서는 길에서 강도만나 죽게 된 한 남자에 대한 비유를 들려주셨다. 제사장이 그 옆을 지나갔지만, 아무런 도움을 주지 않았다. 레위인 역시 아무런 손도 쓰지 않고 지나가버렸다. 오직 사마리아인(유대인과 이방인의 혼혈인)만이 그 남자에게 친절을 베풀고 도움을 주었다.

당시, 일반적인 유대인들에게 사마리아인은 혐오적 존재였다. 두 민족간의 혐오감은 극에 달하여, 유대인들은 갈릴리와 유대 사이를 여행할 때면 어떠한 대가를 치르고서라도 사마리아는 피해서 돌아갔다. 그 둘의 긴장감은 극에 달했다(눅 9:52-54, 10:25-37, 17:11-19, 요 8:48). 하지만 예수께서는 그들 사이의 적대감을 타파하셨다. 그분이 말씀하신 바는 이런 뜻을 담고 있다. "다른 문화권에서 온 민족도 너희의 이웃이다. 너희가 본래부터 좋아하지 않는 민족, 생김새가 다른 민족, 의복이 다른 민족, 다른 언어를 말하는 민족들도 말이다. 나는 너희가 그들을 위해서도 사역하기를 원한다."

하나님을 경외하고 섬기는 일에 관해서도, 하나님께서는 '그들'을 옹호해 주시는 분으로 자신을 묘사할 뿐 아니라, 우리에게도 이같이 하기를 원하신다.

고아와 과부를 위하여 신원하시며 나그네를 사랑하사 그에게 식물과 의복을 주시나니, 너희는 나그네를 사랑하라. 전에 너희도 애굽 땅에서 나그네 되었었음이니라. 네 하나님 여호와를 경외하여 그를 섬기며 그에게 친근히 하고 그 이름으로 맹세하라(신 10:18-20).

객이나 고아나 과부의 송사를 억울케 하는 자는 저주를 받을 것이라 할 것이요 모든 백성은 아멘 할지니라(신 27:19).

그들을 사랑하고 먹을 것과 입을 것을 주어야 할 뿐 아니라, 하나님께서는 심지어 십일조도 그들에게 주어야 한다고 지시하시는 듯하다.

제 삼년 곧 십일조를 드리는 해에 네 모든 소산의 십일조 다 내기를 마친 후에, 그것을 레위인과 객과 고아와 과부에게 주어서 네 성문 안에서 먹어 배부르게 하라(신 26:12).

사실상 구약성경만 해도 우리 가운데 있는 외국인을 돌아보라는 말씀이 40번 이상이나 나온다. 하나님께서는 왜 그렇게 외국인들에게 관심이 많으실까? 우리를 사랑하시는 만큼이나 그들을 사랑하시기 때문이다. 하나님의 완전한 사랑은 지구상의 모든 민족에게 동일하시다.

그리고 하나님과 만나기 가장 좋은 시점에 특정한 장소로 이동시키시는 경우가 종종 있다. 하나님께서는 수천의 쿠르드인들을 베를린으로 옮기셔서, 첫 번째 쿠르드인 교회가 세워지게 하셨다. 바윈 섬(Bawean Island) 일꾼들을 인도네시아에서 싱가포르로 옮기셔서 처음으로 그리스도인들을 만나게 하셨다. 또한 중국 정부가 티벳 불교인들을 강제로 이주시키는 일을 허용하셔서, 그들이 한족 그리스도인들을 통해 그리스도를 알게 하셨다. 몽골 학생들을 모스크바로 옮기셔서 나이지리아 그리스도인을 만나게 하셨다.

사탄과 그의 졸개들, 심지어 인간이 저질러 놓은 일을 통해, 또한 호기심, 질병, 기근, 사업, 관광, 가족 관계 등 수백 가지 방법들을 통해 그리스도가 필요한 사람들을 바로 우리 앞마당까지 옮겨다두신다.

이것이 이집트의 통치 아래 있던 이스라엘 사람들이 배워야 했던 위대한 교훈 가운데 하나였다.

"너희와 함께 있는 타국인을 너희 중에서 낳은 자 같이 여기며 자기 같이 사랑하라. 너희도 애굽 땅에서 객이 되었더니라. 나는 너희 하나님 여호와니라"(레 19:34).

하나님은 말씀하신다. "너희가 학대받았던 때를 기억하느냐? 너희가 외국인으로서 겪어야 했던 고통을 기억하느냐? 몸에서 다른 냄새가 난다고 너희가 외국인들을 얼마나 혐오했는지 기억하느냐? 그들의 생활 방식을 얼마나 멸시했느냐? 너희도 당한 고통이니, 이제 너희 가운데 있는 외국인을 사랑하여라."

불행하게도, 교회들 대다수가 이러한 교훈을 배우지 못했다. 미국에서 공부하는 전체 외국인 학생의 80% 가량이 미국 가정에서 이러한 대우를 받지 못하고 있다. 뉴질랜드에서도 외국인 학생의 80%가 현지 가정에서 대우받지 못하고 있다. 여러분이 사는 나라는 어떠한가?

국내 외국인을 섬기는 사람들, 그리고 특별한 친절

주님의 이 명령을 최우선 순위로 삼는다면, 열방을 품은 그리스도인인 당신은 하나님 앞에 이렇게 질문할 수 있다. "주님, 제가 혹 가는 사람이 아니라면, 이곳에서 외국인들을 대상으로 사역하기 원하십니까?" 당신의 마음이 이란 소년 레자와 같은 이들에게 끌린다면, 어쩌면 하나님께서는 당신이 그 지역의 외국인을 대상으로 사역하는 일을 고려하기 원하시는지도 모른다.

외국인들을 대상으로 일할 수 있는 사람은 친절한 마음을 지닌 평범한 사람이다.

팻 커쇼(Pat Kershow)는 지난 40년 동안 미국에 있는 외국인들을 대상으로 사역했다. 그는 어느 누구든지 외국인을 대상으로 사역할 수 있다고 주장한다.

팻 여사는 70세 노 과학자가 원자탄 개발을 돕는 모습뿐 아니라, 인디애나 주 고센 지방에 사는 닭 사육장 인부가 효과적으로 외국인 사역을 하는 모습도 목격했다. 누구든 할 수 있다. 어느 누구든 말이다.

하지만 국내 외국인 사역자가 효과적으로 외국인 사역을 하려면 세 가지 부분에서 보완되어야 한다. 생활을 통해 그리스도를 드러내 보일 수 있는 사랑과 능력이며, 바쁜 일상 외에 그들과의 시간을 확보할 수 있는 지혜로운 시간 사용이다.

국제 학생들은 더 나은 교육을 받기 위해 세계 여러 나라로 옮겨간다. 레자의 경우처럼 많은 이들이 예수의 이름으로 주어지는 하나님의 사랑과 관심을 받을 준비가 되어 있다. 많은 이들이 외국으로 가기까지 힘겨운 시간을 겪는다. 모든 이들이 풍경, 소리, 냄새, 옷 입는 법 등 문화 충격에 직면한다. 모든 이들이 어느 정도 향수병을 느낀다. 그들 모두에게 친구가 필요하며, 때로는 아주 단순한 사랑의 표현도 큰 힘이 된다.

어느 리비아 학생이 미국의 펜 주립 대학에 공부를 하러 갔다. 돼지고기를 먹을까봐 걱정이 됐던 그 친구는 매일 식사를 하러 KFC에 갔다. 매일 그 학생은 밖에서 음식을 먹었고, 남은 쓰레기는 길모퉁이의 쓰레기통 안에 버렸다. 5일 동안 그렇게 했는데, 어느 학생이 그를 심하게 나무라는 게 아닌가. 알고 보니 그 통은 우체통이었다!

그 리비아 학생은 자신을 한심하게 여겼을까? 그 학생에게 도움이 필요했을까? 새로운 나라의 관습을 배우는 데 도움을 줄 미국인 친구를 원했을까? 그를 나무란 학생은 좀더 사랑의 방법으로 해결할 수는 없었을까? 그렇다, 그렇다, 정말 그렇다!

외국인들에게 그리스도의 사랑을 보일 수 있는 한 가지 방법은 그 사람의 일상적인 필요를 눈여겨보는 것이다. 당신은 무심결에 행하는 사소한 일, 심지어 생각조차 안 해본 그런 필요들이다.

이러한 모습을 꿈꿔보라

- 공항에서 만난 말레이시아 여성을 그녀가 사는 아파트까지 태워다준다.
- 타지크인에게 페니(1센트 동전), 니켈(5센트), 다임(10센트), 쿼터(25센트)의 차이를 설명해준다.
- 이란 출신의 아제리(투르크 계열의 종족 - 옮긴이) 족 사람이 은행 계좌를 개설하는 일을 돕는다.
- 캄보디아 출신의 크메르 족 여성을 상점에 데리고 가서, 물건 사는 법을 보여준다.
- 기초 공학 강의에서 나쁜 점수를 받았다고 속상해하는 요르단 출신 아랍 친구의 말에 귀 기울여 준다.
- 칠레 출신의 마페체 족 소녀가 암 선고를 받은 자기 어머니 얘기를 하는 것을 듣고 같이 마음 아파한다.
- 나이지리아 출신의 하우자 족 부부를 초대해서 차를 마시고 함께 보드게임을 한다.

- 함께 자리에 앉아 카자흐스탄 학생의 형제, 자매들에 대한 이야기를 들어준다.
- 인도네시아 출신의 아체 족 사람을 데리고 관광을 시켜준다.
- 세 명의 중국 장 족 학생들을 초대해서 추수 감사절 식사를 한다.
- 방친구와의 문제를 이야기하는 일본인 학생의 이야기를 들어준다.

이런 사소한 도움이 필요한 이유는 무엇일까? 학생들을 초청한 이민국과 교육부는 개개인의 필요를 채워줄 만큼 한가하지 못하기 때문이다. 물론 학교가 학생들의 수강 신청을 돕기는 하지만, 그 이후에는 그다지 큰 도움을 줄 시간적 여력이 없다. 동시에 다른 학생들의 등록을 돕느라 바쁜 것이다. 정부 기관에서도 이민자들의 공식적인 서류 작성과 입국 요건을 돌봐주긴 하지만, 개인적으로 친구가 되어주지는 못한다. 공공 기관이나 학교에서 제공하지 못하는 틈새를 찾아 도움을 주면 그리스도의 사랑이 드러나게 된다.

이러한 섬김을 통해 그리스도의 사랑을 전해줄 뿐만 아니라, 국내 외국인 사역자들은 그들의 삶 속에서 그리스도의 성품을 드러내야 한다.

많은 외국인들이 그리스도와 기독교에 대한 오해를 품고 찾아온다. 예를 들어, 유럽으로 건너오는 수백만의 2/3세계 이민자들은 유럽을 기독교 국가로 인식한다. 당연히 보이는 모든 것, 즉 마약 중독, 매춘, 냉담한 무관심을 '기독교적' 생활양식으로 받아들인다. 세계에 배급되는 영화, 텔레비전 프로그램, 대중음악, 갖가지 추문과 뜬소문들을 접하면서, 2/3세계 사람들은 '기독교인'인 서구인들을 완전히 타락하고 부도덕한 이들로 본다.

전 세계 무슬림들 대다수가 자유 성애, 마약, 술, 강간, 이혼 등 서구 세계의 모든 악덕을 기독교와 동일하게 생각한다. 무슬림 수백만 명당 1명꼴인 선교사의 수로는 이를 증거할 방법이 없다.

이들 외국인들이 여러분과 같은 건강한 그리스도인의 모습을 접하게 될 때에야 그리스도의 성품과 진정한 사랑의 의미를 보게 된다. 단순히 좋은 사람으로 사는 모습을 보여주는 것이 아니라(믿지 않는 사람들 중에서도 선한 이들이 있으므로), 그리스도의 사랑으로 적극적인 사랑을 보여야 한다.

어느 파키스탄 무슬림의 이야기다.

처음 뉴질랜드에 갔을 때 그곳이 서구 기독교 국가라고 생각했기 때문에, 부도덕과 폭력과 포르노를 모두 기독교와 연관지어 생각했습니다. 하지만 이제는 이곳이 기독교 국가가 아니라 기독교인들이 사는 세속 국가라는 사실을 알게 되었습니다. 그리스도인들은 다릅니다. 정말로 사랑과 보살핌을 베풀고, 생활 방식도 달라서 다른 사람들과 쉽게 구분이 되죠. … 나는 여러 교회들을 방문하면서 쭉 지켜보았습니다.

이 무슬림 청년의 경우, 그리스도인들이 보여준 사랑과 실질적인 도움 때문에 말씀의 씨앗을 심을 수 있는 기회가 열리게 되었다. 일반인들과는 다른 그리스도인들이 그의 필요를 위해 기도하고, 삶 속에서 예수의 모습을 보여주며, 기독교에 대해 오랫동안 토론을 나누고, 성경과 예수 영화를 나누어주는 일을 하면서, 그의 삶이 열리게 된 것이다. 그리스도인인 한 친구는 그 청년과 함께 파키스탄으로 가서 그곳 가족들과 함께 머물렀고, 몇몇 가족에게는 결국 복음을 전할 수 있었다.

외국인 학생들을 초대해서 야외에서 음식을 만들어 먹고, 가족 여행에 데려가고, 휴가 기간 동안 함께 지내는 모든 활동을 통해 그리스도의 사랑을 보여줄 수 있다. 그들이 진심으로 복음을 받아들이는 때는 그리스도인인 당신이 삶의 여러 고난을 지나면서도 주를 신뢰하는 모습을 지켜보는 때다. 그러는 가운데 진정한 그리스도의 성품을 보는 것이다.

이러한 사역을 하기 위해서는 이에 합당한 성품을 지니고, 시간을 투자하고 헌신할 사람이 필요하다.

하지만 그렇다고 해서, 꼭 여가 시간이 많은 사람만이 이 사역에 동참할 수 있는 것은 아니다. 바쁜 일상 가운데서도 얼마든지 외국인 친구와 함께할 수 있다. 미국 텍사스 주, 오스틴의 로버트, 테레사 화이트 부부가 그에 대한 훌륭한 예다.

로버트는 중역을 맡고 있어서 일반직 사람들보다 훨씬 바쁘다. 또한 교회에서 장로로 섬긴다. 그의 아내인 테레사는 네 자녀를 돌보는 전업주부인데, 자녀들 중 세 명은 십대 청소년들이다. (얼마나 바쁜지 말하지 않아도 뻔하지 않은가?)

이들은 그들이 사는 지역의 ISI(국제 학생 연합)에서 간사로 섬겼고, 그로 인해 안토니라는 싱가포르 학생과 연결되었다.

안토니는 그들이 만난 첫 번째 외국인 학생이었다. 이들 부부는 안토니와 더 많은 시간을 갖고 친하게 지내고 싶었다. 하지만 시간적인 제약이 있었다. 4명의 자녀를 둔 부모로서, 그토록 바쁜 일상 가운데 안토니와 어떻게 시간을 맞출 수 있겠는가?

처음에 안토니는 그를 '입양'한 가정에 4명의 자녀가 있다는 소식을 듣고 다소 비관적 태도를 보였다. 그는 집에서 독자였던 것이다. 과연 그가 가족의 한 일원이 될 수 있을까? 과연 다른 아이들과 잘 어울릴 수 있을까?

첫 만남에서 그들 모두는 해결책을 찾아냈다. 아이들이 안토니를 좋아하고, 안토니도 아이들을 좋아한 것이다. 안토니와 만나는 시간 외에 한두 번 특별 저녁 시간을 가진 이후로부터, 가족들은 자신들의 바쁜 일상 속에서 안토니와 함께하기 시작했다. 한가한 주말이면, 안토니를 초대해 주말을 함께 보내고, 남자아이들 방에서 함께 지내면서, 빈 침대를 쓰게 했다. 여러 모로 안토니는 아이들과 숨바꼭질을 하고 다양한 놀이도 즐기면서 제2의 유년기를 보냈다.

로버트가 안토니에게 운전을 가르쳐 면허증을 따도록 도우면서 그들의 관계는 더욱 깊어졌다. 그는 자연스레 한 가족이 된 것이다. 로버트도 얼마 후부터는 안토니를 '큰 아들' 이라 불렀다.

가족들이 휴가를 떠날 때도 안토니를 데려갔다. 씨월드, 식스플랙, 디즈니랜드, 스키장 등을 구경시켰다. 안토니는 가족들과 함께 명절을 보냈고, 아이들의 조부모를 만나러 가기도 했다.

그 결과는 어떠했을까?

그에게 복음을 전한 사람은 로버트나 테레사가 아니라(물론 그들의 적극적인 그리스도의 사랑이 안토니에게도 전해졌겠지만), 아이들이었다. 첫 번째 크리스마스를 함께 보내려고 전날 밤에 다 같이 모였는데, 아들 녀석 하나가 아침 일찍 로버트를 깨웠다. "아빠, 안토니 형한테 크리스마스의 의미에 대해서 말해주었는데요, 형이 예수님을 영접하고 싶대요. 도와주실래요?"

학업을 마칠 즈음, 안토니는 유능하고 자신감이 충만해졌다. 그의 믿음은 성장했고, 다른 친구들도 많이 사귀었다. 가족들과의 관계가 이전처럼 긴밀하지는 않았지만, 여전히 견고한 관계를 유지했다. 로버트와 테레사는 안토니를 위해 졸업 축하 잔치를 열어주었고, 잔치에 참석한 안토니의 외국인 친구들은 한결같이 "나도 저런 가족들을 만났더라면" 하고 부러워했다.

외국인 학생들을 위해 시간을 내기가 쉽지 않다는 사람들의 말도 일리가 없지는 않다. 하지만 로버트와 테레사 부부는 잘 알고 있다. 중요한 것은 학생들을 위해 자유 시간을 내는 것이 아니라 바쁜 일상 속에서 그들과 함께하는 것이라는 사실을 말이다.

안토니가 그리스도를 영접하기 전에 다른 종교를 강력하게 추종하고 있었던 것은 아니지만, 이런 경우에 해당하는 외국인 학생들에게 효과적으로 사역하기 위해 특별 훈련을 받기 원하는 사람도 있을 것이다. 훈련이란 문화적, 종교적 차이를 제대로 이해하기 위해 세미나도 참석하고 다른 사역자들의 모습도 지켜보는 것을 의미한다. 이런 훈련을 통해 이미 강한 종교적 신념을 가진 사람들을 대상으로 사역할 수 있게 될 것이다.

무슬림 이웃들을 대상으로 사역하도록 사람들을 훈련시키고 있는 돈 맥커리(Don McCurry)가 세미나에서 나눈 이야기다.

조지 팬쇼는 해외 근로자들을 고용하고 있는 거대한 기계 제조 회사에서 일했다. 그동안 살레 압둘라 알-포크라라는 사람과 좋은 친구가 되었다. 조지와 그 아내 앤은 살레를 집으로 식사 초대했다.

식사를 하던 중, 살레는 소고기 음식이 참 맛있다고 칭찬했다. 그러자 앤이 말했다. "어머, 감사해요! 제가 새로 개발한 소고기 부르기뇽(Bourguignon)이랍니다. 여기에는 소고기, 살코기 베이컨, 당근, 양파, 그리고 약간의 적포도주가 들어가죠." 그 말에 살레는 기분이 확 상했고,

감정이 얼굴에 그대로 드러났다. 살레는 미식거린다며 밖으로 나가게 해달라고 부탁했다. 조지는 그를 화장실로 데려갔고, 도착하자마자 살레는 세면기에 먹은 것을 와락 토해버렸다.

조지는 기분이 나빴지만 겨우 살레가 씻는 것을 도울 수 있었다. 살레도 화가 나기는 마찬가지였고, 무안했다. 자신은 일생 동안 돼지고기를 먹거나 술을 마신 적이 없다고 설명했다. 신을 섬기는 사람들에게는 금지된 음식이기 때문이었다. 살레는 이런 식으로 자신을 배신한 두 부부에게 화를 내야 할지 말아야 할지 분간이 안 되었으며, 자신을 초대해준 두 사람에게 좋지 않은 인상을 준 것에 대해 사과해야 할지도 애매했다. 어색한 대화가 오간 뒤, 살레는 몸이 좋지 않아 집에 가야겠다고 말했다.

살레가 집으로 돌아간 뒤, 앤과 조지 사이에는 신경질적인 말들이 오갔다. 앤이 날카롭게 소리쳤다. "저런 외국인 친구라면 다신 꼴도 보기 싫어요. 이런 바보 같은 종교 같으니라고! 이제 화장실은 누가 치울 거냔 말예요?"

다른 문화와 종교의 독특한 특성을 익히면 시간과 노력을 벌 수 있을 뿐 아니라 때론 무안한 상황을 모면할 수 있다.

다른 문화권에서 우정을 나누는 법에 대해 알고 싶은 사람도 있을 것이다. 무슬림 국가 출신의 학생들과 일하려면 필히 알아야 한다. 그곳에서 말하는 친구란 언제고 예고 없이 찾아올 수 있는 사이를 뜻한다. 함께 식사를 나누는 일도 흔하다. 친구라면 자유롭게 돈도 나눠쓴다. 그들은 이러한 의미의 우정을 — 우리 입장에서는 가까운 친구 관계를 뜻한다 — 여러 사람들과 나눈다.

서구 문화에서 말하는 우정은 위탁의 정도가 약하며 많은 사람들과 공유한다. 이렇듯 반대되는 개념을 가지고 있기 때문에 그 안에서 어떤 식으로 갈등이 일어날지 예상할 수 있다. 많은 경우, 사랑의 행동을 보임으로써 외국인들과의 깊은 우정을 '얻을' 필요가 있다.

잭과 조이는 외국인들에게 복음을 전하는 자로 쓰임받기 위해, 자신이 가진 개념을 뛰어넘는 법을 배웠다. 그로 인해 여섯 달밖에 쓰지 않은 두 번째 차를, 긴박하게 교통수단이 필요했던 요르단 부부에게 빌려주는 '희생'을 치렀다. 하지만 그 덕분에 그들과 긴밀한 관계를 유지할 수 있는 권리(외국인 사역자들이라면 꼭 얻어야 할)를 얻게 되었다. 그들은 진정한 우정을 보여주었기 때문에, 자유로이 그리스도를 전할 수 있었으며, 현재 그 요르단 친구들은 언제든 그들이 원할 때마다 문을 열어준다.

자격을 갖추고, 자기 시간을 포기한다는 것은 생활방식의 변화를 뜻할 수도 있다. 마이크와 쟈넷은 외국인 친구들과 어울리지만 비용은 자신이 부담한다. 주말이면 외국인 친구들을 데리고 관광지 구경을 시켜준다. 이들 부부는 많은 외국인들을 식사에 초대해서 몇 시간 동안 그들 나라에 대한 이야기를 듣는다. 스미스 씨 부부는 명절 때면 외국인들을 집으로 불러 모은다.

이와 함께 인내심도 필요하다. 팻 커쇼의 말이다. "모든 사람들이 우호적으로 반응하는 것은 아닙니다. 어느 외국인 학생은 저녁 식사에 2시간이나 늦게 오기도 하고, 더 좋은 초대를 받았다며 연락도 없이 아예 나타나지 않는 경우도 있습니다!"

또한 외국인들의 생활에 정통하기까지는 시간이 필요하다. 진 헤이버트(Jean Heibert)는 수년 동안 사역을 하면서 아무도 가르쳐주지 않은 많은 교훈을 얻었다. 그 중 가장 중요한 교훈은 이제 막 그리스도인이 되어 전임으로 섬기고자 하는 외국인 학생들을 다루는 방법이다.

진의 말이다. "각자 문화적 배경에 따라 다르지만, 학생들 대다수가 부모님의 말씀에 순종해야 한다는 생각을 갖고 있습니다. 언젠가는 고향으로 돌아가 가업을 잇고, 부모님의 '사회적 안정'과 '은퇴'를 보장해주어야 하는 것이지요. 일단 학생들이 예수를 알고 전임으로 섬기려는 마음이 생기면, 그러한 장래 계획에서 벗어나려는 학생들과 부모들 사이에 엄청난 갈등이 일어납니다. 대부분의 부모님들은 자식이 재정 후원을 받는 일을 단호하게 반대합니다. 어떤 학생들은 부모와의 관계가 끊어지기도 하죠."

외국인 학생들에게 기독교 전임 사역에 뛰어들도록 독촉하는 사역자들이 많다. 진 헤이버트의 경우, 학생들을 기다려주고 인내하는 편을 선호하며, 학생들에게도 그렇게 행동하도록 가르친다. 언제나 그런 것은 아니지만, 보통은 학생들이 기다리는 과정 중에 단순히 부모님의 허락만 얻어내는 것이 아니라, 그들을 주님께로 인도하게 되는 일이 많다. 급하게 서두를 경우, 영영 가족들에게서 버림을 받을 수도 있다. 인내에 대한 교훈을 배우기까지 수년이 걸렸다.

외국인을 사랑하고자 헌신하며, 그들을 자신들의 삶 속에 초대하고, 시간과 노력을 들여 그들의 친구가 되어주는 사람, 바로 당신의 모습은 아닐까? 생김새가 다르고, 옷 입는 법이 다른 사람들에게 관심을 갖는 당신에게 주신 부르심이 바로 외국인 사역이 아닐까.

이러한 사역이 그토록 중요한 이유는 무엇인가? 오늘날 외국인 학생들이야말로 장차 고향에서 지도자가 될 사람들이다.

미국으로 공부하러 오는 학생들의 복음화를 위해 헌신한 ISI의 보고에 따르면, 매년 미국으로 10만 명의 외국인 학생들이 공부하러 온다고 한다. 한 번에 80만 명 이상이 들어오기도 한다. 각 지역마다 외국인들이 분포되어 있다. 그들 중 다수는 장차 국가의 지도자가 될 것이다. 미래의 지도자가 바로 당신 옆집에 살고 있을 수도 있지 않을까?

뭔가 하고는 싶은데 약간의 두려움이 있을 수 있다. "대학 자체가 이질적인 문화를 가진 곳인데, 외국인 학생들은 그 안에서도 이질적인 사람들이다. 어디서부터 시작해야 하는 것일까?" 하고 고민할 수도 있다. 희망이 있다.

미국 ISI에서는 교회 전체가 협력해 외국인 학생들에게 복음을 전할 수 있도록 노하우를 제공한다. 관심이 있는가? ISI의 주소나 가입을 원한다면 본서의 자료 란을 찾아보기 바란다.

물론 사역이 타문화권에서 온 학생들에게만 국한되지 않는다. 여행자, 난민, 사업 관련자, 노동자, 이민자들이 있다. 예를 들어, 600명 출석의 복음주의 자유 교회의 목사는 그 지역에 있는 이란인 공동체에 대한 마음의 부담이 있었다. 그는 강사를 초빙하여 10주간 이슬람에 대해 강의하도록 했다. 강의를 들은 참석자들은 그 지역 이란 사람들에게 복음을 전하고 교회를 개척해야 한다는 도전을 받았다. 오늘날 그 팀은 이란 교회 개척에 힘쓰고 있다.

외국인 사역을 위해 전임으로 시간을 드리거나 혹 여가 시간을 이용할 수도 있다. 어느 쪽을 선택하든지, 고아와 과부와 외국인을 잊지 말길 바란다!

그런데 혹 외국인을 맞이하는 일이 자신의 사역이 아닐 수도 있다. 어쩌면 하나님께서는 당신이 선교사를 보내는 자로서 효과적인 역할을 감당하기 원하시는지도 모른다. 국외의 민족들에게든, 국내의 민족들에게든, 사람들을 파송하는 일에 전문화된 그리스도인으로서 말이다!

10

보내는 자로 섬기라

보내는 사람이 없으면 어떻게 가리요?

> "나는 20년간 지역 교회의 사람들을 모아 선교단체로 보내,
> 하나님의 세계 선교 사명을 감당하게 하도록 애썼다.
> 이제는 생각이 달라졌다.
> 하나님의 세계 선교를 지역 교회 안에 심어놓아야 한다!"
> ― 조지 밀레

[서아프리카, 기니비사우]

날카로운 풀잎 사이로 걸을 때마다 다리에 생채기가 난다. 당신은 두 번째 무리에 속해 걷는 중이고, 앞에는 브라질 선교사 조앙과 솔레인지 올리베이라(João, Solange Oliveira) 부부가 걸어가고 있는데, 그들 부부는 아기 레베카가 담긴 바구니를 메고 있는 풀라니 족 남자의 뒤를 천천히 뒤따르고 있다. 당신 뒤로는 20명 가량의 무슬림 지도자들과 브라질 선교팀원들, 그리고 수백 명의 마을 사람들이 걸어온다.

당신이 기니비사우의 축축하고 습한 해변가에 도착했을 때, 최종 목적지인 가부 마을에서 소식이 들려왔다. 솔레인지가 마침내 아이를 낳았다는 소식이었다. 그렇지만 지독히 덥고 쉰 냄새 자욱한 버스 안에서 시달려 그날 오후 늦게 마을에 도착해보니, 엄청난 소식 때문에 믿음이

흔들릴 지경이었다. 솔레인지가 난산으로 밤새 진통에 시달렸는데, 아기 레베카가 태어난 지 6시간 만에 사망한 것이다.

올리베이라 부부는 이 곳에 와서 자신의 모든 것을 희생했다. 브라질 교회 연합의 파송을 받은 수천 명의 선교사 중 하나였던 이들 부부와 팀들은, 수 주 동안 쌀만 먹으면서 버티기도 했다. 의료 혜택을 받지도 못했다. 본국과의 연락도 쉽지 않았고, 후원 재정도 비정기적으로 도착했다. '이것이 자신을 희생한 종들에 대한 처우인가? 첫 아이를 죽게 내버려두시다니 …' 고민하는 당신.

행렬은 마침내 가부 마을 바깥, 무슬림 무덤 근처 나무 밑에 다다른다. 조앙은 아이의 사망 즉시 족장에게 달려가 아이를 그곳에 묻어도 되는지 물었다. 족장은 풀라니어로 대답했다. "당신네들은 여기 왔던 다른 외국인들과는 다르오. 도시가 아니라 우리와 함께 살았소. 그렇소, 무슬림 묘지에 묻어도 좋소. 당신네 기독교식으로 해도 좋소. 사람을 보내서 다른 마을 지도자들도 참석하게 하겠소."

이제 작은 바구니는 편편한 아프리카 사바나 땅 밑으로 내려간다. 당신은 더위와 여행의 후유증에 시달리고 비극적인 순간에 놀란 나머지 몸을 제대로 가누지 못한다. 브라질 선교팀 리더는 때로 하나님께서 귀한 씨앗을 땅에 심어 죽게 하심으로써 새로운 생명이 태어나게 하신다는 말씀을 나눈다. 하나님의 회복인 것이다.

이틀 후, 브라질 선교팀의 공동리더인 23살의 클라리스(Clarice)가 카삼베라는 옆 마을에 같이 가보자며 초대한다. "기분 전환이 될 거예요. 1시간 30분 정도의 도보 여행이니 운동도 되구요."

아직도 서늘한 기운이 남아 있는 아침녘에, 목적지에 도착한다. 이마에서 흘러내리는 땀을 열심히 닦는 당신. 젊은 브라질 자매 클라리스가 두 명의 카삼베 지도자들과 협상을 벌이는 모습에 감탄한다. 풀라니어와 포르투갈어를 모두 할 수 있는 통역자를 통해 이야기를 나누던 지도자들은 결국 클라리스에게 이사(메시아 예수)에 대해 이야기를 해도 좋다는 허락을 내린다. "우리는 당신이 누구인지 압니다. 우리 종족과 함께 사는 외국인이지 않소. 무슬림 무덤에 아이를 묻었고 말이오. 그러니 이제 당신들도 우리와 하나요. 먼저 밭에서 일하는 이들을 불러 모으도록 사람을 보내겠소."

150명의 마을 사람들은 클라리스 주변으로 모여 앉아 있고, 클라리스는 포르투갈 크레올어로 이사에 대해 이야기하기 시작한다. 그를 돕는 통역자는 고등학생 나이쯤 되는 소년이다. 크레올어도 풀라니어도 알아듣지 못하는 당신은 옆의 풀더미 위에 앉아 있다. 하지만 클라리스가 마을 사람들에게 예수 그리스도께 삶을 내어드리라는 도전을 주고 있음은 느낄 수 있다. 풀라니 종족의 배경에 대해서는 당신도 알고 있다. 그들은 수백 년간 서부 아프리카를 다스렸던 자부심을 가진 민족이며, 풀라니에서 파생된 여러 종족들은 나라별로 그 이름도 다양하고, 방언도 크게 다르다. 그러나 이들은 그리스도의 복음에 대해 거부해왔다. 특히 기니바사우의 경우 아주 소수의 사람들만 예수를 받아들였고, 심각한 박해를 받았다. 이제 클라리스는 누가 이사를 따르겠냐고 묻는다. 2명의 마을 지도자를 포함하여 44명의 마을 사람들이 일어선다.

클라리스는 자기 눈을 믿지 못하겠는지, 사람들에게 다시 앉으라고 손짓한다. 클라리스는 복음과 예수를 주로 따르기 위해 지불해야 할 대가에 대해 두 번째로 설명한다. 다시 44명의 사람들이 예수를 영접하겠다며 일어선다.

클라리스나 당신이나 그들의 이런 반응을 믿지 못한다. 아마 어린 통역자가 클라리스의 말을 잘못 전달했을 것이다. 그래서 클라리스는 세 번째로 복음을 설명하고, 이슬람 세계에서 예수를 믿는 이들이 겪을 박해에 대해서 이야기한다. 이에 굴하지 않고 44명의 사람들이 다시금 일어나 자신의 삶을 예수께 위탁한다. 기니비사우에 새로운 생명이 태어나게 된 것이다.

비극적인 상황이 어떻게 이처럼 기대하지도 못한 복음의 돌파구로 바뀔 수 있었을까? 세 달 이후 그 이유를 발견한 당신. 당신이 기니비사우를 방문하기 직전, 하와이 코나섬의 애셔 모톨라(Asher Motola)라는 기독인 교사가 학생들에게 미전도 종족에 대해 공부할 기회를 주지 못한 것을 깨닫게 되었다. 그래서 학생들에게 미전도 종족 연구에 대한 과제를 냈다. 11세에서 14세 나이의 학생들로 구성된 한 팀이 풀라니를 연구했다.

학생들은 풀라니에서 사역하는 선교사가 소수라는 사실을 알게 되었고, 실제 풀라니 족을 위해 기도하는 사람이 아무도 없다는 사실에 놀랐다. 그래서 풀라니 족을 알리는 전단지를 만들어 35명의 어른들을 모집했고, 그들은 특정 기간 동안 기니비사우의 풀라니 족을 위해 기도하기로 약속했다. 물론 그들이 기도하던 기간 중에 아기 레베카가 사망했고, 기니비사우 역사상 처음으로 44명의 풀라니 인들이 예수 그리스도를 믿게 된 것이다!

보내는 사람 — 선교 팀의 구성원

기니비사우에서 수천 킬로미터 떨어진 곳에 있던 하와이의 학생들은 미처 알지 못했지만, 그들은 하나님께서 기니비사우 풀라니 족의 영적 돌파구를 뚫기 위해 사용하신 다국적 선교팀의 일원이었다. 분명 그들은 기도를 통해 상황을 역전시켰다. 보내는 사람들인 추수 일꾼들이 사용할 최고 전략 가운데 하나가 바로 기도다.

전쟁에서는 한 명의 최전방 병사를 엄호하는 군대가 15-20명이다. 이들의 도움 없이는 효과적으로 적을 공격할 수 없다. 이와 마찬가지로 최전방 선교사에게는 유능하고 효과적인 파송 팀이 필요하다.

선교단체에서는 나가든지 보내든지 하라는 말을 많이 한다. 이 말은 보내는 사람의 중요한 역할을 언급한 전통적인 성경 구절 말씀과 일치한다. "그런즉 저희가 믿지 아니하는 이를 어찌 부르리요? 듣지도 못한 이를 어찌 믿으리요? 전파하는 자가 없이 어찌 들으리요?"(롬 10:14)

넓은 의미로 볼 때, 교회 초등부를 맡은 선생님들도 보내는 사람이다. 미래의 선교사를 준비시키기 때문이다. 식당 봉사하시는 분들 역시, 강력한 파송의 기반을 닦기 위해 교회를 강건히 세우는 분들이다. 교회 파송 팀의 일원인 것이다.

하지만 좀더 구체적인 선교 사역에 대해 논하는 우리의 목표에 맞춰, 직접적으로 선교 사역에 임하고 있는 본국 사역자, 즉 보내는 사람들에 대해 살펴보기로 하자.

파송 전문가

하나님께서는 세계 선교에 대한 열정으로 충만한 본국의 그리스도인들을 새로운 군대로 일으키고 계시다.

보내는 사람이란 특정 선교사를 후원하는 이들로 구성될 수 있는데, 즉, 미혼이든 기혼이든, 가족이든, 타문화권에서 섬기는 선교사를 '후방'에서 돕기 위해 구성된 사람들로, 최소 6가지 분야의 전문가들이다.

전략 전문가
중보기도자
커뮤니케이션 전문가
연구 조사 전문가
재정 관리자
귀국 선교사 관리자

또는 교회의 중직을 맡고 있으면서, 여러 선교사들과 선교단체를 섬기고 있는 사람이기도 하다.

선교 훈련가
선교부 목사
교회 행정 사역자
연구 조사자
선교 동원가

닐 피롤로(Neal Pirolo)의 책 『보내는 자로 섬기다』(*Serving As Senders*)를 보면 선교 파송 팀의 역할에 대해 자세하게 설명되어 있다. 이 책의 주제는 선교 사역에 연관되어 있는 파송 전문가들이 시간제나 자원봉사자로 일하고 있다 하더라도 전방의 선교사들만큼 열정적으로 사역한다는 내용이다.

보내는 자가 해야 할 일은 무엇인가?

전략 전문가는 실제적인 세부 계획을 세운다. 팀으로 혹은 개인으로서 할 수 있는 일은 다음과 같다.

- 선교지로 나가는 선교사의 짐을 싸준다.
- 목적지에 무사히 도착하도록 출발과 도착 여행 일정을 짜고, 비상시의 우발적 사고에 대비할 계획도 세운다.
- 필요한 장비와 물건을 찾아내고, 이에 필요한 재정 명세서를 작성하며, 물건을 포장하여 발송한다.
- 선교지 방문자나 단기 전도여행팀의 여행을 조정한다.
- 필요한 경우를 대비해 자신의 일을 대신할 사람을 선정해 훈련시킨다.
- 다른 교회의 파송 팀을 훈련시킨다.

중보기도자가 할 일은 다음과 같다.

- 팀의 연구 조사 전문가나 선교단체, 선교사가 제공한 정보를 바탕으로, 중보기도가 필요한 영적 지역을 정확히 표시한다.
- 기도 대상 종족에 관한 기도 제목을 사람들에게 알린다.
- 선교사의 개인적 필요를 위해 중보할 특별 기도 용사들을 구성한다.
- 세계를 위해 기도하도록 훈련을 시킨다.
- 광고, 전단지, 주보 등을 통해 사람들이 선교사와 종족을 위해 지속적으로 기도할 수 있게 한다.
- 선교사를 위한 지속적인 기도의 응답이 무엇인지 알린다.
- 선교사와 종족을 위한 특별 기도 주간을 정한다.
- 필요한 경우를 대비해 자기 일을 대신할 사람을 선정해서 훈련시킨다.

- 다른 교회의 중보기도팀을 훈련시킨다.

커뮤니케이션 전문가가 할 일은 다음과 같다.

- 편지, 팩스, 전화, 이메일, 통신원 등 선교지에 있는 선교사와 소통할 수단을 확보한다.
- 중보기도자와 연계하여 기도 제목, 감사할 일, 선교사 동정 등을 교회 사람들에게 알린다.
- 선교사에 관한 소식지를 정기적으로 만들어 배포한다.
- 교회 내의 여러 연령층의 사람들이 선교사들과 연락을 주고받을 수 있는 기회를 제공한다.
- 같은 종족 집단을 위해 일하고 있는 타 교회, 선교단체, 선교사들과 소식을 나눈다.
- 목표로 정한 종족 집단을 알리기 위해 지역이나 전국 단위 기독교 매체에 종족에 관련된 글, 소식, 기도 제목을 싣는다.
- 필요한 경우를 대비해 자신의 일을 대신할 사람을 선정해서 훈련시킨다.
- 다른 교회의 커뮤니케이션 팀을 훈련시킨다.

재정 관리자가 할 일은 다음과 같다.

- 선교사가 파송되기 전에, 함께 실제적인 개인 예산과 사역 예산을 세우고, 재정 관리법과 송금 방법, 재입국시의 필요 재정 등에 대해 논의한다.

- 후원자 모집의 구체적 방안을 세우고, 지역 교회가 선교사 사역비 전체를 후원하는 경우 어떻게 이를 조달할지에 대해 재정 계획을 세운다.
- 의료 보험, 생명 보험, 상해 보험 등 필요한 보험 가입을 알아보고, 은퇴나 재입국시의 재정과 더불어 세금에 대해 알아본다.
- 선교사가 선교지에 있는 동안 선교사의 재정 문제 일체를 처리한다.
- 선교사 개인 생활비와 사역비의 지출 형태를 평가하고, 현명한 재정 사용법에 대해 조언한다.
- 선교 후원비 모금하기 - 보조금이나 일반 재정원을 알아보고, 교회의 지속적인 헌금을 촉구한다.
- 후원자들이 정기적으로 후원을 지속할 수 있도록 돕고, 후원에 대한 감사를 전한다.
- 필요한 경우를 대비해 자신의 일을 대신할 사람을 선정해 훈련시킨다.
- 다른 교회의 재정 관리팀을 훈련시킨다.

귀국 선교사 관리자가 할 일은 다음과 같다.

- 선교사가 파송되기 전에, 재입국할 날짜나 목적 - 방문, 휴식, 철수 - 등을 함께 논의한다.
- 선교지에 있는 선교사에게 본국의 유행 문화 발전 상황을 알린다. 청소년들의 옷 입는 법, 요즘 유행하는 화두, 기독교계의 소식 등.
- 선교사 개인의 고향방문 계획을 돕고, 필요한 부분을 준비한다.
- 선교사의 선교보고 일정을 세운다. 선교보고 여행 중 휴식 시간도 마련한다.
- 선교사가 다시 돌아왔을 때 학교를 다니거나 취업을 하거나 사역을 할

수 있는 기회를 알아보고 이를 알려준다.
- 귀국한 선교사가 교회 안에서 맡을 수 있는 역할에 대해 계획하고 조정한다.
- 귀국한 선교사와 가족들이 상담을 받을 수 있게 준비해 놓는다.
- 필요한 경우를 대비해 자신의 일을 대신할 사람을 선정해 훈련시킨다.
- 다른 교회의 귀국 선교사 관리팀을 훈련시킨다.

타문화권으로 나가는 선교사라면 본국에 이러한 지원팀이 있어야 한다. 보내는 사람이 없이, 누가 복음을 전할 수 있겠는가?

하지만 '전문가'라는 말에 기죽지 말기를 바란다. 보내는 자로 섬긴다는 것은 자신이 후원하는 선교사보다 한 발짝 앞서 나가서 사람들에게 알리는 역할을 의미한다. "제 친구가 고향에 돌아옵니다. 돕고 싶은데, 어떻게 하면 좋을까요?" 다른 사람들도 다들 그러하듯, 보내는 사람도 사역을 하는 가운데 일을 배우는 법이다!

닐 피롤로의 책 『보내는 자로 섬기다』에서는 선교 파송팀의 각 구성원들이 맡은 일들에 대해 기술하고 있다. 닐 피롤로의 놀라운 통찰력과 더불어, 또 다른 전문가가 필요하다. 바로 연구 조사 전문가다.

연구 조사 전문가가 하는 일은 무엇일까?

연구가 : 선교지를 조사하는 사람

교회가 특별히 기도해야 할 선교지의 상황을 잘 모른다면, 그 지역과 종족 안에서 그다지 많은 기도의 역사를 이뤄내지 못하게 된다. 선교 사역 가운데 가장 중요한 역할이면서도 가장 알려지지 않은 일이 바로 연구 조사자다.

현지 선교사는 보통 언어와 지역 관습 습득, 현지인 방문 등으로 바쁘기 마련이다. 그래서 최신 뉴스와 더불어, 지역 인구나 정확한 역사(현지인들이 아는 신화와는 확연히 구별된다), 총체적 문화에 대해 정확한 정보를 얻는 데 어려움을 겪을 수 있다. 본국의 연구가는 중요한 정보를 구별하여 이를 선교사에게 제공할 수 있다.

조사 자료는 사역에 있어서 방향을 제시한다. 그 예를 살펴보기로 하자. 1980년대 중반, DAWN(Discipling A Whole Nation)의 지역 연구 방법이 미국 캘리포니아 주, 산타클라라의 실리콘 밸리에서 효력을 거두었다. DAWN의 책임자, 짐 몽고메리(Jim Montgomery)는 당시 이 지역 목회자들이 조사 결과에 큰 충격을 받았다고 말한다. 당시 그 지역에는 24시간 TV, 라디오 방송을 하는 거대 교회가 십수 개였다.

첫째, 조사 결과 주일날 개신교 교회에 참석하는 사람은 전체 인구의 6.4%에 불과했다. 이중 4%는 소수 민족이었다. 당시 전체 인구의 40%가(현재는 더 늘어났을 것) 비(非) 앵글로 계였다. 30만 명의 히스패닉(라틴 아메리카 계) 가운데 교회는 45개에 불과하고 교인도 3,475명으로, 전체 히스패닉 인구의 1.2%였다. 천 명의 아프간 파쉬툰 족 가운데 교회는 하나도 없었다. 9천 명의 본토 인디언, 다양한 종족으로 구성된 2천 3백 명의 에티오피아인, 6천 명의 인도인, 566명의 동유럽인, 4천 명의 페르시아인, 600명의 이라크 출신 아랍인들 사이에도 교회는 없었다.

고국의 서글픈 현실에 대한 '조사'를 통해 느헤미야가 기도하고 금식하며 행동하게 되었듯이(느 1장, 2:11-18), 실리콘 밸리에 대한 조사를 통해 지역 그리스도인 지도자들이 자극을 받게 되었다. 연구 조사 결과 발표회장에서, 산 호세 목사는 "충격적이다!"라고만 외쳤으며, 다른 이는 "마음이 깨지는 듯해서 얼굴을 파묻고 기도했다"고 말했다. 이렇게 반응한 사람도 있다. "이곳이야말로 선교지라는 생각을 해본 적이 없다." 자세한 연구 조사를 거친 후, 산타클라라 지역 교회의 지도자들은 2000년까지 그 지역 그리스도인의 수를 85,000명에서 300,000명으로 올리는 데 헌신하기로 마음을 모았다. 각 민족마다 하나의 교회를 세우기로 말이다![1]

모든 민족을 위한 복음이기에, 한 가지 방법만으로도 복음을 전할 수 있다고 쉽게 생각해버리는 그리스도인들이 많다. 예를 들어, 선교에 대한 마음을 품은 LA주재 한국 교회가 있었는데, 1991년에 목회자와 단기 전도팀이 몽골로 전도 여행을 떠났다. 그 목회자는 노방 전도에 대한 경험이 있었다. 길 가는 사람들을 붙잡고 복음을 나누면서 수백 명의 한국인들을 영접시켰으므로, 몽골 전도여행 때도 칼카 몽골어로 전도문을 암기한 뒤, 수도 울란바토르에서 길 가는 사람들에게 예수를 전하기로 계획을 세웠다. 마음의 준비도 되고 전도문도 모두 준비되었다.

하지만 그는 전도 대상자에 대해서는 고려하지 않았다. 몽골인은 한국인이 아니다. 목사의 노방 전도 여행은 실망으로 끝나고 말았다.

타문화 선교에 있어서, 목표로 하는 민족 집단의 특성에 대해 잘 이해할 필요가 있음을 보여주는 예다. 그 목회자가 칼카 몽골 문화에 대해 시간을 두고 연구하고 잘 아는 사람들에게 물어보았거나 하나님의 마음을 구했다면, 노방 전도가 몽골인 전도에 있어서 그다지 효과적인 방법이 아님을 알았을 것이다.

종족에 관한 정보 찾는 법

특정 종족에 대한 직접적 경험을 가진 선교사, 여행객, 비즈니스 여행자들과 함께 차를 마시며 이야기를 나누는 자신의 모습을 상상해보라. 홍콩에서 조사한 비디오 목록, 모스크바 대학에서 찾은 논문, 절판되었지만 런던의 고서(古書) 가게에서 찾아낸 책들, 신시내티나 싱가포르, CIA나 중국 정부 연구서에서 찾아낸 자료를 손에 쥐고 있는 자신의 모습을 상상해 보라.

종족에 대한 마음을 품은 사람들과 함께, 그 종족에게 하나님의 계시가 임하도록 기도하는 자신의 모습을 상상해 보라.

상상은 이걸로 충분하다. 이제는 직접 소매를 걷어붙여야 할 때가 아닐까. 특정 종족을 향한 하나님의 마음을 공유할 수 있는 방법에 대해 알아보기로 하자.

첫째, 미전도 종족 입양운동본부에 연락해서, 자신의 관심 종족 가운데 활발하게 사역하고 있는 단체가 있는지 문의한다. 혹 그곳에 정보가 없다면, MARC 선교 안내서를 찾아서 혹 근방의 다른 종족을 사역하는 단체가 있는지 알아보라. 대부분의 안내서에는 정치적 국가 단위로만 정보가 나와 있다. 하지만 관심 종족 주변에서 사역하는 단체에 대한 윤곽은 최소한 파악할 수 있다.

둘째, 그곳 선교단체에 자신의 이름과 주소를 적어 보내고, 단체의 잡지나 월보, 소식지를 받고 싶다고 요청하라. 자기 주소가 적히고 우표가 붙여진 회신용 봉투를 첨부해서, 종족에 관한 정보를 얻고 싶다고 요청하라. 선교단체는 복음 전파 사역으로 상당히 바쁘며, 익명의 요구에 대해 일일이 답변하지 않는다. 그러므로 분명하고도 공손하게 요청을 하고, 참을성 있게 답신을 기다려야 하며, 단지 지식을 키우려는 목적이 아니라 선교 정보로 활용할 것이라는 점을 밝히라.

선교단체에서 얻은 정보는 시작일 뿐이며, 최고의 정보가 아닐 수도 있다. 정보 수집 과정도 느리고, 또 정기 간행물에 관심 종족에 관련된 정보가 나오는 일도 드물 수 있다. 그러나 선교단체의 정보들을 하나로 엮어나가는 일은 느린 반면, 관심 종족에 대한 전 세계의 정보를 수집하는 일은 쉴 새 없이 바쁜 일이다. 햇병아리 연구가에게 도움이 될 만한 책 가운데 하나가 복음 음반 사역(Gospel Recording Ministries)의 연구가인 앨런 스탈링(Allen Starling)의 『숨은 종족을 도서관에서 찾는 법』(How to Find Hidden People in Your Library)이다.

도서관은 필요로 하는 정보를 얻을 수 있는 곳이다. 고고학자, 사회학자, 탐험가들이 수백 년에 걸쳐 세계 문화에 대한 정보를 엄청나게 쌓아놓았다. 이들 전문가들 다수가 불가지론자거나 반 기독교적이었으며, 자신의 출세나 과학적 성과, 호기심 때문에 문화를 연구한다고 생각했던 사람들이다. 하지만 틀린 생각이다! 하나님은 이러한 정보를 하나님 나라를 위해 사용하고 계시다. 대부분의 대학 도서관은 미전도 종족의 문화에 대한 주요 정보까지 소장하고 있다. 본국의 연구가들이 발굴하여 선교 현장에 전달해주기를 기다리고 있는 셈이다.

그 한 예로, 남아프리카 출신의 선교사가 무슬림 국가의 어느 종족 가운데서 수 년 동안 생활했다. 선교사는 그들의 언어를 연구하고, 개인적인 관계를 만들어갔으며, 종족을 이해할 수 있는 주요 정보를 연구하고 저장했다. 그런데, UCLA 대학에 가보니 그 종족의 문화를 여러 가지 관점에서 살펴본 살아 있는 정보로 가득했던 것이다!

연구 조사가 자신의 은사나 사역, 섬김의 영역인 사람들이 있을 것이다. 도서관 컴퓨터 검색 시스템을 배우는 일을 좋아한다거나, 문화에 대한 생생한 정보와 선교 팀에게 영적 돌파구를 제시할 만한 정보를 찾아내는 일을 즐긴다면, 당신이야말로 이 분야의 전문성을 지닌 보내는 사람이다!

또한 자신의 역할을 총체적 연구 사역으로 확장시킬 수 있다. 특정 종족이나 도시, 지역에 대한 올바른 정보를 얻은 뒤, 다른 선교 팀과 정보를 나누며, 새로운 연구 영역으로 넓혀갈 수 있다.

무엇을 찾고 있는가?

관심 종족에 대해 알고자 하는 정보가 무엇인가? 물론 전반적인 정보일 것이다. 하지만 현실적으로 볼 때, 24가지 범주에 따라 정보를 연구할 필요가 있다.

미전도 종족 입양운동본부의 총재인 프랑크 칼렙 얀센은 총체적인 '문화의 바퀴'를 개발하여, 종족에 관한 정보 수집을 위한 연구 범주를 제공했다. 본래는 종족 전체를 위한 기도의 효율성을 극대화하기 위해 고안되었지만, 총체적 사고방식의 모델을 비전문 연구가가 사용할 경우, 그 종족을 향한 하나님의 마음에 더욱 초점을 맞출 수 있다.

다음의 개요는 정보의 범주에 따라 연구의 초점을 맞추려는 계획의 일환이다. 아래에 나온 질문 외에 다른 질문을 생각하다 보면, 종족 연구에 있어서 또 다른 방향을 잡을 수 있을 것이다.

각 범주별 질문을 자세히 살펴보도록 하자.

기본적 필요

안전 : 사람들이 위협감을 느끼는가? 어떠한 세력, 누구에게 위협을 느끼는가? 범죄의 요소는 무엇인가? 기상 악화나 해로운 동물 등 실제적인 위험성이 일상생활 속에 내재되어 있는가? 이를 어떻게 해결할 수 있을까?

문화의 바퀴

문화의 바퀴란 프랑크 칼렙 얀센(Frank Kaleb Jansen)이 개발한 〈총체적 사고방식의 모델〉(Holistic Perspectives Model)을 각색한 것이다. 상세한 정보와 원(源)모델을 원하는 사람은 미전도 종족 입양운동본부의 자료를 찾아보라.

영양 : 주식이 무엇이며 영양 정도는 어떠한가? 건강한 식단을 위해 필요하지만 부족한 부분은 무엇인가?

물 : 깨끗한 물을 마실 수 있는가? 어디서 구할 수 있는가? 수질 관리가 제대로 이뤄지고 있는가?

에너지 : 어떠한 형태의 에너지를 개발하여 사용하고 있는가? 수자력, 풍력, 석탄 화력, 석유 화력인가? 모든 사람들이 에너지를 사용할 수 있는가? 이 사회에서는 어떠한 에너지 생산 프로젝트, 또는 에너지 보존 프로젝트가 호감을 얻겠는가?

주거 : 그곳의 주거 환경은 어떠한 형태인가? 집이나 재산을 소유하는 것이 중요한 일인가? 한 집 안에 몇 명이, 또는 어떠한 관계의 사람들이 거주하는가? 비싸지 않고 적합한 주택을 가정들에게 우선적으로 공급하고 있는가? 공공 기관에 우선적으로 공급하는가? 사람들은 다른 형태의 주택이나 건축 자재를 수용하는가?

위생 : 공해가 있는가? 사람들은 공해에 순응하며 사는가, 아니면 저항하는가? 위생 시설이 건강에 어떠한 영향을 미치는가?

건강 : 알코올 중독과 기타 여러 중독 증세를 포함하여, 건강상 문제가 있는 부분은 무엇인가? 사람들의 예방법은? 인구 당 의사, 간호사, 병실, 병원의 수가 차지하는 비율은 얼마인가? 약을 쉽게 구할 수 있는가?

교육 : 평균 교육수준은 어느 정도인가? 정규 학교가 있다면 입학 가능한 연령은 몇 살인가? 기본 교육의 교과 과정은? 고등 교육을 받는 사람들의 수는 얼마인가? 전공 분야는 무엇인가?

주요 영향력

인구 : 얼마나 많은 사람이 살고 있는가? 연령층은? 남녀의 성비율은 얼마인가? 과부, 고아의 수와 세대별 수는 얼마인가? 평균 수명은 얼마인가? 진정한 그리스도인과 명목상 그리스도인을 포함해 각 종교별 신도 비율은 얼마인가?

역사 : 이들이 고유 문화는 언제, 어디서 형성되었는가? 과거의 일 가운데 중요한 사건은 무엇인가? 초기 문서 기록에서 현대까지, 역사 속에 드러나는 일정한 특징이 있는가? 지역 역사와 구전 역사는 정사(正使) 내용과 다른가? 이들 종족이 기독교를 접한 역사가 있다면, 복음을 전파한 사람은 누구며 언제 어떤 방법으로 전해졌는가? 복음의 유입으로 나타난 긍정적인 결과와 부정적인 결과는 무엇인가?

지리 : 이들 종족이 거주하는 곳은 어디인가?(피난민 촌이나 이민자를 포함) 인구 밀도는 얼마인가? 지형이 민족성에 끼친 영향은 무엇인가? 지형적 특성이 복음 전파에 방해가 되지는 않았는가?

문화 : 이야기, 노래, 금언과 수수께끼, 축제일, 습관, 일정, 여가 생활 추구, 기질, 대화 방식, 가치관, 유머 등 이들 요소가 보여주는 민족성은 무엇인가? 일상적인 습관, 관심, 생활방식, 자녀에 대한 기대, 십대 청소년에 대한 기대, 중년층과 노년층에 대한 기대는 무엇인가?

기본 제도

가족 : 이혼, 편부모 가정, 난잡한 성생활, 결혼 등에 대한 이들의 태도는 어떠한가? 또 그런 사례가 종족 내에서 얼마나 자주 일어나는가? 가장은 누구인가? 남성과 여성, 노인, 사내아이와 여자아이의 역할은 무엇이며, 이들에 대한 '가치'는 어떠한가? 가족은 어떠한 기능을 담당

하는가? 가족의 규모는 어떠한가? 가정에서의 시간 사용 방법은?

법과 정부 : 정부는 어떤 식으로 사람들의 생활에 영향을 미치는가? 복음에 방해가 되는 법은 무엇인가? 그 이유는? 정치가가 중요한 역할을 차지하는가? 현재 정권을 잡은 사람은 누구이며, 이는 무엇을 의미하는가?

경제 : 경제적 기초는 무엇인가? 다른 유사 문화권에 비해 생활수준은 어떠한가? 경제사는 어떠했는가? 미래의 전망은?

사고방식 형성

매체 : 사람들 사이에서 가장 영향력이 큰 방송 매체는 무엇인가? 가장 대중적인 매체 형태는? 매체는 그리스도인들과의 협력에 우호적인가? 문화 안에서 매체가 나아가야 할 다음 단계는? 매체를 통해 사람들 사이에 잘못 알려진 정보는 무엇인가?

예술 : 어떠한 예술 형태가 가치를 인정받고 있는가? 각 예술 영역의 특성은 어떠한가? 전통 예술을 통해 알 수 있는 민족성은? 현대 예술이 추구하는 바는 무엇이며, 전통 예술 형태에서 변형된 이유는 무엇인가?

종교 : 현재, 어떤 형태의 종교가 존재하는가? 기독교가 사회 안에 들어와 있는가? 혹 이단이 잠입하지는 않았는가? 기독교 선교사, 교회, 기관, 성경 공부 모임이 형성되어 있는가? 그렇다면 이들 그리스도인은 누구인가? 사람들이 진실로 믿는 종교가 무엇인가에 관계없이, 주요 종교제도가 사람들의 삶에 미치는 영향은 무엇인가? 종교제도가 영적 진리와 반대되는 가르침을 퍼뜨리고 있는가? 이곳의 종교적 역사의 특성은 무엇인가? 현재는 어떤 일이 일어나고 있는가?

영적 핵심

신념 : 주요 종교의 가르침의 영향과 관계없이, 사람들이 마음으로 믿는 바는 무엇인가? 영적 원인이 될 만한 그들의 내면적 두려움은 무엇인가?

정체성 : 그들은 자신에 대해 어떻게 생각하는가? 주변 사람들은 이들에 대해 어떻게 생각하는가? 하나님은 이들에 대해 어떻게 생각하시는가? 그들의 성품이 속죄 받은 후, 어떤 면이 하나님의 성품을 가장 두드러지게 나타내겠는가? 그들은 누구인가?

죄악 : 과거와 현재의 죄악은 무엇인가?

속박 : 사람들을 죄악과 영적 어두움에 더욱 옭아매는 죄악의 결과는 무엇인가?

정사와 권세 : 범죄의 현장을 보면 범죄자의 주요 특성을 알 수 있듯이, 사람들 안에 나타나는 고통의 결과는 이들을 어둠에 묶고 있는 영적 실체의 특성을 보여준다. 영적 권세의 이름을 아는 것은 중요하지 않으나, '정사, 권세, 어둠의 주관자'의 특성을 이해하는 것은 우리가 싸우는 대상을 보여주기 때문에 중요하다. 어둠의 실체가 사람들에게 퍼뜨린 거짓은 무엇인가? 이들 권세자는 누구인가?

앞서 살펴본 내용에 나름의 질문을 덧붙여 '자기 민족'에 대한 정보를 알아보는 일부터 해보라. 이 일만 해도 밤을 새워야 할지도 모른다. 자기가 속한 문화권이기에, 도서관을 드나들거나 깊이 있는 연구를 하지 않더라도 필요한 정보를 어느 정도 가지고 있지 않은가. 이러한 연습을 통해 당신의 문화권을 향한 하나님의 마음과 그곳 기독교 안에 심겨진 민족성을 생각보다 더욱 적나라하게 볼 수 있다. 이로써 특별히 기도해야 할 영역과, 자민족 안의 새로운 사역적 접근 방법, 하나님의 구속하심으로 영광을 드러내기 원하시는 주요 민족적 특성을 찾아내기도 한다!

문화를 연구하는 법에 대해 대강 훑어보는 정도였지만, 논지는 분명하다. 자기 손에 든 쟁기를 바라보는 것이 아니라 추수밭을 바라보라는 것이다. 당신이 발견해낸 한 편의 중요한 정보가, 닫혀진 나라에 들어가 종족 전체에게 예수의 구원 복음을 전할 수 있도록 팀 전체에게 도움을 준다는 사실에 매우 놀랄 것이다!

보내는 자로서 성숙하게 자라면 전임 사역을 지도할 수 있게 되고, 연구 조사 분야에서 전문가가 되다 보면 교회 사역에서 벗어나 보내는 자로서의 역할만 맡을 수도 있다. 보내는 사람은 또한 행정가, 훈련가 등 여러 가지 선교 역할을 감당해내야 한다. 당신의 꿈이 전임 사역자로서 보내는 사람의 기능을 온전히 감당하는 일이라면, 맘에 드는 선교단체에 연락해서, 사역할 자리가 있는지 물어보라. 아니면, 세계 선교 센터(Centers for World Mission)를 통하면 사역 정보를 얻을 수 있다.

혹은 교회 자체에서 선교 파송 팀 조직을 고려하고 있을 수도 있다.

보내는 자로서의 지역 교회

지역 교회가 선교지의 선교사들을 파송하고 유지하는 역할을 감당할 수 있을까? 교회가 선교단체처럼 사역할 수 있겠는가?

이러한 질문은 경험 많은 선교단체장들이나 선교사들 모두 그다지 달가워하지 않지만, 전 세계 교회들을 볼 때 그 대답은 차츰 "가능하다!"로 바뀌는 추세다.

자체 선교 팀을 파송하는 지역 교회가 제대로 사역하고 있는가? 때로는 그렇다. 하지만 위험성이 매우 많다. 많은 돈을 헌금하는 사람들이 다른 곳으로 이동할 경우 교회는 재정 기반을 잃게 되고, 선교사는 현장에서 고통을 당한다. 혹은 선교사가 현지의 심각한 정치적 혼란에 연루된다든지, 심하게 아프다든지, 혹 사망할 경우 본국 교회에서는 이러한 급박한 상황에 대처할 만한 경험이 없다. 선교단체의 역할을 감당하고 있는 교회는 선교단체에 조언을 구하는 것을 다소 껄끄럽게 여기므로, 선교 사역의 교훈을 힘겨운 방법으로 직접 배워야 한다. 시행착오와 실패와 실패를 거듭하면서 말이다.

점차 많은 교회들이 그러한 난관에 직면하면서도, 하나님의 은혜로 선교사 파송 팀으로 섬기고 있다. 이러한 교회의 모험을 옹호하는 사람들 중 하나가 조지 밀러다.

조지는 20년 동안 OM 선교회 파송 선교사였다. 현재는 미전도 종족으로 교회 개척 팀을 파송하는 지역 교회 연합체인 안디옥 네트워크(Antioch Network)의 의장으로 섬기고 있다. 조지 밀러는 지역 교회가 미전도 종족을 향해 선교 팀을 조직하고 보내고 후원하는 일을 감당할 수 있다고 확신한다.

선교 팀을 보내는 교회에 대한 비전을 가지게 된 것은 교회의 선교 대회 때였다. 교회에서는 종족 집단보다는 국가별 선교를 언급한다. 그리고 교회에서 흔히 듣는 나라들은 이미 선교사들이 사역하는 곳이다. 그래서 기도와 재정과 인력이 이미 선교사가 나가 있는 곳으로 흘러가게 되는 것이다. 새로운 선교사들의 대략 90%가 이미 선교사들이 포진해 있는 지역으로 나가는 현실이 그다지 놀랍지 않다는 것이 조지 밀러의 생각이다.

조지 밀러는 또한 전통적인 선교단체로서는 새롭게 방향을 전환하는 것이 어렵다고 생각한다. 마치 전투함처럼 방향을 틀려면 몇 킬로미터를 돌아가야 하는 것이다. "그래서 생각한 것이 큰 선교단체가 브라질 대신 터키로, 필리핀 대신 네팔로 선교사를 파송하는 것이 어렵다면, 지역 교회가 하나의 미전도 종족을 목표로 삼는 것이 더 용이하리라는 것이었다."

더욱이, 선교사가 여러 교회의 지원을 받는 경우, 자신들을 지도하고 양육해줄 모교회를 정하기가 쉽지 않다. 본국에 돌아올 때마다 전국에 흩어진 수십 개의 교회를 돌아다녀야 한다는 의미가 된다.

그래서 결국 조지 밀러는 교회 자체적으로 교회 개척 팀을 파송하는 계획을 세웠다. 사실상 교회의 평신도들이야말로 놀라운 교회 개척자들이다! 선교사로 전문적 훈련을 받은 사람들도 접근 제한 국가로 들어가려면 다른 신분을 갖춰야 한다. 그래서 보건 직종, 사업가, 교사 등 본인에게 맞지 않는 어색한 직업을 갖게 되는 것이다. 조지 밀러의 말이다. "사람들을 선교사로 만든 후에 사업가나 교사로 교육시키기보다는 차라리 이미 사업가나 교사들을 훈련시켜 파송하라! 자신의 직업적 능력을 가지고 입국할 수 있고, 직장에서 그러했듯 자연스럽게 사람들과 어울리면서 예수 그리스도를 전할 수 있다."

하지만 세계 복음화와 같이 엄청난 사명은 거대하고 조직적인 단체가 감당할 일이 아닐까? 조지 밀러는 자원이 잘 갖춰진 거대 조직에서도 현재, 자발적인 일꾼들로 이뤄진 소규모 집단이 거대하고 비인격적 조직의 사역보다 훨씬 창의적이라는 점을 인정하고 있다고 지적한다. "중국 교회의 성장과 같이 역사상 가장 강력한 교회 개척은 소규모 단위에서 비롯되었다. 거대 조직도, 전국 규모의 텔레비전 방송 네트워크도, 컴퓨터 기부자 관리도, 재정 합병 관리도 없었다. 사람에게 복음을 나누는 것은 사람이며, 소그룹의 폭발이었고, 대부분은 가정 단위에서 일어났다." 지역 교회의 전적인 파송을 받은 소그룹 팀이야말로 세계 복음화의 남은 사명을 하나씩 성취해갈 수 있다.

하지만 지역 교회가 제대로 훈련받지 못한 팀을 보내거나, 선교단체가 오랜 경험으로 얻은 금기 사항을 몰라 엄청난 실수를 저지를 경우에는 어떻게 할까? 몇 년 전, 어느 큰 교회에서 심한 접근 제한 국가로 선교사를 파송했다. 그런데 정치적 폭동이 일어나면서 선교 팀이 테러리스트에게 납치를 당하고 말았다. 지역 교회는 파송 선교사에 대한 엄청난 책임감을 느꼈고, 교회 선교 프로그램에 예기치 않은 일이 발생했으니 대안책을 마련하라고 선교 위원회에 지시했다. 그들은 사실상 선교사 구출을 위해 접근 제한 국가로 투입할 용병 부대를 고용했다! 다행히도 그 소식이 본국의 당국자들의 귀에 들어가게 되면서, 재앙을 일으킬 뻔한 불법 계획은 무산되었다. 좋은 의도로 시작한 선교 위원회가 전쟁을 발발시키기 전에 말이다!

지역 교회는 세심한 부분이나 우발적인 사고, 국제 선교 사역의 주의 사항이나 정치적 조약에 있어서는 완전히 무지하다. 선교단체는 이러한 문제를 해결하기 위해 존재한다. 새로운 단체들은 옛 전통과 갈등할 필요가 없는데도 늘 부딪히기 마련이다. 이 두 가지 '형태'의 그리스도의 몸이 상호작용하게 되면 파송 과정에 있어서 효과적인 상승 작용을 일으킬 수 있다. 교회는 자체 선교 팀을 파송하는 데 실질적으로 참여할 수 있고, 선교단체는 지역 교회와 일대일로 연계해 선교 팀의 안전과 현지 사역의 효율성을 극대화할 수 있다.

선교단체 혹은 지역 교회가 자체적으로 파송하든, 둘이 함께 현실적 연합을 이루든, 어떤 선택을 하든지 현지 사역에 참여하는 것은 온 세 상을 향한 하나님의 마음을 품는 지역 교회의 비전에 매우 중요한 역할 을 한다.

보내는 사람의 생활방식

"세계를 품은 그리스도인"이란 용어는 지난 30년 동안 그리스도인들 사이에서 많이 사용되어왔다. 그만큼 오래된 말이다. 요즘은 자신의 생 활 방식 속에 사회의 타락한 가치를 반영하지 않는 그리스도인을 의미 하는 말로 쓰인다. 세계, 즉 열방을 품은 그리스도인이란 누구인가? 열 방의 복음화라는 총체적 목표를 향해 하나님이 주신 사역이나 활동을 수단으로 알고 마음을 다해 섬기는 제자를 의미한다. 마음과 영과 생각 과 힘을 다해 하나님을 사랑하고, 자신을 사랑하듯 남을 사랑하라는 위 대한 계명과 지상 대사명의 균형을 맞추는 사람이다.

일반 그리스도인과 열방을 품은 그리스도인의 차이점은 무엇일까? 어떤 면에서는 그 차이가 미미하다. 열방을 품은 그리스도인 역시 하루 의 대부분을 일상생활을 하는 데 보내고, 자신의 역할(부모, 배우자, 친 구)을 감당하며, 직업적 요구를 달성하고, 집안일을 하는 데 사용한다. 또한 자신의 인격 문제를 고민하고, 말씀을 연구하며, 기독교 서적을 읽고, 하나님 앞에서 겸손하고 깨어진 마음을 구한다. 양쪽 모두 하나 님을 사랑하고 이웃을 사랑하라는 계명을 지키기 위해 힘쓴다. 하지만 어떤 면으로는 엄청난 차이가 있다.

열방을 품은 그리스도인은 여가 시간을 다르게 사용한다. 열방을 가 슴에 품고 있기에 열방을 위해 기도하고, 다른 사람들도 온 세상에 하나님의 영광이 드러나는 비전을 가질 수 있게 도와준다. 또한 재정을 지혜롭게 관리하고, 남는 돈은 하나님 나라의 확장을 위해 사용한다. 늘 자신의 사역과 활동이 궁극적으로 열방에 어떠한 영향을 미치게 될지 늘 염두에 둔다.

보내는 자로서 열방을 품은 그리스도인의 삶을 사는 것은, 가난을 각오하는 것을 의미하지 않는다. 가난하다고 반드시 영적인 것도 아니고, 부하다고 반드시 물질적인 것은 아니기 때문이다. 하지만 먼저 그의 나라를 구하는 사람에게 있어서 선한 청지기의 모습은 열방을 품은 그리스도인의 증표다.

컴퓨터 장비를 구입하는 데 700만원을 투자하는 것이 열방을 품은 그리스도인의 사역의 일환일 수 있다. 같은 돈을 크리스마스 선물로 골프 회원권 구입에 사용하는 것은 그다지 올바른 사역이 아닐 수 있고 말이다. 하지만 열방을 품은 그리스도인의 삶의 방식이 늘 돈에 관련된 것만은 아니다. 그보다는 성품에 있다.

보내는 사람은 다음과 같은 생활방식을 영위한다.

- 자신의 신앙이 어떠한 영향을 미칠 수 있는지 파악한다.
- 우리가 얼마나 큰 복을 받았는지 알고, 다른 민족들에게 축복이 될 수 있는 방법을 고민한다.
- 하나님의 이름을 위해, 하늘의 정사들에게 하나님의 은혜를 드러내기 위해, 자신의 신앙 순결을 지킨다(엡 3:10-11).
- 다른 문화권의 사람들을 만나고 배우기 위해 앞장선다.
- 하나님께서 주신 교회 사역을 세계 복음화라는 큰 그림의 한 부분으로 인식한다.

- 중보기도의 훈련을 받으면서, 영적 전쟁에서 자신의 역할을 확장시켜 나간다.
- 그리스도인들과 교제하면서 그들을 권면하고, 권면받는다.
- 하나님이 행하시는 위대한 소식을 전한다.
- 미리 정해놓는 대신, 하나님이 원하시는 사역 장소에 대해서 하나님의 공급하심에 온전히 순복한다.
- 교회를 섬긴다.
- 말씀을 더욱 깊이 있게 공부하는 학생이다.
- 내 영향을 받는 주변 사람들에게 세계 선교의 비전을 전해준다.
- 예수 그리스도의 진정한 제자로서의 자질을 개발시켜 나간다!

모든 종족 집단들에게 그리스도를 알리기 위해 거룩하고 능력 있는 삶을 살기 위해서라면 반드시 선교사가 되어야 하는 것은 아니다. 보내는 자로서도 그 기쁨을 누릴 수 있다.

아니면 파송 전문가인 선교 동원가로 섬길 수도 있다.

새로운 선교의 물결 일으키기 1
잠들어 있는 소방수들을 깨우라

> "이런, 내 눈에는 다 보이는데,
> 세상 사람들은 다들 색안경을 쓰고 있나보군."
> ― 영화 〈내일을 향해 쏴라〉의 등장인물 버치 캐시디

[모스크바]

　모스크바 공항인 도모데제보 안, 관광국 안내소의 거뭇한 기둥에 기대고 서 있는 당신. 서구인들은 흔히 이 공항을 '불운의 전당'이라 부른다. 당신은 오후 내내 노보시비르스크 발 비행기를 타고 올 우리 두 사람을 만나기만 학수고대했다. 1,000명을 수용할 건물인 듯한데 2,000명이나 되는 러시아인들과 아시아계 사람들로 메어지듯 차 있다. 앉을 의자조차 없다. 집시 거지아이들은 주변을 둘러서, 깊고 해맑은 눈으로 소매를 잡아당기면서 구걸하는 노래를 부른다. 천장은 어두운 갈색인데, 건물 어디에도 전등은 없다. 어느 공항에서든 들릴 법한 배경 음악도 없고, 이따금 확성기를 통해 안내방송만 들릴 뿐이다. 국내선 비행기가 연착되었다거나, 연료가 없어서 운항이 취소되었다거나,

혹은 기적적으로 이륙과 착륙에 성공했다는 방송이다. 방송만 안 나온다면 공항은 정적 속에서, 검은색 갈색 코트를 걸친 승객들이 흔한 비닐봉지를 하나씩 들고서 참을성 있게 기다리는 모습뿐일 것이다.

당신은 잔뜩 구름 낀 활주로를 바라본다. 러시아에 대해 느껴지는 강한 인상을 떨칠 수가 없다. 나이 50줄에 들어선 여인, 늙지는 않았으나 자리에서 은퇴하고, 수십 년 동안 보드카나 마셔대는 남편에게 구타를 당했다. 남편은 아내가 뚱뚱하고 멍청하다고 여긴다. 이 여인은 참으로 불운한, 공산주의의 동반자다.

당신은 다시 관광국 안내소로 돌아와 우리가 타고 오는 비행기 소식을 물으며, 우리 이름을 확인한다. "스턴즈 씨, 쇼그렌 씨." 금발 머리의 친절한 아가씨는 우리가 아에로플로트 탑승자 명단에 포함되어 있는지 아직 확인할 수 없다고 말한다. 당신이 대답한다. "스파씨버(감사합니다)." 문자적으로는 "하나님이 우리의 구세주다"라는 뜻인 이 말은, 공산주의 무신론 시대에도 소비에트 제국 전역에서 통용되었다.

지금 우리는 이중 유리문을 비틀거리며 통과하고 있다. 우리는 당신과 반가움의 인사를 나눈 후 곧장 묻는다. "거리에 바나나 파는 데라도 없을까요? 과일이 먹고 싶어 죽을 지경이에요!"

"다(예), 다(예), 다(예)! 여기 길가가 다 노점상이죠. 바부슈까(할머니)들이 에콰도르 산 바나나부터 해서, 구식 스웨터, 신발, 담배, 보드카, 오래된 전구 따위를 팔고 있어요."

"선교 연합 팀들이 학교에서 내쫓긴다더니 무슨 소식이 없나요?"

"다른 두 팀도 이번 주에 학교를 떠나라는 통보를 받았어요. 많은 사람들이 염려하고 있습니다."

우리는 다 같이 짐이 나오길 기다린다. 어떤 때는 도착 비행기에서

수하물 찾는 장소까지 짐을 옮기는 데만 수 시간이 걸린다는 걸 잘 알고 있다. "선교 연합 팀의 사역이 처음에 어떻게 시작되었는지 들어보셨습니까?"

당신은 들어본 적이 없다. 선교 연합(CoMission)이란 수천 명의 기독교 교육 상담가들을 구소련 지역에 파송한 70개 단체의 연합체라는 정도만 알고 있을 뿐이다. 그 사람들은 학교 행정가와 교사들에게 성경적 윤리와 도덕, 예수 그리스도의 생애에 대해 훈련했다. 전략 자체뿐 아니라 그 효과 또한 엄청났다. 그런데 지금 원수가 러시아 학교에서 진리의 가르침을 몰아내려고 반대 운동을 일으키고 있는 것이다. 당신은 이 사역이 한 사람의 순종으로 시작된 일이라는 얘기를 듣고 무척 놀란다. 우리는 불운의 전당에 서서 바나나를 먹으며, 당신에게 이야기를 들려준다.

1989년, 러시아의 반대편인 캘리포니아에서, 목사의 아내인 한 여성이 교회의 분열로 인한 가족의 고통을 떠올리며 가슴아파하고 있었다. 사모는 절망에 잠긴 채, 주일 저녁 예배에 참석했다가 루마니아의 교회의 참상을 담은 〈지하의 복음 전도〉라는 영화를 보았다. 박해받는 상황에서도 헌신하는 그들의 모습에 충격을 받은 사모는 그날 예배 시간 내내 엉엉 울었고, 이후 한 주 동안은 자신도 무언가를 해야 한다는 생각에 시달렸다. 루마니아에 직접 가는 일 같은 것 말이다. 이 날의 경험을 계기로 사모는 처음으로 하나님께 새로운 기도를 드렸다. "내 개인의 고통만을 바라보지 않게 도와주세요. 그리고 주님이 원하신다면 저는 가겠습니다."

이듬해 봄, 사모는 국제 기독 학교 연합(ACSI - Association of Christian Schools International)에 참석했고, 루마니아로 가라는 제의를 받았다.

ACSI 선교 고문인 필 레닉스(Phil Renicks)는 루마니아의 티미소아라(Thimisoara)에 있는 목사에게서 팩스를 받았는데, 기독교 학교 설립을 도와줄 사람을 부탁하는 내용이었다.

사모는 회의장을 떠나 집으로 돌아오는 길에, 주님께 다시금 서원했다. "주님, 주께서 원하신다면 가겠습니다. 하지만 저는 너무나도 부족한 사람입니다. 정말 나를 루마니아로 보내시는 분이 주님이신지 알아야겠습니다."

다음 주일 아침, 사모는 말썽 많은 교회 성가대에서 찬양을 하고 있었는데, 예배시간 늦게 두 명의 손님들이 들어서는 모습을 보았다. 예배가 끝나고, 다른 교인들과 교회의 정치적인 문제를 이야기하고 싶지 않았던 사모는 얼른 예배당 뒤쪽으로 달려가 부부로 보이는 손님들에게 인사를 건넸다. "제 이름은 마가리트입니다." 그러자 남자가 말했다. "늦어서 죄송합니다. 이곳 도로를 운전하면서 하나님이 어느 교회로 들어가기 원하시는지 기도했습니다. 그런데 이 교회로 들어가라고 말씀하시더군요."

마가리트는 그 사람의 말투가 다르다는 느낌이 들어서 물었다. "이곳 출신이 아니신가보네요."

"네, 아닙니다. 우리는 루마니아 출신이에요. 우리 아버지는 루마니아에서 목사로 계십니다. 티미소아라라는 곳이지요."

그해 여름, 마가리트는 루마니아의 티미소아라에서 기독교 학교 설립을 도왔다. 스위스 교회와 프랑스 교회에서 책상과 여러 가지 물자를 제공했고, 루마니아 사람들은 몸으로 섬겼다. 방문 일정이 끝나갈 무렵, 루마니아 성도들이 마가리트 주변에 모여들어 특별 요청을 했다. "우리한테 있는 설교테이프라고는 브루스 윌킨슨(『야베스의 기도』의 저자 - 옮긴이)이란 미국 사람의 방송 녹음이 전부랍니다. 미국에 돌아가거든, 브루스 윌킨슨을 만나서 꼭 루마니아에 오시라고 전해주세요. 그분이 무슨 말을 하기 전에, 꼭 루마니아로 오라는 말을 먼저 하셔야 합니다." 마가리트는 웃음을 지었다. 미국이 넓은 나라라는 사실도, 브루스 윌킨슨을 만날 가능성은 거의 희박하다는 사실도 차마 설명하지 못했다.

1991년 초, 마가리트는 미국 북서부에서 열린 ACSI 대회에 참석했다. 강의를 들으려고 자리를 잡았는데, 누가 쪽지를 건네주었다. "마가리트 자매님, 다음 번 전체 모임 때 선교강의를 하실 강사께서 갑자기 아프시답니다. 자매님, 선교 여행 다녀온 경험이 있으시죠? 그 때 이야기를 나눠주실 수 있으십니까?"

모임 시간이 되자 마가리트는 강단에 올라섰고, 수천 명의 기독교 교사들을 죽 둘러본 후, 루마니아 사람들을 향한 자신의 마음을 쏟아 부었다. 마가리트는 이야기를 하면서 울기 시작했고, 그곳을 위해 헌금할 뿐 아니라 직접 갈 것에 대한 도전을 주며 이야기를 끝냈다. 안경이 온통 눈물로 뒤범벅이 되는 바람에, 마가리트는 비틀거리며 강단에서 내려왔다. 그때 갑자기 힘센 팔이 그녀를 부축하여 자리에 앉을 수 있게 도와주었고, 헌금 시간 동안 마가리트는 겨우 안정을 찾을 수 있었다. 그녀는 눈과 안경을 닦으며 말했다. "감사합니다."

옆 자리에 앉은 남자가 말했다. "정말 놀라운 도전이었습니다. 제 이름은 브루스 윌킨슨입니다."

마가리트는 충격을 받았다. "브루스 씨, 아무 말씀 마시고 제 말 들어주세요. 루마니아 성도들이 당신에게 부탁할 말이 있답니다."

"그럴리가요."

"루마니아에 꼭 와주시랍니다."

"그럴 수가."

전체 모임 사회자가 마이크를 잡았다. "이번에는 애틀랜타 주 이스트 코스트에 본부를 두고 있는 WTB 사역(Walk Through the Bible Ministries)의 대표, 브루스 윌킨슨 씨의 강의를 듣겠습니다."

브루스 윌킨슨은 자리에서 일어서더니 흔들거리며 강단에 올랐다. 그날의 주제 말씀은? 주를 향한 깨어진 마음이었다. 하지만 브루스 윌킨슨은 벅찬 나머지 제대로 강의를 끝내지 못했다. 하나님께서는 그를 루마니아로 데려가실 예정이었다.

1991년 여름, 브루스 윌킨슨은 루마니아를 방문했는데, 마지막 모임 때 뒷자리에 앉아 있던 한 참석자가 루마니아 학생들도 예수의 사랑을 알아야 한다는 도전을 들으며 엉엉 울었다. 모임이 끝나자, 그 남자는 아무도 알아들을 수 없는 말로 탄식하기 시작했다. 가까스로 독일어를 알아듣는 루마니아 사람과, 러시아어를 아는 독일 사람이 그 남자의 말을 통역해주었다. 그 남자는 에브게니 부르킨이라는 러시아 교육가라며 자신을 소개했다. 그리고 브루스 윌킨슨에게 이렇게 말했다. "우리는 하나님을 러시아에서 몰아냈습니다. 그 때문에 사회 안에 셀 수도 없이 많은 문제들이 야기된 것이지요. 우리는 반드시 하나님께 다시 열어드려야 합니다. 그리고 아이들에게 하나님을 가르치기 시작해야 합니다."[1]

브루스는 구소련 지역에 영향을 미칠 사역을 구상하기 위해 즉시 여러 사람들과 회의를 했다. 예수 영화 프로젝트 담당자인 폴 에셜먼(Paul Eshelman)은 지금이야말로 구공산권 국가의 학교로 들어갈 때라고 말했다. 하지만 모든 필요를 제대로 감당하기 위해서는 여러 사역 단체들이 전에 없던 협력 사역을 벌여야 했다. 그래서 선교 연합이 생겨난 것이다.

마가리트 브리지는 이 모든 일이 자신의 공로도, 브루스 윌킨슨의 공로도, 선교 연합의 공로도 아니고, 오직 하나님의 역사였다고 주장한다.

마가리트는 하나님의 위대한 계획 속에서 자신은 아주 보잘것없어 보였지만, 하나님이 보여주신 도전을 한 걸음씩 순종했다. 그리고 1992년 여름, 수천 명의 그리스도인들과 수만 시간의 기도, 수십 억 달러의 재정이 수백만의 구소련 학생들에게 그리스도에 관한 진리를 가르치는 사역에 투자되었다. 이 모든 일은 캘리포니아 주, 월넛(Walnut)에 사는 한 사모가 자신의 고통스런 상황에서 눈을 들어 추수 밭을 바라보기로 결정했기 때문에 일어난 것이다.

우리는 바나나도 다 먹고, 이야기도 끝낸다. "당신은 어떻습니까?"
"저요?" 마침내 짐이 도착하자, 아에로플로트 비행기에서 내려 참을성 있게 기다리던 수백 명의 러시아인 승객들이 갑자기 럭비 선수들로 돌변하더니, 누가 자기 짐을 훔쳐가기라도 할 듯 난폭하게 밀고 당긴다. 하기야, 사람들 생각이 맞을지도 모른다.
"그래요, 당신 말입니다. 당신의 순종을 통해 하나님이 어떻게 일을 진행시켜 나가시는지 지켜보세요. 당신의 사역보다 그분의 역사하심을 통해 놀라운 일이 일어날 겁니다. 어쩌면 악타우(Aqtau)에서 실마리를 잡을지도 모르겠네요."
"어디라구요?" 당신은 뚱뚱한 바부슈까(할머니)처럼 눈살을 찌푸리며 묻는다.
"악타우요. 토성인가 명왕성 서쪽 어디라나요."
"네?"
하지만 남아프리카에서 일어난 일을 들으러 악타우로 떠나기 전에, 동원사역이라는 명칭의 새로운 사역에 대해 생각해보기로 하자.

비전을 향한 갈급함

교회 안에 무슨 일이 일어나고 있다. 특히 서구 교회가 삶과 죽음의 기로에 놓여 있다. 실제로, 조지 갤럽(George Gallup)은 향후 10년 간, 미국 안에서만 10만 개의 교회가 소멸할 것으로 예상하고 있다.[2] 교회의 소멸 이유는 재정이나 프로그램 부재가 아니라, 비전이 없는 것이다. "묵시가 없으면 백성이 방자히 행하거니와 율법을 지키는 자는 복이 있느니라"(잠 29:18).

즉, 하나님의 역사하심에 대한 계시가 없으면, 사람은 강제성을 잃는다. 목표도 없어지고, 생활도 엉망이 된다.

오늘날 전 교파 교회들이 하나님의 큰 그림 안에서 자신의 비전에 초점을 맞춰야 한다는 사실을 인식하고 있다. 루터 파 교회의 미주리 노회만큼 이 사실을 솔직하게 다룬 경우는 드물다.

최근 조사에 따르면, 지구상 모든 교회들이 세계 선교에 접근하는 데 있어서 엄청난 실수를 저지르고 있다. 우리는 선교에 대해 무지하다. 모든 사람이 스포츠와 정치와 종교 일체에 대해 스스로 '전문가'라고 생각한다. 하지만 결과를 보면, 사실상 과학이나 선교 신학에 대해 잘 아는 사람이 드물다.

그리고 교회뿐 아니라 교파별 신학교나 프로그램을 보면 세계 선교에 헌신했다고 하면서도, 나태하고 태만하게 있는 모습이 놀라울 따름이다. 섭사리 마음이 뒤바뀌는 교인들의 문제인가? 부주의한 교회의 문제인가?

교회와 대학과 대학원이 그토록 정체된 이유는 무엇일까? 예수께서 명하신 바와 우리가 마음과 머리와 손으로 행하는 일 사이에 '엄청난 격차'

가 있기 때문이다.³

그렇지만 하나님께서는 상속자인 모든 교회 공동체 안에, 하나님의 뜻이 변하지 않는다는 약속을 분명하게 보여주길 원하신다(히 6:13-18). 이 말을 이해했는가? 하나님의 뜻에는 변함이 없다. 아브라함이 이 땅에 살아 있던 순간에도 동일했다. 다윗이 이스라엘을 이끌었던 기간에도 동일했다. 예수께서 지구상에 계셨던 때에도 동일했다. 그 사실에 주목하고 기억해두라. 하나님께서는 당신과 당신의 교회가 주변 사람들과 모든 민족에게 나아갈 수 있도록 축복하기 원하신다! 이것이야말로 모든 교회가 나아가야 할 방향이다.

하지만 이런 일이 일어나려면, 특히 서구 교회 안에서 인식의 변화가 일어나야 한다. 즉 '문화적 세계관'에서 성경적 세계관으로 바뀌어야 한다.

한 사람의 세계관이 변화되는 데에는 상당한 시간과 노력이 필요하다. 그러므로 공동체 전체가 외부를 향한 비전을 갖추게 도우려면 상담가의 인내와 교사의 통찰력, 응원단장의 열정이 필요하다. 선교 동원가의 역할이 중요한 것도 이 때문이다.

사역으로서의 선교 동원

당신의 마음이 세계 선교를 위해 부르짖고 있다면, 하나님께서 특정 민족이나 지역으로 가라고 말씀하지는 않으신 것 같다면, 사람들을 격려하고 마음을 일으키는 데 자연적, 영적 은사가 있다면, 선교 동원가가 자신의 전략적 위치일 수도 있다. 전 교회를 격려하고 권면하고 부추기고 어르고 잡아주고 구슬려서, 하나님의 세계 선교의 뜻 안에서 명백한 비전을 찾아가도록 기도하게 만들 수 있다.

　예수께서는 돈을 맡은 종들에 대해 두 가지 비유를 하셨다. 하나는 마태복음 25장 14-30절이고, 다른 하나는 누가복음 19장 12-27절의 내용이다. 이는 중복되는 내용이 아니다. 비유마다 특별한 교훈이 담겨 있다.

　이를 눈여겨보는 사람들이 적기는 하지만, 비유마다 종들이 일을 시작하는 방법부터 큰 차이가 있다. 마태복음을 보면, 한 종은 5달란트를 받았고, 다른 사람은 2달란트를, 또 한 사람은 1달란트를 받았다. 누가복음에서는 10명의 종이 있었는데, 10개의 므나를 주며 나눠가지게 했다.

　마태복음에서는 5달란트를 받은 종은 5달란트를 더 남겼다. 2달란트 받은 종은 2달란트를 남겼고, 1달란트를 받은 종은 땅에 숨겼다. 하나님께서는 달란트를 사용하지 않은 종을 꾸짖으며 10달란트 가진 종에게 그 1달란트마저 주셨다. 교훈은 다음과 같다. 하나님께서는 우리에게 주어진 것을 따라 그 충성됨을 보답하신다. "많이 받은 자에게는 많은 것을 요구하신다."

　누가복음의 말씀은 10명의 종 가운데 3명의 종에 대해 말하고 있다. 한 명은 10므나를 더 벌었고, 다른 한 명은 5므나를, 또 한 명은 아무것도 얻지 못했다. 그들은 모두 1므나로 시작했다는 사실을 기억하라. 하나님께서는 그 1므나를 빼앗아 10개 가진 자에게 주셨다. 모두 동일한 상태에서 시작했으므로, 하나님께서는 우리가 받은 재능(달란트)을 충실하게 사용하는 것을 원하실 뿐 아니라, 재능을 최대한 사용할 때 이를 보상해주신다는 사실을 알 수 있다.

과거에는 타문화권 사역에 열정을 가진 사람들은 반드시 선교사로 가야 한다고 생각했다. 하지만 오늘날에는 선교에 대한 부담감을 가졌기에 자기 문화권에 남아 선교사로 나갈 사람들과 보낼 사람들을 일으키는 일에 뛰어들기도 한다. 한 사람이 세계를 위해 할 수 있는 일을 극대화시키는 일 말이다. 경험 많은 선교사이자 작가인 돈 리차드슨과 선교학자 랄프 윈터는 이에 관해 다음과 같은 비유를 들곤 한다.

엄청나게 타오르는 불을 멀리서 바라본다고 상상해보라. 양동이에 물을 길어 불꽃을 향해 달려가 물을 끼얹었다. 그리고 다시 물을 길어서 불에 끼얹었다. 다시 물을 긷고, 끼얹고, 긷고, 끼얹었다. 하지만 그보다는 불길의 위험성을 보자마자, 잠자는 100명의 소방수들에게 달려가 잠을 깨우는 편이 낫지 않을까. 나 혼자서 할 수 있는 일보다 최소한 100배는 해낼 것이다.

한 종족이나 도시, 지역에 대한 마음의 부담감 때문에 혼자서 그곳으로 달려가는 행동은 대 사명을 효과적으로 이루지 못하게 하는 가장 큰 방해요소 가운데 하나다.

이 책을 읽고 있는 독자들 가운데 잠자는 소방수들을 깨우는 역할을 맡은 자들이 있다. 하나님께서는 그런 당신에게 사람들 앞에서 말을 전달하는 기술과 네트워킹 능력을 주셨다. 당신에게 있어서, 해외로 직접 나가는 사역은 훨씬 효과가 떨어지는 일이다. 물론 직접 나가서 하나님의 은혜로 평생 동안 서너 개의 교회를 개척할지도 모른다. 하지만 국내에 머물면서 동원 사역을 하게 되면, 각자 4개의 교회를 개척할 해외 개척자들 100명을 동원할 수 있다! 그렇다면 당신이 은사를 최대로 활용하는 일은 본국에 머무는 것을 의미한다(적어도 자유롭게 해외 사역을 나가기 전까지 얼마 동안만이라도 말이다).

당신의 은사로 해외 사역자를 일깨울 뿐 아니라 기도의 용사들도 일으킬 수 있다.

예를 들어, 나이지리아, 차드, 니제르의 4백만 카누리 종족의 경우 60년 동안 선교사들이 사역을 했는데도 여전히 철저한 미전도 종족으로 남아 있다! 여러 단체에서 독신 선교사들이나 때로는 소규모의 선교팀들을 파송했지만, 수십 년 동안이나 원수의 견고한 진에 눌려 아무런 효과를 보지 못했다. 지금도 이들 단체에서는 그곳을 위한 사역자를 찾고 있다. "와서 카누리 종족을 도우라." 하지만 나가는 사람은 얼마 되지 않고, 복음이 들어갈 틈을 찾지 못하고 있다.

하지만 카누리 종족을 묶고 있는 원수의 견고한 진을 대적하고 기도하는 사람이 어디에 있는가? 자신이 알고 있는 기도의 용사들에게 심각하게 물어보라. "카누리 종족을 위해 기도하고 있습니까? 카누리 전도 여행을 위해 재정을 모으고 있습니까? 성도들에게 카누리 종족을 조사하도록, 아니면 장단기 사역을 나가도록 장려하고 있습니까?" 대답은 한결 같을 것이다. "그런 종족은 들어본 적도 없는데요."

카누리 종족 가운데 영적 돌파구가 일어나지 않았던 이유는 이들을 위해 중보할 수천의 기도 용사들을 동원한 사람이 아무도 없었기 때문일 것이다. 선교단체에 후원금은 보내지만, 카누리 종족 전도를 위한 기금을 모으는 사람도 아무도 없었다. 선교 본국인 영국이나, 노르웨이, 러시아, 한국, 필리핀, 칠레 어디서도 카누리 종족을 위해 사역할 사람들을 일으키려는 시도가 없었다. 그리스도의 몸 가운데, 그들의 송사를 변호해줄 사람이 아무도 없었다. 카누리 종족을 위해 무너진 틈

사이에 서려는 동원가들이 아무도 없었다.

랄프 윈터는 최근 세계 선교에 있어 최우선적인 필요가 선교 동원이라고 주장했다. 그 다음으로 필요한 것은 복음이 전해진 지역의 선교사들이 2/3세계 그리스도인들을 최전방 선교사로 훈련하고 동원시켜야 한다는 새로운 선교 전략이다. 그리고 마지막 세 번째의 우선적 필요는 최전방 선교사들을 보내는 일이다. 최전방 선교사를 보내는 일이 왜 세 번째 우선순위일까? 첫 번째, 두 번째 우선순위가 해결되면, 미전도 종족으로 나가는 최전방 선교사가 부족하다는 걱정을 할 필요가 없기 때문이다! 선교 동원은 그처럼 중요하다!

선교 동원의 기본 사항

선교 동원가는 누구인가?

하나님과 동행하는 평범한 그리스도인이지만, 세계 선교에 대한 관점을 분명히 소유하고 있고, 본국에 머물면서 사람들을 선교에 뛰어들게 하는 사람이다.

선교 동원이란 무엇인가?

한 국가가 전쟁에 참여할 때, 전쟁의 위력을 느끼는 이는 최전방 군인만이 아니다. 후방 부대 전체는 뒤에서 그들을 도우면서, 필요할 때마다 전투 부대를 파견한다. 본국에서는 계속 사람들에게 전시중의 자기 역할을 일깨우도록 엄청난 동원 전략을 펼쳐야 한다. 포스터와 라디오 방송, 소규모 행진, 공개 캠페인을 통해 사람들을 설득하여 군인들을 위해 기도하게 하고, 전쟁으로 흐트러진 사기를 진작시키도록 위문

편지를 쓰게 하며, 전쟁을 위해 개인 사치품들을 기부하게 하고, 전선에서 절대적으로 필요로 하는 물건의 사용을 자제하게 하며, 의료 지원부터 위문단까지 자원봉사에 참여하게 하고, '전쟁 보조금'과 같은 특별 구좌를 열어 돈을 예치함으로써 그 수익은 전쟁에 사용되도록 하고, 전쟁에 필요한 물자를 생산하기 위해 새로운 생산직에서 일하게 하기도 한다.

이러한 비유의 내용을 하나하나 살펴보면서, 국가의 위기에 신속하게 대처하기 위해 사람들을 어떤 식으로 일으키고 훈련하고 활동하게 할 수 있을지 생각해보라. 사탄의 거짓 왕국과 대치하는 전 세계적인 영적 전쟁을 수행하도록 사람들을 일으키고 훈련시키고 활동하게 하는 방법도 이와 거의 일치할 것이다. 동원이란 사람들을 움직이게 만드는 일이다.

선교 동원가의 특성은 무엇인가? 다음의 내용을 생각해보라.
- 기꺼이 종으로 섬길 수 있어야 한다.
- 세계 선교의 임무를 완수하기 위해 일꾼들이 일어나는 모습을 갈망한다.
- 격려와 권면의 은사를 가지고 있다.
- '가르치는 능력'을 갖추고 있지만, 사람들을 모집하여 가르치는 사역을 하도록 하는 데 더욱 탁월함을 보이기도 한다.
- 사람들 앞에서도 (그다지 큰) 두려움 없이 말할 수 있다.
- 본인은 그 사실을 모를 수 있지만, 다른 사람들을 잘 지도한다.
- 세계 전역을 위한 마음을 품고 있지만, 한 종족에 초점을 맞추고 있기도 하다.

- 직접 나가는 일 외에, 기다리고 동원하는 일을 최우선 순위로 본다.
- 비전을 품은 사람이다. 권능을 입은 그리스도인이 올바른 사역의 기회를 잡을 때 일어날 놀라운 일을 꿈꾼다.
- 실행자다. 비전이 실제가 되도록 힘쓴다.

종으로 섬긴다는 첫 번째 특징은 매우 중요하다. 동원가는 말할 수 있는 허락을 받기 전에 먼저 들을 줄 알아야 한다. 어느 선교 동원가가 새로운 도시로 이사를 갔는데, 하나님의 뜻이라고 생각되는 한 교회에 출석하게 되었다. 하지만 얼마 지나지 않아 그 교회 목사님은 누가 앞에 나가서 선교 동원에 관련된 이야기를 하지 못하게 하는 분이라는 소식을 듣게 되었다. 그 동원가는 목사님께 가서 이렇게 물었다. "목사님, 제가 교회에서 섬길 수 있는 일이 있을까요?" 일 년 안에 그는 목사님의 신임을 얻었고, 자신이 원하는 방식대로 자유롭게 동원 사역을 할 수 있게 되었다.

의도적인 것은 아니지만, 선교에 열정을 품은 많은 사람들이 죄책감을 주는 비난조의 말을 하거나, 파괴되고 죽어가는 세상을 위한 헌금을 강력하게 요구하기 때문에 오히려 선교에 대한 관심에 찬물을 끼얹고 있다. 이는 위험한 일이 되기도 한다. 무엇보다 가장 위험한 요소는 '젠체하는 선교 동원가'다. 교회 안에 더 넓은 비전을 불어넣어야겠다는 생각에, 죄책감으로 사람들을 움직이게 하려는 사람이다.

선교 동원 광신자들을 향한 한 말씀 : 선교에 대한 헌신도가 낮은 사람들에 대해 예수 그리스도께 헌신하지 않은 사람이라고 말하지 않는다는 사실에 주의하라. 성경을 잘 알고 온전히 헌신한 견고한 그리스도인들 중에서도 선교에는 헌신하지 않는 이들이 있을 수 있다. 모든 민족을 향한 하나님의 마음에 대해 제대로 배우지 못해서 헌신하지 못하는 것은 아니다. 선교에 대한 마음이 없는 그리스도인이라고 해서 선교 광신자들보다 예수님을 사랑하지 않는 것은 아니다. 셀라.

젠체하는 선교 동원가

자만심에 싸인 선교 동원가는 종종 다음과 같은 태도를 주장하며 지역 교회의 큰 골치 덩어리가 되고 만다.

- 진정한 동원가는 스테이크를 먹지 않는다. 제3국의 전통음식만 입에 맞는다. 물론 이런 주의는 최근 미국에서 성업하는 탄두리 테이크 어웨이(인도식 음식)와 에그롤 익스프레스(중국식 음식)의 영향이기도 하다.
- 진정한 동원가는 즐기지 않는다. 영화관에 가지 않는다, 물론 외국 문화에 관한 기록 영화일 경우는 제외하고 말이다. 더욱이 팝콘은 절대 허용하지 않는다. 선교 자금을 헛되이 사용하게 만드는 쓰레기 같은 음식이기 때문이다. 해변가나 호숫가에도 놀러가지 않는다. 세계 복음화의 임무는 참으로 급박하기 때문에 운동하거나 쉬거나 교제를 나누면서 시간을 버릴 수 없다. 그들은 스포츠나 게임, 텔레비전을 좋아하지 않는다. 특별히 텔레비전을 싫어한다! 멀리 고통 받는 수백만의 사람들이 있으므로, 파티에 참석하지 않는다. (더욱이 초대받는 일도 없다.)
- 독신 동원가는 데이트를 하지 않는다. 대신 이성들과 '전략적 관계'를 형성한다. (그러면 데이트는 언제나 할 수 있을까?)
- 진정한 동원가는 교회를 좋아하지 않는다. 교회는 무지하고 별 볼일 없

는 그리스도인으로 충만한 곳이므로, 지역 교회 사역에 제대로 헌신하기가 어렵다. 미전도 종족을 위한 최전방 선교지만이 진정한 사역지이므로, 교회에 대해 관심을 가지는 것은 미성숙한 짓이다.

(위의 내용은 미국 ACMC의 래리 워커가 7가지 원동력[7 Dynamics] 세미나에서 강의한 내용을 바탕으로 한 것이다. 자료 란을 참조하라.) 잘못된 선교 동원가는 '목사님은 제대로 상황 파악을 못하고, 평신도 중에서는 비전을 가진 사람이라곤 없으며, 오직 나, 선교 동원가가 유일한 비전가다! 자기중심적인 바보들과 어떻게 친밀한 관계를 가지겠는가?'라고 확신한다. (교회도 젠체하는 동원가에 대해 똑같은 질문을 던진다!)

선교 동원가로서, 교회가 비전을 세우는 일을 섬기는 것을 '돕는다'는 말로 표현하지 마라. "목사님, 교회가 변할 수 있도록 제가 도와드리고 싶은데요." 마치 목사님은 아무런 일도 못하는 것처럼 말이다. 진정한 선교 동원가는 다른 이들이 꿈과 비전을 세워나가는 모습을 보며 기뻐하는, 종의 마음을 지닌 사람이다. 젠체하는 동원가는 자신의 계획에 따라 움직여가도록 사람들을 완고하게 들볶는다. 즉 자신의 비전에 교회 공동체 전체가 따라야 한다는 것이다. 사역자 때문에 모든 사람이 고통을 겪는다.

하지만 그것이 당신의 본래 의도는 아니다. 당신에게는 진정한 섬김의 마음이 있지 않은가? 오히려 기꺼이 교회 공동체의 역사를 연구하면서, 하나님이 그곳을 첫 발판지로 부르신 이유를 살펴본다. 교회의 총체적 사명의 역동성 안에서 공동체의 역할을 찾아내는 흥미로운 열쇠가 되기도 한다. 그리고 피터 와그너 박사의 주장이 옳다는 사실을 인정하게 된다. "교회를 향한 하나님의 비전은 일반적으로 목회자를 통해 전달된다."4

동원가의 긍정적 특징이 당신의 성격과 능력에 부합되는가? 그렇다면 당신은 선교 동원 사역에 초점을 맞출 필요가 있는지도 모른다.

동원가가 알아야 할 점은?

여러 가지 내용이 아래에 나열되어 있지만, 직접 동원가로 사역하기 전에는 하나도 이해하지 못할 것이고, 대부분은 사역중에 깨닫게 된다. 세월이 흘러가면서 점차 자신의 지식 수준을 높여나가게 될 것이다.

1. 하나님의 말씀을 안다. 성경의 개요, 기본적인 성경 교리, 성경에 나오는 선교의 주제.
2. 하나님의 세계를 안다. 지리, 세계 종교의 기본 교리, 가능한 한 많은 지역과 문화를 공부한다. 정치, 경제, 사회, 영적 동향을 파악한다. 간략한 세계 정보 연구를 위해 기독교 자료와 일반 자료를 연구한다.
3. 하나님의 역사를 안다. 교회의 세계적, 지역적 성장 역사를 공부한다. 남아 있는 선교지 정보를 파악하고, 선교 전략을 수립한다. 가능한 많은 종족에 대한 기도 제목과 입국 전략을 수집하고, 어떤 사역이 어떤 종족을 대상으로 이뤄지는지 조사한다. 선교 사역에 대한 간략한 세계 정보 자료를 구한다.

어떻게 동원가가 되는가?

중요한 질문이다. 사실상 정확한 대답은 없다. 미국에서는 ACMC와 21세기 운동 본부가 전문적인 선교 동원단체의 표준으로 인식되고 있다. 그렇지만 틀이 갖춰진 '공식적' 요건이 있는 것은 아니고, 동원가가 되는 단계도 임의적이다. 여기 몇 가지 제안 사항이 있다.

1. 책을 읽으라.『마침내 드러나다』,『열방을 향해 가라』와 같이 선교 기본서를 공부하라. 대강 읽어보지 말고 자세히 연구하라.

2. 미션 퍼스펙티브 과정과 같은 선교 기본 과정을 밟으라.

3. 현재 모임을 갖고 있는 중보기도 팀을 찾아내, 그들에게 당신의 동원 사역을 위해 기도해달라고 제안하라.

4. 제네시스(Genesys) 컴퓨터 네트워크에 접속하라. 세계 기독인 통신망(World Christian Net) 회의로 들어가면, 본서에서 언급된 정보의 대다수가 최신판으로 제공된다.

5. 교회 공동체 안에서 선교 비전을 나눠도 되는지 교회 지도자들에게 허락을 구하라. 선교 위원회가 있다면 거기에 소속되어도 괜찮을지 물어보라. 위원이 되면 당신이 책임감을 갖는 데 도움이 될 것이다. 교회 지도자들 몇 분이 포함되어 있는 소그룹에 참여하는 것도 지혜롭고 겸손하게 사역을 하는 데 도움이 될 것이다.

6. 공부하라! 앞에서 언급한 '동원가가 알아야 할 점'(하나님의 말씀, 세계, 역사)에 따라 각 사항에 맞게 행동 계획을 구체적으로 세우고, 이를 시도하라. 성경 학교, 신학교, 통신 학교의 성경 연구 과정에 등록할 수도 있겠다. 큰 비전은 품었지만 실질적인 정보와 성경적 정보가 없는 동원가는 솔직히 아무런 쓸모가 없다! 하나님께서 일하시는 곳과 그 방법, 어떤 사역이나 단체나 개인을 통해 역사하시는지 찾으라. 정보를 보관하고, 최신 소식을 전하고, 쉽게 정보에 접근할 수 있는 시스템을 구축하라. 사람들에게 당신의 주소를 알리라!

7. 여러 선교단체와 교파와 교회 공동체와 연락하라. 그들의 기도제

목이나 인력과 재정의 필요가 무엇인지 물어보라. (부족한 부분을 채워 주겠다는 약속은 하지 말고, 필요를 알리겠다고만 약속하라.)

8. 지금 있는 곳에서 선교 동원 팀을 훈련시키라. 본서에 나오는 기본적 내용을 사용해 24시간 교육과 토론을 하든지, 세계 비전을 품은 선교 동원가 훈련 워크샵을 위해 팀을 조직해서 활동하라. 여러 동원가들이 함께 사역함으로 상승작용을 일으키는 것은 매우 중요하며, 이는 모든 성도들에게 새로운 비전을 일깨우는 데 있어서 큰 영향력을 미치게 된다.

9. 네트워킹과 매체를 통한 개인 의사소통 기술에 관련된 대학 과정이나 세미나 훈련을 받으라. 영업 기술도 하나님의 세계 비전을 사람들에게 효과적으로 알릴 수 있는 능력을 향상시켜줄 수 있다.

10. 사람들의 연락처를 잘 저장하라. 사람들의 이름과 주소, 전화번호를 저장할 수 있는 적절한 시스템을 갖추라.

11. 본서에 나오는 기본적 강의안을 습득한 후, 먼저 소그룹 성경 공부 모임에서 기본부터 시도해보라. 그리고 좀더 큰 규모의 모임에 들어가시도해보고. 이후에는 교회 전체를 대상으로 해보라(강의안을 원하는 사람은 갈렙 프로젝트에 문의하라. 자료 란에 주소가 나와 있다).

12. 지역 교회에서 선교 대회가 있는지 찾아보고, 혹 당신에게 자료를 나눌 시간을 줄 수 있는지 물어보라. 〈세계 선교를 위한 주일 모임〉(*A Sunday for the World*), 〈하늘에서 내려다본 세계〉(*View from on High*) 등을 지도서로 활용하라. (자료란 참조)

13. 집에서 선교 기본 서적을 함께 읽고 연구하는 모임을 인도하고, 더 많은 동원가들을 일으켜 동참시키도록 힘쓰라.

14. 미션 퍼스펙티브(MP) 세미나의 진행자로 섬길 것을 고려해보라.

15. 기도하라. 주말에 특별한 시간을 정하든지 평소의 기도 시간을 연장하여 하나님이 당신의 사역에 기름 부으시도록 기도하라.

사람들을 선교에 동원하라!

동원가가 한 종족을 목표로 삼아도 되는가?

미국 콜로라도의 갈렙 프로젝트에서는 동원가가 한 종족에 초점을 맞춰도 된다는 사실을 가르치고 있다. 이를 'PSA'(People Specific Advocate, 특정 종족 수호자)라고 정의했는데, PSA란 특정 종족을 위해 기도와 재정과 사역자를 일으킬 것을 헌신한 한 사람(혹은 부부)을 말한다. 목표로 삼은 종족에 따라 사역 방법은 다양하다.

존과 앤 부부는 우즈베키스탄의 우즈벡 종족을 목표로 삼고 있다. 이들 부부는 다른 사람들과 공동 사역하며 우즈벡 종족에게 복음을 전할 수 있도록 그 땅에서 일어나야 할 일에 대해 지역 교회와 세계 교회에 정보를 알린다.

이들은 기도편지와 소식지를 만들어 보내고, 교회를 방문하며, 그곳에서 일어나는 일을 직접 확인하기 위해 우즈베키스탄을 여행하기도 하고, 그곳 선교사들을 위해 연구 조사를 벌이기도 한다.

가장 훌륭한 선교 동원 방법 가운데 하나는 평신도들을 모아 우즈베키스탄으로 기도 여행을 보내는 것이다. 목회자들도 '지도자 전도 여행'에 참여함으로 선교에 대한 마음을 갖게 된다. 여행을 통해 교회 밖으로 눈을 돌리게 될 뿐 아니라 개인 차원으로나 교회 차원으로 (가르침과 선교사 위로를 통해) 선교에 동참할 수 있는 방법을 보게 된다.

선교 동원은 전임 사역인가?

뛰어난 선교 동원가들 중에는 시간제로 일하는 이들이 있다. 뉴질랜드를 세계 선교에 대한 비전으로 일으킨 밥 홀(Bob Hall)의 경우 사회학 전임 교수이며, 저녁이나 방학 기간 동안 동원 사역을 한다. 웬디 웬클존(Wedndy Wenklejohn)은 시간제 근무를 하면서 학교도 다니고 있지만, 미국 디트로이트 주의 여러 도시에서 미션 퍼스펙티브(MP) 세미나를 열어 많은 이들을 참여시키는 사역을 효과적으로 감당하고 있다. 미국 미시간 주의 앤 아버(Ann Arbor)와 이스트 랜싱(East Lansing)은 일주일에 4일을 근무하고, 남은 3일 동안은 가족들과 함께 주변 교회를 돌아다니며 선교 동원을 하고 있다! 한 마디로, 선교 동원가는 반드시 전임 사역자일 필요는 없다. 많은 이들이 자신의 상황에 맞게 대처하고 있다.

선교 동원의 핵심은 무엇인가?

어떠한 목표를 향해 성도들을 동원할 것이며, 그 방법은 무엇인지 생각해보자.

첫째, 사역의 핵심은 무엇인가? 하나님 나라를 위한 기도와 자원을 풀어주는 것이다.

기도 동원 : 오늘날 가장 흥미로운 현상은 기도에 대한 신선한 부담감이다. 노르웨이의 경우, 여러 마을이 공동으로 '성경 보유 숫자가 낮은 종족'을 위해 함께 기도하고 있다. 호주의 경우, '부활절 회복' 행진을 벌이기에 앞서 밤새 철야기도를 한다. 알바니아의 경우, 수백 명의 어린이들이 매일 아침 등교하기 전에 파출소 앞에서 모여 기도한다. 영국 브리슬에서는 열정적으로 기도하는 사람들의 숫자가 늘어나는 바람

에, 우편 번호별로 모임을 나누게 되었다. 이러한 전략은 영국 전역으로 뻗어가고 있다. 우루과이에서는 그리스도인들이 매년 10월 31일(할로윈 데이)을 국가를 위한 기도의 날로 정하는 법안을 상정하고 있으며, 1993년에는 처음으로 수천 명의 사람들이 의회 앞에 모여 기도했다.

선교 동원가로서 기억해야 할 것은 적은 숫자에 기가 죽지 말아야 한다는 점이다.

라나는 뉴질랜드 크라이스트처치의 자기 교회에서 사람들을 세계 선교에 동원하고자 하는 소망을 갖고 있었다. 하나님께서 역사하셔서 그 교회뿐 아니라 나라 전체를 움직여주시도록 오랜 시간 성실하게 기도했던 사람은 라나와 다른 한 친구뿐이었다. 그렇게 성실하게 기도한 지 1년 반이 지났을 무렵, 하나님께서 역사하기 시작하셨다. 오늘날 하나님께서는 라나의 교회를 움직이고 계시고, 뿐만 아니라 라나(세 아이의 엄마이자 수의사로 시간제 근무를 하고 있음) 역시 나라 전체에서 세계 선교에 대해 강연할 수 있는 동원가로 알려지게 되었다.

혼자 기도하든 다른 사람과 함께 기도하든, 그 생생한 능력은 미전도 종족을 둘러싼 지옥의 문을 무너뜨릴 뿐 아니라, '일꾼을 추수 현장으로 (말 그대로) 투입하는' 핵심이 되기도 한다. 지도자들에게 하루 시간의 십일조를 기도로 바치라는 운동을 벌이고 있는 잭 맥앨리스터(Jack McAlister)는 지상 대사명으로 불려야 할 구절은 마태복음 28장 18-20절이 아니라 누가복음 10장 2절이라고 제안한다.

추수할 것은 많되 일군이 적으니 그러므로 추수하는 주인에게 청하여 추수할 일군들을 보내어 주소서 하라.

잭 맥앨리스터는 이 구절이 두 가지 문제점을 제기한다고 지적한다. 하나는 추수 밭의 광대함이고, 다른 하나는 일꾼의 부족이다. 그리고 추수하는 주인에게 기도하라는 해결점도 제시한다. 주인이야말로 일꾼을 투입하시는 분이다. 결국, 그분의 추수밭이지 않은가!

그리고 주님이 말씀하시는 '청하여'라는 말은 지속적인 행동을 의미한다. 문둥병자가 예수 앞에 얼굴을 땅에 대고 엎드려 "나를 깨끗하게 하소서 …"라고 간구했을 때 사용된 희랍어 동사가 여기서도 사용되었다. 아버지가 귀신 들린 아들의 구원을 위해 간청하는 장면에서도 동일한 동사가 사용되었다. 즉, 하나님께서 당신이 원하는 것을 주실 때까지 하나님께 간구하는 것을 멈추지 말라(기도를 멈추지 말라)는 뜻이다. 온전히 이루어질 때까지 기도하기로 헌신하라는 말이다.

기도의 능력에 대한 각성은 전 세계 교회 안에서 일고 있는 현상이다. 기도 인도자인 데이빗 브라이언트(David Bryant)는 미국에서 일어나는 기도 운동에 대해 다음과 같이 말한다.

> 역사상 가장 중요한 이 순간에, 하나님께서 과연 이 땅 위에 영적 부흥의 불길을 다시 일으켜주실 것인가? 최근 몇 달 동안 국내 전역을 여행하면서 대중들 가운데 일어나는 전례 없는 기도운동을 목격했다. 이는 미국의 영적 재탄생과 도덕성 회복의 전조임이 분명하다. 뭔가 심상치 않은 일이 일어나고 있다. 우리 시대의 가장 소망 넘치는 징조가 아닌가 한다.[5]

이렇듯 "심상치 않은" 징조의 예는 많다. 최고 2백만 명의 고등학생들이 매년 첫 학기 시작 때 학교 게양대 앞에 모여 기도를 하고 있다. 미네소타 주, 미네아폴리스에서는 만여 명의 사람들이 정기적으로 기도 모임을 한다. 또한 같은 도시 안에서 300개의 교회가 7년 동안 부흥을 위해 기도할 것을 다짐했다. "하나님이 행하실 일을 보기 위해서" 말이다. 오레곤 주 포틀랜드에서는 최근 1만 3천 명이 기도 모임에 참석했다. 노스 캘리포니아의 롤리더햄에서는 8천에서 만 명의 성도들이 기도 모임을 하고 있다.

수십만의 그리스도인들이 국가를 위한 기도의 날에 미국을 위해 기도하기 위해 지방 정부 청사에 모인다. 1993년 후반에는 국가 부흥을 놓고 기도하기 위해 네 개 도시에서(스포캔, 미네아폴리스, 클리블랜드, 콜로라도 스프링즈) 70명의 목회자들의 인도로 모임을 가졌다. 어떤 모임은 반나절 동안 모였고, 또 어떤 모임은 나흘 내내 기도와 금식을 하기도 했다. 하지만 이들 어느 누구도 같은 시간에 비슷한 모임이 계획되었다는 사실을 알지 못했다. 남 침례교 지도자들은 "거룩한 집회"라는 이름으로 국내 전역의 남 침례교회를 하나로 아우르고 있다. 이는 특히 요엘서의 말씀을 기초로 하는 회개와 교파 내 부흥을 위한 모임이다.

한편, 하나님의 성회(테네시 주, 클리블랜드)에서는 은퇴 교역자들에게 영적 부흥을 위해 기도해줄 것을 공고했다. 이 전략의 본래 목표는 1000명 교역자의 참여였다. 현재 '기도의자'라는 이름의 본 프로그램에 동참한 사람의 숫자는 5천 명에 육박했다. 스탠포드 대학에서는 모든 캠퍼스 선교단체에 소속되어 있는 300-500명의 학생들이 정기적으로 모여 부흥과 복음 전파를 위해 기도하고 있다. 캘리포니아 주 위티어에서는 300명의 고등학생들이 매달 모여 3시간 동안 기도 모임을 갖고 있는데, 특별한 프로그램도, 지도하는 어른도 없이 오직 기도로만 시간을 보낸다. LA에서는 300-1000명의 목회자들이 일 년에 한 번 씩 모여 도시와 국가를 위해 반나절 동안 기도를 하고 있다.

브라이언트는 1700년대 중반과 1800년대 초에 미국에 영적 부흥을 가져왔던 첫 번째, 두 번째 영적 대각성의 초기 모습과 현재의 기도 운동 현상을 비교하고 있다. 참여하는 숫자나 기도 운동의 폭과 범위, 전략, 지도력을 볼 때 지금의 기도 운동은 '전례가 없던 것'으로 인정한다.[6]

그렇다고 이러한 기도 운동이 순전히 하나님의 세계 선교 목적을 염두에 두고 있다고 생각하는 것은 오산이다. 그리스도인들에게 (단지 학교 친구나 교인이나 가족들을 위한) 자신들의 기도는 단지 시작일 뿐이며, 열방을 축복하려는 하나님의 계획 중에 한 방법이라는 사실을 일깨우는 것이 선교 동원가의 역할이다. 이러한 총체적인 비전이 없으면, 우리는 다시금 초점을 잃어버리게 될 것이다.

이전에도 이런 일이 있었다. 1880년대 D. L. 무디와 A. T. 피어슨(Pierson), 허드슨 테일러, 로얄 윌더(Royal Wilder) 등 미국 교회와 영국 교회의 지도자들과 여러 사람들은 1900년까지 지상 대사명을 완수할 수 있다는 비전으로 교회들에게 끊임없는 도전을 주었다. 1881년에 쓴 피어슨의 글이다. "오늘날 거대기업들은 상업과 과학, 예술, 문학에 관심을 갖고 있다. 그러한 건전한 기업 정신을 우리의 종교적 생활과 일 안에 받아들이지 못할 이유는 무엇인가? 나는 1900년까지 복음이 지구상 모든 사람들에게 전파될 수 있다고 본다."[7] 이렇듯 영향력 있는 지도자들은 서구 교회를 새로운 차원으로 이끌어, 수천 명의 선교사들을 파송하고 재정을 후원하도록 했다.

당시 SVM은 '이 세대 안에 세계 선교를 이루자'는 표어로 미국과 캐나다 전 대학을 휩쓸었다. 1886년에 메사추세츠 주 마운트 허몬에서 D.

L. 무디가 개최한 한 달 일정의 학생 복음 대회에서 선교사 헌신을 선언하면서, 학생 운동은 전국에 알려지고 더욱 활성화되었다. 참석한 학생들 가운데 40%인 100여 명의 학생들이 선교사 헌신 선언서에 서명하였다. "우리는 기꺼이 소망하는 마음으로 하나님이 허락하시는 길을 따라, 세계 미전도 지역으로 나아가기로 서약합니다." 선교 사역의 동참을 촉구하는 내용은 단순했다. "예수 그리스도의 마지막 지상 명령에 순종하지 않아야 할 이유가 있다면 말해보라." 그리고 수천 명의 학생들이 가는 자로 혹은 보내는 자로 평생을 헌신할 것을 다짐했다.

하지만 1895년에 A. T. 피어슨은 이렇게 기록했다. "세계 선교의 희망을 버려야 할 상황이다. 기도 운동을 일으키는 데 실패했기 때문이다." 즉 기도는 자신을 넘어 온 열방에 하나님의 영광을 드러내는 통로였다.

100년이 지난 오늘날에도 아직 세계적인 차원의 기도 운동을 일으키지 못했다는 사실을 깨달을 필요가 있다. 다행히도 열방을 위해 기도하려는 움직임이 일고 있다. 1993년, 1995년, 1997년 10월에는 10/40창을 위한 기도 운동에 전 세계 수억 그리스도인들이 참여했다. 이슬람의 라마단 기간 동안 무슬림 세계의 영적 돌파구를 위해 기도하자는 운동 역시 수십만 명의 기도 용사들이 참여하고 있다. 전 세계적인 기도 운동 가운데 실망스러운 점 한 가지는 기도하는 사람들이 무엇을 기도해야 하는지 방향을 잡지 못한다는 점이다. 따라서 그 사이에서 정보의 빈 공간을 채우고, 공식적, 비공식적 기도 모임에 비전을 확장시킬 수 있도록 세계 선교 사역의 기도 제목과 감사 제목들을 지속적으로 알려주어야 하는 일은 선교 동원가의 몫이다. 그렇지 않고서는 기도 운동이 그저 자신들의 필요와 나라를 위해 기도하는 꺼진 불씨로 남을 수밖에 없다. 구세군의 창시자 부스 장군은 당시에 일어난 부흥의 불길을 보며 감사했지만 "쉽게 꺼지는 것 역시 불의 성질이다"라는 말로 주의를 요하기도 했다. 기도 동원이란 동원가들이 교회의 총체적 사명을 위해 기도의 연료를 제공하는 것을 뜻한다.

자원의 동원 : 다시금 말하지만, 무엇이 선교 동원의 핵심일까? 첫째, 세계적인 차원의 기도 운동을 일으키는 것. 둘째, 선교를 위해 자원이 사용되도록 촉진시키는 것. 여기에는 재정만 필요한 것이 아니라 사람도 필요하다. 먼저 재정에 관해 이야기해보자.

북미의 ACMC에서는 몇몇 선교단체 의장을 대상으로 설문 조사를 벌였는데, 한 가족이 재정 후원을 일으키는 데에는 늘 많은 시간이 필요하다는 사실을 알게 되었다. 최근에는 한 선교사 지망생이 교회의 파송을 받는 데 드는 시간이 1년 반이라고 한다. 물론 지원자의 성품과 덕망에 주로 달려 있는 것이겠지만, 지원자가 가는 곳이 '잘 알려진' 지역이라든가, 이력이 좋다든가, 어떤 사역을 하게 될 것인가 하는 것도 영향을 미친다.

연합 감리교단 선교회의 선교사 관리부 담당자인 딕 맥클래인(Dick McClain)은 이렇게 말한다. "교회가 지원 대상자를 선택할 때 전략적인 면보다는 감정적인 면으로 반응하는 경향이 있다. 때가 악하므로 선교가 최우선이 되어야 할 터이지만, 대부분의 교회에서는 선교가 또 다른 프로그램 중 하나일 뿐이기에, 재정을 최우선으로 투입하지 않는다."[8]

책들마다 하나님 나라의 사명을 위해서 재정과 인력이 필요함을 강조한다. 기사나 설교를 통해서도 그리스도인들이 지상 대사명보다 애완동물 먹이에 돈을 더 많이 쓴다는 사실은 잘 알려져 있다. 최전방 선교사들에게 늘 재정과 장비와 동역자가 부족하다는 것 역시 숨겨진 애기가 아니다. 하지만 교회가 재정의 축복을 혼자 움켜쥐고 있다면서 비난의 화살을 퍼붓는 대신, 그들을 선교에 동원시키자.

선교 동원가가 감당해야 할 힘겨운 싸움 가운데 하나가 황새를 따라가려는 "뱁새들"과의 싸움이다. 많은 그리스도인들이 주변 사람들처럼 생활하려고 노력한다. 동원가가 할 일은 그리스도인들에게 일반 사람들처럼 생활하는 데 드는 비용이 얼마인지 계산한 뒤, 그 정도 수준으로 지출을 고정시키게 하는 것이다. 그래서 하나님께서 그 외의 재정으로 축복하실 때, 그 돈을 더 크고 좋은 물건을 사는 데 쓰는 대신, 그대로 세계 선교를 위해 헌금하는 것이다. 사람들이 1억 2천만 원을 벌고 그 중 6천만 원을 선교비로 헌금하는 것을 상상해보라! 얼마나 놀라운 재정의 활용인가!

사람들에게 재정의 필요를 알릴 때, 재정이 동원되기도 한다. 많은 이들이 세계 가운데 일하시는 하나님의 역사를 모르고, 성경 말씀을 잘 모르기 때문에 헌금하지 않는다. 미국 남부의 중심인 미시시피 주, 잭슨에 사는 홀과 베브 부부는 일주일 일정의 선교 대회에 참석했다가, 유일한 하나님의 말씀인 성경을 제대로 읽어야 한다는 강의를 들었다. 강사를 모시고 집으로 돌아가는 길에, 홀은 이렇게 말했다. "평생 교회를 다녔지만, 이런 말은 들어본 적이 없습니다." 현재 홀과 베브 부부는 매달 세계 선교를 위해 헌금을 하고 있다.

엄마이자 사업가인 자넷은 『데스티네이션 2000』을 읽고 난 후, 세계 선교를 위해 매달 십일조에 해당하는 20만 원가량을 헌금하기로 작정했다. 현재 자넷 부부는 모로코에서 일하는 부부 선교사를 후원하고 있다. 그들은 자신들의 재정을 하나님이 세계를 위해 품고 계신 총체적 목표를 이루는 수단으로 보는 것이다.

많은 그리스도인들이 더 많은 자원을 풀어놓기 위해 나름의 방법을 개발하고 있다. 미국 이스트코스트의 사업가인 마크와 케니는 텔레비전은 위에 올려놓고 VCR은 아래 얹어 놓는 받침대를 생산 판매하려는 꿈을 갖게 되었다. 이 제품은 대학 기숙사에서 사용하기에 안성맞춤이었다. 마크와 케니는 자기 사업을 위해서만 제품을 생산하지 않았고, 수익금 100%를 세계 선교를 위해 헌금했다.

현명한 선교 동원가는 사람들에게 특별한 기회를 제시할 줄 안다.

존은 미국 텍사스 주, 휴스턴에 사는 젊은 엔지니어였다. 존의 교회에 선교 동원가가 방문했을 때, 존은 단순한 비전을 얻었을 뿐 아니라, 구체적인 필요를 놓고 특별한 도전을 받았다. "존 형제님, 인도 해안의 한 섬에서 사역하는 선교 팀을 위해 헌금하도록 동료들에게 도움을 구하는 것은 어떨까요? 그곳은 완전한 무슬림 지역이랍니다." 존은 선교 팀의 특정한 필요를 요청받았기 때문에, 단순히 혼자서 매달 5만원의 헌금을 하는 데 그친 것이 아니라 동료들을 설득하여 매달 20만원씩 헌금하게 되었다. 선교 팀에게 재정을 보내자 그들을 위해 기도도 하게 되었고, 결국 몇 년 후에는 직접 팀을 방문하게 되었다.

자원을 풀어놓는 일은 단순히 재정에 관련된 것만은 아니다. 새로운 사역자를 일으키는 일이기도 하다.

오늘날의 상황은 예전과 다르다. 18-35세 사이의 북미 그리스도인들 가운데 1%만 있어도 충분하다. 십일조의 십일조만 투자해도 가능하다! 전 세계적으로 볼 때는 그 나이 대의 1%가운데 10%만 있어도 사역자를 충분히 조달할 수 있다. 잠재력이 있는 것이다. 그래서 주님은 주인에게 "일꾼을 보내주시도록 간청하라"고 말씀하신 것이다.

예수께서는 밭에 일꾼을 '보내라'는 말을 언급할 때, 특정한 헬라어

동사를 사용하셨다. 이 동사는 에크발로(*ekballo*)로, 몇 군데 사용되지 않은 단어다. 특히 사람에게서 귀신을 쫓아내는 장면에서 가장 많이 쓰였다. 예수께서 성전에서 돈 바꾸는 사람을 쫓아내실 때도 사용되었으며, 악한 자들이 선지자를 포도원에서 몰아내어 죽였다는 비유에서도 찾아볼 수 있다. 마지막으로는 군중들이 예수님을 골짜기에 떨어뜨리려고 몰고 갔을 때 사용되었다. 이런 여러 가지 예 가운데 공통점을 발견했는가? 언제나 그 사람의 의지와 상관없이 실행되었다.

이해했는가? 예수께서는 "그들의 의지와는 상관없이, 그리스도인들을 몰아서 선교 현장으로 쫓아내 주시도록 하나님께 간구하라"는 말씀을 하신 것이다. 왜 그들의 의지와 반대되어야 하는 걸까? 분명 많은 그리스도인들이 하나님의 축복을 받는 일에만 마음을 빼앗긴 나머지 열방에게 축복이 되어야 할 의무감을 잃어버렸기 때문일 것이다. 하나님께서는 주신 복을 제대로 전해줄 사람을 찾으신다. 선교 동원가는 사람들이 그 사실을 깨닫도록 도와주는 역할을 한다.

그렇다면 사람들은 어떤 식으로 "쫓겨 가는 걸까?"

세계적인 경제난 때문에 그리스도인들이 직업을 찾아 (의지와는 상관없이) 전 세계로 흩어지기도 한다. 가서 자기 믿음을 전하는 것이다.

많은 그리스도인들이 선교 동원가의 방문, 한 주간의 선교 대회, 선교 여행을 통해 삶이 완전히 뒤바뀌는 것 같다. 인생의 목표, 계획, 미래의 꿈이 완전히 바뀌는 것이다. 어떤 때는 아주 짧은 시간 동안 인생이 재조정되기도 한다.

어느 선교 동원가는 다음과 같이 표현했다. "나는 사람들에게 전임 사역의 도전을 주는 것이 좋다. 가장 나쁜 반응은 '싫어요' 이겠지만, 적어도 자신이 어디에 있는지, 왜 여기 있는지, 왜 이 일을 하는지 다시금 생각해볼 수 있게 하기 때문이다."

그리스도인들에게 기회를 제공하는 것(도전을 주는 것)은 동원가의 가장 큰 자산이 되기도 한다. 많은 그리스도인들이 도전을 즐기고 있고, 선교지의 구체적 필요를 채워주는 일에 동참하도록 도전을 받기를 은근히 기대하고 있다!

선교지의 구체적 필요는 의사에서부터, 구제와 개발 사역자, 엔지니어, 영어 교사 등 다양하다.

존은 선교지에 가고 싶어서 아등바등하던 전기 기사였다. 그런데 결국 어느 선교 책임자를 만나 제안을 받았다. "비디오 기계를 고칠 수 있나요?" "아니오, 하지만 방법을 찾을 수는 있습니다. 왜 물으십니까?" "중동 지역에 비디오 기계를 들고 갔는데, 아무도 고치지 못한답니다." 현재 존은 중동 지역에 머물고 있다. 그에게 구체적인 필요를 보여주었기 때문에, 이를 향해 달려간 것이다.

파키스탄과 아프가니스탄에는 전쟁으로 많은 이들이 팔다리를 잃었다. 그들을 대상으로 사역하고 싶은 꿈을 가졌던 한 남성이 있었으나, 그 방법을 알지 못했다. 그는 기계 엔지니어였지만 보철 기술(인공 수족을 부착하는 일)을 공부했고, 팀을 모으기 시작했다. 자신들의 전문 분야를 전략적으로 필요로 한다는 사실 때문에, 얼마나 많은 사람들이 그에게 도움을 주었는지 모른다.

이사차르(중앙아시아의 미전도 무슬림 종족 안에 현지인 교회를 세우려는 초교파 기독교 단체)의 의장인 짐 모아츠(Jim Moats)와 한 실업가 기독교 사업가들과 전문인들에게 중앙아시아 현지 교회 설립을 위해 계획 및 네트워킹 기술을 제공해줄 것을 도전하고 있다. 하나님 나라를 세우는 일에 자신들의 기술이 사용된다는 사실에, 사업가들과 전문인들이 꽤나 놀라워한다고 한다. 이들 평신도들은 이사차르와 현지 협력자들과 더불어 중요한 현지 프로젝트를 후원하고 시도하는 일을 하면서 자신들만의 방법을 '배우며 터득하고' 있다.

그리고 이런 일은 선교지만의 필요가 아니라 본국의 필요이기도 하다.

고등학교 1학년생인 브룩은 학교에서 〈데스티네이션 2000〉 비디오물을 보면서 세계 비전을 꿈꾸게 되었다. 당시 콜로라도에 살고 있던 브룩은 여름방학을 하나님을 위해 사용하고 싶었다. 프론티어 선교회에서 여름 자원봉사자가 필요하다는 소식을 듣고, 브룩은 어머니에게 애리조나로 데려다달라고 부탁했으며, 그곳에서 숙식을 하며 귀한 섬김의 시간을 보냈다. 그의 섬김은 프론티어뿐 아니라 브룩 자신에게도 큰 축복이었다!

교회 주보에다가 선교지의 필요를 알리는 작은 일을 통해서도 사람들이 연결될 수 있다. 캐롤린은 시간제 회계원을 구한다는 광고를 보고서 집 근처의 선교단체에서 자원봉사를 하게 되었다. 캐롤린은 돈을 받는 시간제 일자리를 거절하는 대신 하나님을 섬기기로 한 결정에 만족해하고, 선교단체는 회계원에게 지급할 월급을 아낄 수 있게 되었다.

동원가는 또한 은퇴한 부부에게도 눈을 돌린다. 딕과 조이스 부부는 하루 종일 골프와 테니스 치는 일에 이력이 난 은퇴 부부였다. 성경을 바로 이해하게 된 후, 부부는 6개월 동안 선교단체의 총책임자를 돕는 전임 사역자로 섬기기로 결정했다!

짐과 도나 부부는 은퇴하기 일주일 전 어느 동원가의 도전을 받은 뒤 첫 번째 '은퇴 여행'을 계획했고, 비행기 표도 준비해 놓았다. 국제 본부에서 돕는 일 외에도 런던에서 게스트 하우스를 운영할 부부가 필요하다는 말을 듣고, 그들 부부는 새 차를 팔아 비행기 표를 샀고, 집은 딸에게 세를 내어준 후 새로운 인생 여정을 시작했다. 그리고 이후의 시간을 만족스러워했다.

많은 경우 유능한 동원가는 오래 전부터 연락했던 사람들과 관계를 계속 유지한다. 트로이는 매우 성공적인 화학약품 회사 직원이었다. 또 다시 가장 우수한 영업 사원으로 뽑혔고, 승진의 기회도 주어졌지만, 그는 또 다시 그 제의를 거절했다.

왜였을까? 그와 그의 아내 주디는 헌신된 선교 동원가였다. 트로이의 우선순위는 지역 사람들을 동원하는 일이었다. 승진하면 사람들과 오랜 시간을 두고 쌓아 온 관계를 효과적으로 지속시킬 수 없기 때문이었다. 그의 우선순위는 돈이 아니었다. 그의 직업은 가족의 필요를 채우는 수단일 뿐이고, 그 외의 시간에는 열방을 향해 나아가는 영광스런 사명으로 사람들을 동원하는 것이 목적이었다. 하나님이 그에게 보여주신 사명이었던 것이다.

그렇다면 "선교 동원의 핵심은 무엇인가?" 수많은 기도와 재정과 사역자를 추수 밭의 일꾼으로 풀어놓는 일이다. 교회가 개척되고, 제자가 양육되며, 자기 문화권 안에서 전도가 이뤄질 뿐 아니라 타 문화권까지 선교가 이뤄지는 모습을 보는 것이다. 이 모든 것이 하나님께 영원한 영광을 돌리기 위함이다!

미래를 위한 계획 세우기

마지막 살펴 볼 내용은 동원가들이 염두에 두어야 할 가장 장기적인 자원, 바로 어린이들이다. 오늘의 어린이들이 내일의 선교사들이다.

장기로 해외 사역을 하고 있는 선교사들의 85%가 만 16세 이전에 선교사로 헌신했다는 보고가 있다. 그들 대다수가 만 10세에서 12세 사이에 서원했다. 세계 선교에 대한 비전으로 어린이들을 일으키는 일은 중요한 사역이다!

불행하게도, 어린이 동원 사역에 대해서는 수년간 들어본 적이 없다. 20년 전부터서야 교회가 그 심각성을 알고, 어린이들을 위한 선교 관련 자료 제작에 나서기 시작했다. 오늘날에는 얀 벨, 게리 템플턴, 게리 듀억, 데비 쇼그렌, 질 해리스, 루스 핀리와 같은 개척자들이 어린이 자료를 제작하고 있으며, 좋은 내용의 책자들을 어린이들에게 공급하고 있다.

대부분의 어린이 제자 훈련가들은 이 사실을 인식하지 못하지만, 어린이들에게 세계 선교에 대한 총체적 비전 없이 말씀을 가르치는 것은 대단히 불공정한 행위다. 마치 어린 소녀에게 말하는 인형을 주면서 건전지를 빼버리는 것과 같고, 소년에게 조립 비행기를 주면서 접착제는 빠뜨리는 것과 같다.

하지만 이에 관심을 가진 사람들이 아이들에게 선교를 가르칠 방법을 교사들에게 훈련시킬 목적으로 박람회를 개최하고 있다. 첫 번째 박람회는 1994년 6월, 미국의 남부 지방에서 열린 것으로 알려져 있다. 애리조나 주 피닉스에서 첫 모임을 시도했던 비전가, 질 해리스에게는 오직 한 가지 생각뿐이었다. 아이들이 배울 교재 한 장 한 장에 열방을 향한 하나님의 마음이 총체적으로 담겨야 한다는 것이었다. 선교는 그리스도인의 생활의 일부분이 아니라, 모든 사람이 이뤄야 할 마지막 목표점이다.

당신이 어떤 사역을 하든, 어린이들에게 선교 비전을 주면 그들이 미래의 일꾼이 될 수 있다.

그렇다면, 선교라는 전체 그림을 보는 동원가로서 이제 막 비전을 품고 달리는 교회를 어떤 식으로 도울 수 있을까?

새로운 선교의 물결 일으키기 2
지역 교회에 세계 선교 사명을 도전하라

> "그 시대에 영향을 미치는 교회는 목적과 계획을 가지고 있다. 하나님이 그들에게 원하시는 모습과 활동이 무엇인지 본다. 교회를 위한 비전을 정확히 파악한 사람은 교회를 동원하는 일에 원인과 결과의 역할을 한다. 그리고 교회와 지도자는 그 과정에서 능력을 덧입게 된다."
> — 칼 S. 더들리

[카자흐스탄]

"여기란 말이에요?" 살을 에는 듯한 공항 활주로에 서 있는 동안, 매서운 모래 바람에 머리칼이 사납게 휘날린다. 가축 수송차처럼 생긴 몸체를 이끌고 색 바랜 노란 트럭이 작은 석재 건물에서 부릉거리며 나오고 있다. 이 건물은 카자흐스탄 악타우 공항 터미널이다. 이 차가 바로 초원에서 불어 닥치는 강풍 같은 소용돌이에서 우리를 구원해주러 오는 공항 셔틀 버스다.

이곳의 사막은 흙먼지로 되어 있다. 봄에 부는 다섯 가지 돌풍들이 5일 동안 흙먼지를 날리며 황사 현상을 일으킨다. 날씨가 흐려진 건지 그냥 먼지가 끼어있는 건지 분간이 안 된다. 그러다 갑자기 돌풍이 가라앉으면 그제서야 사방이 보이는데, 풀도 나무도 언덕도 없다. 전혀 외딴 행성에 온 듯 편편한 사막일 뿐이다. "악타우가 카스피 해 근처에 있는 줄로 생각했어요." 푸념처럼 들리지 않으려고 애를 쓰는 당신. "악타우가 토성 너머에 있다는 말이 어떤 의미인지 알 것 같네요."

전체의 1/3정도 밖에 수용 못할 공간이지만, 나무를 지고 있는 카자흐 사람들, 커다란 비닐 가방을 짊어진 러시아 사람까지 포함해서 모든 탑승객들이 차 안에 꾸역꾸역 끼어 탄다. "악타우는 소련 시대에 만들어진 계획 도시 중 하나예요." 머리 위에 있는 손잡이를 잡느라 엉켜진 팔 사이로 쳐다보며 설명을 한다. "세계 최초의 핵 증식로(增殖爐)가 이곳에 세워졌는데, 1964년에 상 페테르부르크에서 건축 기사가 와서 도시 전체를 건설했죠. 인구는 약 30만 명인데도 도시를 가로질러 걷는 데는 40분밖에 걸리지 않습니다. 모든 건물이 콘크리트로 지어진 고층 아파트거든요. 회색 콘크리트죠. 페인트도 안 칠하고, 색깔도 없고."

"여기는 어디쯤 되나요?" 우르릉거리는 트럭 소음에 당신은 소리치다시피 묻는다.

우리도 소리쳐 대답한다. "도시에서 30분쯤 떨어진 곳이지요. 거리에는 이름이 없고, 숫자로 구분합니다. 도로도 숫자, 아파트 건물도 숫자, 학교도 숫자."

당신의 눈앞에는 먼지 밖에 보이지 않는다.

하지만 이후, 선교사의 아파트에서 청록빛 카스피 해를 굽어 내려보니, 이곳 회색 콘크리트 도시야말로 영적으로 굶주린 사람들로 가득한 곳이며, 중앙아시아에서 하나님이 역사하실 주요 지점 가운데 하나라는 생각이 든다. 김이 모락모락 나는 뜨거운 샤워를 했더니 마음이 가뿐해진 당신. 그저 몸이 데이지나 말았으면 할 뿐이다. 근처에 있는 거대한 핵 증식로에서 물이 데워지고 있으니 말이다. 피곤한 여행 후, 드디어 한 잔의 진한 터키식 커피 한잔에 몸이 편안해졌고, 또 함께 일하는 네 군데 선교단체 소속 선교사들과 그리스도인들의 대화 가운데 끼어 앉아 있다. 게다가 카스피 해 너머로 지는 석양을 바라보며, 당신의 머리 속은 하나님 나라에서 일어난 사건들, 사람들, 장소가 복잡하게 맴돈다.

한국인 선교사가 팀을 데리고 카자흐스탄 일주 기차 전도 여행을 하며 겪었던 힘겨운 일을 나눈다. 미국인 선교사는 그 지역 교사 협회에서 가르칠 수 있도록 초청을 받았던 일이며, 악타우 시민이 보여준 훌륭하고 즐거운 손님 접대 문화를 칭찬한다. 그런데 갑자기 러시아의 크라스노다르에서 사역하는 스위스 선교사에게서 팩스가 들어온다. 노트북 컴퓨터로는 오클랜드에서 오슬로까지 일어난 영적 돌파구에 관한 이메일 소식이 들어온다. 경험 많은 선교사는 1994년 4월에 인종차별을 종식하는 남아프리카 선거가 있던 당시, 보이지 않는 이면에서 하나님이 어떤 일을 하셨는지 이야기를 들려준다. 그는 커피 한 잔과 악타우 특산인 파삭거리는 케이크 한 조각을 들고 뒷자리에 기대고 앉아 이야기를 시작한다.

1994년 남아프리카 선거가 치러지기 몇 달 전, 세계는 투표 당일에 벌어질 일을 예상하며 크게 염려했습니다. 콰줄루(KwaZulu)의 인카타 자유당은 선거를 반대했고, 모든 사람들이 대학살극이 벌어질 것을 예상했지요. 남아프리카의 모든 종족들이 처음으로 함께 참여하는 선거전이지만 금방이라도 폭발할 것 같은 분위기였습니다. 대중 매체에서는 줄루족 최고 수상인 만고수투 부텔레지를 흉악한 악당으로 몰았고, 선거를 반대하는 데는 타당한 이유가 있었어요. 화약고와 같은 상황이었습니다. 〈아프리카 선교회)의 대표인 마이클 카시디는 지도자들에게 모든 사람이 지지할 수 있는 타협안을 찾아보라고 부탁했지요. 그렇지 않고서는 "한정 없는 전쟁으로 후손들에게 잿더미만 물려주게 될 것"이라고 말입니다. 그는 지도자들에게 "당신들의 관계가 악화되는 사이, 당신들을 따르는 사람들은 처절한 피의 대가를 치르고 있소"라고 말했습니다. 선거 반대자들은 투표 때 반대 투쟁을 하겠다고 말했고, 끔찍한 유혈 사태가 벌어질 것이라고 했습니다. 기억하십니까? 그때 우리 모두 절망 속에서 기다렸죠.

선거를 며칠 앞두고, 국제 협상팀이 철수해버렸어요. 한 사람만 빼고 말입니다. 워싱턴 오쿠무라는 케냐 출신 그리스도인이었지요. 경제학 교수였고, 유일한 그리스도인이었지요.

4월 15일 금요일에 부텔레지 역시 협상을 포기했습니다. 울룬디에 있는 줄루 왕, 굿윌 즈웰리티니에게 돌아가 남아프리카에 최악의 상황이 일어날 것을 준비해야 한다고 보고하기 위해 요하네스버그를 떠나 란제리아 공항으로 출발했습니다. 이 순간이 남아프리카에게 있어서는 '위기의 순간'이었습니다. 오쿠무 교수는 마지막으로 협상을 시도하기로 결심했습니다. 급히 제작한 새 제안서를 들고 마지막으로 부텔레지와 만나기 위해 공항으로 달려갔지요. 하지만 줄루 수상이 탄 비행기가 막 이륙을 해버린 겁니다.

비탄에 잠긴 오쿠무는 아프리카 선교회의 본부로 전화를 해서 마지막 순간에 일어난 나쁜 소식을 알렸습니다. 선교회 사무실에서는 이렇게 말했죠. "교수님 거기 계세요. 기도하시구요, 우리도 기도하겠습니다!" 그래서 케냐의 경제학 교수는 공항 대기실 의자에 앉아 기도를 드렸습니다.

그런데 부텔레지가 탄 비행기가 이상하게도 기계적 결함이 생긴 겁니다. 그날 받았던 팩스 내용에 따르면 부텔레지가 나중에 이런 말을 했다고 하네요. "비행기에 문제가 있다는 보고가 들어왔을 무렵, 기체는 제대로 날 수조차 없었습니다. 그래서 돌아와야 했소. 하나님께서 내가 떠나지 못하도록 막으신 것이 분명합니다. 요나처럼 다시 이끌려 온 거요. 나는 오쿠무 교수에게 내가 하나님에게 이끌려 강제로 돌아왔다고 말했죠."

오쿠무 교수는 자신의 새로운 계획서를 부텔레지에게 보여줄 수 있어서 너무도 기뻤고, 부텔레지는 아프리카 국회와 RSA 내무부 대표를 한 번 더 만날 것에 동의했습니다. 그래서 그들은 어디서 만났을까요? 당연히 기도 모임에서 만났습니다!

주일날, 2만5천 명의 그리스도인들이 더번의 킹스 파크 경기장에서 예수 평화 행진을 하기 위해 모였죠. 모든 이들이 울며 기도하고 있었지만, 세계 모든 사람들과 마찬가지로 군중들 역시 전혀 알지 못한 사실이 있습니다. 세 명의 관리들이 바로 그 시간에 경기장 윗편 VIP실에서 회의를 하고 있었던 겁니다!

결과는 어찌 되었을까요? 마지막 협상안이 기적적으로 타결되었습니다. 그리고 며칠 뒤, 우리 모두가 지켜보았듯, 선거는 축제 분위기 속에서 평화롭게 진행되었지요. 모든 종족들이 남아프리카의 새로운 출정을 위해 참을성 있게 투표장에 줄을 서 있는 동안, 다정하고 친절한 분위기가 감돌았습니다. 세계가 모두 놀랐죠. 깨어 있는 헌신된 제자들을 통해 하나님이 일하시는 모습이 놀랍지 않나요?

이야기를 들으니 당신의 머릿속에 뭔가 스치는 것이 있다. "나도 그런 기적적인 일에 참여하고 싶어요."

"물론이죠." 선교사 중 한 명이 말한다. "여기 악타우에서 선교 팀과 함께 일할 수 있지요. 영어 교사를 모집하는 일이나 사업 교육가나 …"

"아뇨." 당신은 적절한 말을 찾으려 애쓴다. "여기 카자흐스탄에 있겠다는 뜻은 아니구요. 이런 전체적인 일들 가운데 한 부분이 되고 싶다는 말이죠. 전 세계 네트워킹을 조직해서 하나님의 주권적인 역사를 알리고, 그리고 … 그리고 …"

"비전을 나누는 일요?" 선교사들은 알겠다는 듯 미소를 짓는다.

"네."

비전을 가지고 달려가라

이 책은 좋은 선교사가 되는 법에 관한 책이 아니다. 얼른 선교단체의 프로그램에 가입할 것을 재촉하는 내용도 아니다. 이 책은 비전에 관한 책이다. 사람들과 아이디어와 에너지와 기적이 놀랍게 망라되어 있는 세계 비전 말이다. 또한 이 책은 당신에게 열방을 향한 비전을 품고 달리도록 초청하고 있다.

하나님께서는 왜 하박국에게 비전을 명백하게 기록하라고 명령하셨을까? 달리면서도 읽을 수 있게 하기 위함이었다(합 2:2). 누가 달리면서 비전을 읽는가? 물론 소식을 전하는 자다. 교회를 향해 급박하고 새로운 비전을 전달할 당신과 같은 전달자다. 하나님의 세계 선교 역사 가운데 우리의 위치를 밝히 보여주는 새로운 비전 말이다.

대학 동료들이나 교회, 그 외 다른 모임에서 사람들을 동원시킬 때는 실현 가능한 비전, 분명한 메시지를 담은 비전을 전달한다. 그런데 정확히 어떤 식으로 이런 일이 일어나는 걸까?

대학 동료나 교회, 기타 모임에서 사람들을 동원시켜 새로운 비전을 향해 나아가게 하는 기본적인 단계는 다음과 같다.

1. 공동체의 비전을 위해 기도할 기도 팀을 세우라.
2. 공동체가 선교 비전을 어느 정도 실천하고 있는지 진단하라. 공동체 안에서 '영향을 미치는' 핵심 인물이 누군지 파악하고, 어떻게 해야 그 지도자들이 선교에 대한 마음을 불일 듯 하게 할 수 있는지 파악하라.
3. 각 개인들이 열방을 품은 그리스도인으로 자라나도록 격려할 수 있는 최선의 자원들이 무엇인지 확인하라.
4. 공동체가 선교에 대한 비전을 품고, 세우고, 행동에 옮길 수 있도록 세 가지 단계별 계획을 세워 공동체를 섬기라.

이 일에 뛰어들기 전에, 자신이 여러 가지 일을 이미 진행하고 있다는 사실을 기억할 필요가 있다. 열정을 가진 동원가들은 프로젝트를 시작할 때 빠른 진행을 위해 혼자 짐을 떠맡거나, 한꺼번에 여러 프로젝트를 시도하기도 한다. 최대한 빠른 시간 안에 '임무를 완수' 하려는 생각에서다.

당신의 목표는 지혜로운 일처리지 힘겨운 일처리가 아니다. 시작할 때부터 하나님 나라 확장 사역에 많은 이들을 동참시키는 일에 힘쓰라. 혼자 모든 일을 처리하려고 하지 마라. 혼자서 모든 일을 처리한다면, 쉽게 피곤하고, 지치고, 쓰러지게 되며, 결국 비전이 부족한 사람들을 비난하게 된다. 머지않아 사람들을 죄책감을 통해 움직이려 들 것이다.

선교 동원가로서 지역 교회를 섬길 수 있는 방법을 단계별로 자세히 살펴보자.

1단계 : 기도 팀을 세우라

기도 없이는 아무 일도 일어나지 않는다. 이 말을 그저 쉽게 읽고 지나지 마라. "그래, 맞아. 그럼 기도나 한번 해볼까"라는 생각으로 말이다. 기도는 가장 기본적인 첫 단계이자, 두 번째, 세 번째, 네 번째 단계다. 기도는 아무리 강조해도 지나치지 않다. 왜일까? 기도 없이는 단 한 사람의 생각도 바꿀 수 없다. 사람 안에 역사하는 이는 성령이시다. 단지 성령과 동역하는 것이 아니라, 온전히 그분께 의존해야 한다.

혹 당신의 공동체 안에 갑자기 심각한 일들이 발생한다면, 이제 비전을 품기 시작한 사람들의 마음을 어지럽히려는 원수의 공격임을 알아채기 바란다. 자신의 왕국이 위협 당하기 때문에 그러는 것이다. 적의 지경을 침입하면 즉각적인 반격이 날아오듯, 세계 선교에 대한 비전을 일으키는 일은 심각한 영적 반격을 일으킨다는 사실을 확인할 수 있다. 그렇기 때문에 첫 번째 단계가 중요한 것이다. 공동체가 비전을 굳게 쥐도록 기도하며 원수의 방해와 공격을 무마시킬 수 있는 강력한 기도 용사들을 세우라. 일반적으로 원수는 관계와 재정과 건강을 공격한다.

기도 팀은 어떤 모습이어야 할까? 시작하는 상황에 따라 다르겠지만, 솔직히 처음에는 한 사람으로 시작할 수 있다. 당신 혼자서 공동체를 위해 기도하는 것 말이다. 그렇다. 뉴질랜드의 라나를 기억하는가? 1년 반 동안 신실하게 기도했고, 하나님은 이를 들으셨다.

기도하는 시간 동안, 공동체 전체를 움직여주시도록 간구할 뿐 아니라, 각자가 비전을 품을 준비가 되도록 구체적으로 구하라. 그리고 기도의 전쟁에 동참할 사람을 보내주시도록 기도해야 한다.

화장실 거울에 비눗물로 크게 적어보라. 첫 번째 단계, 기도. 두 번째, 세 번째, 네 번째 … 역시 기도.

2단계 : 공동체에 적합한 자료와 정보를 선택하라

모든 종족을 위해 나아가도록 새로운 선교 비전을 활성화시키려면, 각 단계마다 상대방에 맞게 명확한 정보를 제시할 필요가 있다. 사람들에게는 새로운 아이디어를 창출해낼 수 있는 구체적인 정보와 자료가 필요하다.

교회 역사 전체를 볼 때, 세계 복음화를 위한 788번의 계획 가운데 대부분이 공동체 전체의 비전으로 서지 못했다.[1] 실패의 원인의 공통점은 단지 아이디어에만 근거해 위대한 계획을 세웠다는 점이다. 아이디어의 힘은 강력하지만 그 자체로 교회 전체나 공동체, 그리고 사람들에게 새로운 통찰력을 제시하는 영향력을 끼치지는 못한다. 실무적 기술은 그리스도인들이 하나님의 변치 않는 목적 가운데서 자신의 역할을 발견하며, 새로운 비전을 찾고 세우고 행동하게 만드는 데 중요하다.

공동체에 가장 적합한 자료를 선택하라. 구체적인 자료의 범주에 대해서는 이 책 뒷부분의 자료 란을 참조하라. 각 단계별로 자신이 개발한 자료를 사용할 경우, 먼저 다른 교회에서 사역하는 동원가들에게 보이라.

혼자서 감당하기 어렵다면 동원 사역에 경험이 있는 사람들에게 도움을 구하는 방법도 생각하라(동원 사역가를 위한 멘토 중에는 이메일로 상담하는 이들도 있다). 어떤 자료가 가장 적합하고 최선인지 알아내는 데 도움을 줄 것이다. 그분들이 장시간을 할애해줄 수 있는지 먼저 확인하라. (본서의 저자들도 여러분에게 멘토를 붙여주는 일에 도움을 줄 수 있다. 프론티어즈 선교회나 월드 크리스천 선교회를 통해 연락하기 바란다 — 자료란 참조.)

3단계 : 공동체가 모든 민족을 위한 하나님의 비전을 찾고, 세우고, 행동할 때 옆에서 섬겨주라.

하나님의 은혜로 언젠가는 공동체의 남녀노소가 모든 족속과 백성과 나라 가운데 하나님 나라를 세우려는 하나님의 비전을 깨닫기 시작할 것이다. 이제 더 이상은 당신이 공동체를 분석하거나 정보를 공급하는 일을 하지 않더라도, 그들이 알아서 물어올 것이고, 최소한 스스로 반응하기 시작할 것이다!

그렇다면 이제 무엇을 해야 할까? 세 가지 단계에 따라 지속적으로 비전을 전해주는 일을 고려하라. 첫째, 비전을 찾는다. 둘째, 비전을 세운다. 셋째, 행동을 취한다. 공동체가 이를 받아들일 준비가 되었다면 각 단계를 밟도록 지도하는 것 역시 동원 사역의 일부다.

4단계 : 각 개인과 목회자의 비전이 무엇인지 파악하라

공동체를 동원하는 데 있어서 기억해야 할 중요한 사항이 있다.

첫째, 규모와 관계없이, 모든 공동체의 구성 요소는 각 개인이다. 코끼리도 한 번에 한 입씩 먹어야 하듯이, 한 번에 한 사람씩 동원한다는 생각을 가져야 한다. 어떤 사람은 다른 사람들보다 마음의 준비가 잘되어 있기도 하다. 그리고 어떤 이들은 비전을 잘 찾아내는 데 반해, 당신의 이야기를 듣고서도 아무런 감도 잡지 못하는 사람들도 있기 마련이다.

둘째, 각 개인을 동원하는 데 있어서 20/80원칙이 적용된다. 교인의 20%가 헌금의 80%를 내고, 교회 봉사의 80%를 감당한다는 의미다. 따라서 공동체의 핵심 인물인 20%를 공략할 필요가 있다.

이와 마찬가지로, 직함만 가지고 지도자를 찾지 마라. 지도자란 공동

체를 실제로 이끄는 사람들이다. 직함이 없이 지도자의 역할을 하는 이들이 많다. 그런 영향력 있는 사람을 찾으라. 하나님이 당신에게 주신 사람일지도 모른다.

공동체 안에서 어떤 식으로 결정이 내려지는지 살펴보라. 두세 사람으로 이루어진 위원회가 있는가? 교회 전체가 종족을 입양하지는 않는다는 사실을 기억하라. 교회 안의 각 개인들이 교회를 대신해 결정을 내리는 것이다. 교회가 이를 받아들이는지 그렇지 않은지는 두고 봐야 한다.

동원가의 가장 큰 싸움은 공동체의 전체 지도자 혹은 목회자를 동원하는 일일 것이다. 목회자가 교인들에게 열방을 향한 하나님의 마음에 대해 지속적으로 말씀을 전하지 않는다면, 계란으로 바위치기나 마찬가지다. 혹 현재의 상황이 그러하다면 더 많은 사랑의 기도가 필요할 것이다.

그렇다면 어디서부터 시작할까? 사람들이 어느 '수준'에 있는지 파악하라.

제임스 엥글스(James Engles)는 전도의 방법을 결정할 때 상대방의 헌신도에 따라 방법을 달리한다. 예수 그리스도에 대한 지식이 거의 없는 상태인 1단계 수준에 있는 비그리스도인에게, 그리스도의 주권에 대한 7단계의 헌신을 요구하면 아무 효과가 없는 법이다.

이와 마찬가지로, 한 개인이나 교회의 선교 비전이 1단계 수준이라면, 모든 종족을 향한 하나님의 마음을 따르라는 7단계 수준의 헌신을 요구하는 일은 맨 땅에 헤딩하기나 마찬가지다. 준비도 되지 않은 사람들에게 높은 수준의 헌신을 요구할 수는 없다. 고통지대와 안전지대에 관한 표를 기억하는가? 대부분의 교인들은 자신의 한계를 넘는 비전을 갖도록 도전받는 일을 불편하게 여긴다!

따라서 교인들이 어느 수준인지 파악하라. 그러면 어떤 '단계'에서 시작할 수 있는지 알게 된다. 그 다음부터는 "이제 막 그리스도인이 되었어요" 수준의 1단계에서 "내가 여기 있으니 나를 보내소서"의 7단계까지 시도해본다.

결실이 있는 동원 사역을 하려면, 교회의 자원을 기록해보라. 자신이 섬기는 교회가 비전을 키우고 있다면, 이제는 무엇을 시도해야 할까? 더 많은 지식인가? 그렇다. 하지만 그보다는 교회 안의 자원 – 기도의 힘, 재정, 인력 – 을 성령의 능력으로 풀어놓는 일에 더욱 심혈을 기울여야 한다. 교회 안에 어떠한 자원이 있는가? 실제로 목록을 작성하라.

기도의 힘. 교인들이 매일 기도에 보내는 시간은 얼마이며 그 수는 얼마인가? 그들의 기도제목은 무엇인가? 모든 교인이 공식적으로 하루 15분을 기도한다면, 기도의 전체 '노동 시간'은 얼마나 되는가? 일 년에 4번씩 특별 기도회를 열 수 있는가?

사람. 어떠한 직업을 가지고 있는가? 은퇴자는 몇 명인가? 직업이 없는 사람은 몇 명인가? 자녀가 없는 부부는 몇 쌍인가? 전문적인 사역 훈련을 받은 사람은 몇 명인가? 향후 5년 안에 학교 공부를 마치게 될 사람은 몇 명인가? 전도의 은사를 가진 사람은 몇 명인가? 선교에 마음을 가진 사람은 몇 명인가? 은퇴하거나 귀국한 선교사는 몇 명인가? 단기 선교 여행에 관심이 있는 사람은 몇 명인가? "2000년 혹 2010년까지 교회에서 몇 명의 선교사를 보낼 수 있을까요?"라는 질문에 사람들은 어떤 대답을 할 것인가?

재정. 교회의 전체 수입은 얼마인가? 총 가용 수입은 얼마인가? 헌금으로는 얼마 정도를 충당하고 있는가? 교회의 수입 가운데, 교회 내부

선교 동원가의 메시지

> 여러분들이 모든 민족을 향한 하나님의 비전을 행동으로 옮기도록 제가 어떻게 섬길 수 있을까요?

(단호한 헌신 기대)

> 여러분들이 모든 민족을 향한 하나님의 비전을 세우도록 제가 어떻게 섬길 수 있을까요?

(어느 정도의 헌신 기대 — 헌신에 대한 이해 필요)

> 여러분이 모든 민족을 향한 하나님의 비전을 찾도록 제가 어떻게 섬길 수 있을까요?

(사실상 헌신을 기대하지 않음)

선교 헌신 단계

7단계 : 하나님의 원대한 계획을 위해 무슨 일이든 하며 어디든 가겠습니다.

6단계 : 온 민족을 향한 하나님의 비전에 우리의 생활방식과 공동체의 방식을 맞춰가고 있습니다.

> 비전을 행동으로 옮길 준비가 되었음을 보여주는 질문 :
> "이제 우리가 무엇을 해야 합니까?"

5단계 : 타문화 사역에 좀더 관여하고 싶습니다.

4단계 : 성경을 바라보는 새로운 관점을 배우고 있으며, 다른 민족을 위해 기도해야 한다는 부담감을 느끼고 있습니다.

> 선교의 비전을 세울 준비가 되었음을 보여주는 질문 :
> "이 부분에 대해 좀더 알아보려면 어떻게 해야 합니까?"

3단계 : 타문화 사역의 가치에 대해 더욱 이해하게 되었습니다.

2단계 : 하나님이 관심을 갖고 계신 다른 세계가 있다는 사실을 깨닫기 시작했습니다.

1단계 : 나는 예수 그리스도께 삶을 드린 그리스도인입니다.

용으로 사용하는 비율은 얼마인가? 해외 사역에 보내는 비율과 특히 미전도 지역으로 보내는 비율은 얼마인가? 선교단체의 국내 간사에게도 후원하고 있는가? 선교 동원가에게도 후원하고 있는가? 우리의 주머니에 남은 푼돈들을 매달 모은다면, 일 년에 얼마나 모금할 수 있을까? 재정 서약 방식으로 선교 헌금을 할 수 있는가?

열방 가운데 하나님의 이름을 알리도록 교회 안에 부어주신 자원의 축복이 있는가?

미국 오하이오 주 더블린의 노스웨스트 교회의 목사인 테리 호페커(Terry Hofecker)는 캘리포니아의 새들백 교회에서 사용했던 야구 경기장 법칙을 받아들였다. 여기서도 열방을 품은 그리스도인이 되기 위해 밟아야 할 점진적인 단계가 있다.

이 표에 대한 이해를 돕기 위해 몇 가지 설명을 하겠다. '4:12 1단계'란 하나님과 사람들과의 관계 속에서 성경 말씀을 적용하도록 가르치는 기독교 기본 과정이다. '4:12 2단계'도 이와 마찬가지지만, 더욱 깊은 수준으로 들어간다. '비전 세우기'는 열방을 품은 그리스도인의 관점을 세우기 위한 4주 교과 과정을 말한다.

모든 성도들이 모든 베이스를 다 밟도록 하는 것이 교회의 전략적 취지다. 어떤 사람은 이제 타석에 서는 반면, 이미 삼루에 서 있는 사람도 있을 수 있다. 하지만 이런 진단 방식을 사용하면 교회 지도자들이(그리고 교인들 스스로가) 교인들의 위치를 파악하는 데 도움이 된다.

그렇지만 문제는 몇 가지 이유로 인해 베이스 사이에 어정쩡하게 박혀 있는 사람들이다. 방해물을 제거하고 사람들이 움직일 수 있도록 자극을(동기, 책임감, 성경에 대한 깨달음 등) 주는 것이 교회 지도자들의 목표다. 홈인을 하는 사람은 자신이 배운 내용을 재평가하고 이를 하나님의 세계 비전에 어떻게 적용할 수 있을지 생각할 필요가 있다.

이제 두 가지 방법을 모두 배웠으므로, 당신이 섬기는 교회의 모습은 어떠한지 생각해보기 바란다. (혹 당신과 동일한 문제를 걱정하는 사람들이 있다면, 함께 고민해보라). 그러다보면, 다음과 같은 질문이 생길 것이다.

- 20%에 속하는 사람은 누구인가?
- 그들은 어느 단계에 머물러 있는가?
- 교회에서 지도자로 여기는 사람은 누구인가?
- 최종 결정을 내리는 사람은 누구인가?
- 어떤 여성들이 세계 비전을 품고 있는가?
- 당신이 알지 못하는 선교 중보 기도팀이 교회 안에 있는가?
- 핵심적 역할을 하는 어린이 사역자는 누구인가?
- 지도자의 비전은 무엇인가?
- 교회 안에서 보는 나의 모습은?
- 교회 사람들과 신뢰를 형성했는가?
- 교인들과 어떠한 관계를 맺고 있는가?

사람들은 아무리 급격한 인식 변화라 하더라도 자신이 신뢰하는 사람의 말은 쉽사리 받아들이는 법이므로, 마지막 세 질문은 매우 중요하다. 주요 인물들과 좋은 관계를 맺고 있다면, 하나님께서 이미 그분의 목적을 위해 좋은 자산을 허락해주신 것이다. 좋은 관계를 맺고 있지 않다면, '섬기라!' 는 말을 반드시 기억하고 사랑으로 이를 행하라. (교회 일 외에는 관심이 없는 목회자의 마음을 얻을 수 있는 방법은 교회

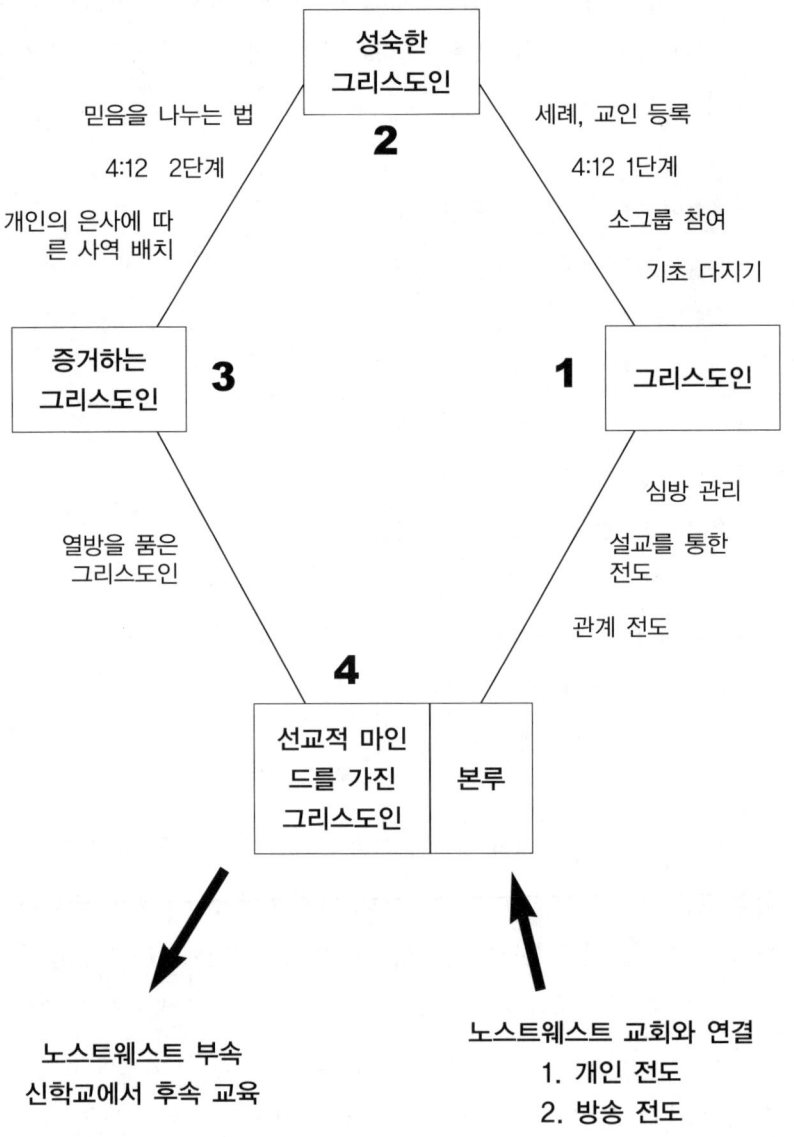

봉사로 섬기는 일이다.)

그래도 잘 모르겠다면 도움을 받을 곳이 있다. ACMC의 래리 워커는 여러분과 같은 사람들을 위해 〈교회를 선교에 투입하는 7가지 동력〉(Seven Dynamics for Advancing Your Church in Mimmions)이란 세미나를 열고 있다. 그에게 직접 연락을 해서(자료 란을 참조하라) 세미나의 일정과 찾아가는 법을 알아보면 된다. 또는 ACMC(혹은 비슷한 사역을 하는 다른 단체)에 당신과 같은 개인들을 도와줄 지역 모임이 있는지 알아보라. 그리고 갈렙 프로젝트, ACMC, AMIS 등에 연락하여 당신이 사는 지역에 다른 동원가들이 있는지 알아보라. 그들을 통해 배울 수도 있고, 함께 팀을 이룰 수 있을 것이다! 성숙한 동원 사역자를 자신의 멘토로 삼을 수 있는 방법을 알아보라!

첫 단계 : 비전을 갖다

교회가 총체적 선교 비전을 갖도록 격려하는 단계에서는 헌신을 그다지 요구하지 않는다. 헌신도가 1, 2단계밖에 안 되는 그리스도인들이라도 보통은 열정적으로 반응한다. 사실, 전 세계에서 하나님이 역사하시는 바를 알게 되면 누구든 흥분하지 않을 수 없다.

하지만 흥분은 세계 선교를 위해 헌신하는 첫 번째 발판일 뿐이며, 그러한 비전은 그다지 오랜 기간 지속되지 않는다. 미국 캘리포니아 주 파사데나의 어느 큰 교회에서는 이례적으로 1986년 혹은 87년도에(정확하게 기억하는 사람이 없다) 선교 목사의 주도로 미전도 종족을 입양했다. 선교를 강조하는 고조된 분위기 가운데 종족 입양에 헌신하면서 사람들은 비전을 갖게 되었다. 그러나 3년이 지난 후, 그 종족의 이름을 기억하는 사람은 오직 선교 목사밖에 없었다!

비전을 갖는 단계에서 비전을 행동으로 옮기는 단계로 도약하는 데 있어서, 사람들의 세계관을 변화시킬 만한 충분한 시간을 확보하지 못하고 있다. 하나님의 놀라운 역사를 보며 흥분하고 이에 미전도 종족을 입양하는 모습은 마치 영화 〈불의 전차〉(달리기에 관한 영화)를 관람한 후, 마라톤 경기에 뛰어드는 것과 같다. 범상치 않은 소수의 몇 명만이 경기를 완주할 뿐, 대부분은 완주도 못하거니와 다시 시도하지도 않는다. 선교에 대한 새로운 관심을 그저 다른 교회 프로그램에 덧붙여진 추가 프로그램 정도로 보는 교회는 선교 비전을 세우지 못하고 실패하기 마련이다. 그리고 실패로 인해 교회 전체의 선교 비전이 현실로 드러나지 못하고 만다.

그렇다면 교회가 비전을 갖기 시작할 때 어떻게 이들을 섬겨야 할까? 성도들은 먼저 온 민족을 향한 하나님의 마음을 이해해야 한다. 선교 동원의 첫 강의에서는 헌신을 요구하지 않거나 낮은 수준의 헌신을 요구해야 하며, 하나님의 놀라운 역사에 동참하게 된 것을 환영하는 인사를 나누라. 그것이 첫 단계가 되어야 한다! 새로 시작하는 사람에게 필요한 것은 좋은 소식을 듣는 일이다.

"먼 땅에서 오는 좋은 기별은 목마른 사람에게 냉수 같으니라"(잠 25:25).

더욱이 지금 그리스도인들이 살고 있는 곳에서는 드러나지 않는다 하더라도, 하나님이 살아 계셔서 전능하신 자로 운행하신다는 소식은 격려와 도전이 된다. ("하나님이 이곳에서도 그렇게 역사하시겠구나!")

"여호와께 감사하라 그 이름을 부르며 … 여호와를 찬송할 것은 극히 아름다운 일을 하셨음이니 온 세계에 알게 할지어다"(사 12:4-5).
첫 단계를 성공적으로 수행하기 위해서는 어떤 일을 해야 할까?

1. 설교 예화로 쓸 만한, 선교지의 이야기를 목사님(들)에게 드린다. 매주 여러 장 씩 만들어서 교회 주보 제작자에게 준다. 주보의 남는 공간을 비전 확장의 소식란으로 사용하는 것이다!
2. 전 세계에서 일어나고 있는 감사와 기도 제목 소식지를 교회 내 기도 모임에 제공한다. 교회나 교파와 전혀 관련이 없는 소식이라도 상관없다.
3. 프론티어 선교회의 월간 소식지를 사용하거나 자신이 직접 제작한다. 소식지를 이용하지 않는 경우라도, 사람들에게 그냥 나눠주면 된다.
4. 온 세상을 향한 하나님의 마음을 보여줄 선교 관련 자료를 모두 사용한다. 지도나 표, 다른 문화권의 사진 등을 활용한다. 국기를 걸고, 다른 종족의 모습이 나온 우편엽서 등을 진열한다. 큰 지구본을 구입하라.
5. 매달 여러 가지 자료 전시 행사를 벌인다. 윌리엄 캐리 도서관에서 나온 〈세계를 품은 그리스도인을 위한 전시 자료〉(*World Christian Display Table*)를 사용해도 된다.
6. 특별 초대 강사를 모시되, 단 선교사들 가운데는 다른 문화권에 대해 제대로 소개하는 데 서투른 분들이 있음을 알기 바란다. '비전을 갖게 하는' 정도의 강의를 준비했는지 확인하라. 높은 수준의 극적인 헌신을 도전하는 일은 나중에 해도 된다! 특별 강의는 일반적인 모임 때 하면 된다. 특별히 시간을 내어 모임을 준비하려면 추가적인 노력이 필요한데, 이제 막 비전을 품어야 할 사람

들은 그런 수고를 할 준비가 아직 안 되었다!
7. 교회 안에서 사역을 하고 있다면, 모든 민족을 위한 하나님의 마음에 대한 성경 구절과 다른 이들에게로 눈을 돌리는 성경적 비전의 개념을 지속적으로 언급하라. 직접적으로 '선교'라는 말을 사용하지 마라. 그 안에 함축된 의미가 너무 많다.
8. 〈캐치 더 비전〉 소책자를 나누어준다. 교회 지도자들이 매달 받아 볼 수 있게 하고, 비공식적으로 그 내용에 대한 논의 사항을 수집한다.
9. 20%의 주요 인물들과 함께 선교지 탐방 여행을 계획한다. 단기선교 여행이 때로는 탐방 여행이나 답사 여행과 혼동되기도 한다. 탐방 여행 참석자들은 교인들에게 마치 사역하러 가는 듯 보일 필요가 없다. 어차피 단기 여행에서는 효과적인 사역을 시도하기가 쉽지 않다. 교회 지도자들을 선교지로 데려가 직접 보고, 냄새 맡고, 맛보고, 느끼고, 기억하게 하는 것이 본 목적이다. 여행지는 이미 선교사들이 활동하는 지역이나 평소 목표로 삼고 싶었던 종족 거주 지역이면 된다. 목사님도 동행시키라. 사진을 찍고, 녹음하고, 비디오로 녹화해오시라고 말씀드리라.

비전을 품으라는 메시지를 교회 안에 퍼뜨린 지 6개월에서 1년이 지나면, 특별 주일을 제정할 것을 제안하라. 많은 이들이 선교 비전에 대한 헌신도가 상승하게 됨에 따라, 교회 전체 행사를 한번 시작해보는 것도 좋은 시도다. 그리고 이 행사가 교회의 연중행사가 되기를 바란다! 이 행사를 오늘날의 선교 조망을 사람들에게 제시할 수 있는 기회로 삼으라.

이 특별 주일에 시도할 목표는 무엇인가? 교인들을 즉시 선교 활동에 뛰어들게 하는 것이 아니다. 교회가 다음과 같은 질문을 하게 하는 것이다. "여기에 대해 좀더 자세한 정보를 얻을 수 있을까요?" 준비한 자료를 사용하거나 여러분이 직접 강연을 함으로 이런 일이 가능하다.

뛰어난 선교 자료가 이미 시중에 나와 있다. 영국의 복음주의 선교사 연합회(Evangelical Missionary Alliance)는 〈전 세계 교회가 잃어버린 얼굴들〉(*Missing Faces in the Worldwide Church*)이라는 좋은 자료를 갖추고 있다. 교회 내 모든 연령층이 활용할 수 있는 좋은 정보를 담고 있다. 갈렙 프로젝트의 〈하늘에서 내려다본 세계〉도 예배중에 흥미롭고 재미있으면서도 강력한 선교에 대한 비전을 줄 수 있도록 제작된 효과 높은 수단이다. 직접 참여할 수 없는 사람들을 위한 비디오테이프도 있다(간추린 내용은 2장에 실었다). 〈열방을 품는 주일 예배〉(*A Sunday for the World*)도 이 단계에서 사용할 수 있도록 특별히 제작되었다(자료란 참조).

혹은 여러분이 직접 제작한 자료로 행사를 치러도 된다. 선교의 날 등으로 칭하지 말고, 〈하나님의 목적〉이나 〈우리의 사명〉 등의 제목을 쓰길 권한다. ACMC와 기타 선교단체에서는 다양한 연령층의 모임과 성경 공부를 위한 창의적 활동 정보를 제공하고 있다. 직접 참여할 수 없는 사람들을 위한 오디오 테이프나 비디오테이프도 있다.

이제는 교인들이 세계 선교의 비전을 세워나가는 한 차원 높은 헌신 단계를 살펴보기로 하자.

두 번째 단계 : 비전을 세워가다

매우 중요한 단계다. 교회의 핵심 인물이나 교회 전체가 전 세계에서 일어나는 일에 대해 관심을 갖게 되더라도 이에 따른 성경적 기초를 닦지 못하면, 단기간의 흥분으로 끝나고 만다. 사람들은 통상적인 기독 문화와는 다른 성경적 세계관을 체계적으로 배워야 한다. 그렇지 않으면 몇몇 선교 열심자들끼리만 세계 선교의 부담감을 지고 가는 결과를 낳는다.

교회가 세계 선교의 비전을 세워나갈 때, 어떤 식으로 도울 수 있을까?

『마침내 드러나다』, 『세계를 품은 그리스도인』, 『열방을 향해 가라』 등 선교 관련 책을 함께 공부한다. 교인들 전체를 대상으로 해도 되고, 소그룹으로 나누어 시행해도 좋다.

교인들 전체를 대상으로 가르치는 경우, 어떤 일이 있어도 '선교 과정' 이라고 불러서는 안 된다. 하나님의 위대한 목적과 우리의 역할을 찾아간다는 의미의 이름을 붙이라. 일주일에 한 번씩 3개월을 배우는 과정을 통해, 사람들에게 세계관을 전환할 수 있는 충분한 정보를 제공해야 한다.

이런 연구 과정을 지도할 교사들을 훈련하라. 혼자서 모든 교육 과정을 다 맡으려 하지 마라! 혹 하나님께서 당신을 해외에 보내시더라도 당신 대신 사역을 지속적으로 감당할 사람을 세워야 함을 기억하라.

세계를 위해 기도할 사람을 키우라.

1. 현존하는 기도 팀들에게 세계 선교지의 감사 제목과 기도 제목을 제공하라. 자체 선교사에 관한 내용이든 그렇지 않든 상관없다.
2. 아직 중보기도에 서투른 사람들과 경험이 많은 사람들 모두에게 전략적 기도의 기술을 배울 수 있는 기회를 제공하라. 교회의 전통적 흐름 안에서 본 교파나 다른 단체에서 추천하는 도서나 세미

나, 소그룹 공부가 있는지 알아보라. 기도 훈련에 관한 좋은 자료가 매우 많다. 많은 교회들이 기도를 일시적인 활동으로 여기기 때문에 기도 관련 자료 역시 부수적으로 생각하는 경우가 많다!

비전을 세우는 단계 동안, '비전을 품는' 단계에서 품었던 열정은 반드시 지속되어야 한다. 새로운 인식의 전환을 견고하게 다지는 동안에는 원수가 성장을 방해하기 위해 몇 번이나 찬물을 끼얹으려고 들기 때문이다.

여러 가지 방법으로 진행할 필요가 있다. 첫째, 언제나 교회에 충분한 정보를 제공하라. 늘 새로운 복음의 돌파구를 원하시는 하나님의 마음을 성경에서 발견할 수 있게 도우라. 당신 역시 배우고 있는 내용이 아닌가.

쉽게 시행할 수 있는 프로젝트를 주면 사람들의 비전이 더욱 성장하게 된다. 선교 잡지를 읽고 흥미로운 기사를 오려둔다든지, 선교단체에 전화를 걸고 자료를 수집한다든지, 재정을 일으키거나 일일 판매를 해서 단기 비전 여행을 준비하는 일 정도면 된다.

기도는 비전을 든든하게 세워준다. 『세계 기도 정보』나 〈GT〉와 같은 선교 관련 잡지는 선교를 위해 효과적으로 기도하는 데 도움을 준다. 하지만 방대한 양 때문에 사람들의 사기가 떨어지면 안 된다. 일주일이나 한 달에 한 번씩 모여 한 지역이나 종교를 놓고 기도하면 된다. 해외에 있는 선교사에게 전화를 걸어 특별한 기도 제목이 있는지 물어도 된다. 열방을 위한 지속적인 기도는 하나님이 부어주신 열정을 더욱 타오르게 하는 연료와도 같다.

열정을 유지할 수 있는 또 다른 방법은 다른 사람에게 비전을 나누게 하는 일이다. 이는 하나님이 제정하신 제자 훈련법 가운데 하나다. 다른 사람에게 자신이 진실로 아는 바를 가르친다. 혹은 친구를 초대해 차를 마시다가 선교 비전에 관한 대화로 마무리하는 방법도 있다.

세 번째 단계 : 비전을 행동으로 옮긴다

여러 모로 볼 때, 새신자들은 성숙한 그리스도인들만큼 타문화 사역의 준비가 된 듯하다. 그들 안에도 동일한 성령님이 역사하시니 말이다. 하지만 일반적인 그리스도인들에게는 믿음의 걸음을 떼기에 앞서 충분한 준비와 훈련이 필요하다. 교회가 지구상의 모든 민족에게 축복을 나누는 비전을 행동으로 옮기기 시작할 때, 이를 어떻게 섬길 수 있을까?

그 해결책은 교회 차원으로 비전을 세워나가면서 확장된 모습에 있다. 전통에 얽매이지 않고 하나님의 부르심에 신실하게 응답했던 교회의 모습을 보면서 놀라움을 금치 못할 것이다. 마치 마리아가 가나의 혼인 잔치에서 종들에게 "그가 무엇을 말씀하시듯 그대로 행하라"고 했듯이 말이다.

세 번째 단계의 교회가 세계 비전을 품고 성장하는 모습은 세 가지 행동 단계별로 볼 때, 교회마다 그 특징이 거의 유사하다. 즉, 매달 세계 선교에 마음을 품은 사람들의 정기 모임이 있고, 단기 훈련과 전도 여행의 기회를 제공하며, 미전도 종족에 전력을 기울인다.

비전을 행동으로 옮기는 단계 : 매달 선교 모임을 구성한다

진지하게 타문화 사역을 시도하려는 사람들은 반드시 월별 선교 모임을 구성하는 것 같다. 비전을 세우는 단계에서 선교의 열정을 가지게 된 사람들 중에는 매주 모임을 갖고자 하는 경우도 있다. 하지만 주 단위로 모이게 되면 기도 모임으로 모인다 하더라도 질적인 수준을 유지하기가 어려워진다. 그 사람들이 주별 모임을 갖자는 것은 선교에 대한 마음이 없는 교인들과 어울리는 것만으로는 가려운 곳을 긁을 수 없다는 의미다. 세계 비전에 대한 열정이 배우는 내용보다 더 뜨겁기 때문에, 매주 모이는 선교 열심자들은 마치 따로 구별된 부서처럼 점차 고립되기 마련이다. 그러므로 월별 모임이 건강하고 질적인 선교 모임의 이상적인 방법이다.

월별 선교 모임은 어떤 식으로 하면 될까? 90분 모임이 적절하겠고, 그 세부 일정은 다음과 같다.

- 10분 : 교회 파송 선교사뿐 아니라 선교지 전역에 대한 보고.
- 10분 : 열방을 향한 하나님의 계획에 대해 간략한 성경 공부 및 토론 시간. (비전 세우기 과정에 관한 성경의 내용을 상세하게 공부해도 좋다)
- 30분 : 새로운 정보 제공. 비디오나 외부 강사, 타문화 체험 놀이, 참석자들이 준비한 특별 발표, 지난번에 과제로 준 기사나 자료에 관한 그룹 토의, '보내는 자로 섬기다'(Serving As Senders)와 같은 연구 과정, 선교지 음식, 선교 책자 서평, 선교사에게 보내거나 전도 여행 팀이 사용할 물건 제작 등의 활동을 한다. (다시 말해, 이 모임은 선교 계획을 세우거나 정책 논의를 하는 선교 위원회 모임이 아니다. 선교 위원회에서는 교회의 선교 가담 정책을 다룬다.)
- 10~30분 : 세계를 위한 중보기도. 『세계 기도 정보』와 같은 책자를 활

용하면 기도에 대한 열정이 더해진다. 소그룹 단위로 기도하면, 좀더 효과적으로 시간을 사용할 수 있다.
- 10분 : 간식과 교제. (모임의 마지막 순서라면 사람들은 원하는 만큼 오래 머물러도 된다.)

세계를 품는 기도 모임을 진행하는 중에 선교 '사업'을 하지는 마라. 그런 문제는 교회의 선교 활동 정도를 결정하는 '선교 위원회'에서 더욱 효과적으로 다룰 수 있다.

월별 선교 모임에서 선교 위원회를 구성하는 핵심 구성원이 배출되는 것은 흔한 일이다. 선교 위원회는 미전도 종족과 선교사(보통 단기 사역자로 시작한다)를 후원하는 일에 특별한 강조점을 둔다.

비전을 행동으로 옮기는 단계 : 단기 훈련 프로그램을 활성화하고, 단기 선교 여행 기회를 제공한다

단기 훈련과 단기 선교 여행은 비전을 행동으로 옮기는 데 있어서 기준이 되는 활동이다. 교회의 선교 위원회는 선교의 동향에 관해 토론하는 가운데 불거진 단기 선교 프로그램에 대한 찬반 여부를 반드시 검토해야 한다. 그런 후 선교 지도자들과 선교사들, 교육 사역자들과 공조하여 전략적인 훈련 프로그램을 제작한다.

단기 선교 여행팀을 보내는 구체적인 방안은 『목적이 있는 휴가』(예수 전도단 펴냄)와 같은 여러 서적에 잘 나와 있다. 어떤 방식으로 진행할까? 기본적인 방법은 한 가지 프로젝트에서 시작하는 것이다. 교회 청소년과 성인들을 위해 구성된 프로그램은 첫 시도가 성공해야 그 토대 위에서 활성화된다. 그렇다면 한 가지 프로젝트를 어떻게 성공적으로 달성할 수 있을까?

1. 프로젝트 내용을 검토하고 평가한다. (외부 사람들의 도움을 구한다.)
2. 모든 구체적 사안을 계획한다.
3. 선교 여행 훈련을 실시한다.
4. 선교 여행 후원팀을 조직한다.
5. 실제로 선교 여행을 하고 선교 사역을 한다.
6. 평가한 후, 다시 1단계로 돌아간다.

3단계에서 팀들을 훈련할 방법에 관해서는 구체적인 자료가 없다. 청소년과 성인들을 위한 지역 교회 훈련 프로그램, 추가 교육 대신 실제적 기술을 갖춘 단기 선교 여행팀 준비, 주기적인 훈련 교과 과정에 대한 체계적인 자료가 없는 것이 사실이다. 선교단체나 큰 교회에서 자체 제작한 선교 여행팀 파송 관련 소책자나 안내서를 보면 그러한 문제에 근접한 답을 찾을 수 있다. 소책자는 보통 파송 계획에 관한 내용이 주이지만, 가끔은 훈련의 주제 개요에 관한 내용도 있다.

자기 문화권을 넘어 타문화로 나갈 선교 여행팀을 어떤 식으로 훈련시킬 수 있을까?

해외 전도 사역을 위해 훈련하는 과정에서 알게 되는 놀라운 사실은 사람들이 이에 자동적으로 흥미를 갖게 된다는 점이다. 어떻게 성경을 읽어야 하느냐는 10살 멕시코 소년의 질문을 받게 될 것을 아는 다이애나. 굳이 다이애나에게 스페인어를 공부하라며 흥미를 '유도할' 필요조차 없다. 불가리아 국립 라디오 방송국에서 간증을 해야 한다는 것을 아는 켄덜의 경우 역시, 그가 '간증하는 법' 관련 강의를 듣고 있는지 확인할 필요조차 없다.

일반 성도들 중에는 생전 처음으로 교회에서 배워야 한다는 의무감을 갖는 경우도 있다. 실제 사역에 대한 지식을 갖춰야 한다는 책임감을 가질 때 말이다.

다음의 제안 사항은 훈련 책임자를 위한 훈련 지침이다. 훈련 책임자가 반드시 교회에 상주하는 선교 동원가일 필요는 없다(다른 교회들의 시급한 프로젝트를 도와주고 있는 사람도 가능). 사실 동원가는 첫 해의 프로그램을 시작으로 다음 해에 이어질 훈련과 선교 여행을 준비하는 것이다.

1. 작은 규모로 시작하라. 첫 해에는 한 가지 사역을 정하라. 일반적으로 볼 때 일 년 단위의 대규모 훈련 프로그램 이전에 먼저 소규모 전도 팀의 실전과 기도 훈련이 앞선다.

대부분의 지역 교회 훈련 프로그램은 고등학생부터 어른까지 모두에게 개방되어 있다. 다양한 연령층을 하나의 훈련 프로그램으로 집합시키는 것이 효과가 있다. 물론 훈련자들의 수가 너무 많을 경우에는 청소년과 성인 팀을 나누는 것이 바람직하다.

분기별 훈련도 효과가 높다. 여름 사역을 준비하려면, 여름방학 3, 4개월 전부터 훈련을 진행한다. 방학 동안 훈련 프로그램을 진행하면 힘들다. 방학 때는 휴가나 캠프 등 특별 활동으로 인해 빠질 수 있기 때문이다. 3개월 단위로 12주 훈련 프로그램을 진행하는 것이 대부분의 선교 여행 프로젝트에 있어서 최선의 방침이다.

훈련자 전체가 만족할 만한 시간대를 찾으라. 참석이 불가한 시간대는 없는지 주의한다. 교회의 다른 프로그램과 중복되지 말아야 한다.

다른 교회에서는 효과적이었던 방법 한 가지를 소개한다. 일주일에 한 번인 모임을 아침 이른 시간으로 정하면, 퇴근 후나 방과 후 활동과 중복될 염려도 없고, 가족 시간이나 교회 프로그램과도 맞물릴 걱정이 없다. 교회 어른들 중에는 교대로 돌아가며 참석자들을 위해 간단한 아침 식사를 제공하는 일을 자원할 수도 있다. 또는 가까운 분식집에서 할인된 가격으로 김밥을 구입할 수도 있다. 훈련자들의 자발적 헌금으로 아침 식사를 해결한다.

2. 훈련 모임 시간은 짧고 집중적이어야 한다. 늦게 오는 사람들을 배려하고, 간단한 시험을 치르기 위해 먼저 10분 정도 여유 시간을 둔 뒤, 30분 동안 교육을 한다. 빡빡하게 잘 계획된 40분의 시간으로도 충분하다.

훈련 모임 동안 자유 토론 시간은 없다. 모임의 목적은 공부와 지식이 아니라, 구체적 행동교육이다. 따라서 모임 장소는 강의할 수 있도록 준비되어야 한다. 실내 온도에도 신경을 써서 너무 더워서 졸리거나 추워서 떨지 않도록 해야 한다.

3. 교육 방식. 짧은 시간 동안 언급해야 할 정보가 많기 때문에, 교육 방식을 조종할 필요가 있다. 사실상 사람들을 가르치는 것이 아니라 훈련시키는 것이다. 다음의 주의 사항을 기억하라.

집중적으로 가르치라. 모임은 빠른 속도로 진행되어야 하므로, 모든 사항을 언급할 겨를이 없다. 그들이 알아야 할 기본적이고 필수적인 사항만 강조하라.

훈련 초반에 강의 방식을 취하는 것을 염려하지 마라. 구체적 적용 훈련은 나중에 선교여행 때 배우게 된다. 시청각 자료나 유인물을 사용하면, 말로 설명한 내용을 더욱 분명하게 전달할 수 있다. 외부 강사도

자주 초청하라.

책임감을 기르기 위해 시험을 보라. 모임 시작 전에 전 주에 배웠던 내용을 토대로 간단한 시험을 치른다.

3-5가지 문제를 뽑으라. 전 주의 학습 목표 내용을 뽑거나, 학생들이 제대로 기억하고 있는지 확인할 만한 문제를 선택하라. 성경 읽기 과제도 주었다면, 이에 해당되는 문제도 출제하라.

매주 시험을 치르면, 훈련생들이 열심히 모임에 참석하게 된다. 또한 훈련생 개인의 진보 상태를 점검할 수 있고, 불참자들을 위한 정기적인 복습 체계도 세우는 셈이 된다.

4. 훈련 과정을 자료로 남겨두라. 강의 내용을 녹음해서 파일로 저장하면 훈련 모임을 배가시킬 수 있다. 저장된 자료는 다음과 같이 사용하면 된다.

- 중요한 주제에 관해서는 전체가 모여 복습을 한다.
- 참석할 수 없는 사람들이 활용할 수 있는 자료가 된다.
- 내년에 강의할 사람에게 좋은 자료가 된다. 올해 훈련자들 중에 강사가 나오지 않겠는가!
- 시험 문제지와 더불어, 모임에 참석하지 못한 사람들에게 좋은 복습 자료가 된다.

5. 실질적인 과제를 주라. 매주 다음과 같은 과제를 낸다.

- 이번 주 공부한 내용을 토대로 다음 주에 있을 시험을 대비하기.
- 정해준 성경 구절 읽기.

- 정해준 짝과 함께 교회의 선교 비전을 위해 기도하기.

월별 과제는 다음과 같다.

- 월별 기도 노트 작성하기.
- 교회나 청년 모임의 불참자와 새신자를 방문하기.
- 주일 강의별 모임에서나 어린이 예배, 성경 공부 모임에서 가르치기.
- 무료 급식, 교도소, 양로원, 보육원, 소년원 사역부에서 모임을 인도하기.
- (교대로) 훈련 지도자를 도와 모임을 준비하고, 시험 점수를 매기며, 기타 실질적인 일을 처리하기.

장기 프로젝트 과제는 다음과 같다.

- 자신과 이번 선교 여행 프로젝트를 위해 기도해주기로 약속한 기도 짝과 정기적으로 만나기.
- 선교의 주요 주제(종족 집단, 선교단체, 선교 여행 전략)에 관해 조사하고 보고서 작성하기.
- 전임 사역자들(목사, 전도자, 가는 사람, 국내 외국인 사역자)을 만나 개인 인터뷰하기. 다음과 같이 질문하라. "당신의 사역적 위치에 있어 장점과 단점은 무엇입니까?"
- 훈련 기간 중에 최소 한 명 이상에게 복음에 대해 설명하기.

다양한 선교단체들이 주장하는 바는 실질적 기술과 더불어 기본적인 제자 훈련을 강화하는 것이다. 이들 단체가 지역 교회의 훈련 프로그램에 기초 제자 훈련 과정을 넣어야 한다고 주장하는 이유는 지역 교회가 이 부분에 있어서 취약하기 때문이다. 제대로 제자 훈련을 받지도 못한 사람이 실질적 기술만 배운다고 해서 사역을 제대로 감당할 수 있으리라 기대하지 않는다.

교회 훈련이 사역의 기술 개발에만 중점을 둔다는 현실을 볼 때, 지역 교회에서 진행되는 전도 훈련에는 분명한 이점이 있다. 지역 교회에서는 사실상 교회를 든든히 세우는 모든 사역이 제자로서 개인의 기본적 자질을 개발시킨다. 효과적인 제자 훈련이 되는 것이다.

교회가 성도들에게 말씀을 가르치고, 기도와 예배를 가르치며, 평생 동안 이어질 멘토 관계를 세워주고, 신앙생활에 대해 상담해주며, 서로를 지탱해주는 공동체 안에서 대인 관계의 능력을 평가하고 가르쳐준다면, 선교단체에서 기본적 제자 훈련을 받아야 하는 시간을 아낄 수 있다. 예를 들어, 교회에서 이미 선교에 관한 성경 연구 과정을 밟았다면, 굳이 선교단체에서 이에 관한 훈련을 받을 필요가 없다.

지역 교회는 사역 훈련을 받을 수 있는 완벽한 장소다! 3, 4년을 주기로 진행되는 교과 과정을 실시하라. 매년 세 달 과정의 계획을 세워서, 한 달은 기본 사역에 관한 주제로, 또 한 달은 선교 팀의 프로젝트가 선교지에 미칠 영향에 대하여, 또 다른 한 달은 프로젝트에 필요한 매우 실질적인 기술 훈련을 배우게 한다. 또한 단기 선교 여행에 앞서, 지속적으로 팀 준비 모임을 진행해야 한다. 첫해 훈련 일정의 예는 다음과 같다.

첫째 달 : 사역의 기본

1. 올해의 프로젝트에 관한 오리엔테이션
2. 선교지 최신 소식과 동향
3. 사역과 영적 은사로의 부르심
4. 세계 선교에서 자신의 위치 찾기

둘째 달 : 우리의 선교지

5. 선교지 바라보기 : 우리 민족을 향한 하나님의 마음
6. 선교지 바라보기 : 우리와 협력 예정인 교회와 그 민족을 향한 하나님의 마음
7. 선교지 바라보기 : 우리가 접근 예정인 미전도 종족을 향한 하나님의 마음
8. 선교지 바라보기 : 우리 민족, 전도된 종족, 미전도 종족을 위한 사역적 접근 방법과 핵심 기도 전략

세 번째 달 : 개인 기술

9. 연령별 사역 특징
10. 개인 전도법
11. 예술을 통한 사역의 기본 원칙
12. 진해야 할 내용에 관한 논쟁

훈련받은 사람들을 훈련자로 활용하고 미래의 팀 리더로 세울 수 있다는 사실을 기억하라. "네가 많은 증인 앞에서 내게 들은 바를 충성된 사람들에게 부탁하라. 저희가 또 다른 사람들을 가르칠 수 있으리라"

(딤후 2:2). 모든 참석자들에게 새로운 경험의 기회를 주라.

단기 훈련과 전도 여행에 관해 진지하고 지속적으로 평가하는 것이 중요하다. 이 훈련을 통해 배출될 직업 선교사와 전임 사역자들이 훗날 정식적인 훈련을 받더라도 내용상 모순이 없어야 한다.

평가와 세심한 조정 역시 중요한 이유는, 궁극적으로 지금의 훈련이 교회 전체의 비전을 실행할 핵심 사역자들을 교회 안에 세우는 작업이기 때문이다. 게다가 모든 민족을 향한 하나님의 비전을 그대로 이어받을 사람들이 아닌가!

비전의 실현화 단계 : 미전도 종족에 초점을 맞춘다

교회가 선교 비전을 실행에 옮길 단계가 되면, 특정한 미전도 종족에 대해 초점을 맞추기 마련이다. 기도만 할 뿐이라고 하더라도, 이는 비전을 명백하게 세우는 데 도움이 된다.

자원을 모아 한 군데에 집중하는 것은 독일군 전략가인 클라우제비츠(Clausewitz)가 주장한 것으로 오랫동안 군사 전략의 핵심이었다.

> 뛰어난 전략은 중요한 문제 해결에 있어서 언제나 강력한 역할을 한다. 전략에 있어서 전력의 집중화만큼 긴박하고 단순한 법칙은 없다. 전략적 목표를 위해 준비된 모든 군사력은 한꺼번에 한 가지 행동과 동작에 충당되고 집중되어야 한다.

교회가 연합(요 17:21)과 '전력 집중'의 파급력을 깨닫는다면 충분히 공감할 말이다. 많은 교회들이 산발적으로 총을 쏘아대듯, 선교에 대해서도 제각기 달려가고 있는 상황이다. 이제는 하나님 나라의 확장을 위해 우리의 자원을 지혜롭게 사용해야 할 때다.

현재, 미전도 종족 하나 당 1,200개 교회가 헌신하고 있다. 이들 교회가 한 종족을 위해 다같이 기도한다면 무슨 일이 생길까? 그 종족을 위해 헌금을 함께 모은다면 어떻게 될까? 그 종족 안에서 교회를 개척할 팀이 각 교회별로 파송된다면 어떤 일이 생길까? 우리의 자원과 교회 개척팀을 남은 미전도 종족에 집약시키면 문제는 단순해진다. 쉬워진다는 말이 아니라 적어도 간편해진다는 말이다.

이는 전 세계 교회 안에서 일어나고 있는 일이기도 하다. 크고 작은 교회들이 한 종족을 위해 기도와 선교 노력을 집중시키고 있으며, 다른 교회나 선교단체와 연계하고 있다. (5장에 나온 예를 보라.) 종족 섬김(Serve a People), 종족 입양(Adopt a People), 미전도 종족 선교(Reach the Unreached), 종족 집중(Focus on a People) 등의 이름으로 이러한 연합 사역이 이뤄지고 있다. 다양한 이름과 관계없이, 그들의 목표는 간단하다. 선교의 노력을 한 군데로 집중시키는 것이다. 호주 동북부 모스만(Mossman)의 외딴 마을에 있는 30명 남짓한 교회에서 그들이 기도할 미전도 종족 명단을 보내주도록 교단에 부탁했다. 교단에서는 인도 무슬림인 데카니 종족을 위해 기도할 것을 제안했다. 2년이 지난 오늘날, 남녀 노소 모두가 데카니 종족을 위해 열심히 기도하고 있다. 교회는 지역 안에도 무슬림들이 살고 있음을 알게 되면서, 지역 무슬림들에게 복음을 전하는 데 열심을 다하고 있다. 호주의 외딴 해안가에 위치한 작은 교회지만, 데카니 종족 안에 교회를 세우기 위해 다른 나라의 교회와 선교단체들과 국제적 연계를 이루고 있다.

미국 신시내티 교회와 뉴질랜드 크라이스트처치의 교회 사람들은 중국 나시 종족에 대한 짧은 비디오물을 보게 되었다. 현재 양쪽 교회에서는 나시 종족 복음을 위해 함께 기도하고 배우고 협력할 수 있도록 선교 동원을 일으킬 방법에 관한 의견과 기도 제목을 나누며 교류하고 있다. 그리고 우연치 않게, 역사상 처음으로 나시 종족 중 한 작은 집단이 그리스도께 돌아오게 되었다.

당신의 교회도 미전도 종족을 '입양' 할 수 있다. 아이를 입양하여 아이가 스스로를 돌볼 때까지 보살펴주듯이, 미전도 종족을 입양하는 일도 종족 안에 교회 활동이 활성화되고 '스스로를 돌볼' 수 있을 때까지 보살펴주는 일이다(기도하고, 나누고, 나시 종족에 대해 배우고 사람을 보내고 직접 가는 일).

종족 입양의 단계. 전교회 차원으로 종족 개념에 대해 이해하도록 교육을 시킨 이후에는, 교회가 혹 적절치 못한 단계를 거쳐 종족을 입양하고 있지는 않은지 확인해야 한다. 종족 입양의 올바른 단계는 다음과 같다.

1. 준비! 미전도 종족 선택(90일 안에)
- 하나님이 연결시켜주시도록 기도한다.
- 선교에 참여하고 있는 사람들에게 자문을 구한다. (자신이 알고 있는 선교사, 선교단체)
- 혹 필연적 연결고리가 있는지 확인한다. 자신이 살고 있는 도시와 문화 교류 결연을 맺고 있는 미전도 종족이 있다거나, 지역 대학에서 어느 종족의 언어를 가르치고 있다든가, 이미 지역 사회나 국가에 소개된 바 있는 종족이 있을 수 있다.
- 교단 선교회나 협력 선교단체의 조언을 구한다. 프론티어즈, AIM, 위클

리프 등의 선교 파송 단체나, 예수전도단, 21세기 운동 본부, AIMS, ACMC, 미전도종족 입양본부 등 선교 협력 단체가 있다.

이 정도 정보 제공이면, 최소 한 개 미전도 종족이라도 발견하게 된다. 아직도 결정을 하지 못했다면, 쉽게 제비뽑기를 해도 된다! 실제로 여러 미전도 종족의 이름을 적어서 섞은 후 하나를 뽑아서 결정한 예가 있다. 하나님은 기이한 방법으로도 역사하신다!

비전 세우기 단계에서 시간을 많이 들였으므로, 종족 입양을 결정하는 데 90일 이상을 들이지 마라. 여러 미전도 종족 가운데 한 종족을 고르지 못해서 1년 이상을 끙끙거리며 지체한 경우도 있었다. 교통사고가 나서 수백 명이 쓰러져 있는 상황인데, 누구를 먼저 구할까 고민하느라 몇 시간이나 지체하는 모습을 상상해보라!

2. 조준! 헌신을 준비하라

- 기도한다.
- 함께 협력한 선교단체와 연계한다. 혹 원하는 단체가 지역 교회와의 활발한 연합 사역을 허용하지 않는다면, 선교 정책을 바꾸도록 권하거나, 다른 단체를 찾아본다.
- 조직한다. 사역 진행자와 사역 팀을 결성하라. 일반적으로는 매주 선교 모임에 참석하는 사람 중에서 선별한다.
- 동일 종족에 관심을 가진 선교단체나 다른 교회뿐 아니라 일반 조직과도 네트워크를 확장시킨다.
- 연구 조사한다. 비전문 연구가와 전문 연구가들과 연계하여, 그 종족을 향한 하나님의 마음을 보여줄 수 있는 자료를 수집한다. 기도하는 마음

으로 진행하는 연구 조사는
- 대상 종족을 위한 핵심 기도 제목과
- 종족 선교를 위한 전략적 접근법을 찾게 한다.
- 연락 방법을 구축한다. 동일한 종족을 목표로 하는 다른 선교단체와 교회, 선교지 사역자들과 교회 사이의 연락 체계를 구축해서, 기도 정보나 의견을 정기적이고 효과적으로 교환할 수 있게 한다.

3. 발사! 한 종족에 집중하라
- 기도한다.
- 현지 조사 팀을 결성해서 비디오 자료와 직접적인 정보를 모으게 한다. 교회 지도자들도 조사 여행에 동참시킨다.
- 자신의 헌신도를 측정한다. 무엇을 할 것인지, 재정적으로 얼마나 투자할 것인지, 팀 파송을 돕는 자로 섬길지, 얼마나 관여할지를 생각한다. 종족 입양은 프로그램이 아니라 제안 사항이기 때문에 참여 여부를 결정하는 것은 본인의 몫이다.
- 구체적인 행동 단계를 계획한다(일자를 정해둔다).
- 교회 전체가 한 종족에 집중할 것을 결의하는 공식 '입양 예배'를 드린다.
- 이제 안전띠를 착용하자, 출발!

이제 당신의 교회는 요한계시록의 장면을 기대해도 좋다. 언젠가 어떤 방법으로든 그 종족 안에서도 어린 양의 보좌 앞에서 모든 종족과 민족과 백성과 방언 가운데 찬양할 사람들이 일어날 것이기 때문이다!

현실성

한 교회를 선교에 동원하는 일에는 5년에서 10년 가량이 소요된다고 보는데, 그 시작 단계의 여부에 따라 다르다. 어찌되었든 오랜 시간 이 일에 헌신해야 한다는 사실을 기억하라. 선교 비전이 없는 교회가 한 종족을 입양하게 되기까지의 세부 일정은 부록에 첨부해두었다. 몇몇 단계는 당신의 교회에서 적용되지 않을 수도 있다. 어떠한 목표가 자기 교회에 해당되는지, 어떤 시간별 구성이 도움이 될지 기도로 살펴보기 바란다.

훈련 프로그램이나 종족 입양 실시, 재정 후원과 선교 팀 파송, 모든 민족을 위한 하나님의 비전을 구체적 행동으로 옮기기 등은 선교 동원에 있어서 구체적인 목표가 된다.

지역 교회의 울타리를 넘어

마지막으로, 교회 안에 새로운 선교의 움직임이 일어나게 되면, 혼자만의 사역으로 가둬두지 마라. 지역의 다른 사람들과도 연계하여 새로운 선교 운동을 결성하라.

- 기도한다.
- 지역 선교 운동 지침서를 제네시스 컴퓨터 네트워크에서 다운로드 받는다(자료란 참조).
- 지역 기도 운동 일정을 널리 알리고, 기도 팀들에게는 선교지 기도 제목과 감사 제목을 나눈다.

- 지역 기독교 라디오 방송국과 신문의 종교란 편집자들에게 선교지에서 일어나는 영적 희소식들을 알린다.
- 지역 기독교 서점에 선교와 복음 관련 서적을 비치해 두도록 권한다.
- 전 지역 단위의 기도 합주회, 예수 대행진, 미션 퍼스펙티브(MP)과정, 선교 세미나를 개최한다.
- 세계에서 가장 복음화 비율이 낮은 도시와 '자매결연'을 맺고 미전도 종족을 입양하도록 하여, 지역의 여러 교회들이 함께 초점을 모을 수 있게 한다.

소박한 야망?

당신이 가는 사람이든, 보내는 사람이든, 국내 외국인 사역자든, 선교 동원가이든, 혹은 평범한 사람이든 사람들에게 하나님의 세계 선교 비전을 알리고 권면하라. 지역에서 동일한 활동을 하고 있는 사람들과도 연계하여, 전 세계에서 일어나는 선교 운동에 동참하라. 이제는 크게 생각할 때다. 개인 삶에서 일어나는 사건들이 카자흐스탄의 악타우와 남아프리카의 콰줄루에서 일어나는 사건들과 필연적으로 연결되어 있다는 사실을 깨달을 때다. 당신은 전 세계에서 막강한 위력을 과시하는 그리스도의 몸에 한 일부이기 때문이다.

수백 년 전, 위대한 프랑스의 선교사 프란시스 사비에르(Francis Xavier)가 사망했다. 인도에 믿음의 공동체를 세우는 일부터(오늘날까지도 번성하고 있다) 일본에 기독교 교육을 세우는 일까지 이뤘던 이 하나님의 사람은 중국에까지 건너갔다. 하지만 사역을 시작하기 위해 허가를 기다리던 중 열병으로 사망하고 말았다. 고향에서 수만 리 떨어진 곳에 살고 있는 사비에르에게 그의 친구는 이렇게 말했다. "프란시스, 아, 네가 고향 파리로 돌아올 수만 있다면."

그러자 사비에르는 이렇게 답했다고 한다. "아, 파리여. 내가 다시 파리로 돌아갈 수 있다면! 밤이고 낮이고 도시 구석구석을 걸어 다닐 텐데. 그리고 어둠 가운데 등불을 켜고 거리마다 돌아다니며 학생들에게 이렇게 외칠 텐데, '너의 소박한 야망은 버리라!'고."

예수의 이름을 위해서라도 소박한 야망은 포기하라. 아무도 일할 수 없는 밤이 속히 올 것이기 때문이다.

열방을 향해 비전을 품고 달려가라!

후기

> 여호와께 감사하라.
> 그 이름을 부르며
> 그 행하심을 만국 중에 선포하며
> 그 이름이 높다 하라.
> 여호와를 찬송할 것은 극히 아름다운 일을 하셨음이니
> 온 세계에 알게 할지어다.
> — 사 12:4-5

【캄보디아, 스퉁트렝】

가지에 달린 꽃송이가 마치 수류탄 같다. 결국 교감의 딸은 죽고 말았다. 프놈펜에서 오던 메콩강 배에 또 다시 도둑이 들었다는 소문이 있었다. 3시간째 쏟아지는 비를 뚫고 진흙 냄새와 개구리 떼를 지나, 크리스틴은 머리 파마를 하러 양철 지붕 집 아래 앉아 있다.

비를 맞으며 주변에 몰려든 사람들을 향해 웃음을 지으려 애쓰는 크리스틴. 크메르 아이들 20여 명, 수척한 여성들, 이가 없는 대머리 노인은 샛노란 천을 감고서 짤막한 머리를 말고 있는 크리스틴의 모습을 지켜보며 재밌는 듯 싱글거리고 있다. 몸집이 작고 드센 미용사는 물에 흠뻑 젖은 사람들이 혹 진흙이라도 묻히고 들어오지 못하게 제지할 양인지 연신 문밖으로 침을 뱉어댄다. 크리스틴은 그저 쓸쓸한 미소를 지

을 뿐이다.

아마도 크리스틴은 — 다른 모든 캄보디아 선교사들도 그렇겠지만 — 이야기로 전해들은 그 끔찍한 모습을 잊지 못할 것이다. 몇 년 전 통킹만의 바위 투성이 해변에 서서 구약의 선지자들이 고통 속에 옷을 찢으며 슬피 울던 마음을 통감했던 영국인 선장처럼 말이다. 캄보디아 난민들 수백 명의 시체가 반은 뜯겨져 나간 채 해변가에 나뒹굴고 있었고, 여성들과 아이들은 해적들에게 겁탈을 당한 뒤 상어 밥으로 내던져졌다.

크리스틴이 살고 있던 마을은 점차 캄보디아 시골 지역 의료 사역을 하는 의료 기지가 되었다. 보건 학교의 교감은 그날 아침 크리스틴에게 조심스런 문체로 전갈을 보내왔다. "잠시 이야기를 나눌 수 있을까요?"

크리스틴은 크메르족 청년과 청소년들로 구성된 단기 전도 팀을 맞이하느라 바빴다. 이들은 몇 년 전 가족들과 함께 호주로 탈출했던 난민들이다. 이들은 새로운 고향인 시드니에서 예수전도단의 크메르족 DTS(예수 제자 훈련 학교) 훈련을 최근 수료하고, 예수 그리스도를 전하기 위해 고향 땅으로 들어온 것이다. 크리스틴은 자기 대신 크메르/호주 팀에게 현지 상황을 소개할 사람을 찾은 후, 보건 사역자 두 명과 함께 보건 학교를 찾아왔다. 그들은 함께 손을 잡고 철망 문 앞에 잠시 서서 기도했다. "주님, 이제 그 사람을 만날 시간입니다. 지혜를 주소서."

뜨겁게 푸르른 하늘이 금새 회색빛으로 변하더니, 교감실로 향하는 그들 위로 몬순의 굵은 빗방울이 떨어지기 시작했다. 크리스틴은 빗속에 잠시 섰다가, 체념한 듯 현관에서 신발에 묻은 진흙을 털어냈다. 축축하게 젖어버린 양말을 신고, 크리스틴은 사무실 안으로 들어가 빳빳

한 흰색 셔츠를 입은 채 슬픔에 잠긴 교감의 책상 앞 사탕수수 의자에 앉았다.

"와주셔서 고맙습니다. 그리고 이곳에서 하신 일들에 대해서도 감사드리고 싶군요. 제 딸아이는 …" 그는 쿨럭거리더니 책상에서 몸을 떼고, 무릎 위로 가지런히 팔을 모았다. 그의 딸은 겨우 12살이었다. "제 딸아이의 생명이 몇 달 동안 연장될 수 있었던 것은 당신의 헌혈 덕분이었지요."

크리스틴은 바닥만 쳐다보았다. 그 아이의 장례식이 있기 하루 전에는, 예수님을 따르기로 한 지 5일 만에 살해당한 한 청년의 장례식이 있었다.

그는 말을 이었다. "나는 어릴 적부터 지금껏 참 신을 알고 싶어했습니다. 비록 내가 불교신자이긴 하지만, 그건 아버지가 불교신자고, 조상들이 불교신자이기 때문이지요. 내 안에 영혼이 없고, 신은 없다고 배웠어요. 어릴 적 우리 마을 절간 위로 하늘을 바라보았던 때를 기억합니다. 기와 끝이 하늘을 향하고 있더군요, 허공을 가리키면서 말입니다. 고통만 가득한 인생을 꿈꾸며 하루하루를 버틴다면 나는 아무런 존재도 아니구나, 허공을 울리며 사라져버리는 황금기와의 끝머리처럼 아무런 존재도 아닌 채 끝나버리고 마는구나 생각했습니다." 그는 다시 쿨럭거리더니 말을 이었다. "그런데 갑자기 대량 학살 사건이 일어난 겁니다."

크리스틴은 캄보디아의 크메르 족에 대해 공부하면서, 최근의 역사도 배웠다. 수 세기 동안 태국인, 베트남인, 일본인들의 침략을 받으면서 끔찍한 지옥의 나날을 보낸 후, 다시 공산주의가 빽빽한 밀림의 땅을 공격한 것이다. 크메르인들은 성장 과정에서 학대를 당한 어린아이

마냥 어떤 일에도 심하게 위축되었다. 1975년, 폴 포트(Pol Pot)란 이름의 미치광이가 공산주의가 약속하는 노동자의 천국을 앞당기기 위한 실험을 시도했다.

칼 마르크스는 지배계층이 소멸되고, 중산층이 사라지면, 진정한 노동자의 천국이 부상하리라고 예언했다. 폴 포트는 한 세기가 소요되는 그 과정을 단축시키기 위해 캄보디아 사회의 상위계층과 중산층을 제거해버리는 실험을 즉각적으로 단행했다. 전국의 도시와 마을 거리마다 시체가 쌓였고, 안경을 낀 사람이나, 상점주인, 교육을 받은 사람, 비군사 부문 지도자, 군인이나 농노들의 미움을 산 사람들을 칼로 난도질해서 죽이거나, 수백 명씩 한 줄로 세운 후 뒤쪽으로 총을 쏘아 구덩이에 빠뜨리면 그대로 무덤이 되었다. 한 마디로 '인간 도살장'이 되어버렸다. 모든 사람이 이 날을 기억한다. 모든 이들이 사랑하는 사람을 잃었다. 어느 누구도 그 수를 정확히 알 수 없지만, 폴 포트 점령 기간 동안 2백만 명의 크메르족 사람들이 살해당한 것으로 추정한다. 1979년, 수도인 프놈펜에 괴뢰 정부를 세우기 위해 베트남인들이 쳐들어왔을 당시, 본래 백만 명 인구로 떠들썩한 도시였던 프놈펜에 단 75명만이 생존해 있었다고 한다.

크리스틴은 다시 한숨을 쉬었다. 몇 년 동안 지내오면서 미소를 잘 짓고 마음이 온화한 캄보디아 사람들을 사랑하게 되었다. 교감은 말을 이었다. "내 목숨을 몇 년 간 유지시켜 주신 분이 하나님이라는 사실을 이제는 압니다. 그분이 내 딸의 생명도 몇 달 간 연장시켜 주신 겁니다. 그분은 당신의 헌혈을 통해 딸아이를 백혈병에서 지켜주셨습니다. 제 딸아이에게 헌혈을 해주신 여러분께 감사드립니다.

그리고 하나님이신 예수께서 크메르 족을 구원하기 위해 몸을 입고 피를 흘리셨다는 말이 무슨 뜻인지 결국 이해하게 되었습니다. 나를 구하기 위해서 오신 것이지요. 여러분들이 이곳에 온 목적도 이해합니다. 하늘의 진정한 하나님을 보여주기 위해서지요. 감사합니다."

크리스틴 예이츠는 세 명의 미용사들이 파마를 마무리 하는 순간 백일몽에서 깨어난다. 강한 암모니아 냄새가 신선한 빗속을 뚫고 밖에 선 사람들 쪽으로 풍겨간다. 하나님이 너무도 사랑하시는 저들이다. 크리스틴은 다시금 미소를 지으며 고향으로 보낼 기도 편지의 첫 문구를 생각해본다. "교감 선생님과 다른 40명의 사람들이 지난 한 주 동안 구원을 받았습니다! 할렐루야!"

왜 세상은 이렇게도 악하며, 많은 이들이 고통을 겪는 것일까? 사단과 그의 하수인들이 절대악의 모습으로 이 땅에 거하기 때문이다. 또한 많은 사람들이 악한 삶을 살기로 결정하기 때문이다. 축적된 악이 자연계에서 악한 영향을 미치기 때문이다.

그렇다면 하나님은 어디 계신가? 모든 죄악과 고통의 결과 속에서 하나님께 감사하고 그의 이름을 불러야 하는 이유는 무엇인가?

그분이 여기 계시기 때문이다. 그는 구원자시다. 그의 백성들을 통해 응답하신다. 바로 당신을 통해서 말이다.

당신에게 하나님의 은혜가 넘치길
그리고 당신을 축복한다.
그분의 얼굴이 당신을 향해 비춰,
그분의 길이 온 땅에 알려지고
그의 구원이 온 열방에 알려지기를. 셀라.

부록

당신은 일꾼으로 고용되었다!

인적 자원 전문가들은 지원자가 일하는 자로서 자격 요건을 갖추고 있는지 판가름하려면, 단체가 사명을 명백하게 제시해야 한다고 말한다. 그런 다음, 그 사명을 이룰 구체적 과업을 제시해야 한다. 이상적인 피고용인에게 필요한 기술과 재능은 그 과업에 따라 결정된다. 그리고 결국 지원자가 보여주는 기술과 재능의 정도에 따라, 고용 여부가 결정된다.

하나님 나라의 일을 하는 일꾼이라는 면에서 볼 때, 해외로 가는 사람이나 국내 외국인 사역자로서의 역할을 세우는 데 있어서도 동일한 기준을 적용해야 할지도 모른다. 물론 이번 점검은 그 내용이 철저하지도 않고 '주님이 말씀하시는' 정확한 기준도 아니다. 평생을 두고 일할 자신의 밭을 결정하려면 몇 날, 몇 주를 고심해야 한다. 그리고, 여러 가지 심리 진단 테스트도 해볼 수 있고, 타문화 경험도 쌓을 수 있다. 하지만 자신의 위치를 파악하기 위해 먼저 몇 가지 기본적인 사항을 살펴보도록 하자.

과업

첫째, 우리 선교의 사명은 분명하다. 우리는 예수 그리스도의 구원의 복이 온 세상의 모든 종족에게 충만히 전해지는 모습을 보려고 한다. 그 대상에는 우리 자신의 민족과, 복음이 전해진 종족, 미전도 종족이 포함된다.

선교의 3단계, 4단계 사명은 자기 민족 외의 다른 종족을 대상으로 사역하는 것이다. 이러한 타문화 사역을 위해서는 기꺼이 파송 받아 떠날 수 있는 일꾼이 필요하다. 과연 어떠한 과업일까?

패싱 더 바톤(Passing the Baton)의 톰 스테판은 교회 개척자와 복음 전도자에게 필요한 실질적 과업을 다음과 같이 나열한다.

- 문화를 연구함
- 언어를 공부함
- 팀으로 사역함
- 자문화(선교팀 내에서) 및 타문화 관계를 구축함
- 자문화적으로나 타문화적으로 지도하는 법
- 자문화적으로나 타문화적으로 훈련시키는 법
- 자문화적으로나 타문화적으로 성경과 여러 주제에 관해 가르침
- 자문화 및 타문화 안에서 일어나는 갈등을 중재함
- 다른 여건 속에서 생활하고 사역하고 여행하기
- 상황화된 교과 과정을 개발함
- 인구를 파악하고, 지역을 연구 조사함
- 전략을 짜고, 실행하고, 평가함
- 후원자들에게 최신 근황 알리기
- 개인과 가정의 영성 유지
- 정부와 사회의 관계 중재하기
- 집을 짓고, 보수하기
- 기본적인 의료 지원하기

과업에 다른 자격 요건

가는 사람으로서 섬기려면 필요한 요건이 있다(나열 순서는 중요도와 관계 없음)

- 왕성한 체력
- 타문화 적응력
- 의사소통 능력
- 지적 능력
- 계획을 세우고, 목표와 실행을 추진하는 능력
- 섬기는 지도력을 발휘할 능력
- 제자 훈련과 양육을 통해 사람들을 훈련시키는 능력
- 지시를 따르는 능력
- 심리적 성숙도
- 영적 성숙도-정서적, 정신적, 관계적 지구력을 통해 드러남
- 다른 사람들의 생존 기술, 직업 능력, 실제적인 기술에 대해 관심을 가지는 모습.[1]

여기에는 이상적인 요건만 나열해 두었다. 어떤 사람도 완벽하지 않다는 사실에 대해 현실적일 필요가 있다. 너무나도 완벽한 요건을 갖췄다 하더라도 다른 문화권에 적응하기는 쉽지 않은 법이다. 왕성한 체력의 요건이 해당되지 않는 경우도 있다. 육체적 거동이 불편한 어느 선교사는 콜롬비아에서 누구보다도 뛰어난 사역을 감당하고 있다! 그러므로 이상적인 자격 요건에 완벽히 들어맞지 않는다고 해서 스스로 자

격을 박탈하지 마라.

미국 남 캘리포니아의 선교 단체 사역 개발 센터에서는 특히 교회 개척 사역을 수행할 선교사에게 필요한 요건에 대해 다음과 같이 나열하고 있다.

- 믿음과 기도의 사람
- 개인의 거룩함에 목숨을 거는 사람
- 하나님의 나라를 세우는 사람
- 하나님의 절대 주권에 복종하며 계획을 세우는 사람
- 섬기는 지도자
- 심리적으로 성숙한 사람
- 효과적으로 의사소통하는 사람
- 그리스도가 중심이 된 가정생활을 영위하는 사람

하지만 자신이 그러한 과업과 자격 요건에 맞는지 제대로 점검할 수 있는 방법은 없을까? 자가 점검표를 살펴보라.

신뢰성이 떨어지는 자가 점검표

결론석으로 그렇지 않다는 사실이 드러나기 전까지는, 스스로를 하나님의 나라를 위해 나가야 할 사람이라고 생각했을 것이다. (자기 나름의 주장을 펴면서 말이다!) 자신의 역할을 확인하는 방법은 사실상 앞에서 열거된 자격 요건에 부합하는지 자문하는 것이다.

여기서는 우스우리만큼 주관적일 수밖에 없다. 책 읽는 사람이 자기

한 사람이니 말이다! 당신은 위에서 열거한 자격 요건을 갖추고 있는지 스스로의 삶을 돌아봐야 한다. 이러한 자기 점검은 당신의 자아상에 큰 영향을 받는다. 즉, 스스로 예수 그리스도께 헌신되었다고 느끼면, 그 느낌의 진위 여부와 관계없이, 무조건 자신이 헌신했다고 대답하는 경향이 있다.

하지만 깊이 생각하면서 문제를 대하다 보면, 자아상과 자기암시 대신, 다른 사람들의 눈에 비친 자신의 모습을 보게 될 수도 있다. 자기 안에 드러나는 행동을 근거로 다음의 질문에 답하도록 노력하라. 스스로 생각하는 자기 행동이 아니라, 다른 사람 앞에 실제로 드러나는 모습을 말이다. 스스로 갑작스런 질문을 던져보라. "가는 자로서의 요건을 갖췄다는 증거가 내 안에 있는가?"

• 나의 헌신 정도
1. 하나님께 깊이 헌신했다는 증거가 있는가?
2. 하나님의 나라를 위한 헌신에 따라, 구체적으로 행한 일은 무엇인가?
3. 나에게는 어떤 장기 계획이 있는가? 하나님의 계획과 일치하는가?
4. 예수를 섬기는 헌신된 삶을 방해할 만한 요소는 무엇인가?
5. 다른 사람들도 나의 헌신에 대해 인정하는가?
6. 나의 영적 모델은 누구인가? 이유는?

• 나의 영적 성숙도
1. 나는 염려가 많은 사람인가?
2. 내가 성경적 원칙에 따라 행동한다는 증거가 있는가?
3. 주변 사람들이 내 안에 성령의 열매가 있는 것을 보았는가?
4. 내 삶 속에 개입하시는 하나님의 능력을 기대하는가?
5. 나는 죄를 지었을 때 어떻게 반응하는가?
6. 나는 감사하는 삶을 사는가?

7. 나는 사람들이 사역 안에서 은사와 기술을 개발하도록 격려하고 있는가?

- **가정생활 / 독신생활**
1. (결혼한 경우) 내 배우자에게 존경심을 보이는가? 배우자의 영적, 정서적, 지적 성장을 도모하는가?
2. 내 배우자는 나에게 존경심을 보이는가?
3. (자녀가 있는 경우) 자녀들에게 부모를 공경하는 모습이 있는가?
4. 우리 부부는 자녀들을 과잉보호하지 않는가?
5. 가정생활 안에 성령의 열매가 드러나는가?
6. (미혼일 경우) 독신 생활을 어떻게 감당할 것인가?
7. 자신의 독신 생활이 하나님의 주권 하에 있음을 보는가?
8. 다른 사람들의 성장과 개발을 어떤 식으로 도울 것인가?

- **심리적 성숙도**
1. 나는 과거에 치중하는가?
2. 나는 단체 활동에서 어떤 식으로 반응하는가?
3. 나는 다른 사람에 대해 어느 정도 관용적인가? 나는 팀으로 사역하는 사람인가?
4. 나는 다른 사람의 심리적 성장을 도모하는가? 다른 사람이 성숙해가는 모습을 시기하지는 않는가?
5. 다른 사람의 가르침을 받아들이는가? 아니면 방어적으로 대처하는가?
6. 나는 경쟁을 자기 가치와 연관 짓는가?
7. 나는 변덕스러운 사람인가?
8. 나는 균형 잡힌 자아상을 가지고 있는가?
9. 나는 모험을 즐기는가?

- **복음 전도 경험**
1. 나는 복음을 어떻게 정의하는가?
2. 전도의 기회를 달라고 기도하는가?
3. 복음 증거 방법에 관해 융통성이 있는가?
4. 다른 문화권의 사람에게 전도한 적이 있는가? 어떠한 문제와 맞닥뜨렸는가?
5. 사람들은 나와 이야기하는 것을 좋아하는가?

6. 다른 사람을 전도로 회심시킨 경험이 있는가?
7. 팀 전도 사역에 함께 일한 적이 있는가? 효과는 어떠했는가?
8. 나는 다른 사람들이 복음을 증거하도록 효과적으로 훈련시킨 적이 있는가?

• 제자 훈련 경험
1. 나를 제자 훈련시킨 사람은 누구인가?
2. 사람들은 나에게서 영적 조언과 격려를 바라는가?
3. 상대방의 영적 필요를 가늠하는 능력이 있는가?
4. 제자 훈련 능력을 키우기 위해 노력하는가?
5. 필요한 경우라면, 친구라도 경책하는가?
6. 나로 인해 믿음의 성장을 이룬 사람이 있는가? 그 사람들도 다른 사람을 제자 훈련시켰는가?

• 국제 정치에 대한 지식
1. 마지막으로 투표한 때는 언제인가?
2. 자본주의에 대한 비판에 어떤 식으로 반응하는가? 마르크시즘과 자유주의 신학에 대해서는 어떠한가? 내가 사는 문화권의 기독교나 나의 인종에 관한 비판에 대해서는 어떠한가?
3. 자본주의의 장점과 단점에 대해 분명하게 설명할 수 있는가? 마르크시즘과 자유 신학에 대해서는 어떠한가?
4. 여러 이데올로기에서 말하는 계급 구조에 관해 알고 있는가?
5. 현지인들을 훈련시켜 스스로 교회를 인도하게 하려는 마음이 있는가? 나는 팀 사역자인가?
6. (성경적 관점에서 볼 때)내 안에 점검되지 않은 자본주의적 가치관이 있는가?
7. 최근 정치 상황에 대해서는 어떤 식으로 정보를 얻는가?
8. 나는 나의 문화적 입장에서 성경적 기독교를 설명하는가, 아니면 진정한 기독교적 입장에서 설명하는가?

• 상황에 따라 자신을 조절하는 능력
1. 나는 어린이들을 효과적으로 가르치는가?
2. 나는 성인들을 효과적으로 가르치는가?
3. 나는 다른 언어와 문화를 배우려는 열의를 보이는가?

4. (다른 문화권에서 사람들과 일해본 적이 있다면) 어떠한 문제에 봉착했는가? 나는 그 문제를 어떻게 다루었는가?
5. 나는 자신의 지도력/피지도력의 방식을 파악하고 있는가? 나는 다른 이들의 지도력에 적응하려고 하는가?
6. 여러 사람들과 함께 있을 때, 나는 다른 이의 말을 경청하는가? 그 사람이 비언어적 소통을 하는 모습까지 관찰하는가?
7. 나는 다른 사람에게 예수 그리스도를 드러내고 있는가?

• 섬기는 지도자/ 피지도자
1. 나에게는 멘토가 있는가? 그 사람은 다른 사람을 기꺼이 따르는가?
2. 나는 문제의 핵심을 찌르는 질문을 하는가?
3. 지도자가 필요한 상황에서 나는 스스로 자원하는가?
4. 나는 경쟁에 어떻게 대응하는가? 나는 팀 사역자인가?
5. 다른 사람에게 기꺼이 일을 맡길 마음이 있는가?
6. 나는 갈등에 어떻게 대응하는가? 다른 이들의 말을 들어주는가?
7. 나는 개인 재정을 효과적으로 다스리는 청지기인가?
8. 나는 다른 사람에게서 기꺼이 배우려는 의지를 보이는가?
9. 다른 사람들도 성장할 수 있도록 사역의 역할을 바꿀 마음이 있는가?

• 적응력
1. 나는 쾌활한 사람인가?
2. 나는 사회 활동력이 풍부한 사람인가? 즉, 내가 자라온 환경과 경제적 사회적 배경은 다르지만 그런 대로 만족하는가? (결혼한 경우) 나의 배우자 역시 그러한가?
3. 나는 완벽주의자인가? 다른 사람에게도 그러한 면을 요구하는가?
4. 가족들과의 이별을 어떤 식으로 대처하는가? (결혼한 경우) 내 배우자는 어떤 식으로 대처하는가?
5. 타민족에 대한 나의 의견은? 타민족 출신 사람들과 함께 일하는 것에 대한 의견은? (결혼한 경우) 내 배우자의 의견은 어떠한가?
6. 나는 위생, 시간, 선호하는 음식, 개인생활로 인해 영향을 받는가?
7. 나는 사물이나 사람, 관계를 포기할 수 있는가?

- 왕성한 체력
1. 몸을 단련하고 있는가?
2. 자주 병을 앓는가?
3. 개인 운동 프로그램에 참여하고 있는가?
4. 마지막으로 휴가를 간 때가 언제인가? 며칠 여정이었는가?
5. 균형 잡힌 식사를 하고 있는가?
6. 충분한 휴식을 취하고 있는가?
7. 일이 너무 많으면 다른 사람에게 넘겨주는가?
8. 극도의 피로를 경험한 적이 있는가? 당시 주변 상황은 어떠했는가?

- 기본 의료 기술
1. 기초 위생이나 응급 처치법을 배우려는 마음이 있는가?
2. 위생, 응급 처치, 약물 투여법에 대한 지식을 다른 사람에게 전수할 수 있는가?

- 후원
1. 선교지로 떠날 경우, 나를 정신적으로나 재정과 기도로 후원해 줄 사람들이 있는가?
2. 매일의 필요를 채워주시는 하나님을 신뢰하는가?
3. '믿음으로 사는 삶' 을 비현실적인 생활로 보는가?
4. 나는 돈이 있으면 안전하다고 느끼는가?
5. 타문화권 사역을 나가기 위해서라면, 두려움을 무릅쓰고 다른 사람들에게 재정적 후원을 요청할 마음이 있는가?
6. 나를 보면서 믿음이 성장하는 사람들이 있는가?
7. 선교사로 섬길 수 있도록 먼저 빚을 완전히 청산하기 위해 열심히 직장 생활할 마음이 있는가? 왜인가? 그렇지 않다면 그 이유는?

　　자가 점검을 해보니 어떤가? 가는 사람인가, 국내 외국인 사역자인가? 물론 선교사의 자질은 스스로 결정해서 되는 것은 아니다. 다른 사람의 평가도 도움이 된다.

　　사실 점검을 해나가면서 마음이 상하지 않는 사람은 없다. 혹 자신에게는 아무런 결점이 없다고 말한다면, "스스로 속이고 또 진리가 우리 속에 있지 아니한 것"이다(요일 1:8). 점검 사항을 하나씩 보다 보면 혹 자신이 선교사로서 자질이 없다는 생각이 들기도 하고, 또는 자신에게 결점이 없다고 느끼기도 하므로, 이러한 주관적 점검을 타문화 사역자로서의 절대적 요건으로 삼지 말기 바란다.

참고 자료

어린이 대상 사역 자료

Arapesh to Zuni
성경이 없는 민족에 관한 책
Wycliffe Bible Translators, P.O. Box 2727, Huntington Beach, CA 92647

Children's Missions Resource Center, Gerry Dueck
1605 Elizabeth St., Pasadena, CA 91104
(818) 398-2236 선교 자료에 관한 정기 소식지를 무료로 받아볼 수 있다.

Crossroads Publications, Ruth Finley
P.O. Box 111475, Campbell CA 95011 (408) 378-6658
8가지 실제 선교 이야기 수록. 13과까지 나눠서 공부할 수 있음. 파키스탄, 중국, 루마니아, 인도, 라이베리아, 말레이시아, 과테말라에 대한 이야기.

Destination 2000 Teacher's Training Curriculum
어린이들에게 선교를 흥미롭게 가르칠 수 있는 방법을 교사들에게 제시하는 내용.
(Frontiers : 1-800-60-SERVE).

International Clothing Closet/ Self Help
704 Main St. Box L, Akron, PA 17501
(717) 859-4971 전통 의상을 무료 대여 가능. 배송비만 지불하면 됨. 의상은 직접 구입, 혹은 의탁 구입이 가능함.

Kids Can Make a Difference, Jan Bell
4445 Webster drive, York, PA 17402 (717) 757-6793 / Fax (717) 757-6103
최신 선교 자료가 실린 목록 있음.

Monarch Publishing, Bev Gundersen
245 Second Ave. N.E., Milaca, MN 56353

(612) 983-2398 저자는 어린이들을 위해 40권의 교육서 및 선교 관련 서적을 저술했다.

Peters Projection Map
*Destination 2000*을 통해 구할 수 있음. 1-800-60-SERVE

You Can Change the World, Jill Johnson
*Destination 2000*이나 기독 서점을 통해 구할 수 있음.

비디오 자료

어린이를 위한 10/40창(*The 10/40 Window for Children*) — 6분
Joey and Fawn Parish
6673 Sora Street, Ventura, CA 93003
(805) 650-3511

다음의 비디오는 Kids Can Make a Difference를 통해 구할 수 있다.

하나님의 요지경(*God's Kaleidoscope*) — 12분
콜롬비아의 카를로스(*Carlos of Colombia*) — 10분, 콜롬비아 이야기
캄바리(*Kambari*) — 22분, 나이지리아 이야기
말라이 어린이들(*Malay Kids*) — 10분, 말레이시아
파트나 어린이들(*Patna Kids*) — 10분, 북인도

이타우(*Ee-taow*) 비디오 구입처
New Tribe Missions, 1000 E. First Street, Sanford, FL 32771-1487
(407) 323-3430

전자 우편 서비스

브리가다(Brigada)는 자동으로 선교 소식을 보내주는 서비스로, 매주 당신의 이메일 주소로 무료 소식을 보내준다. hub@XC.org로 "subscribe brigada"라고 써서 보내면 가입이 완료된다!

글로벌 글림프스(Global Glimpse)는 갈렙 프로젝트의 전자 우편 서비스다. 매주 여러분의 이메일 주소로 주요 선교지 소식을 전해준다. 가입을 원하면 jhanna@cproject.com으로 메일을 보내기 바란다.

제네시스 컴퓨터 네트워크(The Genesys Computer Network)는 선교 소식과 사역 기회, 선교 관련 자료를 최신판으로 접할 수 있게 해주는 주요 수단이다. 브리티시 텔레콤과 MCI를 통해 전 세계 수백 개 지역에서 편리하게 연결할 수 있다.

미전도 종족 정보를 원하는 사람은 http://www.xc.org/pgc.html로 들어가 **종족 집단 컨설턴트(People Group Consultant)** 홈페이지로 접속하면 된다.

다음은 교회 안에 선교 비전을 심어주는 데 도움이 되는 자료다.

『서기 2000년! 성취된 일과 남은 과업』(Catch the Vision 2000)과 *Leader's Study Guide*(World Christian, Inc.), 저자 Bill, Amy Stearns. 개인과 소그룹 단위로 공부할 수 있는 책. 기독교 서점이나 William Carey Library를 통해 주문할 수 있다.

Destination 2000 비디오, 오디오 테이프 과정(Frontiers), 또는 밥 쇼그렌의 『마침내 드러나다』 하나님의 세계 선교에 관한 성경적 근거의 개요. 비디오 공부 과정은 특히 소그룹과 성경 공부 모임을 위해 제작되었다. 프론티어 선교회나 기독교 서점에서 구할 수 있다.

FrontierScan. 전 세계에 남아있는 미전도 종족에 초점을 두고 매월 발간되는 소식지. World Mission의 Global Prayer Digest 사무실을 통해 주문하면 된다.

*The Great Comission Handbook*은 선교 단체나 선교 사역에 대한 정보를 일년 단위로 제공하는 지침서다. 대량 주문은 다음 주소로 연락하라. Berry Publishing Services, Inc., 701 Main St., Evanston, IL 60202 USA (708/869-1573, fax 708/869-4825).

Heart of God Ministries(3500 N.W. 50th, Oklahoma City, OK 73112, [405] 943-8581, fax [405] 943-8604)는 초교파 선교 단체로서, 10/40창 지역의 선교 자원을 일으키기 위해 3가지 사역에 주력하고 있다. 모든 민족이 예수께 돌아오기 바라는 하나님의 열망을

성경으로 공부하는 〈하나님의 마음〉(Heart of God)이라는 3시간용 세미나를 제공한다. HGM은 또한 교회 부흥을 위한 하나님의 부르심에 대한 가르침과 설교를 다루고 있다. 또한 5달 훈련 과정인 아름다운 발 캠프(Beautiful Feet Boot Camp)를 운영하면서 미전도 종족을 위한 선교사 훈련에 힘쓰고 있다.

Living Proof 비디오 연재물은 다음의 주소로 문의하라. NavPress, 7899 Lexington Drive, P.O. Box 6000, Colorado Springs, CO 80922. (719) 598-1212, (800) 366-7788, fax (719) 598-7128.

Missing Faces in the Worldwide Picture 선교 대사명의 마지막 과업을 강조하는 내용으로 주일 하루 활동 분량이다. 연락처: Evangelical Missionary Alliance, Whitefield House, 186 Kennington Park Road, London SE11 4BT (071/ 735-0421).

미션 퍼스펙티브는 하나님의 세계 선교 계획에 관해 성경적, 역사적, 문화적, 전략적 관점을 갖도록 도와주는 과정이다. 한국에서는 〈예수전도단〉에 문의하면 된다.

Serving As Senders 도서와 연구 과정(Emmaus Road Intl., OM Publishing). 선교팀 파송에 관한 8번의 강의(저자, Neal Pirolo). Emmaus Road International에 문의하라.

『목적이 있는 휴가』단기 사역을 극대화시킬 수 있는 분명하고 효과적인 지도서(저자 Chris Eaton, Kim Hurst). 예수전도단 펴냄.

A View from on High(갈렙 프로젝트). 예배 시간 동안 쉽게 공연할 수 있는 드라마로서, 모든 민족을 향한 하나님의 큰 그림을 그려내고 있다(제작, J. Reed Randall, 갈렙 프로젝트). 연락처 : Caleb Project, 10 West Dry Creek Circle, Littleton, CO 80120 USA (303/730-4170).

World Christian Display Table. 교회 휴게실 등에서 전시할 수 있는 도서와 안내서 모음집. William Carey Library에 문의.

World Christian 워크북(저자 Robin Thompson)은 개인이나 소그룹 단위로 활용하는 교재이다. 해외 선교사와 국내 외국인 사역자로의 헌신을 촉구하는 내용이며 본래 영국의 젊은이들을 대상으로 만들어진 책이지만 어느 나라에서든지 활용할 수 있다. 연락처: St. John's Extension Studies, Bramcote, Nottingham, NG9 3DS England (0602-251117).

간행물

다음은 해외 선교사, 국내 외국인 사역자, 보내는 사람, 선교 동원가를 위한 주요 간행물이다.

ACMC 최신 기도 소식지, PO Box ACMC, Wheaton, IL 60189-8000 USA. 교회 선교 사역자를 일으킬 수 있는 전략과 도움말.

AIMS 기도 소식지, PO Box 64534, Virginia Beach, VA 23464 USA. 교회 부흥을 위한 선교 전략과 도움말.

AD 2000 Global Monitor, PO Box 1219, Rockville, VA 23146 USA. 일반 자료와 기독교 자료를 통계적으로 분석함. 관련 기사에 관한 논평.

Asian Church Today/Church Around Asia, 803/92 Deepali, Nehru Place, New Delhi, 100019, India. 아시아 내 교회에서 일어나는 일을 비서구적 관점으로 제시함.

Asian Report, PO Box 9000, Mision Viejo, CA 92690 USA 혹은 Asian Outreach, GPO Box 3448, Hong Kong. 동남아시아, 중국, 환태평양 지역에서 일어나는 일들을 다룸.

Centre for Mission Direction Newsletter, PO Box 31-146, Christchurch 8030, New Zealand. 선교 동원가를 위한 소식지로, 단기 선교사를 위한 최근 선교지 소식과 사역 기회를 제공한다.

Christian Mission, 3045 Ivy Road, Charlottesville, VA 22903 USA. 비서구 선교 사역에 관한 정기 간행물을 발행하는 서구 선교단체다.

Church Around the World, Tyndale House Publishers, 336 Gunderson Dr., Wheaton, IL 60187 USA. 기도 제목과 감사 제목들에 관한 소식지.

DAWN Report, DAWN Ministries, 7899 Lexington Dr., Suite 200B, Colorado Springs, CO 80920 USA. 전 세계에서 일어나는 '온 민족의 제자화' 운동의 진행 상황 보고.

EP News Service, 1619 Portland Ave., Minneapolis, MN 55404 USA. 최고 수준의 신문 잡지.

Evangelical Missions Quarterly, PO Box 794, Wheaton, IL 60189 USA. 최근 선교 소식에 대한 세세한 비교 분석.

Evangelical World, PO Box WEF, Wheaton, IL 60189 USA. 세계 복음주의 협회 관련 정기 소식지.

Global Prayer Digest, 1605 Elizabeth St., Pasadena, CA 91104 USA. 미전도 종족을 위한 월별/매일 기도 지침서. 한국에서는 <*GT*>가 발간되고 있다. www.gtm.or.kr 참고.

IFMA News, PO Box 398, Wheaton, IL 60189-0398 USA. Interdenominational Foreign Missions Association의 분기별 소식.

India Church Growth Quarterly, Post Bag No. 768, Kilpauk, Madras, 600100 India. 인도 내 교회에서 일어나는 상황을 파악할 수 있는 최고 자료.

International Bulletin of Missionary Research, PO box 821, Farmingdale, NY 11727-9721 USA. 학자들과 연구가들을 위한 분기별 연구서.

International Journal of Frontier Missions, 1539 E. Howard St., Pasadena, CA 91104 USA. 깊이 있는 기사가 많은 분기별 최전방 소식지.

Latin America Evangelist, PO Box 52-7900, Miami, FL 33152 USA. 라틴 아메리카 선교회 소식지.

MARC 기도 소식지, 919 W. Huntington Dr., Monrovia, CA 91016 USA. Mission Advance Research Center of World Mission에서 제공하는 연구가들을 위한 정보.

Mission Frontiers, 1605 Elizabeth St., Pasadena, CA 91104 USA. US Center for World Mission의 안내서로, 중요한 선교 정보와 경향을 다루고 있다.

Mission Outreach, India Evangelical Mission, 38 Langford Rd., Bangalore 560025 India. 인도 내 교회 개척자들에 관한 보고서.

Missions Today, 701 Main Street, Evanston, IL 60202 USA. *Great Commission Handbook*의 편집부가 출간하는 잡지.

Newswire, PO Box 1122, Wheaton, IL 60189 USA. 격월제 동유럽 국가 선교 소식지.

Operation World, Zondervan Publishing House, 5300 Patterson S.E., Grand Rapids, MI 49530. 열방을 위한 기도 안내서. 개정판이 자주 발간됨. 「세계 기도 정보」(죠이선교회 펴냄)

Partnership Report, Inerdev, PO Box 30945, Seattle, WA 98103 USA. 세계를 아우르는 전략적 협력에 관한 보고 및 도움말.

Praise & Prayer, IFES, 55 Palmerston Road, Wealdstone, Harrow, Middlesex HA3 7RR U.K. International Fellowship of Evangelical Students의 기도 제목과 감사 제목들.

Prayer Special & Mission, The Evangelical Missionary Association(TEMA), CH-1032 Romanel, Switzerland. 유럽 선교 단체 연합.

Pulse, Evangelical Missions Information Service, PO Box 794, Wheaton, IL 60189 USA. 선교 관심자에게 반드시 필요한 자료 모음. 세계 각 지역 소식을 신문기사 형식으로 전하고 있다.

World Christian Magazine, 전 세계 그리스도인들의 활동을 전하는 소식지. 출판물, 자료, 회의, 여행 등에 대한 자료 제공. Colorado Springs office: Box 1010, Colorado Springs, CO 80901 USA. (719) 634-5310 Fax (719) 634-5316. E-mail : bill.sterns@gen.org

World Christian News, PO Box 26479, Colorado Springs, CO 80936 USA. 세계에서 일어나는 여러 가지 상황을 예수전도단 특유의 관점에서 분석하고 있다.

World Report, United Bible Societies(USB), Bos 755, 7000 Stuttgart 1, Germany. 전 세계 복음 전파 상황에 관한 보고서.

훈련 과정

Catch the Vision 2000 세미나. 하나님의 선교 계획의 큰 그림을 보여준다. World Christian에 문의 바람.

The Destination 2000 세미나. 모든 민족을 향한 하나님의 계획을 발견하기 위해 성경 전체를 연구함. Frontiers에 문의바람(한국 프론티어스 웹사이트 : www.frontiers.or.kr).

Run With the Vision Mobilizers's Training Workshops. 새로운 선교 비전으로 주변 사람들에게 선교의 도전을 주도록 훈련시키는 과정.

Seven Dynamics for Advancing Your Church in Missions. 실질적인 선교 활동 박차를 돕는 효과적인 세미나. Larry Walker에게 문의 바람. ACMC Southwest, 1670 E. Valley Parkway, Suite 145, Escondido, CA 92027 USA (619/746-4285).

해외 선교사 /국내 외국인 사역자

세계 곳곳에 사역의 기회가 많다. The Great Commission Handbook에 나온 선교 단체에 연락하거나, Global Oppertunities에 문의 바람. (한국 내 선교 단체는, 〈선교한국〉 홈페이지 www.missionkorea.org에서 회원단체와 박람회참가단체를 검색해보라.) 어느 선교 단체든 장, 단기 선교 훈련에 대한 정보를 제공한다. 특히, 특성화된 사역 관련 지침을 제공하는 단체는 다음과 같다.

The Center for Organizational and Ministry Development. 교회 개척자를 위한 훈련을 제공함. 120 E. La Habra Blvd., La Habra, CA 90631 USA (310/697-6144).

TMQ Research. 실질적인 자비량 사역 안내. 312 Melcanyon Road, Duarte, CA 91010 USA.

보내는 사람

보내는 사람으로 직접 섬기는 것이야말로 실질적인 방법을 배우는 일반적 과정이다. 많은 선교단체들이 선교사들을 위해 기도하는 법이나 안식년을 맞이한 선교사들을 돌보는 법 등에 대한 안내서 등을 갖고 있다.

선교 동원가

현재 선교 동원가를 위한 공식적인 훈련은 없다. World Christian에서 *A Run With the Vision Training Workship for Mibilizers*(최소 3일 소요)를 제공하고 있다.

선교 단체

세계적으로 수천 개의 선교단체가 있지만, 본서에서 언급한 내용과 관련해 도움이 될 만한 대표적인 단체를 수록하였다.

ACMC. 교회 동원에 관한 자료와 회의 개최. PO Box ACMC, Wheaton, IL 60189-8000 USA (708/260-1660).

The AD 2000 and Beyond Movement(21세기 운동본부). 세계 여러 지역 수백 개 선교 기관이 협력하는 네트워크를 말함.

Adop-A-People Clearinghouse(미전도종족 입양운동본부). 미전도 종족의 복음 전파 상황과 교회간 협력을 돕고 있음. PO Box 1795, Colorado Springs, CO 80901 USA (719/473-7630, Fax 719/473-5907). 한국지부 홈페이지 www.aap.or.kr

AIMS. 특히 부흥하는 교회들의 선교 동원을 위한 자료와 회의 제공. Association of International Mission Services, PO Box 64534, Virginial Beach, VA 23464 USA (804/523-7979, Fax 804/523-7509).

The Antioch Network. 자체 선교팀을 파송하고 있는 교회 간 연계를 돕고 있음. 7854 Nichols, Lemon Grove, CA 91945 USA.

Centre for Mission Direction. 특히 뉴질랜드 지역에서 일반적인 선교 관련 자료와 연구 과정을 제공함. PO Box 31146, Ilam 8040, Christchurch, New Zealand (0 3 342 7711, Fax 0 3 342 8410)

Centre for Mission Resources. 특별 훈련 세미나, 회의, 연구 과정에 대한 자료 제공. Tony Horsfall에 문의 바람. Bawtry Hall, Bawtry, Doncaster DN10 6JH England(0302 710020, Fax 0302 710027).

Emmaus Road International. 해외 선교사와 보내는 사람들을 위한 자료, 훈련 세미나 제공. 7150 Tanner Court, San Diego, CA 92111 USA(619/292-7020).

Evangelical Missionary Alliance. 선교 사역 동참에 관한 자료와 아이디어를 제공. <Facts>를 출간하고 있음. Whitefield House, 186 Kennington Park Road, London SE11 4BT England(071 735 0421).

Frontiers. 무슬림 선교에 중점을 두고 빠르게 성장하고 있는 세계적 선교단체 가운데 하나. 미국 사무실 : 325 North Stapley Dr., Mesa, AZ 85203 (602/834-1500). 한국지부 홈페이지 www.frontiers.or.kr

Global Opportunities, 1600 E. Elizabeth St., Pasadena, CA 91104, (818) 398-2393. 선교 관련 연구조사/정보, 선교사 오리엔테이션, 자비량을 통한 선교 동원, 상담 등의 활동을 제공하는 복음주의 초교파 단체.

Heart of God Ministires, 3500 N.W. 50th, Oklahoma City, OK 73112, (405) 943-8581, Fax (405) 943-8604.

InterCristo, 19303 Fremont Ave., Seattle, WA 98133 (800) 251-7740, Fax (206) 546-7483. 선교단체의 유급 직원 배치에 관한 지침과 정보를 제공하는 초교파 단체.

Issachar Frontier Missions Strategies, PO Box 6788, Lynnwood, WA 98036, (206) 744-0400. 지역 교회 자원의 선교 동원을 돕고, 선교 관련 연구와 정보를 제공하는 초교파 단체.

ISI International Students, Inc., PO Box C, Colorado Springs, CO 80901 (719) 576-2700. 본 단체는 대학 캠퍼스별로 위치하고 있음. 국제 학생들에게 그리스도의 사랑을 전하고, 지역 교회 등과 연계하여 이들을 복음 사역자로 준비시키는 것이 목적임.

Target 2020 Offices of YWAM. 전 세계 여러 YWAM 베이스 사역 중 하나로, 선교 자료와 전문 지식 제공. 한국 예수전도단 홈페이지 www.ywamkorea.org에는 이에 대한 정보가 나와 있다.

U.S. Center of World Mission. 미션 퍼스펙티브(MP) 과정을 주관함. *Mission Frontiers*와 *the Global Prayer Digest*를 출간하고 있음. 자체 선교 동원부를 통해 미전도 종족 입양을 돕고 있다. 선교 동원부에서는 세계 선교 센터의 전 세계 네트워크에 관한 정보도 제공함. 1605 E. Elizabeth St., Pasadena, CA 91104 USA(818/797-1111, Fax 818/398-2263).

WEC, Intl. (Worldwide Evangelization for Christ). WEC은 수백 개의 전략적 선교단체 가운데 하나이지만, 일반인들에게 뛰어난 연구 조사 정보를 제공하므로 이곳에 수록하였다. Bulstrode, Gerrards Cross, Bucks SL9 8SZ England (0753 884631, Fax 0753 882470). 한국지부 홈페이지 www.runkorea.org

World Evangelical Fellowship(WEF). 최신 선교단체는 이곳에 수록되지 않았지만, WEF는 2/3세계 선교 운동을 전 세계적으로 연계하는 중요 사역을 하고 있으므로 수록되었다. WEF를 통해 세계 복음주의 선교 연합에 동참할 수 있다. 구독 문의 등에 대해서는 WEF 출판부로 문의하면 되지만, WEF는 개인보다는 단체를 대상으로 복음주의 연합 사역을 하고 있으므로 정보 요청 등에 주의를 기울이기 바란다. 미국 사무실: PO Box WEF, Wheaton, IL 60189 USA.

미주

1장.

1. Philip Yancey, *Praying With the KGB* (Portland: Multnomah Press, 1992), p. 23.
2. OMS Outreach, 1995년 7-8월호.
3. Ralph Winter, *Community Night*, U.S. Center for World Mission, Pasadena, Calif, USA, 1990년 9월.
4. David B. Barrett, Todd Johnson, *Our Globe and How to Reach It*, Biringham, AL: New Hope Publishing, 1990.

2장.

1. Winter, "복음의 성장" (Growth of the Gospel), *Mission Frontiers*, 1995년 7-8월호.
2. Jansen, Adopt-A-People.

3장.

1. *Operation World*, p. 23. 「세계 기도 정보」(죠이선교회 펴냄)
2. Deborah Conklin, "이스마엘도 하나님의 축복 아래 살았다" (That Ishmael Might Live Under His Blessing), *Mission Frontiers*, 1991년 1-3월호, pp. 14-15.
3. David Sitton, "모든 부족에게 예수를 전하라" (To Every Tribe With Jesus), *Mission Frontiers*, 1991년 1-3월호, pp. 16-17.
4. 같은 책.
5. James Ziervogle, "중국 : 단일 국가인가, 다민족국가인가?" (The Chinese World: One People or Many Peoples?), *Mission Frontiers*, 1991년 1-3월호, pp. 20-21.
6. Morrie Watkins, "중국인의 신앙" (Chinese Beliefs), All Nations Literature, 1994년.

4장.

1. Strategic Frontiers, Overhead Statistics, Youth With A Mission (Colorado Springs, Colo., USA, 1993).
2. *Mission Frontiers*, "종족 집단 정의" (People Group Definitions), 1994년 1월호, p. 10.
3. Ralph Winter, "결승점을 향한 질주" (Racing to the Finish!), *Mission Frontiers*, 1992년 7-8월호, pp. 4-5.
4. Larry pate, *Changing Balance*, pp. D229-D230.

5. Tom Telford, *ACMC update*, 1993년 겨울.
6. *Global Report*에서 인용, 1994년 12-2월호.
7. Luis Bush, "2000년까지 모든 민족에게 복음을 전하는 방법" (How Can All Peoples Be Reached by the Year 2000?), *Mission Frontiers*, 1992년 9-12월호, p. 57.
8. Larry D. Pate, *From Every People* (Monrovia, Calif.: MARC and OC International, 1989). pp.75-76
9. Andew Walls, "기독교 역사에서 아프리카가 차지하는 위치에 대한 이해" (Toward an Understanding of Africa's Place in Christian History), *Religion in a Pluralistic Society*, J. S. Pobee (Beiden: Brill, 1976), p. 180.
10. AEF, *Focus forward,* 30th anniversary special edition.
11. Larry D. Pate, *Bridging Peoples* newsletter, 1989년 7월호.
12. David B. Barrett, "통계, 세계" (Statistics, Global), *Dictionary of Pentecostal and Charismatic Movements,* editors Stanley M. Burgess, Gary B. McGee (Grand Rapids : Zondervan, 1988), p. 811.
13. L. Grant McClung, "오순절 본부는 지부의 사례를 배워야 한다" (The Pentecostal Trunk Must Learn From Its Branches), *Evangelical Mission Quarterly*, 1993년 1월호 p. 37.
14. Steve Hawthorne, *Stepping Out* (Monrovia, Calif.: Short-Term Missions Advocates, 1987).
15. Dayton Roberts, John A. Siewert, *Mission Handbook*, 14판 : USA/ Canada Protestant Ministries Overseas (MARC & Zondervan, 1989), p. 51.
16. 같은 책, pp. 51-53.
17. Leith Anderson, *Dying for Change* (Minneapolis: Bethany House Publishers, 1990), p. 135.
18. Leslie Pelt, "단기 사역자의 이면" (What's the Behind the Wave of Short-Termers?), *Evangelical Missions Quarterly*, 1992년 10월, pp. 384-388.
19. 같은 책
20. Steve Hawthorne, editor, *Stepping Out* (Monrovia, Calif.: Short-Term Missions Advocates, 1987), p. 13.
21. James Engles, Jerry D. Jones, *Baby Boomers and the Future of World Missions* (Orange, Calif.: Management Development Associates, 1989), p. 32, 39.
22. Seth Barnes. "선교 운동의 변모" (The Changing Face of the Missionary Force),

Evangelical Missions Quarterly, 1992년, 10월, p. 381.
23. "어바나 선언 : 새로운 개념으로의 출발점"(Urbana Testimony: The Starting Point of a New Perspective), *Urbana update* newsletter, InterVarsity, 1992년 봄.
24. Kwok Pui-lan. "우리의 권리를 주장함 : 중국 여성과 기독교"(Claiming Our Heritage : Chinese Women and Christianity), *International Bulletin of Missionary Research*, 1992년 10월호, pp. 150-152.
25. Larry Niemeyer, "아프리카 모계 사회 종족 선교 불충족"(The Unmet Challenge of Mission to the Matrilineal Peoples of Africa), *Evangelical Missions Quarterly*, 1993년 1월호 pp. 26-31.
26. Stefan Fatsis, "통합적 변모"(Corporate Makeover), *Gazette Telegraph* of Colorado Springs, CO, USA. 1992년 12월 27일, E면, p. 1.
27. 같은 책.
28. Arab World Ministries *Update* newsletter, 1992년 4호, 1쪽.
29. 같은 책, p. 3.
30. David Barrett, Todd Johnson, *Our Globe and How to Reach It : Seeing the World Evangelized by AP2000 and Beyond*(Biringham, AL : New Hope Publishing, 1990).
31. Frank Kaleb Jansen, 종족 입양 본부의 AAP에 대한 전단지와 자료를 보면, 지금까지 규명된 미전도 종족 명단이 수록되어 있다(Colorado Springs, Colo).
32. Patrick Johnstone, 제2회 로잔 대회 선교 관련 연설 인용, 1989년 7월.

6장.
1. Peter Wagner, *Frontiers in Missionary Strategy*(Chicago: Moody Press, 1971), p. 68.
2. Herbert Kane, *Life and Work on the Mission Field*(Grand Rapids : Baker Book House, 1980).
3. Bob Morehead, "그리스도인으로서의 헌신"(Commitment as a Christian), Hands for Christ의 주제 강의, Roanoke, Va., USA.

8장.
1. Arab World Ministries *Update* newsletter, 1992년 4호,
2. 같은 책.
3. Karen Dubert, "성공의 10가지 단계 : 주요 주제"(Ten Steps to Success : The Major Themes), *Evangelical Missions Quarterly*, 1989년 4월, pp. 156-158.

10장.

1. Jim Montgomery, *DAWN 2000 : Seven Million Churches to Go*(Pasadena, CA : William Carey Library, 1989), p. 119

11장.

1. CoMission Press Conference. ACSI Convention, Anaheim, Calif., 1992년 11월 5일.
2. George Gallup, *Special Report for the AD 2000 & Beyond Consultation* in Phoenix, Ariz, 1992년 8월 31일. AD 2000 office, Colorado Springs, Colo., USA.
3. "새롭게 도약하라 : 세계를 품은 그리스도인이 되라. 선교 교육"(Take a Giant Step: Be a World Christian. Mission Education), Board for Communication Services, Lutheran Church-Missouri Synod. St. Louis, MO.
4. Peter Wagner, *Frontiers in Missionary Strategy*(Chicago : Moody Press, 1971).
5. David Bryant, "오늘날 가장 소망 있는 증거 : 영적 부흥을 향한 미국 기도 운동의 성장"(The Most Hopeful Sign of Our Times : A Growing National Prayer Movement Points America Toward Spiritual Revival), *Special Report from the National and International Religion Report*, Media Management, 1992년.
6. 같은 책.
7. Jack McAlister, "기도가 그토록 중요한 이유는?"(Why Is Prayer of Supreme Importance?), Nations for Christ 대회 당시 사용된 비출간물, Riga, Latvia, 1992년 5월.
8. ACMC, *Networker* newsletter, 1992년 10월.

12장.

1. David B. Barrett, James Reapsome, *Seven Hundred Plans to Evangelize the World* (Birmingham, AL : New Hope Publishing, 1989), pp. 8-14.

부록

1. Thomas Graham, "최상의 교회 개척자를 선택하는 법"(How to Select the Best Church Planters), *Evangelical Missions Quarterly*, 1987년 1월, 18-21쪽.